JN440530

입법과정론

입법과정론

우리가 알아야 할 국회 이야기

임재수 · 서덕교 · 박철 · 상은덕 · 홍성 지음

한울
아카데미

차 례

머 리 말

2019년 『국회의 이해』를 펴낸 지 어느덧 6년이 지났다. 그사이 2020년 총선거로 출범한 제21대 국회가 많은 논란과 엇갈린 평가를 받으며 역사 속으로 사라졌고, 2024년 5월 30일 제22대 국회가 새롭게 출발한 지 1년이 지나가고 있다.

처음에 저자들은 하루도 빠짐없이 주요 뉴스에 등장하는 국회에 관한 알기 쉬운 소개서를 펴내겠다는 당찬 의기투합으로 뭉쳤다. 우리는 국회를 수시로 출입하는 행정부 공직자나 언론인들조차도 긴장된 상황에서 역동적으로 진행되는 여의도 정치를 이해하는 데 적지 않은 어려움을 겪는 모습을 지켜봤다. 더구나 일반 국민 대부분은 국회와 정치를 말하면서도 복잡한 입법과정에 대해서는 쉽게 다가가지 못했다.

이에 우리 저자들은 『국회의 이해』를 펴내면서 국회의 조직과 회의 운영, 법률안 심사, 예산 심사, 국정감사, 국정조사, 인사청문회 과정 등 입법과정 전반에 대해 전문가뿐만 아니라 일반인들도 이해하기 쉽게 설명하려고 세심한 노력을 기울였다. 이를 위해 관련 국회 회의록을 찾아 다수 수록했고 각종 엄선된 사례들을 발췌해 곳곳에 예시했다.

이번에 『국회의 이해』를 개정하면서는 기존 자료에서 미흡했던 부분을 보완했고, 제20대 국회의 각종 통계수치 등에 대해 2025년 3월까지 발간된 국회 자료집을 반영해 최신 자료로 업데이트했다. 또한 이번 책에서는 제2장 '주요국 의회의 입법과정'과 제9장 '국민과 국회'를 각각 추가해 한층 깊이 있는 내용으로 탈바꿈했다. 이를 위해 미국에 유학 중인 홍정 과장이 합류해 힘을 보탰다.

그리고 독자들에게 책에 담긴 자료의 성격을 보다 명확히 하기 위해 책의 제목을『입법과정론』으로 변경하면서 기존의 부제인 '우리가 알아야 할 국회 이야기'는 그대로 유지했다.

이 책은 앞선 연구자들의 성과에 힘입은 바 크다는 사실을 밝혀두며, 그럼에도 부족한 부분에 대해서는 저자들의 제한된 능력에 기인한다는 점을 인정하면서 이에 대해서는 앞으로 계속 보완해 나갈 것임을 약속드린다.

출판 업계의 어려운 사정 속에서도『국회의 이해』에 이어 이번에도 흔쾌히 출간을 수락한 한울엠플러스의 김종수 사장님, 그리고 출판 과정을 세세하게 챙겨봐 준 경영기획실의 윤순현 부장님과 편집 작업 내내 성이를 갖고 함께한 신순남 선생님을 비롯한 직원 여러분께 감사드린다.

끝으로 이 책이 국회의 입법과정에 관한 연구 및 실무에 조금이나마 도움이 되기를 바라며, 저자들의 초심대로 국민들의 국회에 대한 관심과 이해를 넓히는 데 작은 밑거름이 되기를 다시 한번 기원해 본다.

2025년 5월

저자 일동

제1장

서론

제1절 개관

이 책은 국회의 기능과 입법과정 전반을 소개한다. 이 책은 헌법에서 열거하고 있는 여러 가지 국회의 권한, 국회가 의결하는 수많은 종류의 의안 내용이나 국회관계법 조문을 해설한 것이 아니다. 더욱이 국회에 대한 헌법학·입법학·정치학 이론서도 아니다. 국회는 기업이나 사적 결사체도 아니지만 대통령, 장관, 시장·군수 등 각종 기관의 장을 중심으로 하는 행정조직도 아니다. 국회는 그 옛날 그리스 의회 때부터, 또는 근대 시민혁명기를 전후해서 고전적인 의회가 탄생했던 순간부터 언제나 시끄럽고 비효율적으로 보이는 독특한 특성을 지니고 있다. 여기에 우리 국회는 대한민국이라는 헌정사와 고유의 정치체제 및 국가 전반의 특성이 가미되어 다른 민주주의 국가와는 또 다른 형태를 띠고 있다.

이 책은 정치적 입장을 떠나 시민 누구나 우리나라 국회를, 그리고 우리나라 입법과정의 현상과 제도를 이해할 수 있게 하려는 목적으로 쓰였다. 국회를 제대로 이해하는 것은 시민 참여와 민주주의의 진정한 실현으로 나아가는 출발점이다. 그 전에 입법과정이란 무엇인지, 의회란 무엇인지를 조망할 필요가 있다. 따라서 제2절부터 제4절까지는 입법과정의 의의와 체계, 의회의 기능과 분류에 대해 간략하게나마 살펴봄으로써 제2장부터 시작될 본격적인 내용의 기초로 삼고자 한다.

제2절 입법과정의 의의

이 절에서는 입법과정이 지닌 여러 가지 의미를 개관해 소개한다. 이를 위해 우선 입법과정의 대상인 입법과 입법권의 내용을 바탕으로 입법과정의 개념을 어떻게 설정할 것인지 살펴본다. 그리고 입법과정이 국회 내외부에, 결과적으로는 사회 전반에 어떠한 기능을 수행하는지 살펴보고, 입법과정을 어떻게 분류해 제시할 수 있는지 검토한다. 마지막으로 입법과정의 개념과 기능을 살펴봄으로써 입법과정이 어떠한 원리에 따라 이루어지는지 설명한다.

1. 입법과 입법권

입법(立法, legislation)은 말 그대로 '법'을 정립하는 작용이다. 인간은 불완전한 존재이기 때문에 인간이 모여 살아가는 공동체에서는 갈등이 발생할 수밖에 없다. 그래서 이러한 공동체 내의 갈등을 예방하거나 해결하는 행위 준칙인 사회 규범이 존재한다. 예절, 도덕, 관습, 종교 등이 대표적인 사회 규범이다. 법도 사회 규범에 속하지만 다른 사회 규범과 구분되는 명확한 특징을 지니고 있다. 바로 국가 권력에 의해 강제력이 부여되어 있다는 점이다(국회사무처, 2024f: 5). 이러한 점에서 입법은 "국가공동체의 질서를 규율하는 일반적·추상적인 법규범을 정립하는 작용"(임종훈·이정은, 2021: 3)이라고 정의할 수 있다. 법의 특성 가운데 '일반성'은 법이 불특정 다수인에게 적용된다는 것을 뜻하고 '추상성'은 법이 규율대상을 다양하게 포섭한다는 것을 뜻한다(국회사무처, 2024f: 5).

우리 헌법 제40조는 "입법권은 국회에 속한다"라고 규정하고 있으며, 제52조와 제53조는 국회가 국회의원 또는 정부가 제출하는 법률안을 의결한다는 것과 국회가 의결한 법률안이 법률로 확정되는 방식을 규정하고 있다. 또한 헌법은 법률 외에 법률보다 하위의 효력을 가지는 명령·규칙으로 대통령령(제75조)과 총리령·부령(제95조), 국회규칙(제64조 제1항)·대법원규칙(제108조)·헌법재판소규칙(제113조 제2항)을 규정하고 있고, 지방자치단체가 정하는 "자치에 관한 규정"을 명시(제117조 제1항)하고 있다. 동시에 헌법은 국제법의 국내법적 효력(제6조 제1항)과 법률과 같은 효력을 가지는 긴급재정·경제명령 및 긴급명령(제76조)도 규정하고 있다. 이상이 법의 체계 중 헌법이 규정하고 있는 사항들이다.

이에 따라 헌법 제40조가 규정하는 "입법"의 대상이 되는 '법'이란 법의 다양한 체계 가운데 헌법상의 "법률"을 말하며, 이를 통상 형식적 의미의 법률이라고 부른다. 즉, 헌법 제40조에서 말하는 입법이란 형식적 의미의 법률을 국회가 제·개정하는 것을 의미한다. 한편 입법을 실질적 의미로 파악하면 행정부, 헌법기관, 지방자치단체가 헌법과 법률에 따라 각종 다양한 법규범을 정립하는 것을 포함한다(임종훈·이정은, 2021: 4).

고전적인 권력분립 이론에 따르면 의회의 핵심적이고 본원적인 기능은 입법권이다(성낙인, 2024: 411). 입법부는 법체계의 중심이면서 국민의 권리와 의무를 직접 형성할 수 있는 법률을 제·개정할 수 있는 권한인 입법권을 단독으로 행사하는 것이다. 헌법에서는 입법권과 대비하여 헌법 제66조 제4항은 "행정권은 대통령을 수반으로 하는 정부에 속한다", 헌법 제101조 제1항은 "사법권은 법관으로 구성된 법원에 속한다"라고 규정하고 있다. 이와 관련해 현대 국가에서는 사회가 복잡해지고 전문화됨에 따라 국회의 입법권이 위축되고 행정부의 집행작용과 행정입법이 중요해지는 현상이 자주 언급된다(성낙인, 2024: 411).

그런데 국회가 행사하는 입법권의 의미를 형식적 의미의 입법권, 즉 법률의 제·개정 권한에 국한해 파악하는 것은 바람직하지 않다. 입법권은 행정권 및 사법권 등 다른 국가작용과의 관계 속에서 파악해야 하기 때문이고, 그것이 근대 대의민주주의의 기초가 되는 의회주의와 권력분립 원리의 본질이기 때문이다. 겉으로 보기에는 입법이 차지하는 비중과 중요성이 줄어든 것 같지만, 대의민주주의의 본질상 의회의 입법권이 다른 모든 국가작용의 근거가 된다는 점은 변함이 없다. 따라서 현대사회에서 입법권은 더욱 중요한 의미를 갖는다. 동시에 입법권과 입법권을 통해 산출된 법률은 헌법을 위배하지 않는 한 다른 국가작용보다 우월성을 인정받는다(장영수, 2024: 1042).

2. 입법과정의 개념

입법과정은 입법이 이루어지는 과정 또는 입법권이 행사되는 과정이다. 따라서 입법의 대상이나 각종 행위자 간 관계를 중심으로 입법과정을 정의할 수 있다. 먼저, 법의 체계나 범위에 따라 입법과정의 개념을 정의하면, 협의의 입법과정은 전술한 협의의 입법, 즉 형식적 의미의 법률을 국회가 제·개정하는 것을 의미한다. 이에 비해 광의의 입법과정은 법률이 아닌 행정입법과 자치입법 등을 포함하며, 최광의의 입법과정은 국제법의 형성과정까지 포함한다(박수철, 2012: 55).

다음으로, 법의 체계나 범위가 아니라 입법과정에 대한 접근방법 자체로 입법과정을 협의 또는 광의로 구분할 수도 있다. 이 경우 협의의 입법과정은 실정법상 입법주체가 공식적으로 법규범을 제정하거나 변경하는 과정 자체를 의미하고, 광의의 입법과정은 공식적인 법규범 형성과정 전후의 투입과 산출, 관련 행위자·기관·행위자 간의 의사소통을 모두 포함하는 과정을 의미하는 것으로 제시한다. 전자는 입법과정에 대한 법학적·제도적·정태적 접근방법이 반영된 것이고, 후자는 입법과정에 대한 정치학적·동태적 접근방법이 반영된 것이다(임종훈·이정은, 2021: 7~9).

그런데 이러한 입법과정의 개념을 제시하는 사례들은 몇 가지 문제를 지니고 있다. 먼저, 입법권의 귀속주체인 국회와 국회가 아닌 다른 법규범의 입법주체를 "입법과정"이라는 개념의 테두리 내에서 동등한 범주로 묶어서 설명한다는 것이다. 그 결과 '협의'의 입법과정은 국회로 한정되지만, '광의' 또는 '최광의'의 입법과정에서는 국회가 아닌 정부 등이 함께 포함되는 결과를 낳는다. 다른 문제는 국회가 수행하는 기능 중 법률안 심사 외의 다른 기능이 명확하지 않고 각종 행위자 간의 의사소통 과정 등과 입법과정 간의 관계가 명확하지 않다는 것이다. 또한 제도화된 사항과 제도화되지 않은 사항(예를 들어 교섭단체 간 합의와 협의과정) 등을 고려하면 정태적 접근방법과 동태적 접근방법이 구분 가능한지, 구분하는 것이 적절한지 판단하기 어렵다.

입법의 개념이 아닌 입법과정의 개념을 파악할 때 주목할 점은 국회의 본질이다. 근대 이후 의회 민주주의 국가에서 국회는 개별 정치적 대표자들이 모인 집합적 대의 기구로서의 입법부이다. 정치 공동체를 대표하는 국회의 역할과 기능은 정치 공동체의 이익을 위해 그 공동체와 관련한 의사결정을 수행하는 것이다. 구체적으로는 ① 정치 공동체 구성원의 권리와 의무 또는 그 공동체의 정책을 규정하는 법률의 제정 또는 개정, ② 정치 공동체의 살림살이와 관련된 예산의 심의 확정, ③ 정치 공동체의 주요 기구에서 일하는 인사에 대한 관여, ④ 정치 공동체의 정책을 그 구성원에게 집행하는 행정부에 대한 견제, 감시 또는 감독 등의 역할을 수행한다.

이러한 전제에서 입법과정의 개념을 제시한다면 협의로는 국회의 법률의 제정 또는 개정, 그 가운데 발생하는 각종 투입과 산출 및 의사소통 과정을 의미하며, 광의로는 법률의 제·개정 외에 예·결산, 대정부견제 등 국회가 국가라는 정치 공동체와 관련된 의사결정을 수행하는 제도와 각종 상호작용 과정 전반을 의미한다. 또한 입법과정의 개념과 특성을 이해하기 위해서는 국회라는 물리적 공간과 국회를 구성하는 각종 인적·조직적 구성을 이해할 필요가 있다. 참고로, 제3장 이후에서는 이러한 측면들을 종합적으로 고려해 국회의 조직과 공간, 법률안 심사, 행정입법 통제, 예·결산 심사, 국정감사와 조사, 인사청문회, 국회 소속 기관 등 국회와 입법과정을 종합적으로 이해하는 데 도움이 되도록 각 장의 내용을 구성했다.

3. 입법과정의 기능

입법과정의 기능에 대해서는 논자마다 다양하게 분류해 제시하고 있다. 임종훈·이정은(2021: 9~18)의 경우, ① 규범 형성 기능(규범의 형성과 정당화, 입법과정 안정성 제고), ② 정치적 기능(민의 수렴 및 정치 참여, 갈등 완화 및 사회 통합, 사회적 가치의 배분), ③ 정책적 기능(정책의 결정 및 규범화, 정책과정 통제와 정치과정 연계)으로 제시하고 있다. 이는 입법과정에 대한 법학적 접근방법, 정치학적 접근방법, 정책학적 접근방법이 자연스럽게 입법과정의 기능에 대한 이해로 반영된 것으로 볼 수 있으며 입법과정의 기능을 가장 전통적이고 대표적으로 포괄해 설명한 입장이다.

박수철(2012: 59~71)의 경우, ① 법률 형성 기능과 정책심의·결정 기능, ② 참여 기능, ③ 커뮤니케이션과 민의 수렴 기능, ④ 사회갈등 관리와 사회 통합화의 기능, ⑤ 정치과정 기능으로 제시하고 있다. 앞서 임종훈·이정은(2021)과 세부적인 내용은 비슷하지만 입법과정의 기능을 판단하는 관점을 국회 내부에서부터 시작해 입법과정에 참여하는 행위자 및 국회 외부로 이동·확장하면서 파악한 입장으로 볼 수 있다.

박영도(2014: 272~275)의 경우, 현대사회 속 입법부의 위상 변화와 정치·사회와의 관계에 주목하면서 입법과정의 기능을 ① 갈등의 처리와 정치사회의 통합화, ② 국민의 정치 참여의 기회 보장, ③ 입법과정을 통한 소수자 보호로 제시하고 있다. 법규범 및 정책의 형성이라는 입법과정의 산출물을 입법과정의 기능으로 포함해 설명하지 않고 입법과정이 정치·사회 체제에 미치는 영향을 중심으로 입법과정의 기능을 제시한 입장이라 할 것이다.

정호영(2012: 84~86)의 경우, 입법과정의 기능을 ① (의회 운영 측면에서의) 안정성과 예측가능성, ② (의원들 상호 간의) 갈등가능성 축소, ③ (입법과정 산출물에 대한) 정당성의 기능, ④ 정치과정으로서의 기능, ⑤ 정책결정과정으로서의 기능으로 제시하고 있다. 이는 입법과정을 "국회의 구성조직을 중심으로 하여 이루어지는 국회의 제 과정"이라고 정의(정호영, 2012: 84~86)한 일종의 조직론적인 입장과 밀접한 관련이 있다고 볼 수 있다. 즉, 「국회법」 등 국회관계법을 통해 형성된 입법과정 자체가 국회라는 조직 내부의 의사결정에 어떠한 영향을 미치는지에서 출발해 입법과정의 기능을 설명해 나가는 입장이다.

이상 기존 논의에서 제시된 내용 모두 입법과정의 기능을 잘 설명하고 있다. 다만, 입법과정의 기능은 입법과정의 결과물 자체(예를 들어 법규범의 정립)와 구분할 필요가 있다. 또한 입법의 기능을 보다 본질적으로 파악하려면 입법과정 중에 발생하는 영향을 입법의 기능으로 모두 포함하기보다 입법과정이 정치 공동체의 관계에서 어떠한 역할을 수행하는지를 살펴보아야 할 것이다. 그러한 관점에서 이 책에서는 입법과정의 기능을 ① 민의 수렴, ② 갈등 해결과 통합, ③ 행위자 간 상호작용, ④ 정책결정이라는 네 가지 측면으로 제시하고자 한다. 자세한 내용은 제4장 제2절 법률안 심사과정에서 소개한다.

제3절 입법과정의 체계

이 절에서는 입법과정의 체계를 구성하는 주요 사항과 그러한 체계에 영향을 미치는 요인을 살펴본다. 입법과정의 체계를 구성하는 법적·

제도적 단계나 절차, 그에 영향을 미치는 다양한 정치적·사회적 요인의 세부적인 사항은 제3장 이후에 서술한 우리나라 국회의 각종 제도에서 설명한다. 여기에서는 그러한 세부사항의 개괄적인 근거가 되는 사항을 약술함으로써 입법과정과 국회를 이해하는 기본적인 사항을 소개하고자 한다.

1. 입법과정의 원리

입법과정이 존재하는 이유는 국민의 대표를 통해 국민의 의사가 국가 공동체의 법과 정책에 반영될 수 있도록 하기 위함이다. 헌법은 이를 위해서 몇 가지 최소한의 원칙을 직접 규정하고 있다. 예를 들어, 국회가 국민의 보통·평등·직접·비밀선거에 의해 선출된 200명 이상의 국회의원으로 구성되도록 한 것(제41조), 국회의 정기회와 임시회의 요건을 규정한 것(제47조), 의결정족수 원칙을 직접 규정한 것(제49조), 회의 공개의 원칙을 명시한 것(제50조), 그 외에 법률안·예산안·국정감사 및 조사·탄핵·의원징계 등 각종 권한의 내용과 주요 절차를 규정한 것 등이다. 이러한 헌법의 취지를 「국회법」은 제1조 입법목적에서 "국민의 대의기관인 국회의 민주적이고 효율적인 운영에 기여함"이라고 표현하고 있다. 즉, 입법과정의 결과인 법률, 예산, 정책에 대해 보다 많은 국민이 공감할 수 있도록 이들을 내용과 절차 모든 면에서 민주적이고 효율적으로 도출해야 하는 것이다.

1) 민주성(democracy)

민주성이란 국가의 의사가 국민에 의해 결정되어야 한다는 것이다.

다양한 가치와 이해관계가 병존하는 현대사회에서는 국민의 의사 역시 다원화된 형태로 존재한다. 그렇기 때문에 입법과정을 통해 이를 단일한 의사로 수렴해 규범화하는 과정은 단순히 국민주권주의를 실현한다는 의미 이상의 가치를 지닌다(임종훈·이정은, 2021: 20). 입법과정의 기본원리인 민주성의 구체적인 내용으로는 국민주권의 실현, 국민의 이익실현, 비례적 대표성, 국민 의사에 대한 반응성과 책임성, 대화와 타협, 절차의 공정성, 다수의 횡포 방지, 소수의 횡포 배제 등을 들 수 있다(임종훈·이정은, 2021: 21~26). 여기에 회의공개 원칙과 투명성 확보도 포함시킬 수 있다(박수철, 2012: 84).

2) 효율성(efficiency)

입법과정에서는 양질의 법규범을 필요한 만큼 제정할 수 있어야 하는데, 그에 소요되는 유무형의 의사결정 비용과 시간이 과도하지 않아야 한다. 입법과정이 효율적이지 못하면 다양한 입법수요에 신속하고 적절하게 대응하기 어려울 것이고, 이는 곧 의회민주주의에 대한 불신으로 이어질 수 있다(임종훈·이정은, 2021: 26~27). 이와 같이 입법과정에서 효율성은 의사결정 비용을 최소화해야 한다는 의미보다는 국민의 의사를 적시에 반영할 수 있도록 해야 한다는 의미를 지니고 있다. 입법과정의 중요한 원리인 효율성의 구체적인 내용으로는 정책목표의 효과적인 실현, 의사결정 비용의 최소화, 적절한 산출, 전문성, 적시성 등을 들 수 있다(임종훈·이정은, 2021: 27~29). 다만, 민주성과 효율성의 가치가 충돌할 경우, 국가적 위기 상황 등 예외적인 경우가 아니라면, 민주주의 관점에서 민주성이 우선되는 것이 원칙일 것이다(박수철, 2012: 86~87).

2. 입법과정의 규범적 근거

입법과정의 가장 중요한 법적 근거는 역시 헌법이다. 헌법은 국회의 구성과 권한 등에 관한 기본적인 사항을 직접 규정하고 있다. 우리나라는 헌법이 직접 규정한 사항 외에 국회의 조직과 운영에 관한 대부분의 사항을 「국회법」에서 규정하고 있다. 그리고 보다 세부적인 사항들은 주로 의회 내 의사규칙으로 정하고 있다(국회사무처, 2024b: 3). 한편 헌법과 「국회법」 등 국회관계 법률의 근거에 따라 제정된 국회규칙이 있고, 그 외에 국회규정 등의 하위 법규범이 있다. 또한 국회관계법을 해석하고 적용한 기존의 사례, 즉 선례도 중요한 기능을 한다.

1) 헌법

앞서 소개한 바와 같이, 헌법에서는 입법권, 행정권, 사법권이 속하는 주체를 명시하고 있으며, 국회의 구성과 권한의 기본적인 사항을 정하고 있다. 또한 헌법은 국민의 기본권 제한과 국가의 통치에 관한 사항 중 일부를 법률로 규정하도록 직접 명시하고 있다. 헌법이 국민의 기본권 제한에 관하여 법률로 정하도록 명시한 사항으로는 형벌·보안처분(제12조 제1항), 조세의 종목과 세율(제59조), 재산권의 수용·사용·제한과 보상(제23조), 기본권 제한의 사유와 한계(제37조 제2항) 등이 있고, 국가의 통치에 관하여 법률로 정하도록 명시한 사항으로는 국민의 요건(제2조), 국회의원 수와 선거구 획정(제41조), 대통령 선거(제67조 제5항), 국군의 조직·편성(제74조 제2항), 행정각부(제96조), 법관과 법원(제101조 및 제102조), 지방자치단체 종류(제117조 제2항) 등이 있다(국회사무처, 2024f: 27~28).

2) 「국회법」 등 국회관계법

의회에 관한 사항에 대해 규정한 법률을 의회법이라 부르는데, 우리나라의 대표적인 의회법으로는 「국회법」이 있다. 「국회법」에 부수되는 법률로는 「국정감사 및 조사에 관한 법률」, 「국회에서의 증언·감정 등에 관한 법률」, 「인사청문회법」, 「국회의원 보좌직원과 수당 등에 관한 법률」이 있다. 「국회법」을 형식적 의미의 국회법, 「국회법」과 그 외의 전술한 국회관계 법률을 실질적 의미의 국회법이라 할 수 있다. 실질적 의미의 국회법에는 「국회사무처법」, 「국회도서관법」, 「국회예산정책처법」, 「국회입법조사처법」, 「국회미래연구원법」 등이 포함될 수 있다(임종훈·이정은, 2021: 35). 보다 광의로는 「공직선거법」, 「정당법」, 「정치자금법」 등과 「국가재정법」, 「국가공무원법」, 「지방자치법」 등도 포함될 수 있다(정호영, 2012: 10).

「국회법」은 다음과 같은 특성을 지니고 있다(국회사무처, 2024b: 4~6). 첫째, 헌법 규정을 구체적으로 규정해 사실상 헌법의 일부를 구성한다. 둘째, 교섭단체 및 정당 간 의견을 조정하기 위한 정치적 성격을 강하게 띠고 있고 실제 내용도 그러한 정치적 타협과 조정의 결과인 경우가 많다. 셋째, "입법을 위한 법", "법을 만드는 법"이다. 넷째, 국회뿐만 아니라 지방의회의 운영에까지 영향을 미치는 의회 관련 기본법이다.[1] 다섯째, 실제 구속력에 대해서는 논란의 여지가 있으나 국회 운영의 선례가 「국회법」의 해석과 적용에 큰 영향을 미치고 있다.

---

1 국회법을 통한 국회 운영은 의회를 넘어서 회의체의 운영 전반에 영향을 미친다고 볼 수도 있다.

3) 국회규칙

대개 의회는 헌법, 법률의 위임이나 의회의 자율권에 기초해 의회규칙을 마련하고 있다(임종훈·이정은, 2021: 36). 우리나라의 경우 의회 운영 일반을 규정하는 의사규칙은 없고 「국회법」 등 법률의 위임이나 국회가 자발적으로 의결한 국회규칙이 일부 있다. 2024년 6월 기준으로 국회규칙은 총 38건이다. 본회의 의결을 거치는 국회규칙은 「국회법」에서 위임한 「국회상임위원회 위원정수에 관한 규칙」, 「공직자윤리법의 시행에 관한 국회규칙」, 「고위공직자범죄수사처장후보추천위원회의 운영 등에 관한 규칙」, 「국회세종의사당의 설치 및 운영 등에 관한 규칙」 등 11개를 포함해 21개이다. 본회의 의결이 아닌 국회의장이 국회운영위원회의 동의를 거쳐 정하는 경우도 있는데, 이러한 국회규칙은 「국회사무처 직제」 등 11개이다(국회사무처, 2024b: 713~715).

4) 국회규정, 위원회 운영규칙

법률이나 국회규칙의 위임에 따라 또는 국회의장의 권한에 따라 국회의장이 정하는 국회 내부의 규범으로는 국회규정이 있다. 한편, 「국회법」 제169조 제2항에 따라 국회의 위원회가 국회운영위원회와 협의하여 「국회법」 및 국회규칙을 저촉하지 않는 범위 내에서 정하는 위원회 운영규칙도 있다. 참고로, 국회규정 하위의 법규범으로는 국회사무총장, 국회도서관장, 국회예산정책처장, 국회입법조사처장이 정하는 국회 각 소속 기관별 내규가 있다.

5) 선례

국회 선례란 국회 운영과정에서 발생한 유사한 사례들을 말한다. 모든 사례를 선례라 칭하지는 않으며, 성문규범에 위배되지 않은 사례, 반복적으로 적용된 또는 적용가능성이 있는 사례가 선례로 인정될 수 있다(임종훈·이정은, 2021: 37). 국회 선례는 아직 조문화되지 않았거나, 입법화하기에 부적절하거나, 구체적인 세부규정이 없거나, 해석에서 논란의 여지가 있는 경우에 대해 국회 운영의 기준이 되고 있다(국회사무처, 2024b: 6).

3. 입법과정의 영향 요인

입법과정을 규율하는 헌법 이하 규범적 근거가 마련되어 있다고 하더라도 실제로 입법과정을 운영하는 결과는 다양하게 나타난다. 이는 입법과정 자체를 둘러싼 보다 정치적이고 거시적인 요인들이 구조적으로 영향을 미치고 있기 때문이기도 하고, 개별 행위자들의 행태가 다양하기 때문이기도 하다. 이와 같이 입법과정에 영향을 미치는 요인은 구조적 요인과 참여자의 측면에서 살펴볼 수 있다.

1) 입법과정의 구조적 요인

입법과정에 영향을 미치는 대표적인 구조적 요인으로는 정부형태, 정당, 의회형태와 운영체계, 정치문화, 사회환경 등을 들 수 있다(박수철, 2012: 89).

첫째 구조적 요인은 정부형태이다. 정부형태에 대한 분류나 명칭은 다양하지만, 대체로 근대 민주국가에서는 입법부와 행정부의 관계에 따라 의원내각제, 대통령제, 이원정부제로 분류하는 것이 일반적인 접근방법이다(성낙인, 2024: 355). 대통령제는 권력분립의 원리, 견제와 균형의 원리를 엄격하게 적용하지만, 의원내각제는 권력의 융합을 강조한다. 의원내각제는 입법부와 행정부가 동일한 정파 또는 정파 연합으로 구성되기 때문에 입법과정에서 의회의 신임에 기초해 구성된 정부가 주도하기 쉽고 의회의 독립적인 역할은 오히려 축소되는 경향이 있다(임종훈·이정은, 2021: 45~46). 이원정부제는 대통령과 의회 다수파의 일치 여부에 따라 헌법적 현실이 달라지는 변동성을 지니고 있다(성낙인, 2024: 383~384). 대통령제의 경우 대통령제라는 정부형태가 입법과정에 미치는 영향을 파악하기 위해서는 입법부와 행정부 간의 우위 관계를 살펴봐야 한다. 입법부 우위형은 의회를 통한 다원적인 입법요구 및 입법에 대한 수용이 활발할 가능성이 높고, 행정부 우위형은 관료적 의사결정, 정부와 집권당의 사전협의 등이 중시될 가능성이 높다(임종훈·이정은, 2021: 45~46).

둘째 구조적 요인은 정당이다. 논리적으로 보면 다당제가 양당제보다 국회 내에서의 의사결정이 더 지연될 수 있다. 그러나 다당제에서도 원내 제1당과 제2당이 아닌 정당을 통해 다수파의 연합이 원활하거나 원내 정당 간의 타협이 활발하게 중재된다면 다당제가 양당제보다 더욱 효율적으로 의사결정을 진행할 수도 있다. 어떠한 정치적·제도적 요인이든 간에 정치문화가 중요한데, 정당 요인의 경우 그러한 측면이 더욱 부각되는 것으로 평가할 수 있을 것이다. 정당 요인에서는 다당제냐 양당제냐의 문제보다 정당이 표방하고 추구하는 정책성향의 분포가 더 중요할 수 있다(임종훈·이정은, 2021: 60). 양극단의 정책성향을 대표하는 정당이 많고 이러한 정당이 주요한 세력일수록 정치적 타협은 어려워진다.

셋째 구조적 요인은 의회형태와 운영체계이다. 예를 들어, 단원제는 양원제에 비해 의회의 의사결정이 신속하고, 책임소재가 분명하고, 의회의 운영비용이 적고, 행정부를 효과적으로 견제할 수 있고, 의회구성원 간 일체감이 높다는 장점이 있다. 양원제는 단원제에 비해 졸속하고 경솔한 심사를 방지할 수 있고, 다양한 이익을 반영하기 쉽고, 의회 내에서 다른 원에 대한 견제를 통해 다수파 횡포를 줄이거나 한 원이 다른 원과 행정부 간의 갈등을 줄일 수 있고, 양원의 선거주기가 다를 경우 국민의 중간평가 기회가 보장된다는 장점이 있다(박수철, 2012: 93~94). 의회를 위원회 중심주의로 운영하는지 본회의 중심주의로 운영하는지도 변수이다. 위원회 중심주의는 법률안 처리의 효율성과 전문성의 측면에서 장점이 있지만 소수 의원의 영향력이 커지는 문제가 발생할 수 있다. 반면 본회의 중심주의는 다양한 의견과 관점이 반영될 수 있다는 장점이 있지만 입법수요에 신속하게 대응하기 어렵다는 문제가 발생할 수 있다(박수철, 2012: 94~95).

넷째 구조적 요인은 정치문화이다. 대화와 타협의 문화가 성숙한지, 국민들의 정치 관심과 참여도가 높은지, 개인의 자유와 국가의 개입 중 어느 쪽을 강조하는지, 정치체제에 대한 신뢰가 높은지 등이 입법과정의 생산성을 좌우한다(임종훈·이정은, 2021: 61). 그러나 이러한 요인이 입법과정에 미치는 영향은 단순화하기 어려운 면도 있다. 예를 들어, 국민들의 정치 관심과 참여도는 지향하는 정치적 이념이 극단적인지 여부에 따라 입법생산성에 부정적인 영향을 미칠 수도 있다. 특히 정치문화를 적절하게 반영하는 정치체계가 갖춰져 있는지 여부에 따라 정치문화가 입법과정에 미치는 영향이 달라질 수 있을 것이다.

다섯째 구조적 요인은 사회환경이다. 입법수요는 사회경제적 변화에 따라 다양하게 변화한다. 정치경제적 위기나 중대한 자연적·사회적 재난이 입법과정에 직접적인 영향을 미치기도 한다. 최근에는 정보통신기술과 과학기술이 발달함에 따라 입법과정이 민의를 수렴하는 과정이나 정당 및 정치문화가 크게 변화하고 있다.

2) 입법과정의 참여자

입법과정을 법률안으로 좁혀서 가장 단순하게 요약하면 법률안 입안 및 제출 → 국회의 심사·의결 → 정부이송 → 공포의 순서이다(국회법제실, 2024: 12). 자세한 내용은 제4장에서 다룬다. 이러한 입법과정에는 다양한 참여자가 있고, 이러한 참여자의 행태는 입법과정에 영향을 미친다.

법률안의 입안 및 제출에서는 국회의원과 정부가 해당 권한의 주체이다. 법률안의 입안과정에서는 일반 국민의 여론, 국회의원의 지역구 또는 해당 사안의 지역주민, 관련 협회 등의 각종 기관이나 시민단체, 언론의 의견이 국회의원과 정부로 투입된다. 학계 등의 연구자도 직접적으로 또는 각종 연구결과물을 통해 간접적으로 입법과정에 참여한다. 국회의원의 법률안 입안과 제출에서는 국회사무처 법제실의 입안 지원, 국회입법조사처 등 소속 기관의 정책 검토, 정부 부처나 각종 단체 등의 건의 등이 투입된다. 정당 정책위원회나 연구원 등 정당 차원에서도 법률안 입안을 준비한다(국회사무처, 2024f: 14). 이러한 다양한 행위 주체가 국회의 심사·의결에서부터 최종 공포를 거쳐 새로운 입법수요 제기에 이르기까지 계속 영향을 미친다.

입법과정의 참여자를 주요 기관별로 나누면 다음과 같다(임종훈·이정은, 2021: 100~111). 첫째, 국회이다. 국회 내부에 있는 입법과정 주요 참여자로는 국회의원, 국회의장, 위원회(상임위원회, 특별위원회, 전원위원회, 소위원회, 안건조정위원회), 교섭단체, 입법지원조직(국회사무처, 국회도서관, 국회예산정책처, 국회입법조사처, 국회미래연구원)이 있다. 둘째, 정부이다. 정부 내부에서는 행정부처가 주된 입법과정 참여자이고, 이를 통할해 대통령이 정부의 의사를 결정한다. 법제처는 법률안과 행정입법을 심사·검토하고 유권해석하는 권한을 행사한다. 셋째, 정당이다. 정당 내부에 있는 입법과정 주요 참여자로는 정당의 지도부, 정책위원회, 정책연구위원 및 각종 당직자, 정당의 연구소 등이 있다. 넷째, 지방자치단체 및 기타 국가기관이다. 이에 속하는 기관 및 참여 내용으로는 지방자치단체, 사법부(사법작용의 결과, 대법원장·헌법재판소장의 입법의견 등), 중앙선거관리위원회(입법의견), 감사원(감사결과), 국가인권위원회나 국민권익위원회(각종 권고 등) 등이 있다. 그 밖에 각종 이해관계자, 전문가, 시민사회 및 언론이 입법과정의 직간접적인 참여자가 될 수 있다.

제4절 의회의 기능과 분류

이 절에서는 하나의 정치 공동체에서 의회가 수행하는 기능을 비교의회적 관점에서 개관한다. 다음으로, 의회의 분류에 대한 학문적 논의를 소개한다. 마지막으로는 이들 논의가 지닌 함의를 살펴봄으로써 우리가 다양한 시각에서 국회를 바라봐야 하는 이유가 무엇인지를 제시한다.

1. 의회의 기능

우리 국회는 헌법과 「국회법」이 정하는 바에 따라 입법 기능, 재정에 관한 기능, 국정에 대한 감시 및 감독 기능, 국가 주요 직위에 대한 인사 참여 기능을 가지고 있다. 그리고 이러한 기능은 제2절에서 설명한 것처럼 이 책에서 다루는 입법과정의 개념에 포함되어 있다. 하지만 여기에서는 이러한 법적 기능과 권한을 넘어 비교의회적 관점에서 의회가 수행하는 기능과 관련된 실증적인 논의를 소개하려 한다.

의회의 기능에 대한 영향력 있는 패케넘의 논의(Packenham, 1970)에 따르면, 의회의 기능은 정치 체제와의 관계에 따라 ① 정당성 확보 차원, ② 충원, 사회화, 훈련 차원, ③ 의사결정 차원으로 나뉜다. 첫째, 정당성 확보 차원의 기능으로는 암묵적인 정당성 부여, 명시적인 정당성 부여, 긴장 해소 및 안전밸브 기능이 있다. 의회는 존재해 활동하는 것만으로도 정치체제에 정당성을 부여하고(암묵적 정당성 부여), 정부의 정책을 승인함으로써 정책에 정당성을 부여한다(명시적 정당성 부여). 또한 의회는 자기가 원하는 것을 모두 얻을 수 있는 사람이 아무도 없는 현실에서 발생하는 불만과 긴장을 완화하는 역할을 한다(긴장 해소 및 안전밸브).

둘째, 의회는 정치 엘리트에 대한 충원과 사회화, 훈련 기능을 수행한다. 의회 의원으로 선출되어 정치 엘리트로 충원된 정치인들은 의회에서 정치적 기술과 규범을 배우고, 다른 직책을 수행할 때 이를 활용한다.

셋째, 의사결정 차원의 기능으로는 입법 기능, 교착 타개, 이해 표출, 갈등 해결, 행정부 감독 기능이 있다. 공동체에서 발생한 문제가 관계자들 간의 입장의 차이로 해결되지 못할 때 의회의 개입으로 해결되는 경우가 있다(교착 타개). 한편 의회에서는 토론을 통해 공공의 이해관계가 표출된다(이해 표출). 또한 이익 단체 간의 갈등이 의회에서 해결되기도

표 1-1 **의회의 기능**

구분	내용
패케넘	• 정당성 확보: 암묵적 정당성 부여, 명시적 정당성 부여, 긴장 해소 및 안전밸브 • 정치 엘리트의 충원, 사회화, 훈련 • 의사결정: 입법, 교착 타개, 이해 표출, 갈등 해결, 행정부 감독
노턴	• 의회와 정부: 정치 엘리트의 충원과 훈련, 입법, 행정부 감독 • 의회와 국민: 지역구 고충 해결, 안전밸브, 이해 표출, 공중에 대한 교육

자료: Packenham(1970); Norton(2013: 7~15)에서 발췌.

한다(갈등 해결). 마지막으로 의회는 행정부 감독 기능을 수행하는데, 패케넘은 의원의 지역구 관리가 이 기능을 통해 이루어진다고 제시한다.

패케넘의 논의는 브라질 의회에 대한 연구를 기반으로 한 것이지만 이후 영국 의회의 기능에 대한 노턴의 논의(Norton, 2013)에도 반영되고 있다. 노턴은 영국 의회의 기능을 논의하면서 패케넘의 기능 분류를 기반으로 하되, 이들 기능을 의회와 정부, 의회와 국민이라는 두 가지 큰 차원으로 다시 분류한다. 또한 행정부 감독 기능에서 지역구 관리 기능을 분리하고, 의회의 시민에 대한 교육 기능과 특정 정책에 대한 지지 동원 기능을 강조한다(Norton, 2013: 11). 이상의 검토를 표로 나타내면 〈표 1-1〉과 같다.

2. 의회의 분류

여기에서는 의회의 분류와 관련해 넬슨 폴스비(Nelson Polsby), 마이클 메지(Michael Mezey), 필립 노턴(Philip Norton)의 논의를 각각 소개한다. 세 사람의 논의는 앞에서 살펴본 의회의 기능뿐만 아니라 우리가 국회를 보는 시각과도 연결된다.

폴스비는 먼저 정치 체제가 분화되었는지 그리고 정치 체제가 개방적인지를 검토한다. 정치 체제가 분화되어 있는 경우 고무도장형 의회, 경합장형 의회, 변혁형 의회로 분류한다(Polsby, 1975). 첫째, 고무도장형(rubber stamp) 의회는 의회 외부에서 결정된 의사를 추인하는 것에 불과한 의회로, 폐쇄형 체제의 의회이다. 둘째, 경합장형(arena) 의회는 중요한 정치 세력들이 상호작용하는 공식적인 무대의 성격을 가진다. 행정부의 책임을 담보하는 것이 중요한 기능이고 따라서 의회에서 어떤 것이 논의되는가가 중요하다. 영국 하원이 경합장형 의회의 대표적인 사례이다. 셋째, 변혁형(transformative) 의회는 정책 제안을 법률로 만들고 변형하는 독립적인 능력을 가지고 있다. 변혁형 의회에서 중요한 것은 무엇이 이루어지는가 하는 것이다. 미 연방의회를 변혁형 의회의 대표적인 사례로 볼 수 있다. 경합장형 의회와 변혁형 의회는 개방형 체제의 의회이다.

메지는 의회를 정책적 권한 및 역량을 보유한 정도와 지지를 받는 정도(제도적 연속성, 정부 지도자들의 의회에 대한 태도, 국민들의 의회에 대한 신뢰)에 따라 분류한다(Mezey, 1979). 지지를 많이 받는 의회는 다시 행정부의 정책을 수정하거나 거부할 수 있는 능동형(active) 의회, 행정부의 정책을 수정할 수는 있지만 거부할 역량은 없는 반응형(reactive) 의회, 행정부의 정책을 수정 또는 거부할 역량이 없는 최소형(minimal) 의회로 나뉜다. 지지를 적게 받는 의회는 다시 정책 권한과 역량에 따라 취약형(vulnerable, 초헌법적 공격에 취약하다는 의미에서) 의회(능동형 의회와 대비되는 개념)와 한계형(marginal) 의회(반응형 의회와 대비되는 개념)로 나뉜다.

노턴은 의회의 정책 역량에 따라 정책창출형 의회, 정책영향형 의회,

표 1-2 의회의 분류

구분	내용
폴스비	• 폐쇄형 체제: 고무도장형 의회 • 개방형 체제: 경합장형 의회, 변혁형 의회
메지	• 지지를 많이 받는 의회: 능동형 의회, 반응형 의회, 최소형 의회 • 지지를 적게 받는 의회: 취약형 의회, 한계형 의회
노턴	• 정책창출형 의회, 정책영향형 의회, 정책 영향이 거의 없는 의회

자료: Polsby(1975); Mezey(1979); Norton(1984).

정책 영향이 거의 없는 의회로 나눈다(Norton, 1984). 첫째, 정책창출형(policy-making) 의회는 정부에 의해 제안된 정책을 수정 또는 거부할 수 있을 뿐만 아니라, 스스로 정책을 만들어내거나 정부에 의해 제안된 정책을 대체할 수 있다. 둘째, 정책영향형(policy-influencing) 의회는 정부에 의해 제안된 정책을 수정 또는 거부할 수 있지만 자신이 만들어 낸 정책으로 대체하기는 어렵다. 셋째, 정책 영향이 거의 없는(little or no policy impact) 의회는 정부에 의해 제안된 정책을 수정 또는 거부하기도 어려운 의회이다(이상 <표 1-2> 참조).

3. 의회를 보는 시각을 확장해야 하는 이유

우리가 의회를 바라보고 평가할 때에는 앞서 살펴본 국회의 기능 가운데 의사결정 기능에만 초점을 맞추는 경향이 있다. 국회나 국회의원을 평가할 때 법률안 통과율, 예산안 수정률, 법안 발의 건수 등을 주요 지표로 활용하는 것이 이를 보여주는 예가 될 것이다. 하지만 이는 의회가 의사결정 기능만 가지는 것이 아니라 정치체제의 정당성을 확보하는 기능과 정치 엘리트의 충원과 사회화, 훈련 차원의 기능도 가진다는 점을 간과한 시각이다.

예를 들어 정당성 확보 차원의 기능을 살펴보면 첫째, 의회가 존재한다는 것만으로도 한 정치체제의 정당성이 확보되는 측면이 있다. 둘째, 개별 정책에서도 의회가 공식적으로 승인해야만 정책들이 정당성을 확보할 수 있다. 셋째, 안전밸브 기능은 국민이 가장 실감할 수 있는 기능인데, 정책 과실이나 오류 또는 재난 상황 등이 일어났을 때 의회는 정부 등의 관계자들을 의회로 불러 질문하거나 관련 문제점을 추궁하고, 국민이 궁금해 하는 점을 확인하거나 국민의 분노를 대리 표출한다. 의회는 이러한 기능을 수행함으로써 정치체제의 정당성을 얻는 한편 정치공동체 구성원들로부터 지지도 얻는다.

사실 의사결정 기능에 대해서만 살펴보더라도 앞서 언급한 지표들을 의회에 대한 평가에 활용하는 것은 바람직하지 못한 측면이 있다. 예를 들어 노턴은 영국 의회가 정책에 미치는 영향력이 과소평가되고 있다고 주장하면서 예견된 반응(anticipated reaction)(Norton, 2013: 6)이라는 개념을 원용한다. 예견된 반응이란 내가 의사결정을 할 때 상대방이 나의 제안에 어떤 생각과 대응책을 가지고 있을지를 예상해서 결정하는 것을 말한다. 즉, 정부가 A라는 정책 대안을 선호하더라도 의회에서 B로 수정될 것으로 예상되고 정부가 이를 받아들일 수 있다면 애초부터 B라는 정책 대안을 제시하는 것이다. 이 경우 정부가 제시한 B라는 정책 대안이 그대로 의회에서 통과되었다고 해서 의회의 정책 영향력이 낮다고 평가하는 것은 타당하지 않다고 노턴은 주장한다.

국회가 이런 다양한 기능을 수행하고 있는 현실은 앞서 살펴본 의회 분류론에도 반영되어 있다. 폴스비는 분화되고 개방된 정치 체제하의 의회를 경합장형 의회와 변혁형 의회로 구분했는데, 이 중 경합장형 의회는 체제의 정당성 확보 기능과 행정부의 책임성 확보 기능이 중시되는 의회로, 의회가 나름대로 중요한 역할을 한다. 메지는 정책과정에서 강력한 권한을 지니고 있는 의회라 하더라도 국민이나 정치 지도자들로부터 지지를 얻지 못하면 강력한 정책 기구로서의 위상을 계속 유지하기 어렵다고 한다(Mezey, 1979: 156~157).

제5절 이 책의 초점과 구성

이 책은 앞서 제2절에서 살펴본 광의의 입법과정 개념 — 국회는 국가라는 정치 공동체와 관련된 의사결정(법률의 제·개정 외에 예·결산, 대정부견제 등)을 수행하는 제도와 상호작용하는 과정이라는 개념 — 에 입각해 국회의 역할을 살펴본다. 즉, 국회의 조직과 운영의 개요, 대표하는 법률안 등의 심사과정, 예·결산 심사, 국정감사 등 대정부 견제 기능, 국회의 인사권 및 인사청문회에 중점을 둔다. 이에 앞서 주요국 의회의 사례를 간략히 살펴보고, 마지막 장에서는 국회가 대국민 관계에서 중점을 두고 있는 사항을 알아본다.

먼저 제2장은 주요국 의회의 사례를 개관한다. 대통령제 국가(미국, 프랑스)와 의원내각제 국가(영국, 일본)의 사례를 통해 권력구조가 의회 기능에 미치는 영향을 비교의회 관점에서 살펴본다. 이 장에서는 각 국가들의 입법과정과 의회 지원조직도 소개한다.

제3장은 국회의 조직과 회의 운영에 대한 내용이다. 국회를 구성하는 인적 요소인 국회의원의 선출 방법과 임기, 권한, 특권 및 의무, 국회의장·부의장·위원회 위원장의 선출 방법 및 역할, 의장단 및 위원회 위

원장단을 정당 간에 배분하는 원구성, 위원회, 교섭단체, 국회의 회의 운영에 관한 사항 등을 알아본다.

제4장은 국회의 법률안 등의 심사 기능에 대한 내용이다. 먼저 입법과정의 기능을 간단하게 살펴본 후, 구체적인 법률안 심사과정을 ① 법률안 발의·제출, ② 위원회 심사, ③ 소위원회 심사·의결, ④ 위원회 의결, ⑤ 법제사법위원회 심사·의결, ⑥ 본회의 심의·의결, ⑦ 정부 이송 및 공포, 대통령 재의 요구의 개별 절차에 따라 설명한다. 이 장에서는 이 외에 헌법개정안 심사과정과 정부가 법률의 하위 규범으로 마련하는 행정입법(대통령령, 총리령, 부령 등)에 대한 국회의 통제에 대해서도 알아본다.

제5장은 국회의 예산 기능에 대한 내용이다. 예산과 예산과정에 대해 전반적으로 소개한 후, 예산과정을 ① 예산안의 국회 제출, ② 상임위원회의 예비심사, ③ 예산결산특별위원회의 심사, ④ 본회의 심의·의결의 순서에 따라 설명한다. 그리고 결산에 대해 내용과 범위, 심사과정을 살펴보고, 감사원 감사요구 현황을 간략히 소개한다.

제6장은 국회가 정부를 견제·감시·감독하는 기능에 대한 내용이다. 국정감사와 국정조사와 관련해 준비 과정에서부터 실시 방법, 결과처리까지 설명한다. 이어서 대정부질문, 긴급현안질문, 서면질문 등 각종 질문제도와 위원회에서 이루어지는 업무보고와 현안보고 등에 대해 살펴본다.

제7장은 국회가 국가 기구의 인사에 관여하는 기능과 인사청문회 제도에 대한 내용이다. 헌법에 직접 근거한 국회의 인사권과 법률에 근거한 국회의 인사권을 구분해 설명한다. 인사청문회에 대해서는 의의, 연혁, 법적 근거와 함께 실시 대상과 진행 과정 등을 알아본다.

제8장은 국회의원의 입법활동을 지원하고 있는 소속 기관 등 입법지원조직에 대한 내용이다. 국회의원 및 교섭단체를 보좌하는 조직을 간략하게 소개한 후, 국회사무처, 국회도서관, 국회예산정책처, 국회입법조사처, 국회미래연구원 등의 조직과 역할을 설명한다.

끝으로 제9장에서는 국민과 국회의 관계를 살펴본다. 먼저, 국회의 활동 공간과 국민이 국회에 접근할 수 있는 공간으로서의 국회 시설을 소개한다. 다음으로 국회가 국민에게 다가가고 국회의 신뢰를 회복하기 위해 수행하고 있는 노력에 대해 살펴본다.

제2장

주요국 의회의 입법과정

제1절 개관

이 장에서는 미국, 영국, 프랑스 및 일본의 의회 운영 사례를 살펴본다. 의회제도는 각국의 정치체제와 민주주의 발전에 핵심적인 역할을 하는데, 이 같은 의회제도는 각 나라의 독특한 역사적 맥락과 밀접한 관계를 맺고 있다. 일례로 미국의 의회는 독립전쟁 후 강력한 연방 정부의 필요성에서 출발했고, 영국의 의회는 중세시대 대헌장(Magna Carta) 이후 수세기에 걸친 민주주의의 발전과정을 반영하고 있다. 프랑스의 의회는 대혁명과 그 이후 자국의 정치적 변혁을 거치면서 변화해 왔으며, 일본의 의회제도 또한 전쟁과 재건, 그리고 현대화를 통한 정치적 변화를 투영하고 있다.

정부형태는 입법과정과 의회 운영 방식에 결정적인 영향을 미친다. 의원내각제(parliamentary system)를 채택한 영국과 일본은 입법부와 행정부 간의 긴밀한 협력을 특징으로 하는데, 이는 입법과정의 효율성을 높이는 반면, 정부에 대한 의회의 견제 역할은 상대적으로 약하다. 반면, 미국의 대통령제(presidential system)는 엄격한 권력분립을 통해 입법부와 행정부 간의 견제와 균형을 강조한다. 프랑스의 경우에는 대통령과 총리가 권한을 분담하는 복잡한 정치 구조를 이루고 있다.

이 장에서는 미국, 영국, 프랑스 및 일본의 의회 운영 사례를 살펴보고, 각국 의회제도의 특성과 그 역사적·정치적 배경을 이해하고자 한다.

제2절 미국 의회

이 절에서는 삼권분립 및 연방제의 출범과 함께 시작된 미국 의회의 역사와 특징, 입법과정 및 지원조직에 대해 살펴본다.

1. 기원과 역사

미국 의회는 '보스턴 차 사건(Boston Tea Party)'을 빼고 논하기 어렵다. 보스턴 차 사건이란 1773년 영국 의회가 대표가 없는 미국 식민지에도 과세하기로 결정하자 이에 반발["대표 없이 과세 없다(No taxation without representation)"]해 발생한 사건이다. 1774년 12개 주(state)의 식민지(13개 주 중 조지아는 나중에 참여했다)는 영국과의 갈등에 대처하기 위해 각각의 대표를 파견해 단원제 의회인 제1차 대륙의회(First Continental Congress)를 구성했다. 이후 대륙의회는 제2차 대륙의회와 연합의회(Congress of the Confederation)를 거쳐 영국으로부터의 독립을

그림 2-1 **연방헌법에 서명하는 장면**

자료: 미국 연방의회 홈페이지.

선언하고 헌법을 제정하면서 오늘날의 연방의회(United States Congress)로 발전했다.

정부수립 과정에서 미국인들이 가장 우려했던 부분은 영국과의 기나긴 전쟁을 통해 쟁취한 자유와 독립이라는 가치가 자신들이 세운 새로운 정부에 의해 유린될지 모른다는 불안이었다. 즉, 자신들이 건국한 새로운 국가가 유럽의 전제정치를 따르는 것을 경계했다(손병권, 2004: 26). 정부의 폭정 가능성에 대비하기 위해 미국인들이 고안한 제도는 어떠한 세력에 의해서도 국가가 독점되는 일이 없도록 하는 것이었다. 그 대안으로 제안된 것이 정부 간 수직적 권력분립(연방제)과 정부 내 수평적 권력분립(삼권분립)이었다(손병권, 2004: 35).

제임스 매디슨(James Madison)으로 대표되는 연방주의자(federalist)

들은 몽테스키외적 권력분립, 다시 말해 권력을 나누는 것이야말로 반연방주의자(anti-federalist)들이 우려하는 정치적 폭정을 막을 수 있는 방법이라고 생각했다(Madison, 1788). 나아가 삼권 중 가장 강력한 권한을 보유한 입법부를 둘로 나누어 각각 다른 선거방식과 다른 원칙을 적용함으로써 상호 간의 견제가 가능한 양원제를 설계했다(Madison, 1788). 이에 따라 의회는 규모에 관계없이 각 주가 두 명의 의원을 선출하는 상원(Senate)과 인구를 기준으로 구성원이 선출되는 하원(House of Representatives)으로 나뉘었다. 권력분립에 기초한 미국의 양원제는 상·하원 모두의 심의와 승인 없이는 연방 법률을 제·개정할 수 없도록 함으로써 성숙한 토론과 소수 의견의 경청 등 민주적 정당성을 확보하는 유효적절한 제도적 장치로 작용했다.

2. 미국 의회의 특징

미국 의회는 혁명을 통한 독립, 그리고 연방주의에 대한 믿음과 밀접하게 관련되어 있다. 또한 미국의 양원제는 연방을 구성하고 있는 주들 간에 대타협을 통해 얻은 산물이다. 주 인구에 비례해 선출하는 하원은 인민(people)의 요구를 충실히 대변하는 국가주의 원칙(nationalist principle)에 입각하고 있는 반면에, 모든 주에서 2명을 선출하는 상원은 주에 대한 대표성을 강조하는 연방주의 원칙(federal principle)을 구체화한 것이다(국회운영위원회, 2004: 10).

미국 의회의 또 다른 특징은 선거제도와 의회 운영에 있어 승자독식(winner takes it all) 방식을 취한다는 점이다(임재주, 2012: 308). 연방의원의 선출은 승자독식이 적용되는 소선거구 단순다수대표제를 취하고

그림 2-2 **미국 연방의회(U.S. Capital) 의사당**

자료: Architect of the Capitol 홈페이지.

있는데, 이는 군소정당의 정치진입 문턱을 높이기 때문에(뒤베르제의 법칙) 양당제를 보다 강화하는 촉매제로 작용한다. 오늘날 미국의 정당이 대체로 양당제로 운영되는 것은 이와 무관하지 않다. 승자독식의 정치문화는 의회의 구성과 운영 방법에서도 두드러진다. 상원과 하원 모두 상임위원장은 다수당이 차지한다. 안정적인 양당제는 필연적으로 과반 의석을 점하는 정당을 배출하고 정권교체의 가능성을 높이는데, 이러한 요인들이 승자독식 시스템을 뒷받침한다고 볼 수 있다. 승자독식 구조는 일면 과대 대표의 문제를 야기하는 경향이 있으나 유권자에 대한 책임정치를 구현할 수 있다는 장점이 있다. 미국 의회의 승자독식 구조는 같은 양당제임에도 협의를 통해 상임위원장 자리를 배분하는 우리나라와는 매우 다른 양상을 보인다.

또한 미국 의회는 의안에 대한 실질적인 심의가 위원회에서 이루어지는'위원회 중심주의'를 채택하고 있다(임재주, 2012: 315~323). 미국의 위원회 제도의 발달에 대해서는 위원회 제도의 전문성을 강조하는 정보 가설(예를 들어 Krehbiel, 1991), 개별 의원들의 지역구에 대한 혜택 배분을 강조하는 배분 가설(예를 들어 Shepsle and Weingast, 1987), 당파적 이익을 추구하는 정당의 기능을 강조하는 정당 가설(예를 들어 Cox and McCubbins, 2007)이 미국 학계에서 논의된다.

한편, 미국의 의원도 우리나라처럼 헌법에 따라 불체포특권(privilege from arrest)과 면책특권(speech or debate clause)을 갖는다. 즉, 상원과 하원의 의원은 회기 중이나 의회에 출석 또는 귀가하는 동안에는 반역죄나 중죄 그리고 평화위반의 경우를 제외하고는 체포되지 않고, 의원들이 의회 내에서 한 발언이나 토론에 대해서도 의회 외부에서 기소되거나 소송을 당하는 등의 법적 책임을 지지 않는다. 불체포특권과 면책특권은 의회의 독립성 보장과 자유로운 입법활동의 수행에 기여하기 위해 만들어진 제도이다. 다만, 미국은 엄격한 삼권분립에 기초한 대통령제이므로 우리나라와 달리 의원의 행정부 공무원 겸직은 금지되어 있다.

1) 하원

미국 하원 의원은 총 435명으로 50개 주의 대표를 인구에 비례해 선출한다. 2025년 현재 인구가 가장 많은 캘리포니아 주는 53명, 인구가 가장 적은 알래스카, 노스다코타, 버몬트, 와이오밍 주는 각각 1명의 하원 의원을 선출한다. 헌법에 따라 하원의 의석은 인구수에 따른 적정한 대표성을 보장하기 위해 10년 주기의 인구통계조사에 따라 배정되고 각 주에는 인구와 무관하게 최소 1명의 하원 의원이 보장된다(CRS,

그림 2-3 **미국 하원의 회의 장면**

자료: 미국 하원 홈페이지.

2015: 1~25). 하원 의원의 임기는 2년이다. 미국은 대통령 임기가 4년이므로 하원 의원 선거 2회 중 1회는 대선과 일치한다. 나머지 1회는 하원 의원 선거와 상원 의원의 일부(3분의 1)를 선출하는 선거인데, 이를 중간선거라고 부른다. 의원의 연임횟수에는 제한이 없다.

미국 하원은 세금, 경제, 예산 및 법률안을 심의하는 권한을 가지고 있다. 특히 헌법에서 세입(revenue bill)과 관련한 모든 법안은 하원에서 시작하도록 하고 있으므로 세금과 관련한 법률안은 하원에서만 시작할 수 있다(Sullivan, 2007: 3). 하원은 또한 대통령, 부통령 및 연방 판사 등 고위공무원들에 대한 탄핵소추권을 가지고 있다. 아울러 대선에서 선거인단이 동수로 나올 경우 하원에서 대통령을 최종 선출한다(Sullivan, 2007: 3~4).

하원의 수장인 의장은 본회의를 주관하고 하원의 행정사무를 집행한다. 우리나라의 국회의장처럼 하원의장은 통상적으로 다수당에서 배출하는데, 다른 점은 당적을 보유할 수 있다는 것이다. 그러나 헌법개정과 같은 중대한 사안이 아니라면 관례적으로 직접 표결에 참여하지는 않는다.

하원의 위원회 구성과 운영은 우리나라와 매우 유사하다. 위원회는 크게 법률안의 심사, 청문회 개최, 감독 및 조사, 보고서 작성 등을 담당하는 상임위원회(Standing Committee)와 특정 사건이나 이슈에 대한 조사 등 특별한 목적을 위해 한시적으로 설립하는 특별위원회(Special Committee)로 구성된다. 상임위원회는 특정 주제나 이슈에 집중해 보다 심도 있는 심의와 조사를 수행하기 위해 분야별로 법률안 심사나 청문회 개최 등을 전담하는 소위원회(Subcommittee)를 두기도 한다. 소위원회의 위원들은 해당 상임위원회 소속 의원들로 구성되고, 모든 위원장은 승자독식 시스템에 따라 다수당 소속의 의원이 맡는다(국회운영위원회, 2004: 63).

2) 상원

50개 주에서 2명씩 선출하는 미국 상원 의원은 총 100명이고, 임기는 6년이다. 상원 의원은 2년마다 50개 주 중 3분의 1씩을 선출하는데, 이는 상원의 운영이 갑작스럽게 변하지 않고 지속적으로 이어지도록 정치적 안정을 유지하기 위해서이다.

상원의 권한으로는 법률안 심의와 조약의 비준, 해외파병의 승인, 인사청문회를 통한 고위 공직자의 임명승인 및 탄핵 재판 등을 꼽을 수 있다. 즉, 상원은 인민(people)의 대표라는 성격보다는 주를 대표하는 상

그림 2-4 **미국 상원의 회의 장면**

자료: 위키백과.

징성을 지니기 때문에 연방 전체에 영향을 미치는 사안을 결정하는 데서 중요한 역할을 한다. 앞서 살펴본 바와 같이 세입에 관련된 법안은 하원에서만 시작하지만 상원의 수정 및 거부권은 여전히 유효하다. 또한 하원에서 고위공직자에 대한 탄핵을 소추하면 상원에서 탄핵 여부를 최종 판단한다.

하원의 회의에서는 의원의 발언시간을 제한하지만 상원의 회의에서는 발언시간에 제한이 없어 무제한토론(filibuster)이 용인된다. 상원에서 무제한토론을 종결하려면 클로처(cloture) 절차를 통해 재적의원의 5분의 3인 60명 이상의 의원의 찬성을 얻어야 한다.

상원의장은 부통령이 겸임한다. 다만, 부통령은 가부동수가 아닌 이상 상원의 표결에 참여하지 않는다. 상원도 하원과 마찬가지로 주어진

권한을 이행하기 위해 상임위원회와 특별위원회를 두고 있고 승자독식 원칙에 따라 다수당 소속의 의원이 모든 위원장 자리를 차지한다(국회운영위원회, 2004: 63).

3) 하원과 상원의 대등한 관계

헌법 제정 당시 입법권을 둘로 나누어 상호 견제를 도모한 만큼 하원과 상원은 상호 대등한 관계를 갖는다. 예를 들어 법안이 입법화되려면 하원과 상원 모두의 의결을 거쳐야 하고, 법안이 한쪽에서 통과되면 다른 쪽에서는 수정하거나 승인 또는 거부할 수 있는 권한을 갖는다. 예산에 대한 권한은 하원에서 시작되지만 상원은 이를 수정하고 최종적으로 승인할 수 있다. 또한 고위공직자에 대한 탄핵소추권은 하원이 갖지만 탄핵의 재판을 진행하고 유죄 판결을 내릴 수 있는 권한은 상원에 있다. 다만, 상원 의원은 하원 의원에 비해 수가 적고 임기도 길기 때문에 실질적인 위상은 상원 의원이 하원 의원에 비해 높은 편이다.

한편, 하원과 상원은 상호 견제만 하는 것이 아니라 서로 협력하고 조정하는 제도적 절차도 마련하고 있다. 양원 합동위원회(The Conference Committee)가 대표적인 예이다. 합동위원회는 상원과 하원의 의원들로 구성된 위원회로, 법률안에 대한 양원 간의 이견을 조율하기 위해 설치한 기구이다. 합동위원회에서 상·하원 의원들이 협의를 통해 협의 결과를 보고서로 채택하면 성안된 보고서는 각 원의 본회의에 부의되고 거의 그대로 가결된다.

3. 입법과정

미국 의회의 입법과정은 우리나라와 매우 유사한데, 크게 '법률안 발의 → 위원회(소위원회 포함) 심의·의결 → 본회의 심의·의결 → 타 원(院) 송부 → 타 원(院) 심사 → 정부 이송'의 절차를 거친다(국회도서관, 2024: 5).

헌법에 따라 법률의 제·개정은 의회의 상·하원 모두에 의해 이루어진다. 미국 의회는 의원 1명으로도 법률안의 발의가 가능하다. 또한 입법권은 의회의 고유 권한이므로 대통령에게는 법률안 제출권이 부여되지 않는다. 다만, 연방헌법에서는 대통령이 연방의 상황을 수시로 연방의회에 보고하고 필요한 조치의 심의를 연방의회에 권고하도록 규정하고 있으므로 대통령은 매년 연두교서(State of the Union)를 통해 정부의 입법방향을 제시한다. 또한 정부가 희망하는 법안을 대통령이 속한 정당의 의원들을 통해 제출하고 있어 우리나라와 상당히 유사한 구조를 갖는다(임재주, 2012: 265~267).

법률안이 제출되면 의장은 제1독회(법률안의 제명과 번호를 회의록에 기재하는 것)를 거쳐 소관 상임위원회에 회부한다. 만약 하나의 법률안이 여러 위원회 소관에 해당되면 의장이 복수의 상임위원회에 법률안을 회부하기도 한다. 상원에서는 소관을 둘러싼 갈등을 해결하기 위해 본회의에서 다수결 투표로 소관 위원회를 결정하기도 하고 복수의 위원회에 법률안을 회부하기도 한다[이른바 복수 회부(multiple referral)].

위원회에 법률안이 회부되면 본격적인 위원회 심사 단계에 들어간다. 법률안의 대부분은 상임위원회의 의사일정에 상정되지 못한 채 사장되는데, 위원회는 법률안과 관련해 정부 관련 부처의 의견을 조회하기도 하고 회계감사원(Government Accountability Office: GAO)에 입법화의 필요성이나 타당성에 대한 보고서 제출을 요구하기도 한다(임재주, 2012: 312). 법률안에 대한 본격적인 논의는 위원회의 상설소위원회에서 이루어진다. 이때 거치는 절차가 청문회(hearing)와 위원회 수정(mark-up session)이다(임종훈·이정은, 2021: 425~427).

소위원장의 재량으로 개최되는 청문회는 해당 법률안에 대한 정부 공무원, 이해관계자와 전문가 등을 증인으로 지정한 후 관련 의견을 청취한다(Sullivan, 2007: 12~13). 청문회는 의회 입법과정에서 광범위한 정보를 수집하고 국민의 알권리를 충족시키는 한편, 대통령제 국가에서 의회의 입법활동에 행정부가 참여할 수 있는 제도적 통로로 활용된다. 청문회가 종료되면 법률안을 심도 있게 검토하는 위원회 수정 단계를 거치는데, 이 단계에서 법률안에 대해 소위원장과 위원 간에 타협과 조정이 이루어진다(Sullivan, 2007: 14). 소위원회에서 수정이 완료되면 위원회에서 법률안에 대한 표결을 거쳐 심사보고서와 함께 본회의에 송부한다. 심사보고서에는 법률안의 목적과 범위, 심사결과, 현행법과의 차이점, 위원회 수정안에 대한 설명, 예산이 소요되는 경우 예산수권, 법률안에 대한 행정부의 의견 등이 포함된다(임재주, 2012: 327).

본회의 심의는 하원과 상원이 약간 상이한 절차를 거친다. 우선, 하원은 위원회에서 보고된 법률안들에 대해 내용의 중요성이나 공공성, 예산의 수반 여부, 논쟁의 가능성 등을 고려해 의사일정을 나눈다. 연방정책에 관해 조세를 징수하거나 예산지출을 수반하는 법률안은 하원 본회의에서 신속하게 심의하기 위해 본회의를 정족수 100명의 전원위원회(committee of the whole)로 전환한다. 보고된 법률안에 대한 대체토론(general debate)과 축조심사인 제2독회를 통해 법률안 조문에 대한 심의가 완결되면 전원위원회는 그 결과를 하원 본회의에 보고한다. 본회의에서는 제3독회와 함께 전원위원회가 채택한 수정안과 본래의 법률안을 두고 표결해 최종 법률안을 가결한 후 이를 상원에 이송한다(임종훈·이정은, 2021: 429~430).

상원에서의 법률안 심의는, 하원과 달리, 본회의를 전원위원회로 변경하지 않고 본회의에서의 심사 토론도 생략한 채 바로 수정 절차에 임한다. 수정 절차가 완료되면 최종 의결한다.

법률안이 상·하원을 모두 통과하면 양원 의장이 서명한 후 대통령에게 이송한다. 대통령이 법률안에 서명하면 해당 법률안은 법률로 확정된다. 그러나 우리나라처럼 미국의 연방헌법에서도 의회가 송부한 법률안을 대통령이 승인하지 않을 수 있는 거부권을 규정하고 있다. 대통령에게 법률안 거부권을 부여하는 이유는 삼권분립의 구조하에서 입법과정을 독점하고 있는 의회가 입법권을 악용하거나 헌법에 위반되는 입법을 할 경우 행정부로 하여금 의회를 견제할 수 있는 수단을 제공하기 위함이다. 다만, 대통령의 거부권에도 불구하고 하원과 상원에서 각각 투표의원 3분의 2 이상이 찬성하면 해당 법률안은 법률로 확정된다(Sullivan, 2007: 52).

4. 지원조직

미국의 의회는 주요 선진국의 의회 중 가장 강력한 권한을 가진다. 따라서 미국은 입법활동, 행정부 통제 등 의회의 활동을 보좌하기 위한 전문적이고 방대한 규모의 위원회 스태프와 입법지원조직을 갖추고 있다. 위원회 스태프는 위원회에서 맡은 책무마다 다른 직함을 보유하고 있는데, 대체로 스태프 디렉터(staff director), 카운셀(counsel), 프로페

셔널 스태프(professional staff), 어소시에이트 스태프(associate staff), 이코노미스트(economist) 또는 스페셜리스트(specialist), 클레리컬 포지션(clerical position) 등으로 불린다(SGIM, 2023: 4~6). 미국은 의회의 행정, 회의 지원 등을 위한 조직인 사무처를 하원과 상원에 각각 설치하고, 입법과 예산 등을 전문적으로 지원하기 위해 법제실(Legislative Counsel), 의회예산처(CBO), 회계감사원(GAO), 의회도서관 소속의 의회조사국(CRS) 등을 별도로 두고 있다.

1) 위원회 스태프

하원과 상원은 각각의 위원회에 할당된 예산의 범위 내에서 위원회 스태프를 둔다. 이들의 신분은 양원 모두 상근 공무원인데 직업공무원제를 택하고 있는 우리나라와 달리 신분보장은 되지 않는다. 다만, 위원회 스태프 중에서는 자신의 전문성을 활용해 장기간 근무하는 사례가 매우 많다. 위원회 스태프는 위원회 소속 다수당과 소수당이 약 2 대 1의 비율로 추천해 임명하는데, 위원회마다 인력규모나 구성이 비교적 다양하다(국회운영위원회, 2004: 66). 위원회 스태프는 대체로 위원회에서 맡은 전문분야에 대한 의원 보좌, 자문, 보고서 작성 및 기타 행정에 관한 사항을 처리한다.

2) 하원의 지원조직[1]

하원은 의장 산하에 독립적 지원조직(Officers of the House)을 두어 하

1 미국 하원 홈페이지(https://www.house.gov) 참조(검색일: 2025.5.1).

원의 의정활동을 보좌한다. 먼저 초당파적·비입법적 지원서비스 기관인 행정처장(Chief Administrative Officer)은 하원의 재정 및 인력을 관리하고 물품 및 기술서비스를 제공한다. 입법처장(Clerk of the House)은 의원 당선자 접수 및 등록, 하원 저널의 발행 및 관리, 회의 및 의사일정 보좌 등을 담당한다. 또한 하원은 선출직 공무원으로서 법 집행 및 의전의 책임자이자 질서유지를 담당하는 경위장(Sergeant at Arms)도 두고 있다. 경위장은 의원 및 의사당의 안전, 보안과 관련된 모든 문제를 검토하며, 필요한 경우 경찰 등 정보기관과 협력해 업무를 수행한다.

하원은 의장에 의한 임명직 공무원으로서 법제실(Legislative Counsel), 법무담당관(General Counsel), 기록관(Historian), 감사관(Inspector General), 그리고 의사관(Parliamentarian)을 설치하고 있다. 법제실은 의원이나 위원회에 법률안과 결의안의 초안을 작성해 제공하기도 하고 위원회나 본회의에서 고려되는 수정안을 작성하는 업무를 담당하기도 한다. 법제실은 후술하는 의회예산처, 회계감사원처럼 의회의 전문 서비스 제공기관임에도 불구하고 독립기관은 아니다. 다만 업무 수행에 있어서 중립성과 공정성, 기밀성을 중시하는 등 양당 체제의 의회 모두에 서비스를 제공하는 데 초점을 맞추고 있다. 법무담당관은 의원, 위원회, 직원의 공식적인 책임에 속하는 문제에 대한 법적 자문을 제공하고 소송을 처리하는 업무를 맡고 있고, 기록관은 하원의 과거를 연구하고 문서화하는 역할을 담당하며, 의사관은 의장 또는 양당 지도부 및 의원들에게 의사절차에 대해 자문 및 조언하는 역할을 하고 있다.

그 밖에 하원에서는 윤리에 관한 내부 조사를 실시하고 하원 공직 규범 위원회(House Committee on Standards of Official Conduct)에 관련 정보를 전달하는 하원 공직의회 윤리국(Office of Congressional Conduct:

OCC),[2] 외국 국회의원이나 외국 입법 기관이 하원을 공식 방문하거나 하원 의원이 외국을 방문하는 일정을 조정하는 국제협력국(The Office of Interparliamentary Affairs), 미국의 일반 및 영구 법률을 주제별로 통합하고 성문화한 미국 법전을 준비 및 발행하는 법률개정실(The Office of the Law Revision Counsel) 등을 두고 있다.

3) 상원의 지원조직[3]

하원의 사무처가 행정처와 입법처 등 다양한 독립적 지원조직으로 분화되어 있는 것에 반해, 상원은 입법적 지원과 행정적 지원을 모두 담당하는 선출직 공무원인 상원 사무총장(Secretary of the Senate)을 두고 있다. 또한 하원처럼 상원에서도 법률집행관 및 의전담당관의 역할을 겸하는 경위장(Sergeant at Arms)을 두고 있는데, 경위장은 상원에서 가장 큰 규모의 인력과 예산을 보유하면서 상원의 시설 및 비품관리, 인력담당과 정보 보안 업무도 겸하고 있다. 이 외에도 상원은 하원과 유사한 역할을 담당하는 법제실과 법무담당관 조직을 가진다.

4) 독립적 의회 지원기구[4]

의회는 상원과 하원 모두에 입법 및 예산과 관련한 정보와 전문지식을

---

2 제119회 의회 결의안 제5호에 따라 2025년 1월부터 종전의 OCE(Office of Congressional Ethics)는 OCC로 명칭이 변경되었다.

3 미국 상원 홈페이지(https://www.senate.gov/) 참조(검색일: 2025.5.1).

4 미국 의회예산처 홈페이지(https://www.cbo.gov/), 미국 회계감사원 홈페이지(https://www.gao.gov/), 미국 의회조사국 홈페이지(https://www.loc.gov/crsinfo/) 참조(검색일: 2025.5.1).

제공하는 비당파적이고 중립적인 조직을 두고 있다.

먼저 의회예산처(Congressional Budget Office: CBO)는 정부 예산 규모와 재정수지를 검토하고 의회에 경제 및 예산 관련 정보를 제공하기 위해 1974년에 설립된 예산 전문기관이다. 의회예산처장은 하원의장과 상원 임시의장(President Pro tempore of the Senate)[5]에 의해 임명되고 직원은 전문적인 능력과 실적에 근거해 처장이 임명한다. 의회예산처의 역할은 양원의 위원회 지원, 예산 규모 추정, 대통령이 제출한 예산안 분석, 의원입법의 비용 추계, 거시경제지표 전망 및 조세제도 분석 등 국가 예산과 재정에 관한 경제적·정책적 사항을 망라한다(임성근, 2013: 81~84).

다음으로 1921년에 설립된 회계감사원(General Accounting Office: GAO)은 연방정부의 지출과 사업을 평가한다. 회계감사원장은 상원의 인준을 받아 대통령이 임명하는데 원장의 임기는 15년[6]으로, 업무의 계속성을 인정하고 있다. 직원은 대부분 경제학·회계학·정책학·행정학·법학 분야 등의 전문가로 충원된다. 회계감사원의 역할은 의회를 감시하는 것(congressional watchdog)이다. 즉, 정부의 정책과 사업의 평가, 지출의 적정성 감사, 위법이나 부적절한 활동으로 의심되는 사항에 대한 수사 등을 통해 의회의 행정부 감시 기능을 보좌한다(류철, 2022: 1~8).

5 미국에서는 부통령이 공식적인 상원의장이지만 부통령이 부재한 경우가 많으므로 이를 대행하기 위한 임시의장을 선출한다.

6 2025년 5월 기준, GAO의 원장인 진 도다로(Gene Dodaro)는 2008년부터 2년간 직무대행을 거쳐 정식 임기로 2010년부터 현재까지 총 17년간 재임하고 있을 정도로 그 독립성을 보장받고 있다.

마지막으로 의회조사국(Congressional Research Service: CRS)은 의회에 입법 및 정책 사항에 대한 중립적이고 객관적인 분석을 제공하기 위해 1914년 의회도서관 소속의 조직으로 설치되었다. 국장은 양원합동도서관위원회의 동의를 거쳐 의회도서관장이 임명하고 그 직원은 여러 정책 분야의 전문가로 구성된다. 의회조사국은 의원이나 위원회의 요구에 부응하여 조사·분석 회답, 각종 보고서 발간 등의 업무를 수행한다(진영재 외, 2017: 34~35).

5) 보좌직원

미국의 개별 의원실에서 근무하는 보좌직원 채용은 친족채용과 같은 금지사항을 제외하면 의원 개개인의 자율에 맡기고 있다. 보좌직원의 보수는 일괄지불방식을 취하는데, 하원과 상원 모두 의회에서 지급되는 보좌진·사무소 비용의 범위 내에서 보좌진을 채용할 수 있다. 다만, 상원의 경우 수당의 범위 내에서 고용하는 보좌진의 인원에는 제한이 없는 반면, 하원은 풀타임은 18명, 파트타임은 4명의 범위 내에서 보좌진을 고용할 수 있다(임성근, 2013: 87).

보좌직원은 의원의 입법활동 지원, 사무실 운영이나 예산관리 및 일정조율 등 행정지원, 언론과의 소통이나 보도자료 작성 등 홍보 및 커뮤니케이션, 지역구 관리 보좌 등 다양한 업무를 수행한다. 다만, 근무시간 중에는 선거활동을 할 수 없도록 되어 있다. 선거와 관련된 업무는 의회의 공식적인 업무로 간주되지 않기 때문이다.

한편, 보좌직원은 의원의 피고용자로서 퇴직 후 1년 간 자신이 근무했던 의원의 사무소에 출입할 수 없는 로비활동 제한 또는 보수가 있는 기업 등의 임원에 취임할 수 없는 규제를 적용받는다(임성근, 2013: 89).

제3절 영국 의회

이 절에서는 근대 의회의 기원인 영국 의회의 역사를 살펴보고 영국 의회의 특징을 의회주권의 원리와 함께 소개한다. 나아가 영국 의회의 입법과정을 개략적으로 살펴보고 의회를 지원하는 조직에 대해서도 알아본다.

1. 기원과 역사

근대 의회의 시초(mother of parliaments)[7]라고 불리는 영국 의회의 기원은 13세기로 거슬러 올라간다. 1215년 잉글랜드 존 왕(John)의 실정과 귀족의 대립 끝에 왕권 제한에 관한 문서인 대헌장(Magna Carta)이 발효되었다. 대헌장은 잉글랜드의 왕권을 법에 종속시켰고 왕권으로 자유민의 재산을 침해하는 것을 금했으며, 나아가 헨리 3세(1207~1272) 치하에서 의회제도가 정착되는 데 도움을 주었다. 1265년에는 영국의 백작인 시몽 드 몽포르(Simon de Montfort)가 의회를 열었는데, 이 의회(Simon de Montfort's Parliament)가 각 지역의 대표자들이 소집된 최초의 의회였다. 1327년에는 일반 시민도 의회의 정규 구성원이 되었고 이들이 모이는 회의체는 하원으로서의 평민원(House of Commons), 귀족과 주교가 모이는 회의체는 상원으로서의 귀족원(House of Lords)으로

7 현존 의회 중 가장 오래된 의회가 어디인지에 대해서는 잉글랜드 의회와 함께 아이슬란드 의회 알싱기(Althingi), 맨제도 의회(Manx Parliament)가 경합하고 있다(Norton, 2013: 12). 하지만 영국 의회가 영연방 국가들을 통해 전 세계의 의회 발달에 큰 영향을 준 것은 분명하다(Rogers and Walters, 2019: 11~12).

그림 2-5 **대헌장(마그나카르타)과 권리장전**

대헌장(마그나카르타)

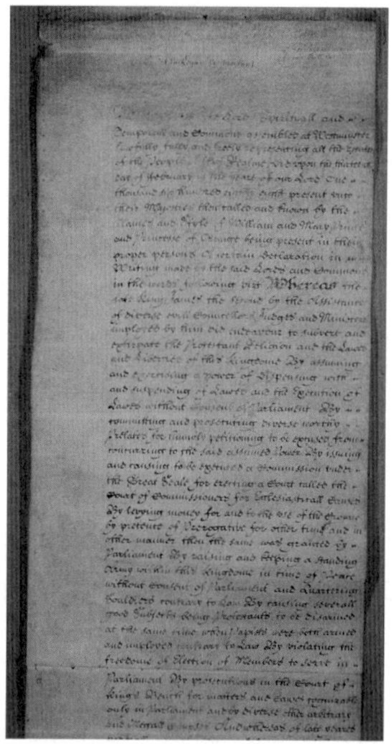

권리장전

자료: 위키백과; 영국 의회 홈페이지.

명명되었다. 1407년에는 하원이 세금 부과권한을 가짐으로써 과세가 하원의 고유 권한으로 정착되었다.

이어서 1689년의 권리장전에서는 의회의 권한을 명시함으로써 의회가 최고의 법적 지위를 갖고 국민을 대표해 입법권을 행사하며 정부의 활동을 감시·감독하는 의회주권주의(parliamentary sovereignty)가 확립되었다(국회운영위원회, 2004: 197). 나아가 1832년 선거법 개정으로 의회가 총리와 내각을 구성할 수 있도록 함으로써 의회는 행정에 정치적 책임을 지고 행정부의 수반인 총리는 형식적으로 군주에 의해 임명되는 '웨스트민스터 체제(Westminster system)'가 탄생했다.

2. 영국 의회의 특징

영국 정치의 가장 큰 특징은 의회주권의 원리에 따라 의회가 정치 체제의 중심이 된다는 것이다. 영국은 입헌군주제 국가로서 최고 입법권한이 국왕에 귀속되지만 의회주권의 원리에 따라 영국의 영역 내에 있는 사람, 사물 및 토지에 관한 사항에 대해서는 의회가 절대적인 권능을 가지고 규율한다(임종훈, 2005: 122). 의회주권의 원리에 따라 의회에 영국 최고의 '법적기관(Supreme legal authority in the UK)'이라는 지위가 부여됨으로써 의회는 모든 법률을 제정하거나 폐지하는 입법권한을 가지고, 나아가 법원도 그 법률의 유효성 여부를 심사할 수 없다.

다만, 영국 의회의 권한에도 일정한 한계는 있다. 예컨대, 1998년 제정된 인권법(Human rights Acts 1998)에 따르면 의회가 입법한 법률이 유럽인권협약(European The Convention for the Protection of Human Rights and Fundamental Freedom: ECHR)과 부합하지 않을 경우 영국

그림 2-6 **영국 의회 의사당(웨스트민스터 궁)**

자료: 영국 의회 홈페이지.

법원이 불합치선언(declaration of incompatibility)을 할 수 있다(황지섭, 2021: 285). 즉, 의회가 제정한 법률을 법원이 통제할 수 있도록 허용하는 것이다.[8] 또한 의회는 잉글랜드가 스코틀랜드와 아일랜드를 병합하는 과정에서 제정한 법(The Acts of Union with Scotland and Ireland)에 위배되는 내용의 법을 제정할 수 없고, 미래의 의회활동을 구속하는 입법활동도 할 수 없다(이재철·장지호, 2010: 226).

의회에 막강한 권한을 부여하고 있는 만큼 영국의 통치구조는 의원내

8 다만, 불합치선언이 해당 법률의 무효를 의미하지는 않는다. 법원의 불합치선언은 최후의 수단이고, 법원이 선언한 불합치의 상황을 시정하는 것은 의회의 재량으로서 의회가 여기에 반드시 응답할 의무는 없다(황지섭, 2021: 285~294).

각제이다. 일반적으로는 의회의 과반을 확보한 다수당의 당수가 총리로 임명되고, 총리가 내각(행정부)을 구성한다. 다시 말해, 삼권분립으로 권력을 분산하기보다는 행정부의 성립과 존속을 의회의 신임 여부에 두어 상대적으로 집권화된 구조를 가짐으로써 책임정치를 구현한다(임종훈·이정은, 2021: 454~457).

영국 의회는 의안의 실질적인 심의가 본회의에서 이루어지는 '본회의 중심주의'를 채택하고 있고, 위원회의 권한은 상대적으로 제한적이다(이지민, 2020: 73). 이것은 웨스트민스터 체제를 택한 영연방 국가들의 공통된 특징이다. 영국의 경우 1년의 회기 동안 정해진 휴회일을 제외하고는 상시 본회의를 운영하고 있으며, 법안의 심사나 예산승인을 비롯한 주요 결정이 본회의에서 이루어지고 있다.

1) 하원

평민원이라고 칭하는 영국 하원의 의원은 650개의 선거구에서 1명씩 총 650명이 선출되며 임기는 5년이다. 하원의 의장단은 의장과 3명의 부의장(세입위원장,[9] 제1부의장, 제2부의장)으로 구성되는데, 의장은 하원을 대표하고 회의를 주재하며 토론 중 의원의 발언을 허용한다. 그리고 가부동수인 경우에는 결정투표(casting vote)권을 갖는다. 이때 결정투표는 종국 결정을 하지 않는 방향으로 행사되는 것이 관례이다.[10] 의장은 하원 의원들이 무기명투표를 하여 과반수를 얻은 사람이 맡는다.

9 세입위원장(The Chair of Ways and Means)이 부의장 역할을 수행한다.

10 예를 들어 법안의 제2독회에서는 찬성투표를 실시해 법안의 진행이 종결되지 않도록(의장이 종국 결정을 하는 일이 없도록) 투표권을 행사하지만 최종 투표에서는 반대투표를 하여 법안의 통과를 저지하는 방향으로 행사된다.

그림 2-7 **영국 하원의 회의 장면**

자료: 영국 하원 홈페이지.

우리나라처럼 영국의 의장도 선출되면 무소속으로서 정치적 중립 의무가 부여된다. 특이한 점은 영국에서는 일단 의장에 선출되면 차기 총선에서도 자신의 지역구에 무소속 신분으로 출마한다는 점이다. 이 경우 주요 정당에서는 의장 지역구에 후보를 공천하지 않는 것이 관례이다. 따라서 의장은 본인이 은퇴할 때까지 의장직을 유지할 수 있다.

하원의 위원회는 상임위원회(Select Committees),[11] 공법안위원회(Public Bill Committees) 등으로 구성되어 있다(이지민, 2020: 15~17). 상

---

11 원래 Select Committees는 상임위원회로 번역할 수 없지만, 영국의 Select Committees가 한국의 상임위원회와 유사한 역할을 수행하고 상시 설치되어 있으므로 상임위원회로 번역했다. 영국에는 법안 심사를 담당하는 상임위원회(Standing Committees)가 있었지만 이는 공법안위원회(Public Bill Committees)로 대체되었다.

임위원회는 각 정부 부처의 예산지출, 정책과 행정을 심의하는 부처별 위원회(Departmental Committees), 여러 부처에 걸치는 정책 현안을 다루는 범부처 위원회(Cross cutting Committees), 의회 행정이나 예산 및 절차 등 의회의 내부사항을 조사·검토하는 내부 위원회(Internal Committees) 등으로 구성된다. 상임위원회의 대표적인 형태인 부처별 위원회는 최대 11명의 의원으로 구성된다. 공법안위원회는 각 법안별 심사를 위해 별도로 구성하는 위원회로서 법안 심사에 따른 위원회의 결론과 법안 수정 여부를 하원에 보고하는데 위원회의 명칭은 법안의 이름을 따서 정한다(이지민, 2020: 15~17).

2) 상원

상원은 성직의원(lord spiritual), 세습의원(hereditary peers), 종신의원(life peers)으로 구성된다. 성직의원(26명)은 영국국교회의 대주교와 주교이고, 세습의원(92명)은 작위를 가진 사람이며, 종신의원은 총리의 제청에 따라 여왕이 임명하는 의원이다. 2025년 4월 현재 전체 상원 의원의 수는 총 829명이다.

영국 상원은 귀족원의 연원을 가지고 있지만, 1958년「종신의원법」(Life Peerage Act 1958)과 1999년「상원법」(House of Lords Act 1999) 통과로 귀족원으로서의 성격은 많이 퇴색했다. 상원 의원의 대부분은 각 분야 전문가로 오랜 경력을 가진 사람들 중에서 임명되고 있고(종신의원), 고전적 의미의 귀족 작위를 가진 세습의원은 소수에 불과하다. 세습의원도 의원 직위는 세습할 수 없다. 세습의원에 결원이 생기면 상원 내 복잡한 선거 절차를 거쳐 후임자를 선출한다(Rogers and Walters, 2019: 36~40, 402).

그림 2-8 영국 상원의 회의 장면

자료: 영국 상원 홈페이지.

상원 의원은 종신직이다. 2006년 이후 의장은 상원에서 투표로 선출되며, 임기는 5년으로 1회에 한정해 연임할 수 있다. 의장은 대내외적으로 상원을 대표하고 상원의 본회의와 전원위원회를 주재하며, 휴회 중 의회 소집권한을 갖는다. 다만, 하원의장과 달리 상원의장은 의원들의 발언을 허가하거나 의사절차에 대한 실질적인 결정권한을 갖지 않고 안건의 표결에도 참여하지 않는다.

상원의 상임위원회는 하원처럼 각 부처별로 담당위원회를 두지 않고 유럽관계, 과학기술, 통신, 헌법, 경제사안 및 국제관계 등 특정 분야를 각각 다루는 위원회를 두고 있다. 상원은 하원의 공법안위원회처럼 법률을 심사하는 위원회를 따로 두지 않고 상원 의원 전원이 참여하는 전원위원회(Committee of the Whole House)에서 심사를 진행한다(이지민,

2020: 16).

3) 하원 우위의 원칙

영국 의회는 양원 중에서 하원 우위의 원칙이 확립되어 있다(임종훈·이정은, 2021: 456~457). 먼저 입법과정 측면에서 보면 조세 및 재정지출과 관련된 법안이 모두 하원의 단독권한이다. 그 외의 법률안도 원칙적으로 양원을 통과해야 하지만, 하원을 통과한 후 상원에 회부되어 1개월이 지나면 상원의 동의 여부와 관계없이 입법화되기 때문에 상원의 기능은 주로 법안을 수정하거나 지연시키는 데 한정된다. 총리는 하원 다수당의 당대표가 선임되고, 내각의 각료들도 하원 의원들이 선임되는 것이 일반적이다(이지민, 2020: 26).

3. 입법과정

영국의 법률안은 적용범위를 기준으로 구분하면 크게 사적법률안(private bills), 혼합법률안(hybrid bills), 공적법률안(public bills)으로 나뉜다(임종훈·이정은, 2021: 457~458). 사적법률안은 특정 개인이나 기관 또는 단체 등에 특별한 권한이나 이익을 부여하는 법률안으로, 정부나 의원이 아닌 의회 밖의 개인 또는 기관 등에 의해 제출된다는 점에서 다른 법률안들과 차이가 있다. 이처럼 사적법률안은 의원에 의해 제출되는 것이 아니라 제정을 희망하는 당사자에 의해 제출된다. 따라서 사적법률안을 제출하려면 의회대리인(parliamentary agent)을 고용해야 하며, 사적법률안의 입안과 의회 처리과정은 의회대리인에 의해 수행된다(이지민, 2020: 53~55). 혼합법률안은 공적법률안과 사적법률안의 성격을 동시에 가지고 있는 법률안으로, 공적법률안의 형태로 제출되었지만 개인이나 특정 단체의 사적 권리에 영향을 미치는 법률안을 말한다. 영국 의회에서 실제 처리되는 법률안은 대부분 공적법률안이므로 이하에서는 공적법률안을 중심으로 살펴볼 것이다.

공적법률안을 발의할 수 있는 권한은 의원에게만 있다. 그런데 의원내각제에 따라 법률안을 발의하려는 의원이 내각의 각료인 경우에는 의원이 정부의 직함을 첨부해 제출하는데, 이를 정부 제출 법률안(government bills)이라 한다. 그 외의 의원이 발의하는 법률은 모두 의원 발의 법률안(private member's bills)이다. 다만, 우리나라와 달리 의원 발의 법률안이 실제 법률로 입법화되는 경우는 매우 드물다(임종훈·이정은, 2021: 457). 정부가 제출한 공적법률안은 초안을 작성할 때 내각사무처(Cabinet Office) 법제관실(Office of the Parliamentary Counsel)의 도움을 받는다. 작성된 초안은 법률안 설명 자료와 함께 의회에 제출된다. 법률안 심사는 '제1독회 → 제2독회 → 위원회 심사 → 본회의 보고 → 제3독회'의 5단계 순서로 진행된다(국회도서관, 2024: 11).

'본회의 중심주의'라는 영국 의회의 특성상 법률안의 심사는 대부분 상임위원회가 아닌 본회의에서 치열한 토론을 거쳐 진행된다. 제1독회는 비교적 형식적인 절차로서 법률안의 제목을 낭독하고 그 내용을 인쇄해 각 의원들에게 배부하는 절차이다. 제2독회 단계에서는 법률안의 취지 및 일반적인 내용을 설명하고 정당 간 토론이 시작된다. 위원회 심사 단계에서는 축조심사를 하는데, 하원의 경우 법률안의 이름을 딴 공적법률안 심사위원회에서, 상원의 경우 전원위원회에서 각각 심사가 이루어진다. 다음 단계인 본회의 보고에서는 위원회에서 심의한 내용을 본회의에 보고하고 필요한 경우 수정안을 만든다. 마지막으로 제3독회 단계에서는 자구만 수정한다.

만약 법안이 하원에서 발의되었을 경우 위의 다섯 단계를 거쳐 하원에서 의결한 후에 상원에서 심의가 진행되고, 상원에서 발의되었을 경우 상원에서 의결한 후에 하원에서 심의가 이루어진다. 법률안에 대한 양원의 모든 심의가 끝나면 국왕의 재가를 받아 공포된다(이지민, 2020: 34~45).

4. 지원조직[12]

영국 의회의 지원조직은 크게 양원 공통 지원조직, 하원 지원조직, 상원 지원조직으로 나뉜다.

먼저 양원 공통 지원조직은 하원과 상원을 공통으로 지원하는 조직으로, 대체로 의회의 업무를 홍보하는 서비스나 의회 간 협력을 촉진하는 서비스 또는 의회 운영에 필요한 행정서비스 등을 제공한다. 구체적으로는 의회 회의를 텔레비전으로 보도하는 의회방송국(Parliamentary Broadcasting Unit: PBU), 과학 및 기술과 관련된 공공 정책 문제를 분석하는 의회 과학기술 연구실(Parliamentary Office of Science and Technology: POST), 영연방 국가들 간의 의회 협력을 촉진하는 영연방 의회 협회 영국 지부(Commonwealth Parliamentary Association UK Branch: CPA UK), 역사적인 문서와 기록을 보관하는 의회 기록보존소(Parliamentary Archives), EU 기관과 의회 간의 교류를 촉진하는 영국의회 브뤼셀 사무소(UK

12 영국 의회 홈페이지(https://www.parliament.uk/) 참조(검색일: 2025.5.1).

National Parliament Office, Brussels), 의회 내 디지털 기술과 서비스를 담당하는 의회 디지털국(Parliamentary Digital Service: PDS), 의회의 조달 정책을 담당하는 의회 상무국(Parliamentary Commercial Directorate), 보안을 담당하는 의회 보안부(Parliamentary Security Department), 직장 내 괴롭힘과 성희롱 방지를 위한 독립 고충처리 감찰부서(Independent Complaints and Grievance Policy Programme), 의회박물관(Parliament's Heritage Collections) 등의 조직이 이에 해당한다.

하원 지원조직은 하원 의원들의 업무 수행을 보좌하기 위한 기관으로, 하원 사무총장(Clerk of the House)하에 본회의 및 참여팀(Chamber and Participation Team), 인사 및 문화부(People and Culture), 재정·포트폴리오 및 성과관리부(Finance, Portfolio and Performance), 거버넌스 사무국(Governance Office), 상임위원회팀(Select Committee Team), 연구 및 정보부(Research and Information) 등의 지원조직이 기능적으로 나뉘어 있다. 이 밖에도 하원은 사무총장을 위원장으로 하는 하원 집행이사회(Commons Executive Board)를 두고 있는데, 하원 집행이사회는 하원 지원조직의 전략적 목표 설정, 주요 정책결정, 하원 행정의 전반적인 감독 및 재정감독 등의 역할을 수행한다.

상원 지원조직은 상원 사무총장(Clerk of the Parliaments' Office)하에 상원의 각 위원회에 절차 및 법률 자문 등을 제공하는 위원회 조사실(Committee office), 상원 부지 관리 및 사무 서비스를 제공하는 자산 및 사무관리소(Property and office service), 회계, 조달 및 재무 서비스를 제공하는 재무부(Finance department), 상원의 역할과 업무 등을 언론에 제공하는 커뮤니케이션부(Communication), 상원 소속 직원 모집, 직원의 급여, 복지 등을 다루는 상원 인사부(House of Lords Human

Resources Office) 등으로 구성된다.

한편, 의원들은 의회에서 지급하는 비서고용수당에 근거해 개별적으로 보좌진을 채용할 수 있다. 의회에서는 비서수당의 국비 지급 및 급여 상한 등을 규정하고 있으므로 의원은 그 범위 내에서 비서 고용에 소요되는 비용을 사용한다. 다만, 상원 의원의 경우 비서의 채용비용은 회의 개의 기간에 비례해 지급된다.

제4절 프랑스 의회

이 절에서는 정치적 격변을 거쳐 발전한 프랑스 의회의 역사와 특징을 살펴본다. 프랑스는 역사적으로 의원내각제를 경험한 이후 지금은 절충형 정부형태인 이원정부제를 채택하고 있다.[13] 이를 바탕으로 프랑스의 입법과정과 의회 지원조직의 특성에 대해서도 알아본다.

1. 기원과 역사

프랑스 의회는 근대 프랑스의 혼란스러운 역사와 그 궤를 함께한다. 최초의 프랑스 의회는 1302년 성직자, 귀족, 평민의 대표들로 구성된 삼부회(États Généraux)가 소집된 것을 기원으로 한다. 삼부회는 부정

13 대체적으로 국내 헌법학계의 다수 견해는 이원정부제를 독자적인 정부형태로 인정하고 있다. 이원정부제는 대통령제와 의원내각제의 요소가 혼합된 정부형태로서 반대통령제(Semi-presidential system)로 불리기도 한다(성낙인, 1998: 148~187).

기적으로 열렸고 왕의 필요에 따라 소집되었으며, 신분에 따라 표결이 이루어졌기 때문에 제3신분인 평민의 실질적인 입장은 대변하기 어려웠다(주OECD 대한민국 대표부 홈페이지). 이후 절대왕정 시대를 거치면서 무력화되었던 삼부회는 1789년 프랑스 혁명을 거치면서 국민의회(l'Assemblée Nationale)로 불리기 시작했고, 국민의회는 1791년과 1795년에 각각 조세에 관한 주권적 권한의 행사와 왕의 권한을 제한하는 내용을 헌법에 명문화했다. 프랑스 의회는 나폴레옹 시대를 거치면서 그 권한이 축소되었으나 나폴레옹이 실각한 이후 1814년 부르봉 왕정이 복고되면서 헌법에 따라 현재와 같은 양원제(상원, 하원)가 도입되었다. 이후에도 7월 혁명과 제2공화국, 나폴레옹 3세의 쿠데타와 제3공화국의 출범, 제2차 세계대전과 제4공화국 등 정치적 혼란기를 거치면서 국민공회(Convention Nationale), 입법원(Corps Législatif) 등 다양한 이름으로 불리면서 의회의 권한도 많은 변화를 겪었다. 프랑스 의회의 역사는 민주주의의 역사와 밀접하게 연관되어 있는데, 일례로 프랑스는 의회가 약화된 시기와 시민의 자유가 위축된 시기가 대체적으로 일치한다고 보고 있다.[14]

한편, 프랑스는 제4공화국에서 의원내각제 정치체제를 고수했으나 불안정한 정치상황과 빈번한 정부 교체로 효과적인 국가 운영이 어렵다는 반성론이 대두되었다(정재도, 2019: 235). 이에 1958년 샤를 드골(Charles de Gaulle)에 의해 수립된 제5공화국은 이원정부제를 도입해 대통령의 권한을 크게 강화하고 강력한 집행부와 안정된 정부를 목표로

14 프랑스 하원 홈페이지(https://www.assemblee-nationale.fr/) 참조(검색일: 2025.5.1).

하면서 내각과 의회 간의 힘의 균형을 도모했다. 이때부터 의회의 양원은 상원(Sénat)과 국민의회(Assemblée Nationale)로 불리게 되었다.

2. 프랑스 의회의 특징

프랑스는 직접선거로 선출된 5년 임기의 대통령과 대통령이 임명하는 총리로 구성되는데, 총리는 각 부처를 통할하는 한편 의회에 책임을 진다. 통상적으로 대통령은 내각의 안정성을 고려해 의회 다수파의 대표를 총리로 임명한다. 만약 대통령이 소속된 정당과 총리가 소속된 정당이 다른 경우[여·야가 권력을 나누어 가지는 프랑스의 고유한 정치 형태를 코아비타시옹(cohabitation)이라 한다[15]]에는 대통령과 총리 간에 권력이 분산되어 잠재적인 갈등과 정부 운영의 어려움이 발생할 소지가 있다. 이에 프랑스는 2000년 대통령 임기를 7년에서 5년으로 단축하고 대통령 선거와 의회 선거를 동시에 치르도록 함으로써 정국 안정에 초점을 맞추었다.

프랑스의 정부형태는 의회에 비해 대통령과 행정부의 권한을 보다 확대하고 있다(정재도, 2019: 258~259). 대통령은 외교와 국방에 관한 최고책임자로서 자신이 임명하는 총리를 통해 내각을 구성할 수 있으며, 국민의회(하원)를 해산해 새로운 총선을 실시할 수 있는 권한을 갖는다.[16] 나아가 국가 비상사태 시 긴급 권한을 발동해 입법·행정·사법 권

15 대표적인 코아비타시옹으로는 1986~1988년 미테랑 대통령과 시라크 총리, 1993~1995년 미테랑 대통령과 발라뒤르 총리, 그리고 1997~2002년 시라크 대통령과 조스팽 총리의 사례를 들 수 있다.

16 프랑스에서 실시된 가장 최근의 조기선거는 마크롱 대통령의 의회 해산으로 2022년 국

그림 2-9 **프랑스 국민의회 의사당(부르봉 궁전)과 상원 의사당(뤽상부르 궁전)**

국민의회 의사당(부르봉 궁전)

상원 의사당(뤽상부르 궁전)

자료: 프랑스 국민의회 홈페이지; 프랑스 상원 홈페이지.

한을 행사할 수도 있다. 또한 정부(총리)의 법률안 제출권과 국민투표 발의권을 인정하는 등 입법권을 부여하고 있고, 의회의 의사일정 결정 시에도 정부 제출 법률안에 대한 우선 심의 제도를 인정하고 있다(임종훈·이정은, 2021: 437~438). 아울러 정부는 헌법에서 정한 법률사항에 해

민의회 총선이 치러진 지 2년 만인 2024년 6월(결선투표 7월)에 열린 총선이다.

당할 경우 의회에서 입법하기 전에 먼저 법률명령(ordonnance)을 발해 집행할 수 있다. 법률명령은 일정 기간 이내에 의회의 동의를 받아 법률적 효력을 가진다.

이처럼 프랑스 의회의 권한은 대통령에 비해 매우 제한되어 있고, 다른 나라와 비교해 보아도 상대적으로 그 범위가 협소하다. 특히 2000년 개헌 이후 대선과 총선을 일치시켜 코아비타시옹의 발생을 최소화하면서부터 의회에 대한 대통령 우위의 경향은 더욱 짙어졌다. 그러나 프랑스 의회도 입법권과 재정통제권 및 행정부 견제수단을 가지고 있다. 또한 최근에는 하원 소속의 조사위원회 수를 늘리고, 상임위원회 지원을 목적으로 하는 정보임무과(Missions d'informations)를 신설하고, 하원의 대정부 질문절차를 개선하고, 의회의 파견단과 사무소를 신설하는 등 의회의 역할을 확대하기 위해 점차 노력하고 있다(진영재 외, 2017: 10).

1) 국민의회[17]

파리 부르봉 궁전(Palais Bourbon)에 위치한 프랑스 하원은 통상 국민의회(Assemblée nationale)로 명명되는데, 소선거구제와 결선투표제를 통해 임기 5년의 의원 577명을 선출한다. 국민의회의 의장단은 총 22명으로, 1명의 의장과 6명의 부의장, 3명의 재무의원(Questeurs)과 12명의 서기의원(Secretaries)으로 구성된다. 의장단의 구성원은 본회의에서 선출되며 임기는 5년이다. 의장은 국민의회의 회의를 주재하고 의사 진

17 프랑스 하원 홈페이지(https://www.assemblee-nationale.fr/) 참조(검색일: 2025.5.1).

행을 관리하며, 의원들의 발언 조정 및 회의 질서 유지에 관한 권한을 가진다(프랑스 의회 의사규칙 제13조). 또한 대외적으로 국민의회를 대표하고, 국민의회에 소속된 상임위원회와 특별위원회의 구성을 감독하며, 헌법위원회에 법률안의 합헌성 심사를 요청할 수 있다.

6명의 부의장은 의장과 동일한 절차로 선출되는데, 의회 내 정당의 구성비를 반영해 각 정당을 공정하게 대표할 수 있도록 하고 있다. 부의장은 의장이 부재하거나 직무를 수행할 수 없을 때 의장의 역할을 대신한다. 재무의원은 국민의회의 예산, 지출, 재정 운영 등의 재정 관리와 자산 관리, 회계 감사, 의원 복지 및 사무실 배정 등의 의회 운영을 지원한다. 서기의원은 의회의 회의록 작성 및 관리, 회의 중 의장을 보조해 표결 결과를 확인하는 의사절차 지원, 의회의 문서관리 등의 업무를 맡는다. 재무의원과 서기의원은 국민의회를 체계적으로 운영하고 의회 내 중요한 절차의 투명성을 보장할 수 있도록 돕는다.

국민의회는 입법기능, 예산 승인, 내각 불신임 등 행정부 견제, 국제 조약 비준 등의 권한을 보유하는데, 그 중심에 상임위원회, 특별위원회, 조사위원회, 평가 및 감시 위원회가 있다. 상임위원회는 정당의 의회 구성비에 따라 배분되며, 법안 심사, 예산 승인 등의 역할을 담당한다. 특별위원회는 국민의회에서 필요에 따라 구성 여부를 결정하며, 특정 법안이나 특별한 문제를 다루기 위해 한시적으로 구성된다. 조사위원회(Commissions d'enquête)는 공공서비스나 기업의 경영문제 등 특정 사안에 대한 사실 조사를 위해 구성되며, 평가 및 감시 위원회(Comités d'évaluation et de contrôle)는 정부의 정책과 프로그램의 성과를 평가 및 감시한다.

그림 2-10 **프랑스 국민의회의 회의 장면**

자료: 구글 검색.

2) 상원[18]

파리 뤽상부르 궁전(Palais du Luxembourg)에 소재한 프랑스 상원은 선거인단을 통한 간선제를 실시하며, 임기 6년의 의원 348명을 선출한다. 상원 의원 선거는 의원 정원의 절반을 3년에 한 번씩 선출하는 방식으로 진행되는데, 대도시 지역은 비례대표제를, 기타 지역은 절대다수 득표제를 적용한다. 의장단은 의장 1명, 부의장 8명, 재무의원 3명, 서기의원 14명으로, 구성과 역할 면에서 국민의회와 유사하다. 다만, 임기는 3년으로 비교적 짧다.

상원은 권한과 위원회 운영 형태가 국민의회와 매우 유사하다. 다만,

18 프랑스 상원 홈페이지(https://www.senat.fr/) 참조(검색일: 2025.5.1).

그림 2-11 프랑스 상원의 회의 장면

자료: 구글 검색.

상원은 국민의회가 두고 있는 평가 및 감시 위원회를 따로 설치하지 않고 상임위원회에서 그 역할을 수행한다는 점에서 차이가 있다.

3) 국민의회 우위의 원칙

프랑스 의회는 상원에 비해 국민의회의 권한이 더 강력하다. 예를 들어, 상원과 국민의회는 함께 법안을 심의하지만, 최종 결정 권한은 국민의회에 있다. 즉, 상원이 법안을 거부하거나 수정하더라도 이를 최종 승인하는 권한은 국민의회에 있다. 또한 상원에는 내각을 불신임할 수 있는 권한이 없다(임종훈·이정은, 2021: 443). 다만, 상원 의원은 국민의회 의원에 비해 임기가 길고 의회해산권의 적용을 받지 않음으로써 정치적 안정성과 연속성이 보장된다.

3. 입법과정

프랑스는 입법부는 물론이고 행정부에도 법률안 제출권한을 인정하고 있다. 구체적으로 살펴보면, 일반 법률의 경우 총리와 양원 의원에게 법률안 제출권한을 부여하고 있으며, 의원의 경우 1명으로도 발의가 가능하다(국회도서관, 2024: 22). 다만, 국가의 자원을 감소시키거나 공공지출이 증가하는 결과를 가져오는 재정수반 법률안은 정부만 제출 가능하고, 의원에게는 이에 대한 수정안만 허용된다(이상윤·홍성민, 2017: 17). 또한 의원 발의 법률안은, 정부 제출 법률안과 달리, 하원에서 부결되었던 내용에 대해 1년 이내에는 다시 발의할 수 없다. 더불어 헌법에서 열거하는 의회의 입법영역 외의 사항에 대한 내용을 규정할 경우 정부가 수리를 거부할 수 있도록 하고 있다(임종훈·이정은, 2021: 444).

의원이 법률안을 발의하면 해당 의원이 속한 원(院)의 의장단이 법률안을 접수해 소관 상임위원회로 회부한다. 만약 소관 상임위원회 외에 다른 상임위원회도 관련이 있는 경우 관련 위원회로 지정해 의견을 제출받고, 소관 상임위원회가 불분명한 경우에는 특별위원회를 구성해 회부한다. 법률안이 위원회에서 논의되려면 의사일정에 상정되어야 하는데, 의사일정을 작성하는 권한이 정부에 있기 때문에 정부 제출 법률안이나 정부가 찬성하는 의원 발의 법률안이 우선적으로 논의된다. 위원회에서는 법률안을 심사하기 전에 소속 의원 중에서 보고위원(rapperteur)을 선임한다(임종훈·이정은, 2021: 445). 보고위원은 전문위원(Administrateurs des commissions)과 같은 의회 공무원의 보좌를 받아 정부 소관부처 및 이익단체 등으로부터 자료를 수집하고 의견을 청취해 법률안에 대한 검토보고서를 작성하며, 위원회에서 법률안에 대해 상세하게 설명하면서 토론을 주도한다(국회운영위원회, 2004: 291~292). 위원회의 심사가 끝나면 본회의에서 법률안이 논의되는데, 이 과정에서도 보고위원이 위원회의 검토결과를 보고하며 본회의에서 질의·응답을 주도하는 역할을 담당한다.

본회의에서 최종 가결된 법률안은 다른 원으로 송부되어 동일한 방식으로 심의를 받는다. 이 과정에서 다른 원에서 수정안이 가결되면 합의에 도달하기 위해 양원에서 차례로 논의되는데 이 과정을 이송(navette)이라 한다. 이때 정부는 각 원에서 두 번 독회한 후 이송을 중단할 수 있는 권한을 갖는다. 양원의 의견이 합치를 이루지 못하면 총리(prime minister)가 상원과 국민의회에서 7명씩 총 14명의 의원으로 구성되는 양원 동수의 합동 중재위원회를 소집한다. 합동 중재위원회는 합의에 도달하지 못한 조항에 대한 타협안을 작성하는 업무를 맡는다. 만약 합동 중재위원회에서도 합의가 이루어지지 않는 경우에는 국민의회가 최종 결정권을 갖는다.

양원 모두에서 법률안이 최종 의결되면 해당 법률안은 정부로 이송된다. 대통령은 법률안의 위헌 여부를 가리기 위해 헌법평의회(Conseil Constitutionnel)의 합헌성 심사를 거치며, 위헌성이 없는 경우 법률을 공포한다.

한편, 정부 제출 법률안은 전체 법체계와의 정합성 및 법리적 타당성을 검토하기 위해 국사원(Conceil d'Etat)의 심사와 국무회의의 의결을 거쳐 입법영향평가를 받은 후 의회에 제출된다. 이후의 절차는 의원 발의 법률안과 동일하다(이상윤·홍성민, 2017: 17~18).

4. 지원조직

프랑스는 의회보다 행정부가 우위에 있으므로 의회의 지원조직은 상대적으로 취약한 편이다. 먼저, 프랑스는 상원과 국민의회의 각 상임위원회에 전문위원을 비롯한 지원인력을 두고 있다. 이들 전문위원의 역할은 우리나라의 위원회 소속 공무원과 매우 유사한데, 안건에 대한 검토보고서 작성, 회의 운영 지원, 법률안 수정안 작성 등의 업무를 담당한다(진영재 외, 2017: 49~52).

또한 상원과 국민의회는 각각 사무처를 두어 의회의 활동을 지원한다. 각각의 사무처는 재정이나 의회의 행정 업무를 담당하는 총국과 의회 운영 및 회의 진행을 담당하는 총국으로 구분된다(상원은 기관총국과 인력총국으로 구분되고, 국민의회는 입법총국·행정총국·공동국으로 구분된다). 특이한 점은 프랑스의 경우 입법, 예산 및 정책 분야를 지원하는 조직이 미국이나 우리나라 등과 달리 별도의 독립기관으로 존재하지 않고 각각의 위원회나 의회사무처 내에 통합되어 있다는 것이다(진영재 외, 2017: 50).

의원들은 의정활동을 위해 보좌진을 개별적으로 채용할 수 있다(배우자나 자녀는 대상에서 제외된다). 국민의회는 최대 5명, 상원은 최대 3명까지 보좌진을 둘 수 있고, 보좌진의 급여 등은 국비로 지출된다. 보좌진은 의원의 입법활동 보좌, 행정사무, 정책 분석, 대외 업무 및 커뮤니케이션, 지역구 활동 등의 업무를 담당한다(국회운영위원회, 2004: 307; 진영재 외, 2017: 75).

제5절 일본 의회

이 절에서는 메이지 유신 이후 근대 의회가 도입된 일본 의회의 역사와 그 특징을 살펴본다. 일본은 전후 헌법을 통해 의원내각제를 채택했으며, 이로 인해 의회와 행정부 간에 밀접한 관계가 형성되었다. 이를 바탕으로 일본의 입법과정과 의회 지원조직의 역할 및 특성에 대해 알아본다.

1. 기원과 역사

1868년 메이지 유신(明治維新)으로 근대국가의 기틀을 다진 일본은 1889년 일본 최초의 근대적 헌법인 메이지 헌법을 제정해 입헌군주제를 채택했다. 메이지 헌법은 의회를 황족, 귀족 및 정부 임명자로 구성된 귀족원(House of Peers)과 일본국 신민이 투표하는 선거에 의해 선출되는 중의원(House of Representatives)으로 나누어 규정했다(국회운영위원회, 2004: 121). 이 시기의 일본 의회를 '제국 의회'라고 칭하는데, 당시의 일본은 '대일본제국(大日本帝國)'이라는 국호 아래 대외적으로 천황 중심의 제국주의를 표방하던 시기였으므로 의회의 권한이 매우 제한적이었다. 즉, 메이지 헌법에서 규정하는 제국의회의 지위는 천황의 입법권에 대해 동의하는 수준에 그쳤다(법제처, 2019: 3). 이후 1920년대 다이쇼(大正) 시대에 들어서면서 정당의 활동과 내각이 의회에 의해 구성되는 경향이 잠시 나타났으나 1930년대 군국주의에 접어들면서 의회는 사실상 형식적인 존재로 전락했다.

제2차 세계대전 패전 이후인 쇼와(昭和) 시대에는 미국을 비롯한 연합국이 일본을 점령한 가운데 1947년 인민주권을 표방한 일본국 헌법이 제정되었다. 이때부터 일본의 정치체제는 사실상 입헌군주제에서 의원내각제로 전환되었고, 천황의 역할도 국정수행에 대한 포괄적인 지배권한에서 헌법 질서 내에서의 권한으로 한정되었다(국회운영위원회, 2004: 121). 반면, 헌법에서는 의회의 명칭을 '국회(National Diet)'로 정했고, 국회에는 국권의 최고기관이자 국가의 유일한 입법기관으로서의 지위가 부여되었다. 이에 따라 국회는 오늘날의 상원인 참의원(House of Councillors)과 하원인 중의원(House of Representatives)으로 발전했고, 1947년 참의원 선거와 중의원 선거를 치르면서 첫 국회가 소집되었다(국회운영위원회, 2004: 121~122).

2. 일본 의회의 특징

입헌군주제인 일본은 정부형태로는 의원내각제를 채택하고 있다. 일본은 의회에 내각총리대신의 지명에 관한 권한, 법률안과 예산안 및 결산 의결에 관한 권한, 법관에 대한 탄핵재판소 설치에 관한 권한, 일본 헌법개정의 발의에 관한 권한, 조약의 승인권 및 황실비용의 의결 권한 등을 부여하고 있다(법제처, 2019: 11~12). 다만, 삼권분립 국가로서 내각은 중의원 해산권을 가지고, 법원은 국회가 제정한 법률에 대한 위헌법률 심판 권한을 가진다. 일본 헌법은 천황이 내각의 조언과 승인에 의해 국사에 관한 행위를 할 수 있도록 규정하고 있기 때문에 내각이 보유한 중의원 해산권에서는 내각총리대신의 재량과 의지가 상대적으로 넓게 행사된다. 중의원 해산은 주로 여당의 지지율이 높은 시기에 이루어지는데, 이는 정치적으로 유리한 상황을 극대화하기 위한 선택이지만

그림 2-12 **일본의 국회의사당**

자료: 일본 중의원 홈페이지.

국정 마비나 혼란을 야기한다는 비판이 제기되기도 한다(이이범, 2023: 18~20; 김용복, 2016: 93~111).[19]

양원제를 채택하고 있는 일본 의회는 양원 모두 선거를 통해 국민을 대표하는 의원을 선출하는데, 이는 패전 이후 연합국 지배하에서 일본이 스스로 결정한 사항이다. 따라서 서구권의 상원이 귀족원을 의미하거나 귀족원을 계승하는 것과는 차이를 보인다. 각 원은 독립적으로 의사결정을 하고 이들의 의사를 합침으로써 국회의 의사를 수립한다. 하지만 참의원의 권한은 중의원에 비해 상대적으로 약하다(법제처, 2019: 11~12).

한편, 일본 국회의 회기제도와 교섭단체에 관한 사항은 우리나라와 상당히 유사하다. 의원의 소집은 크게 정기회와 임시회로 나뉜다.[20] 정

19 가장 최근의 중의원 해산은 2024년 10월 이시바 시게루(石破茂) 총리가 단행한 것이다.

그림 2-13 **일본 중의원의 회의 장면**

자료: 일본 중의원 홈페이지.

기회의 회기는 원칙적으로 150일이고, 임시회의 회기는 필요하다고 인정하는 때에 의결로 정한다. 회파(會派)라 칭하는 교섭단체는 2명 이상의 의원이 결성하며, 위원회의 위원 및 질의시간 배분 등에 할당된다(법제처, 2019: 9~10).

1) 중의원[21]

일본 국회의 하원인 중의원(衆議院)은 465명의 의원으로 구성되며, 의회가 해산되지 않는 한 임기는 원칙적으로 4년이다. 중의원은 소선거구제와 비례대표제를 혼합해 선출하는데 지역구 의원 289명과 비례대

20 그 밖에 특별회와 긴급집회가 있는데, 특별회는 중의원이 해산되어 총선거를 실시한 후 30일 이내에 소집하는 집회이고, 긴급집회는 내각의 긴급한 필요에 따라 요구에 의해 참의원을 소집하는 집회이다.

21 일본 중의원 홈페이지(https://www.shugiin.go.jp/) 참조(검색일: 2025.5.1).

표 의원 176명으로 구분된다(법제처, 2019: 6~9; 국회도서관, 2024: 27).

중의원의 의장단은 의장과 부의장 각각 1명으로 구성된다. 이들은 모두 본회의에서 의원들의 무기명투표로 뽑는데, 관례적으로 의장은 집권여당 소속 의원 중에서, 부의장은 제1야당 소속 의원 중에서 선출된다. 의장은 중의원 대표로서 회의를 주재하고 질서와 규칙을 유지하며 위원회의 구성과 위원 임명을 주관한다. 부의장은 의장을 보좌해 의장이 부재하거나 직무를 수행할 수 없을 때 그 역할을 대행한다. 의회 운영의 공정성을 위해 의장과 부의장에게는 정치적 중립성이 요구되므로 이들은 선출된 후에는 소속 정당을 탈퇴하고 무소속으로 활동한다.

중의원은 국회의 권한인 법률안, 예·결산, 조약을 심사하고 정부를 효과적으로 견제하기 위한 목적으로 상임위원회와 특별위원회를 두고 있다. 위원회의 위원은 우리나라처럼 회파에 소속된 의원 수의 비율에 따라 배분한다. 특별위원회는 특별히 필요한 안건이나 상임위원회의 소관에 속하지 않는 안건을 심사하기 위해 설치된다. 상임위원회와 특별위원회의 위원장은 위원회에 소속된 위원 중에서 호선하는데 실질적으로는 회파의 의석수에 비례해 배분되는 것이 관례이다.

2) 참의원[22]

상원인 참의원(參議院)은 248명의 의원으로 구성되며, 임기는 6년으로 3년씩 2회에 나누어 선출한다. 참의원도 중의원처럼 지역구 의원(148명)과 비례대표 의원(100명)이 혼재되어 있다. 하지만 참의원은 중

22 일본 참의원 홈페이지(https://www.sangiin.go.jp/) 참조(검색일: 2025.5.1).

그림 2-14 **일본 참의원의 회의 장면**

자료: 일본 참의원 홈페이지.

의원과 달리 지역구 의원에 중선거구제가 적용되어 각 도도부현을 중심으로 전국을 45개 선거구로 나누어 각 선거구마다 2명 이상의 의원을 선출한다는 차이가 있다(법제처, 2019: 6~9; 국회도서관, 2024: 27).

그 밖에 참의원의 의장단과 위원회 운영은 중의원과 동일하다.

3) 중의원 우위의 원칙

일본 의회도 영국처럼 양원 중에서 하원인 중의원 우위의 원칙이 확립되어 있다. 먼저 일본 헌법 제59조에서는 법안에 대해 중의원과 참의원이 서로 다르게 의결한 경우 중의원에서 3분의 2 이상의 출석과 출석의원 과반수의 찬성으로 다시 의결하면 중의원의 의결이 최종적인 국회의 의결이 된다고 명시하고 있다. 다음으로 일본 헌법 제60조 및 제61조에서는 예산을 의결하거나 조약체결을 승인할 때 중의원과 참의원이 서로 다르게 의결한 경우 양원협의회를 거쳐 의견일치를 도모하되, 양원의 의사가 합치하지 않는 경우 중의원의 의결이 국회의 의결이 된다고 명시하고 있다(법제처, 2019: 11~12; 국회도서관, 2024: 27).

내각총리대신을 지명할 때에도 역시 마찬가지이다. 일본 헌법 제67조에 따라 중의원과 참의원에서 서로 다른 사람을 지명한 경우에도 양원협의회를 우선적으로 거치되, 의사가 합치하지 않을 경우 중의원의 의결이 국회의 의결이 된다. 또한 헌법 제69조에 따라 국회에 부여되는 강력한 행정부 견제 권한인 내각불신임권은 중의원만 가진다(법제처, 2019: 11~12).

3. 입법과정

의원내각제를 채택하고 있는 만큼 일본도 의원에게만 법률안 발의권한을 부여하는 것이 아니라 정부(내각)에도 법률안 제출권한을 부여한다. 오히려 입법의 대부분은 정부 제출 법률안이 주도한다(민병로, 2011: 196). 의원 발의 법률안과 정부 제출 법률안의 입법과정은 다소 상이한데 이를 구체적으로 비교하면 다음과 같다.

먼저 의원 발의 법률안은 발의요건이 다소 까다로운 편이다. 일반적인 법률안은 중의원의 경우 의원 20명 이상의 동의가, 참의원의 경우 의원 10명 이상의 동의가 필요하며, 예산이 수반되는 법률안은 중의원은 50명 이상이, 참의원은 20명 이상 참여해야 한다(국회도서관, 2024: 29). 또한 의원이 법률안을 발의하려면 사전에 소속 정당의 정책결정기관으로부터 동의를 얻어야 한다(임종훈·이정은, 2021: 485). 법률안이 발의되면 의장이 소관 위원회에 회부한다. 위원회 심사 단계에서는 발의한 의원이 제안 내용을 설명하고 질의·응답 및 토론 등이 이루어진다. 필요한 경우 소위원회를 설치해 심도 있는 심사를 진행하기도 하고 공청회 개최 또는 참고인 의견 청취 등의 절차를 거치기도 한다. 위원회에서 의결된 법률안은 본회의 심사를 거쳐 타 원으로 송부한다. 만약 타 원에서 의결된 내용이 다른 경우 양원협의회를 거치되, 조정이 성립되지 않으면 중의원에서 출석의원 3분의 2 이상의 재가결로 입법화된다. 국회를 통과한 법률은 내각을 경유해 천황에게 제출되는데, 천황은 제출된 날부터 30일 이내에 법률을 공포해야 한다(민병로, 2011: 189).

다음으로 정부 제출 법률안은 소관 성(省)이나 청(庁)에서 관련 성·청의 협의를 거쳐 법률안을 초안을 작성하며, 내각 법제국의 심사를 받아[23] 성·청 내의 사무차관 회의, 각의 및 여당의 심사를 거친다. 이 중 여당의 심사는 정부 제출 법률안의 성패를 좌우하는 중요한 열쇠로 작용한다. 여당 심사는 당내 정책결정기관인 부회(部會)의 검토를 거치는데 부회에 소속된 의원은 대부분 해당 법률안을 소관하는 상임위원회에 소속된 의원이므로 정부는 부회 심사를 입법과정에서 가장 중요한 절차 중 하나로 여긴다(임종훈·이정은, 2021: 483). 여당 심사까지 마친 법률안은 국회에 제출되며, 이후의 절차는 의원 발의 법률안과 동일하다.

4. 지원조직[24]

일본은 각 원의 사무총장 산하에 국회 위원회에 대한 보조기관을 두

---

23 예산 수반 법률안의 경우 재무성 주계국(主計局)의 심사도 거친다.

24 임성근(2013) 참조.

고 있는데, 이 보조기관은 연구조사 업무를 수행하는 부서와 의사 업무를 담당하는 부서로 이원화되어 있다. 전자는 중의원조사국과 참의원조사실이고, 후자는 중의원 및 참의원의 위원부이다(임성근, 2013: 90).

중의원조사국과 참의원조사실은 전문원과 조사원으로 구성되어 있는데, 이들은 위원장의 지휘를 받아 소관 사항에 대해 조사·연구하고 필요한 자료를 분석해 제공하는 전문적인 업무를 수행한다. 전문원과 조사원은 위원회별로 조직화된 조사국(실)에서 위원회를 보좌하는 전문 인력이다.[25] 이들이 수행하는 직무는 법률안 기초조사, 법률안 심사를 위한 참고자료 작성, 본회의에 배부하는 법률안 등의 요지 작성, 회부된 법률안에 대한 수정안 초안 작성, 부의법안에 관한 참고자료 작성, 검토보고서 작성, 정기간행물 발행 등이다.

위원부는 위원장을 보좌해 위원회의 운영을 담당하는 부서이다. 중의원 위원부는 총무과, 의원운영과 등 약 130명의 직원으로 구성되어 있으며, 참의원 위원부는 조정과, 의원운영과 등 약 90명의 직원으로 구성되어 있다. 위원부는 의사일정 조정, 질의자와 답변자 확보, 위원회 운영 보좌, 공문서 작성, 참고인 출석 관련 사무절차 등을 담당한다(임성근, 2013: 94~96). 그 밖에 중의원과 참의원에는 행정, 경위, 속기 업무 등을 담당하는 부서가 있다.

중의원과 참의원은 법률안의 입안을 지원하기 위해 1948년부터 각각 독립적인 법제 지원 조직으로 법제국을 두고 있다. 법제국은 행정부의 내각법제국에 대응하는 기구로, 의원 발의 법률안이나 위원회 제출

25 양원 각각에 상임위원회 조사국(실) 규정을 둠으로써 조사국(실) 체제가 제도적으로 보장되어 있고, 전문원에게 조사부서장으로서의 책무가 부여되어 있다.

법률안을 위한 자료조사, 법률안 발의 지원, 정당 심사 지원, 법률안에 대한 수정안 작성, 법제자료의 수집 및 정리 등의 업무를 담당한다. 일본은 법제국의 심사를 거치지 않은 법률안은 사무국에서 접수하지 않는 관례가 있을 정도로 법제국의 영향력이 강하다.

또 다른 지원기구로는 국립국회도서관을 꼽을 수 있다. 양원으로부터 독립된 지위를 가진 국립국회도서관은 의원의 직무 수행 보좌와 국민에 대한 도서 서비스 제공을 목적으로 1948년에 설립된 일본의 유일한 국립도서관이다. 국립국회도서관은 국회의원 및 지원조직의 입법활동 보좌, 출판물 및 각종 자료의 수집·보존·데이터베이스 작업을 통한 관리, 일반이용자에 대한 열람 및 복사 등의 서비스를 제공한다. 국립국회도서관은 내부 부서로 전문원과 조사원 등으로 구성된 비당파적인 기구 조사 및 입법고사국을 두고 있는데, 조사 및 입법고사국에서는 국회의원실의 요구에 따라 법안이나 안건의 분석 및 평가, 자체적인 입법자료의 수집 및 분석 등의 업무를 수행한다.

마지막으로 일본 개별 의원실에서 채용이 지원되는 보좌진으로는 2명의 공설비서와 1명의 정책담당비서가 있다.[26] 공설비서는 의장의 동의를 얻어 개별 국회의원이 임용하는데, 특별한 임용자격은 없다. 정책담당비서는 의원의 정책 능력 개발을 위해 1993년부터 운영하고 있는데, 정책담당비서시험에 합격한 사람, 채용심사에서 자격을 인정받은 사람 등 일정한 요건을 지닌 사람 중에서 의원이 의장의 동의를 얻은 후 임용한다.

26 그 밖에 상당수의 의원실은 의원 개인의 부담으로 고용하는 사설비서를 별도로 두고 있다.

제3장

국회의 조직과 회의 운영

제1절 개관

이 장에서는 국회의 조직과 회의 운영에 대해 설명한다. 각각의 국회의원은 모두 국민이 직접 선출한 대의 기구로서 헌법기관이다. 그러나 헌법상 보장된 국회의 권한은 전체 국회의원이 모인 회의체의 의사결정으로 행사한다. 따라서 개별 국회의원의 선출부터, 국회의원이 모여 국회의 의사를 결정하는 회의 운영, 이러한 국회 운영을 위해 필요한 국회 내부 기관의 조직 구성 역시 국민의 의사를 제대로 반영해 결정할 수 있는 민주적인 원리에 따라 이루어져야 한다. 동시에 의사결정이 효율적으로 이루어져 국회의 각 기능이 필요한 시점에 원활하게 작동할 수 있어야 한다. 「국회법」 등 국회관계법의 내용은 이러한 원리를 한국의 정치 현실과 필요성에 맞게 구체적으로 작성해서 운영해 온 결과물이다.

이 장에서는 먼저 국회를 구성하는 가장 기본적인 인적 구성요소인 국회의원의 선출 과정과 그 특징을 살펴본다. 다음으로 국회의 주요 직위인 국회의장, 부의장, 위원회 위원장 등과 위원회와 교섭단체로서의 정당에 대해 알아본다. 국회는 회의를 통해 고유한 권한을 행사하고 활동한다. 따라서 국회의 회의 운영과 그 평가에 대해서도 살펴본다. 이 장에서 서술하는 내용은 제4장부터 제7장까지 설명하는 국회의 구체적인 기능을 이해하는 데 기초가 될 것이다.

제2절 국회의원: 국회의 기본 단위

먼저 이 절에서는 개별 국회의원에 관한 사항을 설명한다. 국회의원은 헌법기관으로, 개별적인 대의 기구로서의 역할을 수행하고 있다. 여기서는 국회의원의 선출 방법, 임기, 권한, 특권 및 의무에 대해 알아보고, 개별 국회의원의 활동과 역할에 대해 간략하게 살펴본다.

1. 국회의원의 선출 방법과 임기

국회는 국민의 보통·평등·직접·비밀선거로 선출된 국회의원으로 구성한다(헌법 제41조 제1항). 국회의원의 수는 법률로 정하되 200명 이상으로 하며 선거구·비례대표제 등 선거에 관한 사항은 법률로 정한다(헌법 제41조 제2항 및 제3항). 제22대 국회는 300명의 국회의원으로 구성되어 있다. 국회의원은 선출 방법에 따라 두 가지로 나뉜다. 하나는 지역구국회의원이고 다른 하나는 비례대표국회의원이다. 2025년 현재 지역구국회의원의 정수는 254명이고, 비례대표국회의원의 정수는 46명

식 3-1 **준연동형 비례대표제 산식**

① 연동배분 의석수 = [(국회의원 정수 - 의석할당정당이 추천하지 않은 지역구국회의원 당선인 수) × 해당 정당 득표율 - 해당 정당 지역구 당선인 수] ÷ 2
② 잔여배분 의석수 = 연동배분 후 남은 비례의석은 해당 정당 득표율로 배분
= [비례대표 정수(46) - 연동배분 의석수 합계] × 해당 정당 득표율
③ 조정의석 수 = 연동배분 의석수 합이 46석 초과 시 연동배분 의석수 비율에 따라 배분
= 비례대표 정수(46) × (해당 정당 연동배분 의석수 ÷ 연동배분 의석수 합계)

이다. 국회의원 후보가 되려면 25세 이상이어야 한다(「공직선거법」 제16조 제2항). 지역구국회의원은 단순다수제에 따라 유효투표의 다수를 얻은 자를 당선인으로 한다(「공직선거법」 제188조 제1항). 따라서 하나의 지역구에서는 1명의 국회의원이 선출된다(「공직선거법」 제21조 제2항).

비례대표국회의원은 전국을 단위로 하여 선거한다(「공직선거법」 제20조 제1항). 비례대표국회의원 선거 후보자는 추천 정당이 그 순위를 정해 추천한다. 비례대표국회의원 의석은 의석할당정당(비례대표국회의원 선거에서 유효투표 총수의 100분의 3 이상을 득표했거나 지역구국회의원 총선거에서 다섯 석 이상의 의석을 차지한 정당)에 이른바 준연동형 비례대표제에 따라 배분하는데, 구체적인 의석 배분 방식은 〈식 3-1〉과 같다(「공직선거법」 제189조 제3항).

국회의원의 임기는 4년이다(헌법 제42조). 지역구국회의원에 궐원 또는 궐위가 생긴 때에는 보궐선거를 실시한다(「공직선거법」 제200조 제1항). 비례대표국회의원에 궐원이 생긴 때에는 그 궐원된 의원이 선거 당시에 소속한 정당의 비례대표국회의원 후보자 명부에 기재된 순위에 따라 궐원된 국회의원의 의석을 승계할 자를 결정한다(「공직선거법」 제200

조 제2항).

현재 국회의원의 임기 개시일은 1987년 10월 29일 제9차 개정으로 탄생한 현행 헌법 부칙 제3조의 "이 헌법에 의해 선출된 최초의 국회의원의 임기는 국회의원 선거 후 이 헌법에 의한 국회의 최초의 집회일로부터 개시한다"라는 규정에 따라 정해졌다. 이 조항에 따라 집회된 국회(제141회 임시회)의 최초 집회일이 1988년 5월 30일이었으므로 현행 헌법상 국회의원의 임기 개시일은 4년 주기로 5월 30일이고 임기 만료일은 5월 29일이다. 한편 국회의 개원기념일은 매년 5월 31일이다. 이는 1948년 5월 10일 실시된 제헌국회 국회의원 총선거에서 선출된 198명의 국회의원으로 같은 해 5월 31일 제헌국회가 개원했기 때문이다.

헌법상 국회는 국민의 보통·평등·직접·비밀선거에 의해 선출된 국회의원으로 구성하도록 하고 있다(헌법 제41조 제1항). 그런데 국회의원 지역선거구를 정하는 데 있어 지역구 간의 인구 편차가 크면 투표 가치의 평등이 이루어질 수 없고 평등선거의 원칙에 위반될 수 있다. 그래서 헌법재판소는 세 차례의 판결에 걸쳐 국회의원 선거에서 허용될 수 있는 지역구 간의 인구 편차를 줄여왔다. 1995년 12월 27일에는 전국 선거구의 평균 인구수(전국의 인구수를 선거구 수로 나눈 수치)에 그 100분의 60을 더하거나 뺀 수를 넘거나 미달하는(즉, 상하 60%의 편차를 초과하는) 선거구가 있을 경우에는, 그러한 선거구의 획정은 국회의 합리적 재량의 범위를 일탈한 것으로서 헌법에 위반된다는 판결을 내렸다(95헌마224 등). 2001년 10월 25일에는 평균 인구수 기준 상하 50%의 편차를 허용 범위로 결정했고(2000헌마92 등), 2014년 10월 30일에는 평균 인구수 기준 상하 33⅓%의 편차를 허용 범위로 결정했다(2012헌마192 등). 이러한 헌법재판소의 판결은 국회의원 지역구 획정에 있어 인구수

표 3-1 **지역구국회의원 선거에서 현역 의원의 당선 비율**

	지역구 수	현역 의원 당선자 수	현역 의원 당선 비율
제13대	224곳	66명	29.5%
제14대	237곳	118명	49.8%
제15대	253곳	102명	40.3%
제16대	227곳	118명	52.0%
제17대	243곳	88명	36.2%
제18대	245곳	129명	52.7%
제19대	246곳	108명	43.9%
제20대	253곳	138명	53.5%
제21대	253곳	115명	45.5%
제22대	254곳	140명	55.1%

자료: 서복경(2010: 64); 중앙선거관리위원회 선거통계시스템.

기준을 강화하고 있으며, 이는 나중에 살펴보는 바와 같이 지역구국회의원의 정수를 증가시키는 방향으로 작용하고 있다.

우리나라 국회의원 선거의 중요한 특징 중 하나는 현역 의원이 다시 당선되는 비율이 낮다는 것이다(〈표 3-1〉 참조). 이는 국회에 대한 국민들의 전반적인 불신과 실망에 기인한 것으로 볼 수 있다(조기숙, 2000: 117; 서복경, 2010: 65; 가상준, 2013: 75). 국회에 대한 국민들의 불신 때문에 공천 단계에서부터 정당은 국회 외부에서 후보자를 충원함으로써 현역 의원을 교체한다(서복경, 2010: 65). 후보자를 공천할 때 현역 의원을 탈락시키는 현실은 후보자 중 현역 의원이 차지하는 비율을 통해 살펴볼 수 있다(〈표 3-2〉 참조).

정당이 당내 경선을 하는 경우 경선후보자로서 해당 정당의 후보자로 선출되지 않는 자는 해당 선거의 같은 선거구에서는 후보자로 등록될 수 없다(「공직선거법」 제57조의2 제2항). 그런데 원래 소속 정당에서 공천을 받지 못할 것으로 보이는 현역 의원은 당내 경선에 참여하지 않고

표 3-2 후보자 중 현역 의원 비율

	총선거 시 현역 의원 수	후보자 중 현역 의원 수	현역 의원 낙천/불출마 비율
제17대	268명	167명	37.7%
제18대	291명	198명	32.0%
제19대	291명	170명	41.8%
제20대	292명	192명	34.2%
제21대	294명	184명	37.4%
제22대	297명	172명	42.1%

자료: 「국회경과보고서」; 중앙선거관리위원회 선거통계시스템.

표 3-3 국회의원 선수 현황

	초선	재선	3선	4선 이상
제13대	174명(56.5%)	60명(19.5%)	43명(14.0%)	31명(10.0%)
제14대	156명(45.6%)	90명(26.3%)	46명(13.5%)	50명(14.6%)
제15대	159명(47.5%)	72명(21.5%)	52명(15.5%)	52명(15.5%)
제16대	139명(44.4%)	89명(28.4%)	35명(11.2%)	50명(16.0%)
제17대	206명(63.6%)	57명(17.6%)	43명(13.3%)	18명(5.5%)
제18대	159명(47.7%)	91명(27.5%)	47명(14.5%)	34명(10.3%)
제19대	171명(51.5%)	73명(22.0%)	53명(16.0%)	35명(10.5%)
제20대	150명(46.9%)	70명(21.9%)	48명(15.0%)	52명(16.2%)
제21대	151명(50.3%)	74명(24.7%)	42명(14.0%)	33명(11.0%)
제22대	131명(43.7%)	80명(26.7%)	47명(15.6%)	42명(14.0%)

자료: 국회사무처(2020); 국회사무처(2024h).

무소속이나 다른 정당의 후보자로 출마할 수 있으므로 실제 공천에서 현역 의원의 교체율은 이보다 더 높을 것이다. 그런데 현역 의원의 교체율이 이처럼 높은 현실은 국회의원이 정책 전문성을 쌓는 데 부정적으로 작용하는 측면이 있다. 제13대 국회 이후 3선 이상 국회의원의 비율은 대체로 20% 중반에서 30% 초반에 머물고 있다(<표 3-3> 참조).

2. 국회의원의 권한과 특권

국회의원은 다음과 같은 권한을 행사함으로써 의정활동을 수행한다. 첫째, 국회의원은 위원회와 본회의에서 안건을 심사할 때 발언하고 토론하며 표결할 수 있는 권한을 가진다(「국회법」 제58조, 제60조). 둘째, 국회의원은 10명 이상의 찬성으로 의안을 발의할 수 있다(「국회법」 제79조 제1항). 셋째, 국회의원은 정부에 대한 질문을 하거나 서류제출 또는 증언 등의 요구를 할 수 있다. 우선, 국회의원은 본회의에서 회기 중에 실시하는 대정부질문에서 국무총리 또는 국무위원에게 질문할 수 있다(「국회법」 제122조의2). 다음으로, 국정감사 또는 조사를 할 때 국회의 위원회, 소위원회 및 감사반 또는 조사반은 그 의결을 통해 감사 또는 조사와 관련된 보고 또는 서류 등의 제출을 관계인 또는 기관 등에 요구할 수 있다. 또한 안건 심의나 국정감사 또는 국정조사를 위해 필요한 경우 증인·감정인·참고인의 출석을 요구해 검증할 수 있다(「국정감사 및 조사에 관한 법률」 제10조, 이하 「국감국조법」 병용).

헌법에서는 국회의원의 두 가지 특권을 규정하고 있다. 그 하나는 불체포특권이다. 국회의원은 현행범인 경우를 제외하고는 회기 중에 국회의 동의 없이 체포 또는 구금되지 않는다(헌법 제44조 제1항). 불체포특권은 회기 중 의원의 활동을 보장하기 위한 것이므로 비회기 중에는 적용되지 않으며 폐회 중에는 국회의 동의 없이 체포 또는 구금할 수 있다. 국회의원의 경우 회의장 안에서는 의장의 명령 없이 체포할 수 없다(「국회법」 제150조). 불체포특권은 회기 중에 일시적으로 인신구속에 대해서만 유예함을 의미할 뿐 형사책임면제의 특권은 아니다.

제헌국회 이후 제21대 국회까지 총 71건의 의원체포·구속 동의안이 제출되었는데 이 중 18건이 가결되었다. 제18대 국회까지는 46건이 제출되어 9건만 가결(19.6% 가결)되었는데, 제19대 국회 이후에는 25건이 제출되어 9건이 가결(36.0% 가결)되었다. 가결 비율이 높아진 것은 제17대 국회 중이던 2005년 7월과 제19대 국회 초인 2016년 12월에 각각 「국회법」을 개정해 불체포특권의 남용을 절차적으로 제한하고자 한 것이 영향을 미쳤을 수 있다. 이에 따르면 의원체포동의안의 처리가 지연되는 것을 방지하기 위해 의원체포동의안은 처음 개의하는 본회의에 이를 보고하고, 본회의에 보고된 때로부터 24시간 이후 72시간 이내에 처리하고, 체포동의안이 72시간 이내에 표결되지 않는 경우에는 그 이후에 최초로 개의하는 본회의에 상정해 표결하도록 하고 있다(「국회법」 제26조 제2항).

국회의원의 또 다른 특권은 면책특권이다. 국회의원은 국회에서 직무상 행한 발언과 표결에 관해 국회 외에서 책임을 지지 않는다(헌법 제45조). 이는 국회에서 의원들이 발언의 자유를 최대한 보장받고 국민의 대표로서 소신껏 활동할 수 있도록 하기 위함이다. 여기서 국회란 의사당이라는 건물, 즉 물리적 개념이 아니라 직무상의 행위와 관련된 것으로서, 국회의 본회의 및 위원회는 물론 의사당 밖에서 열린 위원회도 포함된다. 국회 외에서의 책임이란 국회 외에서 법률상의 책임, 즉 민사·형사상의 책임을 지는 것을 말하며, 정치적·도의적 책임을 지는 것까지 말하는 것은 아니다. 또한 외부가 아닌 국회 내부의 자율권에 의한 징계나 소속 정당의 자체적인 징계 책임까지 면책되는 것은 아니다.[1]

1 「국회에서의 증언·감정 등에 관한 법률」 제9조 제3항에서는 국회에서 증인·감정인·참고인으로 조사받은 사람은 이 법에서 정한 처벌을 받는 외에 그 증언·감정·진술로 인하여

면책특권의 목적과 취지 등에 비춰 볼 때 발언 내용 자체에 의하더라도 직무와는 아무런 관련이 없음이 분명하거나, 명백히 허위임을 알면서도 허위의 사실을 적시해 타인의 명예를 훼손하는 경우 등까지 면책특권의 대상이 될 수는 없다. 하지만 발언 내용이 허위라는 점을 인식하지 못했다면, 비록 발언 내용에 다소 근거가 부족하거나 진위 여부를 확인하기 위한 조사를 제대로 하지 않았다고 하더라도, 그것이 직무수행의 일환으로 이루어진 것인 이상 면책특권의 대상이 된다(대법원 2007.1.12. 선고 2005다57752).

3. 국회의원의 의무

국회의원은 권한과 특권 외에 헌법 및 「국회법」에 규정된 의무를 진다. 우선, 국회의원은 법률이 정하는 직을 겸할 수 없다(헌법 제43조). 「국회법」에서는 ① 국무총리 또는 국무위원의 직, ② 공익 목적의 명예직, ③ 다른 법률에서 의원이 임명·위촉되도록 한 직, ④「정당법」에 따른 정당의 직 이외의 다른 직을 겸할 수 없도록 하고 있다(「국회법」 제29조 제1항). 의원이 당선 전부터 ②~④에 해당하는 직을 가지고 있는 경우에는 임기 개시 후 1개월 이내에, 임기 중에 이러한 직을 가지는 경우에는 지체 없이 의장에게 서면으로 신고해야 하고, 의장은 의원이 신고한 직이 실제로 이에 해당하는지 여부를 윤리특별위원회에 설치된 윤리

어떠한 불이익한 처분도 받지 않는다고 규정하고 있어 의원의 면책특권과 유사한 특권을 규정하고 있다. 이는 이들의 증언 등도 의회의 직무수행을 목적으로 이루어지기 때문이다. 영국에서는 의원과 일반인에 대한 이러한 특권을 통틀어 의회 특권(parliamentary privilege)이라고 한다(Rogers and Walters, 2019: 341).

심사자문위원회의 의견을 들어 결정한다(「국회법」 제29조 제3항 및 제4항). 의원은 의장으로부터 본인이 겸하고 있는 직이 겸직할 수 있는 직에 해당하지 않는다는 통보를 받은 때에는 통보를 받은 날부터 3개월 이내에 그 직을 휴직 또는 사직해야 한다(「국회법」 제29조 제6항). 또한 국회의원은 그 직무 외에 영리를 목적으로 하는 업무에 종사할 수 없다(「국회법」 제29조의2).

한편 국회의원은 당선인으로 결정된 날부터 30일 이내에 사적 이해관계를 등록해야 하고, 이후에 변경사항 또한 등록해야 한다(「국회법」 제32조의2 제1항 및 제2항). 의원은 소속 위원회의 안건 심사, 국정감사 또는 국정조사와 관련하여 이해 충돌이 있는 것을 안 경우에는 그 사실을 신고해야 한다(「국회법」 제32조의4 제1항). 의원은 소속 위원회의 안건 심사, 국정감사 또는 국정조사 과정에서 이해 충돌이 발생할 우려가 있다고 판단하는 경우에는 소속 위원회의 위원장에게 그 사안 또는 안건에 대한 표결 및 발언의 회피를 신청해야 한다(「국회법」 제32조의5 제1항).

국회의원은 청렴의 의무가 있고, 국가이익을 우선해 양심에 따라 직무를 행해야 하며, 그 지위를 남용해 국가·공공단체 또는 기업체와의 계약이나 그 처분에 의해 재산상의 권리·이익 또는 직위를 취득하거나 타인을 위해 그 취득을 알선할 수 없다(헌법 제46조). 「국회법」에서는 국회의원은 의원으로서의 품위를 유지하도록 하고 있으며(「국회법」 제25조), 그 밖에 국회 의사와 관련된 법규를 준수할 의무를 부과하고 있다. 이러한 의무에는 의제 외 발언금지 및 모욕 등 발언금지 등의 의무, 발언시간 준수 의무, 비공개회의록의 공표 등 금지 의무, 회의장 질서유지 의무 등이 포함된다(안병옥, 2012: 65~66). 또한 정보위원회의 위원은 직무수행상 알게 된 국가기밀에 속하는 사항을 공개하거나 타인에게 누설해서는 안 된다(「국회법」 제54조 제2항). 「국정감사 및 조사에 관한 법률」에서는 국정감사 및 조사상의 제척·회피 의무 및 주의 의무를 부과하고 있다(「국감국조법」 제13조 및 제14조).

4. 민주화 이후 국회의원 정수 변화

앞서 살펴보았듯이 제22대 국회는 254명의 지역구국회의원과 46명의 비례대표국회의원으로 구성되어 있다. 그런데 제13대 국회 이후 국회의원 정수의 변화를 살펴보면 크게 두 가지 특징이 나타난다. 첫째, 국제통화기금(International Monetary Fund: IMF) 구제금융 사태로 인한 구조조정 분위기 아래에서 제16대 국회의원 정수가 전체 299명에서 273명으로 26명이 줄어든 것을 제외하고는 국회의원 정수가 299명 또는 300명 선에서 유지되고 있다. 둘째, 제16대 국회에서 국회의원 정수가 줄어든 상황을 기준으로 그 전과 후를 각각 나누어 살펴보면 각각의 기간 내에서는(제13대 국회부터 제15대 국회까지, 제17대 국회부터 제20대 국회까지) 지역구국회의원의 비율이 늘어나고 비례대표국회의원의 비율이 줄어드는 방향으로 의원 정수가 변화하고 있음을 알 수 있다(<표 3-4> 참조).

지역구국회의원의 정수 및 비율이 늘어나는 것은 헌법재판소가 내린 국회의원 선거구 획정에 관한 판결로부터 어느 정도 영향을 받고 있다고 볼 수 있다. 국회가 국회의원 선거구를 획정할 때에는 헌법재판소의 인구 편차 기준을 준수해야 하는데, 인구 변동으로 인해 지역선거구를 조정할 때 지역구의 수를 조금씩 늘린 것이다. 마찬가지로 헌법재판소의 기준이 강화되어 지역구를 크게 조정해야 할 필요가 생겼을 때에도

표 3-4 국회의원 정수 변동 현황

	지역구국회의원 정수 및 비율	비례대표국회의원 정수 및 비율	계
제13대	224명(74.9%)	75명(25.1%)	299명
제14대	237명(79.3%)	62명(20.7%)	299명
제15대	253명(84.6%)	46명(15.4%)	299명
제16대	227명(83.2%)	46명(16.8%)	273명
제17대	243명(81.3%)	56명(18.7%)	299명
제18대	245명(81.9%)	54명(18.1%)	299명
제19대	246명(82.0%)	54명(18.0%)	300명
제20대	253명(84.3%)	47명(15.7%)	300명
제21대	253명(84.3%)	47명(15.7%)	300명
제22대	254명(84.7%)	46명(15.3%)	300명

자료: 「국회경과보고서」; 중앙선거관리위원회 선거통계시스템.

지역구의 수를 크게 늘렸음을 알 수 있다. 국회의원 선거구 인구 편차에 관한 헌법재판소의 첫 번째 판결(1995년) 이후에 이루어진 제15대 국회의원 선거구 획정에서는 지역구국회의원 정수가 16명 증가했고, 인구 편차를 상하 50%에서 33⅓%로 강화한 2014년의 헌법재판소 판결 이후에 이루어진 제20대 국회의원 선거구 획정에서는 지역구국회의원 정수가 7명 증가했다.

5. 개별 국회의원의 세 가지 역할

우리나라에서 개별 국회의원의 역할은 크게 선거구 일꾼, 정당 정치인, 정책감시자 및 정책기업가로 나눌 수 있다.[2] 첫째는 선거구 일꾼

2 국회의원의 역할을 이처럼 세 가지로 나눈 것은 영국에서 의원의 역할을 정당인(partisan role), 지역구 대변(constituency role), 정책 심사(scrutiny role)의 세 가지로 나눈 Rush

(constituency worker)으로서의 역할이다. 이것은 자신을 선출해 준 선거구민 또는 선거구의 이익을 위해 국회의원이 수행하는 역할이다. 국회의원은 선거구민의 민원이나 고충을 들어주고 이를 정부 또는 지방자치단체나 공공기관 등에 전달하기도 하고, 선거구의 현안을 해결하기 위해 노력하기도 한다. 필요한 경우 관련된 법률안을 발의하거나 청원을 소개해 이를 통과시키려 노력하고, 지역구 관련 사업에 소요되는 비용을 국가 또는 지방자치단체 예산에 반영시키려 한다. 이처럼 선거구 일꾼으로서의 역할은 크게 두 가지 하위 유형으로 분류할 수 있는데, 하나는 개별 선거구민을 대변해 민원 또는 고충을 해결하는 활동이고, 다른 하나는 선거구 전체와 관련된 문제(예를 들어 선호 시설 유치)를 해결하는 활동이다.

개별 국회의원이 특정 직능집단이나 이익집단(예를 들어 의료계, 노동계, 교육계, 농업계 등)을 대변해 국회의원에 선출되었다고 생각하는 경우(비례대표 의원이 대표적인 예이지만, 일부 지역구 의원도 이 범주에 포함된다)에는 해당 직능집단이나 이익집단의 이익을 대변해 활동하려는 경향이 있다. 이들 활동은 해당 직능집단이나 이익집단이 국회의원을 선출한 선거구민과 유사한 위치에 있다는 점에서 크게 보면 선거구 일꾼으로서의 역할이라고 할 수 있다. 예를 들어 노동계 출신 국회의원이 노동조합의 이익을 대변해 법안을 발의하거나 청원을 소개하고 관련 예산을 확보하기 위해 노력하는 활동이 그것이다. 이익집단 간의 이해관계가 엇갈리는 법안을 심사할 때 국회의원이 각각의 이익집단의 입장을 대표해

(2001)의 분류로부터 영향을 받았다.

심사에 반영하려는 것도 이러한 역할 범주에 들어간다고 볼 수 있다.

둘째는 정당 정치인(party politician)으로서의 역할이다. 우리나라에서 정당 제도는 헌법적으로 중요한 정치 제도로 보장되어 있고(헌법 제8조), 실제로 정당을 중심으로 정치가 이루어진다. 대부분의 국회의원은 선거에 후보로 출마할 때 특정 정당의 소속으로 출마하고, 유권자들은 현실적으로 후보자가 어느 정당 소속인지에 영향을 받아 투표한다. 즉, 유권자들은 해당 후보자가 소속 정당의 정책을 추진할 것으로 어느 정도 예상하고 투표한다. 따라서 당선된 개별 국회의원은 자신이 소속된 정당의 정책을 실현하기 위해 또는 소속된 정당의 정치적 입장을 대표하기 위해 노력한다.

소속 정당이 큰 관심을 갖는 법률안이나 예산안을 통과시키기 위해 또는 상대 정당이 중점적으로 추진하는 법률안이나 예산안을 저지하기 위해 개별 국회의원이 위원회나 본회의에서 질의하고 토론하는 활동이 이러한 역할 범주에 들어간다. 이 과정에서 정당 간, 국회의원 간의 대립이 극단적으로 격화될 경우에는 국회가 파행 또는 공전되기도 하고 물리적 충돌을 빚기도 한다. 최근에는 무제한토론(일명 필리버스터)을 통해 상대 정당의 중점 입법 이슈를 저지하려는 사례도 발생하고 있다. 또한 본회의에서 국무총리와 국무위원을 상대로 벌이는 대정부질문을 통해 야당 소속 의원은 정부와 여당을 공격하고, 여당 소속 의원은 정부를 방어한다. 국정감사에서 정당 간의 정치적 쟁점을 둘러싸고 의원들이 대립하는 모습이나 특정 현안에 대한 국정조사에서 의원들이 소속 정당의 입장을 대표하는 모습도 모두 같은 역할의 범주에 속한다.

셋째는 정책감시자 및 정책기업가(policy watchdog and entrepreneur)로서의 역할이다. 이는 국회의원 개개인이 본인의 전문성과 식견을 바탕으로 무엇이 국가 전체의 이익인지를 생각해 국가의 정책을 심의·감시·감독하거나 새로운 정책을 제안하는 역할이다. 우리나라에서 개별 국회의원은 위원회에 소속되어 해당 분야의 법률안과 예산안, 결산을 심의함으로써 국가의 정책을 결정한다. 상임위원회와 예산결산특별위원회, 그리고 이들 위원회에 설치된 법률안심사소위원회나 예산결산기금심사소위원회에서 이루어지는 안건 심사가 이러한 역할에 해당한다. 또한 국정감사나 국정조사를 통해 개별 국회의원은 국가 정책이 잘 집행되고 있는지, 그 과정에 문제는 없는지에 대해 감시 또는 감독하는 역할을 수행한다. 나아가 의원들은 법안을 발의하거나 새로운 사업의 예산을 제의하는 등의 활동을 통해 국가 정책을 제안하는 역할을 한다.

6. 국회의원의 세 가지 역할 간 모순 또는 상충

이 세 가지 역할은 서로 조화를 이룰 수도 있지만 모순되거나 상충될 수도 있다. 즉, 특정 선거구나 이익집단에 유리한 정책이 국가 전체의 이익에는 맞지 않을 때가 있을 수 있다. 또 특정 정당의 정책이 그 정당의 정치적 이해관계에는 유리한 결과를 가져오지만 국가 전체의 이익에는 해가 될 수도 있다. 그리고 서로 자신의 정책이 국가의 장래에 바람직하다고 주장하는 정당 간의 정치적 대립이 국가 정책 과정의 효율성과 효과성을 저해할 수도 있다.

우리 헌법은 제46조 제2항에서 "국회의원은 국가이익을 우선해 양심에 따라 직무를 행한다"라고 규정해 국회의원은 국가 전체의 이익을 대표하고 있음을 천명하고 있다. 하지만 선출된 대의기관으로서의 개별 국회의원은 정치 현실에서 자신을 선출한 선거구, 자신과 관련된 직능집단이나 이익집단, 자신이 소속된 정당의 이익을 어느 정도 고려하면서 의원으로서의 역할을 수행할 수밖에 없다.

소선거구 단순다수제가 중심인 선거 제도와 정당 기율이 강한 정치 문화는 이러한 현상을 더욱 심화시킨다. 또한 국가 전체의 이익이 무엇인지를 쉽게 정의할 수 없다는 점은 다양한 역할을 수행해야 하는 국회의원이 처한 문제를 더욱 해결하기 어렵게 한다. 전체의 이익, 즉 공익이란 사익의 집합이라고 볼 수 있다는 입장(공익에 관한 '과정설' 등)에서는 개별 국회의원이 자신의 선거구민이나 자신과 관련된 이익집단 또는 정당의 이익을 대변해 활동하는 것이 공익의 증진으로 연결된다고 주장할 수 있다. 그 반대의 입장, 즉 사익을 초월하는 공익이 있다는 입장(공익에 관한 '실체설' 등)에서는 공익으로 추정하는 이익을 사익보다 우선시해야 한다고 주장할 수 있다. 하지만 이것은 공익과 사익의 관계와 관련된 학문적 논쟁에서도 쉽게 해결되지 않는 주제이다.

따라서 소속된 정당의 정책을 표방하면서 선거구에서 선출되거나 직능집단 또는 이익집단을 대표해 선출된 개별 국회의원은 국회의원을 대표하는 활동을 일정 부분 수행할 수밖에 없는 것이 현실이다.[3] 중요한 것은 개별적 대의 기구로서 국회의원이 수행하는 이런 활동이 집합적 대의 기구인 국회라는 기관 안에서 서로 조정되고 타협을 거치면서 공동체 전체의 이익에 부합할 수 있도록 국회를 운영하는 것이다.

---

3 의회 토론 문화의 모범으로 알려진 영국 의회의 대총리 질문(Prime Minister's Question: PMQ)의 경우 일반적으로 40분의 시간 중 절반 남짓한 시간이 평의원들에게 할애되는데, 평의원의 질문 중 상당수는 지역구 민원 해결에 관한 것이다. 하지만 영국에서는 이에 대해 비판하는 목소리가 크지 않다.

제3절 국회의장, 부의장, 위원회 위원장 및 원구성

국회의장과 부의장, 위원회의 위원장은 국회 내에서 특별한 지위를 차지한다. 또한 우리 국회에서 의장단과 위원장단을 구성하는 이른바 원구성은 국회 운영에서 중요한 의미를 가진다. 이 절에서는 국회의장, 부의장 및 위원회 위원장의 선출 방법, 임기, 권한 등과 원구성의 실제에 대해 살펴본다.

1. 선출 방법, 임기 및 권한

의장과 부의장은 국회에서 무기명투표로 선거하되 재적의원 과반수의 득표로 당선된다(「국회법」 제15조 제1항). 재적의원 과반수의 득표자가 없을 때에는 2차 투표를 하고, 2차 투표에서도 과반수 득표자가 없을 때에는 최고 득표자와 차점자에 대해(최고 득표자가 2명 이상이면 최고 득표자에 대해) 결선투표를 하되, 재적의원 과반수의 출석과 출석의원 다수 득표자를 당선자로 한다(「국회법」 제15조 제2항). 의장과 부의장의 임기는 2년이지만, 국회의원 총선거 후 처음 선출된 의장과 부의장의 임기는 선출된 날부터 개시해 의원의 임기 개시 후 2년이 되는 날까지로 한다.[4] 의장은 국회를 대표하고, 의사를 정리하며, 질서를 유지하고, 사무를 감독한다(「국회법」 제10조). 의장이 사고가 있을 때에는 의장이 지정하는 부의장이 직무를 대리하지만 의장이 직무대리자를 지정할 수 없

4 제22대 국회의 국회의원 임기는 2024년 5월 30일에 시작했다. 따라서 제22대 국회에서 처음으로 선출된 의장과 부의장의 임기는 2026년 5월 29일까지이다.

을 때에는 소속 의원 수가 많은 교섭단체 소속인 부의장의 순으로 의장의 직무를 대행한다(「국회법」 제12조).

의장은 구체적으로 다음과 같은 권한을 가진다. 첫째, 의장은 외부에 대해 국회를 대표하므로 국회의 대정부 관계나 대국민 관계 등 외부적인 활동은 대표자인 의장의 이름으로 행한다. 둘째, 의장은 회의를 능률적이고 합리적으로 운영하기 위해 광범위한 의사정리권을 가지는데, 본회의 의사일정 작성 등 의사 준비에 관한 사항과 본회의 개의, 회의 중지, 산회, 그 밖에 의사에 관한 사항 등이 여기에 속한다. 셋째, 의장은 국회의 기능을 원활히 수행하기 위해 일정한 행위 규범을 강제할 수 있는데, 이 권한은 성질상 내부경찰권과 의원가택권으로 나뉜다. 내부경찰권은 국회 내의 질서를 유지하기 위해 의원, 방청인, 그 밖의 국회 내에 있는 사람에 대해 일정한 사항을 명령하거나 이를 실력으로 직접 강제하는 권한을 말한다. 의원가택권은 법률에 다르게 규정하지 않는 한, 회기에 상관없이 국회의 의사에 반해 다른 사람이 국회 안에 침입하는 것을 금지하고 국회 안에 들어오는 사람을 국회의 질서에 따르게 하며, 필요할 때에는 퇴장을 요구할 수 있는 권한을 말한다. 마지막으로 의장은 국회대표권, 의사정리권 등을 가지므로 그와 관련된 사무에 대한 감독권도 가진다. 따라서 국회 소속 기관의 장은 의장의 감독을 받아 해당 기관의 사무를 통할하고 소속 공무원을 지휘·감독한다. 다만, 이러한 의장의 여러 권한 가운데 상당수는 각 교섭단체 대표의원과의 협의 또는 합의나 교섭단체 대표의원의 동의를 거쳐 행사하도록 「국회법」이 규정하고 있다. 일부 권한은 각 교섭단체 대표의원이 속해 있는 국회운영위원회의 협의나 동의를 거치도록 되어 있다.

상임위원회의 위원장은 해당 상임위원회의 위원 중에서 본회의에서 무기명투표로 선거하되 재적의원 과반수의 출석과 출석의원 다수 득표자를 당선자로 선출한다(「국회법」 제17조 및 제41조 제2항). 상임위원장의 임기는 2년으로 하되, 국회의원 총선거 후 처음 선출된 상임위원장의 임기는 그 선출된 날부터 개시해 의원의 임기 개시 후 2년이 되는 날까지로 한다(「국회법」 제40조 제1항 및 제41조 제4항). 예산결산특별위원회(이하 '예결위' 병용) 위원장의 선출은 예산결산특별위원회 위원 중에서 본회의에서 무기명투표로 선거하되, 재적의원 과반수의 출석과 출석의원 다수의 득표자를 당선자로 한다(「국회법」 제40조 제1항 및 제45조 제4항). 예산결산특별위원회 위원장의 임기는 예산결산특별위원회 위원의 임기와 마찬가지로 1년이다. 그 밖의 특별위원회의 위원장은 위원회에서 호선하고 본회의에 보고한다(「국회법」 제47조 제1항). 위원회의 위원장은 위원회를 대표하고, 의사를 정리하며, 질서를 유지하고, 사무를 감독한다(「국회법」 제49조 제1항).

2. 원구성

의장, 부의장과 위원회 위원장의 직위는 원내 정당 간의 협상을 통해 배분되어 왔는데 이러한 협상 과정을 원구성이라고 한다. 협상을 통해 의장단과 위원장단의 자리를 원내 정당 간에 배분하는 관행은 제13대 국회에서 시작되었다(박재창, 2003: 141; 유병곤, 2006: 68; 가상준, 2010: 134). 제6대 국회부터 제12대 국회까지는 원내 제1당(일반적으로 여당)이 부의장 한 석을 제외하고는 모든 의장단과 위원장단의 직위를 독식했다. 그런데 제13대 국회에서 제1당이자 여당인 민주정의당이 과반수 의석을 획득하지 못하자 여당은 다른 정당과의 타협을 통해 의장단과 위원장단의 직위를 나누었다.

원구성은 2년마다 이루어지는데 이는 의장단과 위원장단의 임기가 2년이기 때문이다. 국회의원 총선거 이후 최초로 이루어지는 원구성을 통해 전반기 국회가 출범하고, 전반기 국회 의장단 및 위원장단의 임기가 끝날 때 다시 원구성을 통해 후반기 국회가 출범한다. 의장단 선거는 전반기의 경우 국회의원 총선거 후 첫 집회일에 실시하고, 후반기의 경우 처음 선출된 의장단의 임기 만료일 5일 전에 실시한다(「국회법」 제15조 제2항). 상임위원장단의 선거는 전반기의 경우 국회의원 총선거 후 첫 집회일부터 3일 이내에 실시하고, 후반기의 경우 처음 선출된 상임위원장의 임기 만료일까지 실시한다(「국회법」 제41조 제3항).

의장과 부의장 직위는 원내 교섭단체가 2개일 경우에는 제1당이 의장직과 하나의 부의장직을, 제2당이 다른 하나의 부의장직을 맡고, 교섭단체가 3개 이상일 경우에는 제1당이 의장직을, 제2당과 제3당이 부의장직을 하나씩 각각 맡아왔다. 위원장 직위는 각 교섭단체의 의석 비율에 따라 배분되는데, 실제 협상은 정당별로 배분되는 위원장의 수보다는 어느 위원회의 위원장 직위를 어느 정당이 맡는지에 초점을 둔다. 국회의 운영이나 중요한 정책을 다루는 위원회의 위원장을 어느 정당이 차지하느냐는 원구성 협상에서 정당들 간에 초미의 관심사항이다. 일반적으로 운영위원회, 법제사법위원회(이하 '법사위' 병용), 예산결산특별위원회 등의 위원장이 어느 정당에 배분되는지가 중요했다.

원구성의 가장 큰 특징은 원구성 자체가 정당 간의 정치적 갈등 상황에서 일종의 협상 수단으로 사용되었다는 점이다. 야당은 원구성 협상을 다른 중요한 정치적 의제와 연계해 왔다(유병곤, 2006: 96). 이처럼 원구성은 정당 간의 정치적인 타협과 거래의 산물이 되어왔고, 이로 인해

표 3-5 원구성 지연 일수(임기 개시일 대비) 현황

	제13대	제14대	제15대	제16대	제17대
전반기	21일	125일	39일	17일	36일
후반기	20일	29일	79일	42일	21일
	제18대	**제19대**	**제20대**	**제21대**	**제22대**
전반기	88일	40일	14일	31일*	29일
후반기	9일	25일	47일	54일	-

* 제1교섭단체 단독 구성 기준.
자료: 국회사무처(2020), 「국회경과보고서」.

국회 구성도 대체로 법정 기한보다 늦어졌다(박재창, 2004: 218). 그래서 <표 3-5>에서 보는 바와 같이 전·후반기 국회의 출범은 매번 전·후반기 국회의원 또는 위원회 위원의 임기 개시일보다 늦었다. 원구성이 얼마나 지연되는지는 당시 원구성을 둘러싼 정치적 이슈의 성격과 원구성 지연에 따른 부정적인 여론이 주는 정치적인 부담 등에 따라 결정된다고 볼 수 있다(유병곤, 2006: 98~101).

제21대 국회 전반기에는 제13대 국회 이후의 관례를 깨고 2020년 6월 원내 제1당인 더불어민주당이 1명의 부의장을 뺀 나머지 의장단과 상임위, 그리고 예산결산특별위원회 위원장을 선출해 원구성을 완료했다. 이 상황은 그다음 해 8월까지 이어지다가 2021년 8월 31일 정무위원회 등 8개 위원회의 위원장 직위를 원내 제2당인 국민의힘 소속 의원으로 선출하면서 종료되었다. 제22대 국회 전반기에는 원내 제1당인 더불어민주당이 의장 선거 법정기일인 6월 5일에 의장과 부의장 1명을, 6월 10일에 위원장 11명을 각각 단독으로 선출했다. 그 후 6월 27일에 여·야가 함께 원내 제2당인 국민의힘 소속으로 나머지 부의장 1명 및 위원장 7명에 대한 선거를 실시해 원구성을 완료했다.

제4절 위원회와 교섭단체

의회에서 위원회와 정당은 의회를 구성하는 중간 단위로서 의회 운영의 효율성을 높이는 데 큰 역할을 담당한다. 우리 국회는 정당 기율이 엄격하고 안건 심사과정에서 위원회 중심주의(committee centered)를 채택하고 있으므로 위원회와 정당의 역할이 더욱 중요하다. 이 절에서는 위원회의 종류, 위원회의 위원 선임, 위원회의 권한, 위원회의 전문성에 대해 살펴보고, 원내 교섭단체로서의 정당에 대해 설명한다.

1. 상임위원회

우리 국회에는 두 가지 종류의 위원회가 있다. 하나는 상임위원회이고, 다른 하나는 특별위원회이다. 상임위원회와 특별위원회의 구분은 이미 제헌의회부터 확립되어 있었다[「국회법」(법률 제5호, 1948.10.2 제정) 제14조 및 제16조]. 하지만 제5대 국회까지는 안건 심사에서 세 번의 독회를 실시하는 본회의 중심주의를 채택했기 때문에 상임위원회는 주로 보충적인 역할만 담당했다. 상임위원회가 안건 심사에서 중심적인 역할을 맡게 된 것은 5·16 군사정변 이후 소집된 제6대 국회부터였다.

상임위원회는 상시적으로 설치되어 있는 위원회로서 소관 사항에 대해 안건을 심사하고 소관 기관의 업무를 감시·감독한다. 2024년 5월 현재 국회의 상임위원회는 17개인데 상임위원회의 소관 사항 및 소관 기관은 〈표 3-6〉과 같다.

제22대 국회 전반기에 하나의 상임위원회에 소속된 위원의 수는 12명(정보위원회)에서 30명(국토교통위원회)까지 다양하다. 상임위원은 교

표 3-6 **상임위원회의 소관 사항 및 소관 기관(2024. 5)**

상임위원회	소관 사항 및 소관 기관
국회운영	- 국회 운영 - 「국회법」과 국회규칙 - 국회사무처 - 국회도서관 - 국회예산정책처 - 국회입법조사처 - 대통령비서실, 국가안보실, 대통령경호처 - 국가인권위원회
법제사법	- 법무부 - 법제처 - 감사원 - 고위공직자범죄수사처 - 헌법재판소 사무 - 법원·군사법원의 사법행정 - 탄핵소추 - 법률안·국회규칙안의 체계·형식과 자구의 심사
정무	- 국무조정실, 국무총리비서실 - 국가보훈부 - 공정거래위원회 - 금융위원회 - 국민권익위원회
기획재정	- 기획재정부 - 한국은행
교육	- 교육부 - 국가교육위원회
과학기술정보방송통신	- 과학기술정보통신부 - 방송통신위원회 - 원자력안전위원회
외교통일	- 외교부 - 통일부 - 민주평화통일자문회의
국방	- 국방부
행정안전	- 행정안전부 - 인사혁신처 - 중앙선거관리위원회 사무 - 지방자치단체
문화체육관광	- 문화체육관광부
농림축산식품해양수산	- 농림축산식품부 - 해양수산부
산업통상자원중소벤처기업	- 산업통상자원부 - 중소벤처기업부
보건복지	- 보건복지부 - 식품의약품안전처
환경노동	- 환경부 - 고용노동부
국토교통	- 국토교통부
정보	- 국가정보원 - 정보 및 보안 업무의 기획·조정 대상 부처 소관의 정보 예산안과 결산 심사
여성가족	- 여성가족부

자료: 「국회법」 제37조.

섭단체에 소속된 의원 수의 비율에 따라 각 교섭단체 대표의원의 요청으로 의장이 선임 및 개선한다(「국회법」 제48조 제1항). 어느 교섭단체에도 속하지 않는 의원의 위원 선임은 의장이 한다(「국회법」 제48조 제2항). 다만, 정보위원회의 위원은 의장이 각 교섭단체 대표의원으로부터 그 교섭단체 소속 위원 중에서 후보를 추천받아 부의장 및 각 교섭단체 대표의원과 협의해 선임 또는 개선하고, 각 교섭단체 대표의원은 당연직으로 정보위원회의 위원이 된다(「국회법」 제48조 제3항). 의장은 상임위원이 될 수 없다(「국회법」 제39조 제3항). 상임위원회 중 국회운영위원회, 정보위원회와 여성가족위원회는 겸임으로 배정되고 있고 상설특별위원회인 예결위도 겸임한다.

상임위원의 임기는 2년으로 하되, 국회의원 총선거 후 처음 선임된 위원의 임기는 선임된 날부터 개시해 의원의 임기 개시 후 2년이 되는 날까지로 한다(「국회법」 제40조 제1항). 보임 또는 개선된 상임위원의 임기는 전임자의 잔임 기간으로 한다(「국회법」 제40조 제2항). 상임위원은 소관 상임위원회의 직무와 관련된 영리행위를 하지 못한다(「국회법」 제40조의2).

의장과 교섭단체 대표의원은 의원의 이해충돌 여부와 관련해 의원을 위원회의 위원으로 선임하는 것이 공정을 기할 수 없는 뚜렷한 사유가 있다고 인정할 때에는 그 의원을 해당 위원회의 위원으로 선임하거나 선임을 요청해서는 안 된다(「국회법」 제48조의2 제1항). 의장과 교섭단체 대표의원은 위원이 소속 위원회 활동과 관련해 이해충돌이 발생할 우려가 있고 해당 위원이 직무에 공정을 기할 수 없다고 인정하면 해당 위원을 개선하거나 개선하도록 요청할 수 있다(「국회법」 제48조의2 제3항).

상임위원회의 첫째 권한은 그 소관에 속하는 의안과 청원 등의 심사

표 3-7 상임위원회의 인사청문 대상 공직후보자

ㅇ대통령이 임명하는 헌법재판소 재판관, 중앙선거관리위원회 위원, 국무위원, 방송통신위원회 위원장, 국가정보원장, 공정거래위원회 위원장, 금융위원회 위원장, 국가인권위원회 위원장, 고위공직자범죄수사처장, 국세청장, 검찰총장, 경찰청장, 합동참모의장, 한국은행 총재, 특별감찰관 또는 한국방송공사 사장의 후보자
ㅇ대통령 당선인이 「대통령직인수에 관한 법률」 제5조 제1항에 따라 지명하는 국무위원후보자
ㅇ대법원장이 지명하는 헌법재판소 재판관 또는 중앙선거관리위원회 위원의 후보자

자료: 「국회법」 제65조의2 제2항 각 호.

를 하는 것이다(「국회법」 제36조). 상임위원회는 법제사법위원회의 체계·자구 심사에 앞서 법률안을 심사하고, 국가의 예산안과 결산에 대해 예산결산특별위원회의 종합심사에 앞서 예비심사를 한다(「국회법」 제81조 제1항 및 제84조 제1항). 상임위원회는 또한 그 소관의 청원을 심사한다(「국회법」 제124조 제1항 및 제125조). 상임위원회의 둘째 권한은 소관으로 하는 기관의 업무를 감시·감독하는 것이다. 국회는 국정 전반에 대해 소관 상임위원회별로 매년 국정감사를 실시하고, 국정의 특정사안에 관해 국정조사를 시행할 수 있다(「국감국조법」 제2조 제1항 및 제3조 제1항). 상임위원회의 셋째 권한은 공직후보자에 대한 인사청문회를 실시하는 것이다. 상임위원회가 인사청문회를 실시하는 공직후보자는 <표 3-7>과 같고, 제도 도입 이후 점차 늘어왔다(제7장 제3절 참조).

2. 특별위원회

특별위원회는 원칙적으로 여러 개의 상임위원회의 소관과 관련되거나 특히 필요하다고 인정한 안건을 효율적으로 심사하기 위해 본회의의 의결로 한시적으로 설치하는 위원회이다(「국회법」 제44조 제1항). 헌법 또는 공직선거법 개정, 국무총리후보자 등에 대한 인사청문, 국정조사 등의 경우에 특별위원회를 구성한다. 제21대 국회에서는 기후위기특별위원회, 연금개혁특별위원회, 인구위기특별위원회, 첨단전략산업특별위원회 등이 설치되었다. 특별위원회의 소관은 특별위원회를 구성하는 구성결의안에서 규정하는 것이 일반적이다. 특별위원회의 구성결의안에서 법안심사권이나 그 밖의 안건의 심사권을 명시적으로 부여하지 않는 한 그 심사권 또는 제안권은 제한된다고 본다.

예외적으로 구성결의안에서 안건의 심사권을 부여받는 경우가 있는데, 그중 실제 의결로 이어지고 정책적 의미가 큰 사례로는 제17대 국회에서 설치된 방송통신특별위원회를 들 수 있다. 이 위원회는 방송·통신의 융합 환경에 능동적으로 대처하기 위한 관련 부처 및 기구의 개편 방안과 IPTV 도입 관련 법률안을 심사·처리하기 위해 설치되었고, 「지상파 텔레비전방송의 디지털 전환과 디지털방송의 활성화에 관한 특별법안」, 「인터넷 멀티미디어 방송사업법안」, 「방송통신위원회의 설립 및 운영에 관한 법률안」을 의결했다. 특히 방송통신특별위원회는 법안만 심사하는 것이 아니라 초대 방송통신위원회 위원장 후보자(최시중)의 인사청문요청안도 심사함으로써 방송통신 융합에 대응하는 정부 기구 및 체제를 마련하는 데 큰 역할을 수행했다.

특별위원회의 활동기한은 특별위원회를 구성할 때 규정해야 하며,

본회의의 의결로 그 기간을 연장할 수 있다(「국회법」 제44조 제2항). 특별위원회는 활동기한이 종료할 때까지 존속하지만, 활동기한이 끝날 때까지 법제사법위원회에 체계·자구 심사를 의뢰했거나 안건의 심사를 마쳐 심사보고서를 의장에게 보고한 때에는 해당 안건이 본회의에서 의결될 때까지 존속하는 것으로 본다(「국회법」 제44조 제3항). 특별위원회 위원은 상임위원과 마찬가지로 교섭단체에 소속된 의원 수의 비율에 따라 각 교섭단체 대표의원의 요청으로 의장이 선임 및 개선하며, 어느 교섭단체에도 속하지 않는 의원의 위원 선임은 의장이 한다(「국회법」 제48조 제1항 및 제2항). 특별위원회 위원의 임기는 특별위원회의 활동기한이 종료할 때까지로 본다.

특별위원회는 원칙적으로는 상설이 아니지만 우리 국회에는 예외적으로 예산결산특별위원회가 상설로 구성되어 있다. 예산결산특별위원회는 예산안·기금운용계획안 및 결산을 심사하기 위해 설치된다(「국회법」 제45조 제1항). 예산결산특별위원회의 위원 수는 50명으로 하고, 그 선임은 교섭단체 소속 의원 수의 비율과 상임위원회 위원 수의 비율에 따라 각 교섭단체 대표의원의 요청으로 의장이 행하되, 어느 교섭단체에도 속하지 않는 의원의 위원 선임은 의장이 한다(「국회법」 제45조 제2항 및 제6항). 예산결산특별위원회 위원의 임기는 1년으로 하되, 국회의원 총선거 후 처음 선임된 위원의 임기는 선임된 날부터 개시해 의원의 임기 개시 후 1년이 되는 날까지로 하며, 보임 또는 개선된 위원의 임기는 전임자의 잔임 기간으로 한다(「국회법」 제45조 제3항).

의원의 자격심사·징계에 관한 사항을 심사하기 위해 설치되는 윤리특별위원회는 제20대 국회 후반기 원구성과 함께 상설특별위원회에서 비상설특별위원회로 성격이 바뀌었다(「국회법」 제46조). 윤리특별위원회는 의원의 징계에 관한 사항을 심사하기 전에 윤리심사자문위원회의 의견을 청취하고 이를 존중해야 한다(「국회법」 제46조 제3항). 윤리심사자문위원회는 의원이 아닌 8명의 자문위원으로 구성되어 있다(「국회법」 제46조의2).

3. 소위원회 및 간사

우리 국회에서는 위원회 내에 소수의 위원으로 구성된 소위원회를 구성함으로써 법률안, 예·결산, 청원 등 각 소위원회의 전담 사항을 보다 심도 있게 검토해 위원회의 심사에 참고가 되도록 하고 있다. 소위원회를 둘 수 있는 경우는 다음과 같다. 첫째, 위원회는 소관 사항을 분담·심사하기 위해 상설소위원회를 둘 수 있고, 필요한 경우 특정한 안건을 심사하기 위해 소위원회를 둘 수 있다(「국회법」 제57조 제1항). 둘째, 상임위원회는 소관 법률안의 심사를 분담하는 둘 이상의 소위원회를 둘 수 있다(「국회법」 제57조 제2항). 셋째, 국정감사 또는 국정조사를 행하는 위원회는 위원회의 의결로 필요한 경우 2명 이상의 위원으로 별도의 소위원회를 구성해 국정감사 또는 국정조사를 시행하게 할 수 있다(「국감국조법」 제5조 제1항). 마지막으로 위원회는 청원을 심사하기 위해 청원심사소위원회를 둔다(「국회법」 제125조 제1항). 2024년 7월 현재 국회의 상임위원회에 소위원회가 설치된 현황은 〈표 3-8〉과 같다.

앞서 살펴본 소위원회에 관한 규정 중 주목할 것은 2019년 4월 15일 「국회법」 개정을 통해 소관 법률안의 심사를 분담하는 둘 이상의 소위원회를 둘 수 있도록 한 것이다. 이를 통해 법률안 심사의 전문성과 효율성을 향상시켰으며, 상당수의 위원회가 법안심사소위원회를 분야별

표 3-8 상임위원회에 설치된 소위원회 현황(2025. 2)

상임위원회	소위원회	
국회운영	- 국회운영개선 - 청원심사	- 예산결산심사
법제사법	- 법안심사제1 - 예산결산기금심사	- 법안심사제2 - 청원심사
정무	- 법안심사제1 - 예산결산심사	- 법안심사제2 - 청원심사
기획재정	- 경제재정 - 예산결산기금심사	- 조세 - 청원심사
교육	- 법안심사 - 청원심사	- 예산결산기금심사 - 의학교육
과학기술정보방송통신	- 과학기술원자력법안심사 - 예산결산심사	- 정보통신방송법안심사 - 청원심사
외교통일	- 법안심사 - 청원심사	- 예산결산기금심사
국방	- 법률안심사 - 청원심사	- 예산결산심사
행정안전	- 법안심사제1 - 예산결산기금심사	- 법안심사제2 - 청원심사
문화체육관광	- 문화예술법안심사 - 예산결산심사	- 체육관광법안심사 - 청원심사
농림축산식품해양수산	- 농림축산식품법안심사 - 예산결산심사	- 해양수산법안심사 - 청원심사
산업통상자원중소벤처기업	- 산업통상자원특허 - 예산결산	- 중소벤처기업 - 청원심사
보건복지	- 제1법안심사 - 예산결산심사 - 의료개혁	- 제2법안심사 - 청원심사
환경노동	- 환경법안심사 - 예산결산기금심사	- 고용노동법안심사 - 청원심사
국토교통	- 국토법안심사 - 예산결산기금심사	- 교통법안심사 - 청원심사
정보	- 법안심사 - 청원심사	- 예산결산심사
여성가족	- 법안심사 - 청원심사	- 예산결산심사

자료: 각 위원회 홈페이지(검색일: 2025.2.12).

로 복수로 운영하고 있는 현실과 국회법 규정이 부합하도록 했다. 여기에 더해 법률안을 심사하는 소위원회를 매월 2회 이상 개회하도록 하여(「국회법」 제125조 제6항), 법안을 정례적으로 심사할 수 있도록 했다.

한편 위원회에는 각 교섭단체별로 간사 1명씩을 둔다(「국회법」 제50조 제1항). 간사는 소속 교섭단체를 대표해 위원회의 의사일정 등 위원회의 운영에 관해 위원장과 협의하고, 위원장의 직무를 대리 또는 대행한다(「국회법」 제50조 제3항부터 제5항까지). 간사는 위원회에서 호선하고 이를 본회의에 보고한다(「국회법」 제50조 제2항). 간사의 임기는 위원의 임기와 같다. 즉, 상임위원회 간사의 임기는 상임위원회 위원의 임기와 같고, 특별위원회 간사의 임기는 특별위원회 위원의 임기와 같다. 간사가 해당 위원회의 위원을 사임하면 당연히 간사의 지위도 잃는다.

간사는 위원회의 운영에 관해 소속 교섭단체를 대표한다. 국회가 정당 간의 협의 또는 합의를 토대로 운영된다는 점에서 위원회에서 간사가 담당하는 역할은 매우 중요하다. 「국회법」에서 안건 심사와 회의 운영의 측면에서 간사의 권한 또는 직무로 규정하고 있는 사항들을 살펴보면 〈표 3-9〉와 같은데, 이 중 가장 중요한 것은 위원회 의사일정과 개회일시를 협의하는 권한이다. 가끔 정당들이 첨예하게 대립할 경우 의사일정이 협의되지 않아 위원회의 회의가 열리지 못하는 파행이 빚어지기도 하는데, 그 이유는 위원회의 의사일정과 개회일시를 정하기 위해서는 위원장과 각 교섭단체를 대표하는 간사 간에 협의하는 절차가 필요하기 때문이다.

또한 간사는 위원장의 직무를 대리 또는 대행할 수 있다. 위원장이 사고가 있을 때에는 위원장이 지정하는 간사가, 위원장이 궐위된 때에는 소속 의원 수가 많은 교섭단체 소속인 간사의 순으로 위원장의 직무를

표 3-9 **안건 심사 및 회의 운영 측면에서의 간사의 권한**

ㅇ위원장은 위원회의 의사일정과 개회일시를 간사와 협의하여 정함(「국회법」 제49조 제1항). ㅇ위원장은 소관 위원회에서 심사를 마친 안건이 본회의에서 의제가 된 때에는 심사보고를 하게 되는데, 이때 소위원회의 위원장 또는 간사로 하여금 보충보고를 하게 할 수 있음(「국회법」 제67조 제3항). ㅇ위원회가 그 의결로 출석을 요구한 국무총리 또는 국무위원이 국무위원 또는 정부위원으로 하여금 대리하여 출석·답변하게 할 때에는 위원장은 간사와 협의하여야 함(「국회법」 제121조 제3항). ㅇ국회 폐회 중에 위원으로부터 서류 등의 제출 요구가 있는 때에는 위원장은 간사와 협의하여 이를 요구할 수 있음(「국회법」 제128조 제3항).

자료: 안병옥(2012: 126)에서 발췌.

대리한다(「국회법」 제50조 제3항 및 제4항). 위원장이 위원회의 개회 또는 의사진행을 거부·기피하거나 직무대리자를 지정하지 않아 위원회가 활동하기 어려운 때에는 위원장이 소속하지 않는 교섭단체 소속의 간사 중에서 소속위원 수가 많은 교섭단체 소속인 간사의 순으로 위원장의 직무를 대행한다(「국회법」 제50조 제5항).

이 중 직무대행에 관한 규정은 제13대 국회에서 「국회법」을 개정할 때(1990.6.29) 신설되었다. 정당 간의 정치적 대립이 심해 위원장이 회의를 소집하거나 진행하지 않는 경우, 반대편 정당은 회의를 열어서 안건을 처리하거나 정부 측에 대한 질의 또는 질문을 진행하기를 원할 수 있다. 이 규정이 신설된 이후 제21대 국회(2024년 5월)까지 위원장이 소속하지 않은 교섭단체에 소속된 간사가 위원장의 직무를 대행해 회의를 진행한 경우는 모두 13번 있었다(국회사무처, 2024c: 202~205).

4. 위원회의 전문성

위원회의 전문성을 판단하는 중요한 기준은 그 위원회에 소속되어 있는 개별 의원들이 국회의원이 되기 이전에 소관 위원회가 다루는 분야에 대한 전문성을 얼마나 가지고 있었는가, 그리고 그들이 얼마나 오랫동안 그 위원회에서 해당 분야를 다루어왔는가 하는 것이다. 과거의 연구들은 우리 국회의 위원회 전문성이 낮다고 지적하는 경향이 있었다(박찬표, 1996: 338; Park, 1998: 216; 김민전, 2004: 282; 김형준, 2004: 73~76; Kim, 2006: 154~161; 전혜원, 2010: 229; 최정원, 2010: 96). 하지만 최근 연구들에서는 위원회 전문성이 기존에 생각해 왔던 만큼 낮지 않다는 주장도 나오고 있다(이현우, 2009: 163; 가상준, 2012: 25; 정준표, 2014: 106).

최근에 위원회 위원으로 배정되는 상황을 살펴보면 개별 의원이 국회에 등원하기 이전에 지닌 경력이 과거보다 중요시되는 경향이 있다. 하지만 국회 내 해당 위원회에 배정되고 난 후 쌓은 경력의 전문성과 관련해서는 아직 부족한 면이 있다. 비록 해당 분야에 대한 지식과 배경을 가지고 위원회에 배정된 의원이라 하더라도 하나의 상임위원회가 소관하는 범위가 넓은 편이고 법안과 예산 등 안건 심사에 필요한 전문성은 분야별 전문성과 조금 다르다. 그렇기 때문에 소속 위원회의 직무에 대해 전문성을 확보하기 위해서는 해당 위원회에서 장기간 경력을 쌓을 필요가 있다.

이미 살펴보았듯이 우리 국회는 현역 의원들의 재선 비율이 50% 남짓에 불과하다. 게다가 〈표 3-10〉에서 나타나듯이 한 위원회에서 절반 남짓한 의원은 전·후반기에 원이 새로 구성될 때 다른 위원회로 이동한다. 따라서 한 위원회에서 전문적인 경력을 쌓기가 어렵고 특정 위원

표 3-10 **전·후반기 상임위원 교체율**

	第15대	第16대	第17대	第18대	第19대	第20대	第21대
교체율	51.6%	42.3%	51.4%	47.9%	48.8%	53.7%	60.1%

주: 교체율은 후반기 최초 상임위원 중 그 위원회의 전반기 최후 상임위원이 아닌 위원의 비율임(겸임상임위인 국회운영위원회, 정보위원회, 여성가족위원회는 제외).
자료: 「국회경과보고서」.

회에서 경력이 오래된 의원이 많지 않다. 이로 인해 위원회 위원장을 선출할 때 해당 위원회에서 선임자를 우선적으로 선출하는 원칙을 적용하기가 어렵다.

위원회 위원장 및 위원의 임기가 짧고 전·후반기에 원이 구성될 때마다 많은 의원이 위원회를 옮기는 가장 큰 이유는 의원들이 선호하는 위원회가 비슷하기 때문이다. 비록 시기에 따라 바뀌어왔지만 의원들이 선호하는 위원회는 특정 위원회에 집중되는 경향이 있다(정영국, 1995: 61; 박찬욱·김진국, 1997: 463; 박천오, 1998: 296, 307; Kim, 2006: 177~193; 가상준, 2007: 246; 가상준, 2009: 212; 이현우, 2009: 159; 조진만, 2010: 115). 위원들이 선호하는 위원회는 지역구민의 민원을 효과적으로 해결할 수 있는 곳, 지역구에 예산과 사업을 유치하기 쉬운 곳, 기업들에 영향을 주는 경제정책을 맡은 곳, 의회 내 의원들의 위상과 관계가 있는 곳 등이다(박천오, 1998: 300; 박찬욱, 2004: 253; Kim, 2006: 193; 가상준, 2009: 198, 212; 정준표, 2014: 77).

결국 특정 위원회를 선호하는 현실을 감안해서 위원회 배정 문제를 해결하기 위해 위원을 각 위원회에 순환해서 배정하고 있다. 전반기 국회에서 인기 상임위원회에 배정한 위원은 후반기 국회에서는 비인기 상임위원회에 배정하는 식이다. 여기에 더해 현역 의원이 다음 선거에서

표 3-11 국회 상임위원회 위원장, 간사, 소위원장의 선수 현황(2025. 2)

	초선	재선	3선	4선	5선	6선	계
위원장	-	2명	14명	1명	-	-	17명
간사	4명	29명	-	1명	-	-	34명
소위원장	11명	42명	5명	1명	3명	2명	64명

자료: 위원회별 홈페이지 검색(검색일: 2025.2.12).

다시 당선될 가능성이 높지 않기 때문에 위원회 위원장 및 상임위원을 배정할 때 의회 내 분업이나 전문성 향상의 측면에서 판단하는 것이 아니라 권한과 이권을 배분하는 측면에서 판단하게 된다(서복경, 2010: 76). 따라서 이러한 순환 배정 방식이 더욱 강화되고 있다.

의원들이 국회 내 특정 위원회에서 쌓은 경력을 발전시키지 않는 경향이 있다는 것은 위원회의 위원장, 간사 및 소위원회 위원장을 선임하는 데서도 나타난다. 우리 국회에서 위원장을 선임할 때에는 해당 위원회에서 쌓은 경력을 중시하는 것이 아니라 의회 내에서의 선수(選數)를 중시하는 경향이 있다. 일반적으로 3선의원이 주로 위원장에 선출된다. 간사는 재선의원 중에서 주로 선출된다. 소위원장은 각 교섭단체의 간사가 맡는 경우가 많고 재선의원과 초선의원이 상당수를 차지하고 있다(<표 3-11> 참조). 위원회 운영에서 4선 이상 의원들은 한 발 물러서 있는 것이다. 이를 통해 의원 경력이 낮을 때에는 위원회 활동에 열심히 참여하지만, 어느 정도 경력이 쌓인 후에는 위원회 활동이 의정활동의 초점에서 다소 벗어난다고 추정할 수 있다. 이는 의원들이 선수가 거듭될수록 평의원에서 해당 위원회의 소위원장, 위원장으로 경력을 쌓아가는 미국 의회와는 다른 측면이다.

5. 교섭단체

우리 국회 내에서 공식적인 정파 집단은 교섭단체이다. 국회에 20명 이상의 소속 의원을 가진 정당은 하나의 교섭단체가 된다(「국회법」 제33조 제1항 본문). 하지만 어느 교섭단체에도 속하지 않는 20명 이상의 의원으로 따로 교섭단체를 구성할 수도 있다(「국회법」 제33조 제1항 단서). 즉, 20석 미만의 의석을 보유한 별개의 정당 또는 무소속 의원들은 합당 절차 없이 교섭단체를 구성할 수 있다. 20석 이상의 의석을 보유한 하나의 정당은 소속 의원을 나누어 2개 이상의 교섭단체를 구성할 수 없다. 따라서 의석수가 20명이 넘는 정당 내에서 의원들 간의 정치적 지향점이 달라서 국회 내에서 별도의 단위로 활동하고 싶다면 탈당해 별도의 정당을 구성해야 한다.

교섭단체는 국회에서 같은 정당에 속하는 의원들의 의사를 미리 종합하고 통일함으로써 교섭의 창구 기능을 담당한다. 즉, 교섭단체는 국회 의사를 원활하게 하기 위한 제도적 장치이자 국회 운영의 기본 단위로서 매우 중요한 역할을 한다. 우리 국회에서 교섭단체의 대표의원은 국회운영위원회와 정보위원회의 위원이 맡으며, 상임위원회 배정도 교섭단체를 기준으로 한다. 교섭단체는 위원회별로 간사를 둘 수 있다. 본회의장의 의석 배정이나 연간 국회 운영의 기본일정 수립도 교섭단체를 중심으로 협의가 이루어지며, 「정치자금법」상 국고보조금도 교섭단체를 구성한 정당에 대해 50%를 우선 배정한다. 또 교섭단체에는 정책연구위원을 배정하고 별도의 사무실 등을 지원한다.

이로 인해 교섭단체 소속 국회의원과 비교섭단체 소속 국회의원 간의 형평성 문제가 제기된다. 그래서 오래전부터 소수당이나 무소속의 의원들로부터 교섭단체 제도를 폐지하거나 교섭단체 구성요건인 소속 의원 수를 10명이나 15명으로 낮춰야 한다는 요구가 있었다. 한편 교섭단체는 소속 의원들이 원내 활동을 통해 정당이 추구하는 바를 최대한 정책에 반영시킬 수 있도록 토대를 제공하는 역할도 하지만, 개별 의원들의 자유로운 원내 활동을 제약한다는 비판을 받기도 한다.

제5절 국회의 회의 운영

이 절에서는 국회의 회의 운영에 대해 알아본다. 국회의 집회와 회기를 구분하는 방법, 국회 운영 기본일정, 회의 관련 용어, 회기 및 차수의 번호를 부여하는 방법에 대해 설명하고, 회의 운영의 주요 원칙에 대해서도 살펴본다.

1. 집회, 정기회·임시회, 회기

집회는 의원이 국회 고유의 권한을 행사하기 위해 일정한 일시에 일정한 장소에 모이는 것을 말한다. 정기회는 법률이 정하는 바에 따라 매년 1회 집회되는 회의로(헌법 제47조 제1항), 매년 9월 1일에 집회하되, 그날이 공휴일인 때에는 그다음 날에 집회한다(「국회법」 제4조 제1항). 정기회에서는 예산안 및 기금운용계획안을 심의·확정하고, 법률안 및 그 밖의 안건을 처리하며, 국정에 관한 교섭단체 대표연설 및 대정부질문 등을 한다.

임시회는 국회가 필요에 따라 수시로 집회하는 회의를 말한다. 임시

표 3-12 임시회 집회 공고를 집회기일 1일 전에 할 수 있는 사유

ㅇ내우외환·천재지변 또는 중대한 재정·경제상의 위기
ㅇ국가의 안위에 관계되는 중대한 교전상태
ㅇ전시·사변 또는 이에 준하는 국가비상사태

자료: 「국회법」 제5조 제2항.

회는 대통령 또는 국회 재적의원 4분의 1 이상의 요구에 따라 집회되거나(헌법 제47조 제1항), 재적의원 4분의 1 이상의 국정조사의 요구가 있는 때에 집회된다(「국감국조법」 제3조 제1항 및 제3항). 임시회의 집회 요구가 있을 때에는 의장은 집회기일 3일 전에 공고하되, <표 3-12>에 해당하는 경우에는 집회기일 1일 전에 공고할 수 있다(「국회법」 제5조 제2항). 국회의원 총선거 후 최초의 임시회는 의원의 임기 개시 후 7일에 집회하며, 처음 선출된 의장의 임기가 만료되는 때가 폐회 중인 경우에는 늦어도 임기 만료일 5일 전까지 집회하지만, 그날이 공휴일인 때에는 그다음 날에 집회한다(「국회법」 제5조 제3항).

국회는 항상 개회되어 있는 것이 아니라 일정한 기간을 정해 개회되는데, 그 기간, 즉 국회가 의사와 관련한 활동을 할 수 있는 기간으로서 집회일부터 그 폐회일까지의 활동기간을 회기라고 한다. 국회의 회기는 의결로 정하되, 집회 후 즉시 정해야 한다(「국회법」 제7조). 이는 국회의 집회일에 제1차 본회의를 개의해 회기를 정한다는 것을 의미하지만, 집회 후에 즉시 회기를 정하지 못한 경우 회기는 의결이 있는 날까지 미정인 상태이며, 집회일로부터 회기가 진행되는 것으로 본다. 회기에 한해 본회의와 위원회가 활동능력을 가지고 안건을 심사하는 것이 원칙이지만, 위원회는 회기가 아니더라도 본회의의 의결이 있거나 의장 또는

표 3-13 역대 국회의 회기일 수 제한 현황

	정기회	임시회	연간	회기 연장	근거
제헌(1948.5.31)~ 제5대(1960.9.25)	90일	30일 이내	제한 없음	의결로 제한 없이 연장 가능	국회법
제5대(1960.9.26)~ 제5대(1961.5.3)	120일	양원 일치 의결, 양원 일치 불가 및 참의원 의결 불가 시 민의원 의결	제한 없음	의결로 제한 없이 연장 가능	국회법
제6대(1963.12.17)~ 제8대(1972.10.17)	120일 이내	30일 이내	제한 없음	법정기간의 범위 내에서 의결로 연장 가능	헌법
제9대(1973.3.12)~ 제12대(1988.2.24)	90일 이내	30일 이내	정기회와 임시회를 합하여 연간 150일	법정기간의 범위 내에서 의결로 연장 가능	헌법
제12대(1988.2.25)~ 현재	100일 이내	30일 이내	제한 없음	법정기간의 범위 내에서 의결로 연장 가능	헌법

자료: 국회사무처(2024b: 43).

위원장이 필요하다고 인정하면 재적위원 4분의 1 이상의 요구가 있을 때 개회한다(「국회법」 제52조). 회기에는 제한이 있어 정기회의 회기는 100일을, 임시회의 회기는 30일을 초과할 수 없다(헌법 제47조 제2항). 하지만 연 회기일 수에 대해서는 제한 규정이 없다. 역대 국회의 회기일 수 제한은 〈표 3-13〉과 같다.

연 회기일 수에 대해서는 제한이 없으므로 국회는 회기가 종료하더라도 새로 집회해 사실상 연중 상시적으로 운영할 수 있다. 「국회법」에서는 의장은 국회를 연중 상시 운영하기 위해 각 교섭단체 대표의원과의 협의를 거쳐 매년 12월 31일까지 다음 연도의 국회 운영 기본일정을 정하도록 하되, 국회의원 총선거 후 처음 구성되는 국회의 당해 연도의 국회 운영 기본일정은 6월 30일까지 정하도록 하고 있다(「국회

표 3-14 **국회 운영 기본일정을 작성하는 기준**

ㅇ2월·3월·4월·5월 및 6월 1일과 8월 16일에 임시회를 집회함. 다만, 국회의원 총선거가 있는 경우 임시회를 집회하지 아니하며 집회일이 공휴일인 경우에는 그 다음 날에 집회함. ㅇ정기회의 회기는 100일로, 임시회의 회기는 다음과 같이 함. - 2월·3월·4월·5월 및 6월 1일과 8월 16일에 집회하는 임시회는 해당 월의 말일까지 - 다만, 임시회의 회기가 30일을 초과하는 경우에는 30일 ㅇ2월·4월 및 6월에 집회하는 임시회의 회기 중 한 주는 정부에 대한 질문을 함.

자료: 「국회법」 제5조의2 제2항 각 호.

법」 제5조의2 제1항). 구체적인 작성 기준은 <표 3-14>와 같다.[5]

2. 회의 관련 용어 및 회기와 차수 번호의 부여 방식

국회가 집회되어 임시회 또는 정기회를 여는 것을 개회라 한다. 국회는 회기가 종료하면 폐회한다. 예를 들어 4월 1일에 집회한 임시회는 30일이 지나 회기가 종료하면 별도의 폐회식을 하지 않고 폐회한다. 휴회란 회기 중에 의결로 기간을 정해 활동을 일시 중지하는 것이다. 이 경우 본회의 활동만 그 기간 동안 일시적으로 중지하는 것이고, 위원회 활동까지 중지하는 것을 의미하는 것은 아니다. 일반적으로 회기 중에

5 한 가지 유의할 점은 이러한 국회 운영 기본일정은 일정한 기준일 뿐 구속력은 없다는 점이다. 국회의 집회는 헌법에서 대통령 또는 재적의원 4분의 1 이상 요구로 규정하고 있기 때문에 실제 집회는 이러한 요구가 있어야 가능하다. 실제 집회가 되더라도 세부 의사일정은 일반적으로는 교섭단체 대표 간 합의로 정해져 왔다.

위원회가 안건을 집중적으로 심사하기 위해 본회의를 휴회한다. 휴회 기간은 회기에 산입된다.

회기 중에 실제로 당일의 본회의를 시작하는 것을 개의라고 하고, 위원회의 회의를 여는 것은 개회라고 한다(「국회법」 제49조, 제52조부터 제54조까지 및 제56조). 정회는 개의 또는 개회되어 진행 중인 본회의 또는 위원회의 회의를 일시 중지하는 것을 말하고, 속개는 정회 또는 일시 중지된 본회의 또는 위원회 회의를 다시 시작하는 것을 말한다. 산회는 개의 또는 개회된 본회의 또는 위원회의 회의를 마치는 것을 말하고, 유회는 본회의 또는 위원회가 개의 또는 개회 예정 시간으로부터 일정 시간이 지나도록 의사정족수가 미달되어 당일 회의를 열지 못하는 것을 의미한다. 의장은 본회의 개의 시로부터 1시간이 경과할 때까지 재적의원 5분의 1 이상의 의사정족수에 이르지 못할 때에는 유회를 선포할 수 있다(「국회법」 제73조 제2항).

정기회 또는 임시회의 집회 일시와 장소를 공고할 때, 본회의 또는 위원회 회의의 의사일정을 공지할 때에는 「제○○○회국회(○○회)」, 「제○○○회국회(○○회) 제○차 본회의」, 「제○○○회국회(○○회) 제○차 ○○위원회」 등으로 지칭한다. 이때 회기에 대한 번호는 제헌국회에서부터 정기회와 임시회의 구별 없이 회기마다 순차로 일련횟수를 부여한다. 예를 들어 2023년 9월 1일에 집회한 정기회의 경우 제헌국회에서부터 410번째 집회한 것이므로 제410회(정기회)라 한다. 회의의 차수 번호는 하나의 정기회 또는 임시회 내에서 일련차수를 부여한다. 예를 들어 2023년 9월 20일 개의한 본회의의 회의는 제410회국회(정기회)에서 일곱 번째로 열린 본회의의 회의이므로 제410회국회(정기회) 제7차 본회의라 한다. 위원회(상임위원회 및 상설특별위원회)의 전체회의와 소위원회 회의에 회기와 차수 번호를 부여하는 방법 또한 마찬가지이다.

그런데 위원회의 경우 폐회 중에도 회의를 개회할 수 있으므로 이 경우에는 바로 앞의 회기에서부터 계속되는 일련차수를 부여한다. 예를 들어 제409회국회(임시회)의 회기가 끝나 국회가 폐회 중인 2023년 8월 31일 열린 국회운영위원회 예산결산심사소위원회 회의는 제409회국회(임시회) 폐회 중 제1차 예산결산심사소위원회라 한다.[6] 그리고 상설특별위원회(현재는 예산결산특별위원회)를 제외한 비상설특별위원회의 회의 차수는 회기에 관계없이 구성된 때부터 활동기한이 종료할 때까지 일련횟수를 부여한다. 예를 들어 2023년 5월 22일 개회된 정치개혁특별위원회 전체회의는 제406회국회(임시회) 내에서는 두 번째로 열린 회의이지만 그 특별위원회가 구성된 때부터는 여덟 번째로 열린 회의이므로 제406회국회(임시회) 제8차 정치개혁특별위원회라 한다.

3. 주요 회의 운영 원칙

국회의 회의 운영 원칙에는 다수결의 원칙과 소수자 보호, 회의공개, 회기계속, 일사부재의, 정족수, 1일 1차 회의의 원칙 등이 있다. 아래에서는 이 중 국회의 회의 운영을 이해하는 데 유용한 원칙들을 중심으로 알아본다.

첫째, 회기계속의 원칙이다. 국회에 제출된 법률안이나 그 밖의 의안은 회기 중에 의결되지 못했다는 이유로는 폐기되지 않지만, 국회의원

6 제409회국회(임시회) 중 국회운영위원회 예산결산심사소위원회 회의는 열리지 않았다.

의 임기가 만료된 때에는 폐기된다(헌법 제51조). 국회는 회기 중에 활동하는 것이 원칙이지만, 회기마다 별개의 국회로서 활동하는 것이 아니라 4년이라는 의원의 임기 동안 하나의 국회로서 활동한다는 의미이다. 따라서 하나의 법률안이 한 회기 중에 의결되지 않더라도 다음 회기에서 계속 심의할 수 있지만, 국회의원의 임기가 만료되어 국회의 대(代)가 바뀌면 의결되지 않은 의안은 모두 폐기된다. 그래서 일부 국회의원은 바로 앞의 대에서 임기 말에 폐기된 법안을 다시 발의하기도 한다.

둘째, 일사부재의의 원칙이다. 부결된 안건은 같은 회기 중에 다시 발의 또는 제출하지 못한다(「국회법」 제92조). 같은 회기 중에 부결된 안건을 회의에 계속 부의하면 회의 운영의 효율성이 저하된다. 또한 만약 한 회기 중에 같은 사안에 대해 다르게 의결하면 어느 것이 진정한 국회의 의사인지 알 수 없게 된다. 이 원칙은 같은 회기 내에서만 적용되기 때문에 회기가 다를 때에는 이전 회기에서 부결된 것과 동일한 안건을 다시 발의하거나 제출할 수 있다. 또한 이 원칙은 동일한 안건에 대해 적용되는데, 동일한 안건이라 함은 안건의 내용이 같다는 것을 의미하고, 이는 안건의 목적과 이유를 모두 참작해 결정한다. 예를 들어 동일한 국무위원에 대한 해임건의안이라 하더라도 해임건의의 사유가 다르면 동일한 안건으로 보지 않는다.

셋째, 정족수의 원칙이다. 정족수란 회의를 열거나 의결을 하는 데 필요한 의원 수를 말하며, 일정한 수의 의원이 출석하면 회의를 열고 회의체의 의사결정으로 인정하는 것이다. 정족수에는 의사정족수와 의결정족수가 있다. 의사정족수는 본회의나 위원회의 회의를 열거나 회의를 연 후 의사를 진행시키는 데 필요한 최소한의 출석의원 수를 말한다. 본회의와 위원회 모두 재적의원(위원) 5분의 1 이상의 출석으로 개의 또는 개회한다(「국회법」 제54조 및 제73조 제1항). 다만, 회의 중에는 의사정족수가 미달되더라도 교섭단체 대표의원 또는 간사가 의사정족수의 충족을 요청하지 않으면 의장 또는 위원장이 효율적인 의사진행을 위해 회의를 계속할 수 있다(「국회법」 제73조 제3항 및 제71조). 의결정족수는 본회의나 위원회가 의사결정을 함에 있어 필요한 의원 수이다. 헌법이나 법률에 특별한 규정이 없는 한 본회의 또는 위원회는 재적의원(위원) 과반수의 출석과 출석의원(위원) 과반수의 찬성으로 의결한다(헌법 제49조, 「국회법」 제54조 및 제109조).

넷째, 1일 1차 회의의 원칙이다. 산회를 선포해 본회의나 위원회의 회의를 마친 당일에는 회의를 다시 개의할 수 없다(「국회법」 제74조 제2항 본문). 이는 회의 운영에 예측성을 부여하기 위한 것인데, 회의가 종료됨을 선포하고 회의 장소를 옮겨 안건을 처리하는 변칙적인 회의 운영을 방지하는 효과를 가진다. 회의는 1일을 단위로 하여 개의 또는 개회하고, 의사일정은 당일에 한해 유효하므로 자정이 되면 의사를 마치지 못해도 일단 산회하고 0시 이후에 새로운 의사일정을 작성해 개의하는 것이 관례이다. 본회의에서 처리할 안건의 수가 많아 하루에 회의를 다 마치지 못할 경우 차수를 변경해 새로 회의를 개의하는 것, 또는 위원회에서도 마찬가지 이유로 자정이 지날 경우 차수를 변경해 안건을 처리하는 것은 1일 1차 회의의 원칙에 따른 것이다.

4. 국회 회의 운영 평가: 당파적 양극화와 적은 회의 일수

우리 국회 활동은 행정부 대 입법부의 관계에서 수행되는 것이 아니라 정부-여당 대 야당이라는 틀 속에서 진행된다고 일컬어진다(강원택,

2019: 99). 이는 국회 내에서 대통령 소속 정당과 그렇지 않은 정당 간의 당파적 대립으로 나타나는데, 이것은 킹이 이야기한 여·야 대립 양식(opposition mode)에 해당한다(King, 1976). 이러한 여·야 대립 관계는 우리 국회가 행정부에 대해 "약한 정책적 통제와 강한 정치적 통제"(박찬표, 2001)를 행사하는 근본적인 이유가 되고 있다.

최근에는 더 나아가 이러한 당파적 대치가 당파적 양극화 양상으로 나타나고 있다. 2010년대에 국회의원 당선자(또는 후보자)를 대상으로 실시한 설문 조사에 따르면 정책 영역별로 이념 성향과 정책 태도에서 정당 간 차이가 발견되었다(강원택, 2012; 박윤희 외, 2016; 강우창 외, 2020). 또한 일부 위원회를 살펴본 결과이기는 하지만 법안 발의 단계에서 의원들이 공동발의하는 양상이 당파적으로 변화하고 있는 것으로 나타났다(박상훈 외, 2020: 40~47).

문제는 이러한 이념과 정책의 차이가 대화와 타협의 과정을 통해 해소되지 않고 있다는 것이다. 본회의나 위원회에서 정당 간 갈등이 의원 사이의 지나친 공격성 비난 발언으로 비화해 회의가 파행으로 이어지는 상황이 발생하기도 한다. 위원회 회의 과정에서 발언 중도 방해와 의사진행 방해가 증가하고 있다는 연구도 있다(박상훈 외, 2020: 48~54). 또한 자신들의 정파적 입장을 이른바 "법대로" 관철하려는 경향이 증가하고 있는 반면, 비상상황에 대비한 의사규칙(안건조정위원회 구성, 신속처리안건 지정, 무제한토론, 안건의 본회의 부의 요구)이 더 자주 사용되고 있다(〈표 3-15〉 참조). 이런 상황이 고착화되면 '이념적 양극화'는 의회 구성원들 사이에 '정서적 양극화'로 이어질 수 있으며, 이로 인해 의회 내 갈등을 해소하는 것은 더욱 어려워질 수 있다.[7]

다음으로 지적되는 문제는 회의일 수가 적다는 것이다. 선진국의 의

표 3-15 예외적 의사규칙의 사용 현황

구분	19대	20대	21대	계
안건조정위원회 구성	0회	8회	34회	42회
신속처리 안건 지정	-	9회	4회	13회
무제한토론	1회	2회	5회	8회
본회의 부의 요구	-	2회	32회	34회

자료: 국회사무처 의사국 자료 회신.

표 3-16 본회의 및 위원회의 회의일 수

	본회의*		위원회(상임위+상설특위)**			
	개의일수	연평균	전체회의	소위원회	합계	위원회당 연평균
제13대	165일	41.25일	1,615회	773회	2,388회	29.85일
제14대	177일	44.25일	1,268회	532회	1,800회	23.68일
제15대	226일	56.50일	1,489회	672회	2,161회	30.01일
제16대	215일	53.75일	1,737회	770회	2,507회	32.99일
제17대	181일	45.25일	2,076회	1,325회	3,401회	44.75일
제18대	173일	43.25일	1,769회	1,171회	2,940회	40.83일
제19대	183일	45.75일	1,667회	1,156회	2,823회	39.21일
제20대	163일	40.75일	1,437회	1,152회	2,589회	34.07일
제21대	178일	44.50일	1,490회	1,204회	2,694회	37.42일

* 전원위원회를 포함함.

** 국정감사 및 국정조사는 제외함. 제20대의 경우 임기 중에 윤리특위가 비상설특위로 전환되었으나, 제20대 국회 통계는 윤리특위를 포함함.

자료: 「국회경과보고서」, 국회 회의록 시스템, 국회사무처 의사국 자료 확인.

회는 연평균 150일 이상 본회의를 열고 있는데 〈표 3-16〉에 따르면 우리 국회의 연평균 본회의 개의일 수는 최근에도 40~50여 일에 그치

7 레비츠키와 지블랏(Levitsky and Ziblatt, 2018: 8~9)에 따르면 ① 경쟁하는 정당들이 서로를 정당한 경쟁상대로 인식하는 상호 관용, ② 제도적 대권(예: 상원에서의 필리버스터)의 사용 자제가 미국에서 견제와 균형을 유지해 온 두 가지 기본적 규범이었는데, 이런 민주적 규범들이 당파적 양극화 속에서 약해지고 있다.

고 있다. 위원회 활동이 활발하다면 본회의 개의일이 적은 이유가 될 수 있겠지만 우리 국회의 위원회당 회의일(소위원회 포함)은 연평균 45일에도 미치지 못하고 있고, 17대 국회 이후로는 다시 감소하고 있다. 그래서 상시 국회 도입을 위한 헌법 개정이나 「국회법」 개정의 필요성이 계속 제기되고 있다.

제4장

법률안·헌법개정안 심사과정과 행정입법 통제

제1절 개관

이 장에서는 법률안·헌법개정안 심사과정과 행정입법 통제에 관해 살펴본다. 먼저 다룰 법률안 심사과정은 법률안이 국회에서 발의·제출되어 심사 및 의결된 후 공포되는 일련의 과정을 의미하며, 입법의 중심적인 기능을 담당하는 국회에서 제·개정되는 법률을 대상으로 한다. 한편, 논의의 간결성을 위해 필요한 경우 '입법'이라는 용어를 국회에서 이루어지는 법률의 제·개정과 동일한 의미로 사용하기로 한다.

먼저 일반적인 법률안 심사과정의 기능을 설명하고, 의원 입법이 양적 측면에서 크게 늘어나고 있는 현상을 살펴본 후, 법률안 심사과정을 이해하는 데 필요한 법률안의 종류와 법률안의 구성을 설명한다. 다음에는 법률안의 심사과정 전체를 알아본다. 즉, 법률안이 발의·제출되어 위원회 및 소위원회의 심사·의결 단계를 거쳐 법제사법위원회의 체계·

자구 심사와 본회의 심의를 거친 후 정부에 이송되어 공포되는 전 과정을 소개할 것이다.

이어서 법률보다 더 엄격한 개정 절차를 거쳐야 하는 헌법의 개정과정에 대해 알아본다. 그리고 이 장의 마지막에서는 행정입법, 즉 국회가 아닌 행정기관이 법 규정의 형식으로 정립하는 규범을 국회가 통제하는 방식에 대해 살펴본다.

제2절 법률안 심사과정의 기능과 법률안 이해의 기초

이 절에서는 법률안 심사과정의 기능을 민의 수렴, 갈등 해결과 통합, 행위자 간 상호작용, 정책결정이라는 네 가지 측면에서 알아보고, 이어서 최근 의원 발의 법률안이 증가하는 현상을 살펴본다. 또한 법률안을 이해하는 기초로 법률안의 입안 유형 및 실제 구성을 살펴보고 법률안 심사단계에서 논의되는 수정안·대안·위원회안의 의미와 차이점을 설명한다.

1. 법률안 심사과정의 기능

법률안 심사과정의 첫째 기능은 민의를 수렴하는 것이다. 입법은 일반적으로 일부 국민이 입법을 적극적으로 요구하거나 국민 사이에서 입법의 필요성에 대한 묵시적인 공감대가 형성되는 것에서 출발한다. 또 대형사고 등 우연한 계기로 새로운 법률의 제정이나 기존 법률의 개정이 요구되기도 한다. 이러한 요구가 입법자에게 전달되면 법률의 제·개정과정이 시작된다. 법률안을 준비하는 단계에서뿐만 아니라 법률안 심사의 전 과정에서 국민의 의사를 충실히 반영하는 것이 우리가 채택한 대의민주주의의 기본 명제이다. 따라서 법률안 심사과정은 민의를 수렴하는 기능을 수행하는 것이라 할 수 있다. 이처럼 민의가 충실하게 반영된 입법은 성립과정에서부터 정당성을 확보할 수 있으며, 입법이 이루어진 후에는 집행하는 과정에서 실효성을 확보할 수 있다.

둘째는 갈등 해결과 통합의 기능이다. 법률안의 내용은 국민 중 일부 계층의 이익만 대변하고 국민 다수의 의사에는 반하는 것일 수도 있다. 또는 법률안의 내용과 정면으로 배치되는 의견이 다른 일부의 국민에게서 제기될 수도 있다. 따라서 법률안을 심사하는 과정에서는 서로 상충하거나 모순되는 다양한 의견을 어떻게 조정하고 조화시킴으로써 국민 대다수가 수용할 수 있는 보편타당한 입법을 하는지가 중요하다. 다양하고 때로는 서로 충돌하는 의견을 효과적으로 조정하고 조화시키기 위해서는 의원을 비롯해 법률의 제·개정에 관계되는 모든 참여자 간의 타협과 설득이 필요하다. 타협과 설득이 잘 이루어져 의견을 달리하던 집단들이 서로 승복하고 따를 수 있는 법률안이 도출되면 법률안 심사과정은 단순히 법률을 제·개정하는 과정 이상의 의미를 지닌다. 다양하고 이질적인 집단의 의견을 입법과정을 통해 조정하고 조화시킴으로써 공동체의 갈등을 해소하고 사회 통합을 촉진할 수 있기 때문이다. 이러한 갈등 해결과 통합의 기능은 민주적인 다원주의 사회에서 국민의 대의기관인 의회가 입법과정을 통해 수행해야 하는 필수적인 기능이기도 하다.

셋째는 정치적 행위자 간의 상호작용 기능이다. 법률안 심사과정은 국민의 다양한 의견을 조정해 국민 다수가 수용할 수 있는 법률을 제·

개정하는 과정이다. 하지만 다른 한편으로는 정치과정에 관련된 행위자들이 상호작용하는 과정이기도 하다. 법률안 심사과정은 최종적인 결정권을 행사하는 의원들 상호 간이 또는 다수당과 소수당이 자신들의 입장과 이익을 관철함으로써 향후 권력을 획득하는 과정에서 자신들에게 더욱 유리한 정치적 상황을 조성하기 위해 노력하는 과정이기도 하다. 이러한 정치과정으로서의 성격은 법률안 심사과정에 참여하는 모든 이해관계인이나 집단에 영향을 미친다. 소기의 입법을 통해 각자 자신에게 유리한 상황을 조성하고자 한다는 점에서 법률안 심사과정은 참여하는 이해관계자와 집단 간의 상호작용 기능을 수행한다고 할 수 있다.

넷째는 정책결정과정의 기능이다. 의회의 정책결정은 법률의 제·개정으로 귀결된다는 점에서 법률안 심사과정은 정책결정과정의 기능을 가진다. 즉, 민주국가에서 국가의 최종 정책결정기관은 국민의 대표기관인 의회라고 할 수 있다. 따라서 국가의 중요한 정책은 대부분 의회의 의결을 거쳐 법률의 형태로 제도화되는 것이 일반적이다. 또한 법률은 정책을 통해 구체화되고 실행된다. 이러한 점에서 정책과 법률은 그 본질이 같으므로 법률안 심사과정이 곧 정책결정과정이라고 볼 수 있다. 따라서 정부는 입법과정에서 의회가 결정한 법률의 취지를 충실하게 집행하는 것이 의회주의와 권력분립의 원리에 부합한다.

2. 의원 입법의 양적 성장

최근에는 법률안을 발의·제출하는 건수가 크게 늘어나고 있다. 제14대 국회에서는 법률안 건수가 전체 의안(1439건)의 62.7%(902건)에 불과했으나 제17대 국회 이후 크게 증가해 제21대 국회에서는 전체 의안(2만 6707건)의 96.8%(2만 5858건)에 달하고 있다. 여기에서 의안이란 법률안을 포함해 결의안, 동의안, 승인안, 예산안 등을 모두 포함하는 개념이다.

법률안 건수가 증가한 데에는 의원 발의 법률안이 증가한 것이 큰 몫을 차지한다. 제17대 국회 이후 의원 발의 법률안은 정부 제출 법률안과 비교해 양적으로 괄목할 만한 성장을 보이고 있다. 제14대 국회(1992~1996년)에서는 의원 발의안 건수(321건)가 정부 제출안 건수(581건)를 밑돌았다. 하지만 제15대 국회(1996~2000년)에서 의원 발의안(1144건) 대 정부 제출안(807건) 비율이 역전된 이후 현재까지 그 차이가 계속 벌어져 왔다. 제21대 국회(2020~2024년)에서는 의원 발의안(2만 5027건)이 정부 제출안(831건)의 30.1배로, 전체 법률안의 96.8%에 달했다(<그림 4-1> 참조).

국회의원이 법안을 발의하는 데에는 여러 요인이 작용할 수 있다(서덕교, 2020). 의원 개인의 정치적 신념이나 정책적인 전문성을 기반으로 법안을 발의하는 것이 첫째 요인일 것이다. 둘째로 지역구 또는 이익단체와 관련된 법안을 발의할 수 있다. 셋째로 사회적으로 크게 주목받는 사안이 발생하면 이와 관련된 법안이 단기간에 많이 발의될 수 있다. 예를 들어, 대형 안전사고나 재난 등이 발생한 경우이다. 넷째로 대통령과 같은 정당에 소속해 있는 의원들의 경우 정부에서 시급히 처리해야 하는 법안을 비교적 절차가 간편한 의원 입법 형태로 발의하도록 요청받기도 한다. 마지막으로 정당에서 공천할 때 법안 발의 실적을 평가지표로 활용하거나 시민단체에서 의원들을 평가할 때 법안 발의 실적을 지표로 활용하는 현실로부터 영향을 받기도 한다. 이러한 요인들이 서로

그림 4-1 **법률안의 발의·제출 건수 변화(단위: 건)**

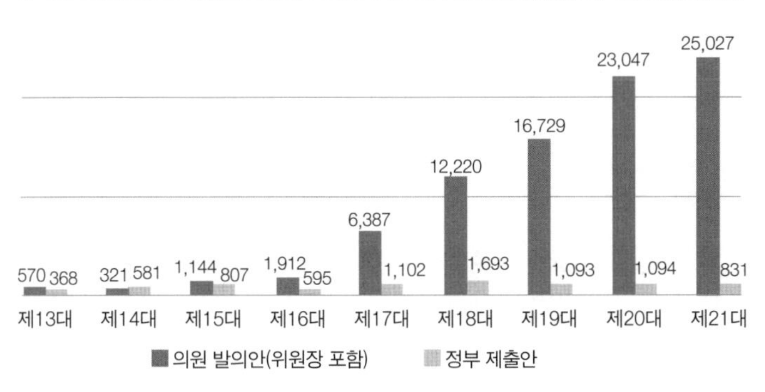

자료: 국회 의안정보시스템.

복합적으로 작용해서 의원 발의 법안이 최근 양적으로 크게 늘어나고 있다.

의원 입법은 발의 건수의 양적 성장과 더불어 법률에 최종적으로 반영되는 비중도 증가하는 양상을 보이고 있다. 제14대 국회(1992~1996년) 4년 동안 의결된 법률안 중 법률에 반영된 건수(가결 및 대안 반영을 합한 건수)를 살펴보면 의원 발의안이 167건, 정부 제출안이 561건으로 의원 발의안이 차지하는 비율이 23%에 불과했다. 하지만 제21대 국회(2020~2024년)의 같은 통계를 살펴보면 의원 발의안이 8576건, 정부 제출안이 487건으로 의원 발의안이 차지하는 비율이 95%에 이르렀다. 법률에 반영되는 의원 발의안과 정부 제출안의 비중이 완전히 역전된 것이다(〈그림 4-2〉 참조).

그림 4-2 **법률안의 법률 반영 건수 변화(단위: 건)**

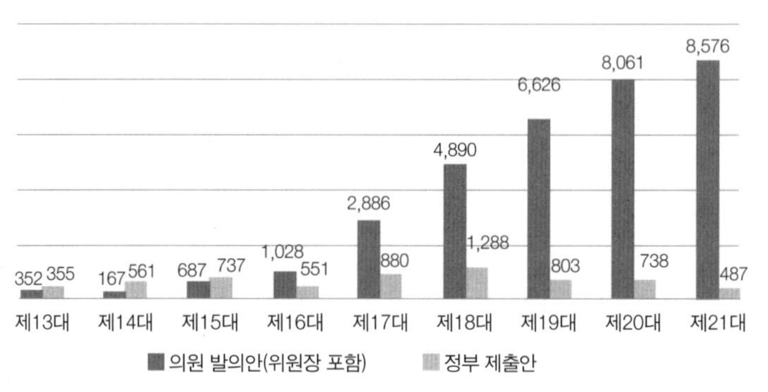

자료: 국회 의안정보시스템.

3. 법률안의 종류 및 법률안의 구성

법률안을 입안하는 유형에는 ① 제정법률안, ② 전부개정법률안, ③ 일부개정법률안, ④ 폐지법률안의 네 가지 유형이 있다(국회사무처, 2016c: 114). 제정법률안은 규율하려는 입법사항을 별도의 새로운 법률로 규율하는 것이고, 전부개정법률안은 기존 법률을 전부 바꾸는 것이며, 일부개정법률안은 기존 법률을 일부 바꾸는 것이고, 폐지법률안은 기존 법률을 없애는 것이다.

하나의 법률안은 표지부, 본문부, 신·구조문대비표로 구성된다. 표지부에는 법률안의 제목인 제명, 의안번호, 발의(제출)연월일, 발의(제출)자, 제안이유 및 주요 내용이 기재된다. <예시 4-1>은 정부가 제출한 「재난적의료비 지원에 관한 법률 일부개정법률안」의 실제 표지부이다. 법률안의 제목인 제명은 제정법률안의 경우에는 '○○법안' 또는 '○○

예시 4-1 **법률안의 표지부**

재난적의료비 지원에 관한 법률 일부개정법률안

의 안 번 호	17627

제출연월일 : 2022. 9. .
제 출 자 : 정 부

제안이유 및 주요내용

희귀질환을 진단·치료하는 과정에서 과도한 의료비 지출로 경제적 어려움을 겪는 국민 등의 의료비 부담을 낮추기 위하여 의료기관 등의 처방에 따라 '희귀질환을 진단하거나 치료하기 위한 목적으로 사용되는 의료기기로서 국내에 대체 가능한 제품이 없는 의료기기'를 구입한 비용에 대해서도 재난적의료비 지급을 신청할 수 있도록 하고, 행정기관 소속 위원회를 효율적으로 운영하기 위하여 운영 실적이 저조한 재난적의료비지원정책심의위원회를 폐지하려는 것임.

- 1 -

자료: 국회 의안정보시스템.

에 관한 법률안'으로, 개정법률안의 경우에는 '○○법(○○에 관한 법률) 전부(일부)개정법률안'으로, 폐지법률안의 경우에는 '○○법(○○에 관한 법률) 폐지법률안'으로 한다. 의안번호는 법률안이 의사국 의안과에 제출되어 시스템에 등록되는 순서대로 부여된다. 일부 법률안의 경우 참고사항이 기재되는 경우도 있다.

본문부에는 법률번호(공란), 법률안의 제명, 본문,[1] 그리고 부칙[2]이 기재된다. 전부개정법률안의 경우에는 조문 앞에 "○○법(○○에 관한 법률) 전부를 다음과 같이 개정한다"라는 모두(冒頭)개정문을 붙인다. 일부개정법률안의 경우에는 "○○법(○○에 관한 법률) 일부를 다음과 같이 개정한다"라는 모두개정문을 붙이고, 폐지법률안의 경우에는 "○○법(○○에 관한 법률)을 폐지한다"를 붙인다.

마지막으로 일부개정법률안에는 현행 법률의 내용과 개정법률안에 따라 바뀌는 법률의 내용을 표로 비교해 설명하는 신·구조문대비표가 첨부된다. <예시 4-2>와 <예시 4-3>은 정부가 제출한 「재난적의료비 지원에 관한 법률 일부개정법률안」의 본문부와 신·구조문대비표를 보여주고 있다.

---

1 법률안의 본문은 그 법률안의 핵심내용으로서 제정법률안, 전부개정법률안, 일부개정법률안 및 폐지법률안별로 작성 형식상에 차이가 있다.
① 제정법률안과 전부개정법률안은 법률안 전문을 조문 순서대로 모두 기재한다.
② 일부개정법률안은 내용면이나 형식면에서 개정할 부분에 한정해 개정내용을 기재한다.
③ 폐지법률안은 현행 법률을 폐지한다는 내용을 기재한다.

2 시행일, 적용례, 경과조치 및 다른 법률의 개정 등에 관한 것을 나타내는 부분으로, 모든 형태의 법률안에 두는 것을 원칙으로 한다. 부칙만을 개정하는 법률안의 경우에도 부칙을 둔다.

예시 4-2 **법률안의 본문부**

법률 제 호

재난적의료비 지원에 관한 법률 일부개정법률안

재난적의료비 지원에 관한 법률 일부를 다음과 같이 개정한다.

제7조를 삭제한다.

제9조제2항 중 "재난적의료비"를 "보건복지부장관이 재난적의료비"로, "고려하여 심의위원회가"를 "고려하여"로 한다.

---(중간 생략)---

제19조제1항 각 호 외의 부분 중 "있으면 심의위원회의 의결을 거쳐"를 "있는 경우에는"으로 한다.

제25조를 삭제한다.

부 칙

제1조(시행일) 이 법은 공포 후 6개월이 경과한 날부터 시행한다.

제2조~제3조 (생 략)

제4조(재난적의료비지원정책심의위원회 폐지에 관한 경과조치) 이 법 시행 당시 종전의 제9조제2항에 따라 재난적의료비지원정책심의위원회가 인정한 재난적의료비 지원대상은 제9조제2항의 개정규정에 따라 보건복지부장관이 재난적의료비 지원대상으로 인정한 것으로 본다.

- 3 -

자료: 국회 의안정보시스템.

예시 4-3 **법률안의 신·구조문대비표**

- 4 -

신 · 구조문대비표

현 행	개 정 안
---(생 략)---	---(생 략)---
제9조(지원대상) ① (생 략)	제9조(지원대상) ① (현행과 같음)
② 제1항에 따른 기준에도 불구하고 재난적의료비를 부담하는 사람의 질환 특성, 가구 여건 및 지원 필요성 등을 고려하여 심의위원회가 지원이 필요한 것으로 인정한 경우에는 지원대상자 기준을 충족한 것으로 본다.	② ------------------------ --- 보건복지부장관이 재난적 의료비------------------- ------------- 고려하여 --- ------------------------ ------------------------ ----------------------.
---(생 략)---	---(생 략)---

자료: 국회 의안정보시스템.

4. 수정안·대안·위원회안

법률안은 국회 심사 단계에서 내용이 바뀔 수 있는데, 원안에 다른 의사를 가해 원안의 내용을 추가·삭제 또는 변경하는 것을 '수정'이라 하고, 수정을 위해 일정한 형식을 갖춰 서면으로 발의하는 것을 '수정안'이라고 한다. 수정안은 원안을 전제로 성립되고 원안과 동시에 심의되므로 원안과 별개로 독립하여 존재할 수 없으며 독자적인 의안으로 볼 수 없다.

수정안은 그 안이 마련되는 단계에 따라 위원회 수정안과 본회의 수정안으로 나뉠 수 있다. 위원회 수정안은 ① 해당 위원회 위원이 법률안에 대한 수정을 제안(수정동의 발의)하고 다른 위원 1명 이상의 찬성으로 수정동의가 의제가 되어 이를 심사·표결한 경우(「국회법」 제71조 단서)와 ② 소위원회에서 법률안을 수정의결한 심사결과가 위원회 전체회의에서 의제가 되어 이를 심사·표결한 경우(「국회법」 제57조 제8항, 제66조 및 제95조) 성립한다. 위원회에서 심사한 결과가 수정의견인 경우에는 그 수정내용을 반영한 수정안을 심사보고서에 첨부해 의장에게 제출하고, 위원회에서 심사보고한 수정안은 본회의에서 찬성 없이 의제가 된다(「국회법」 제95조 제2항). 본회의 수정안은 본회의에 부의된 의안에 대해 수정하려는 목적으로 안을 갖추고 이유를 붙여 30명 이상(예산안의 경우 50명 이상)의 찬성 의원과 연서해 사전에 의장에게 제출한 것을 말한다(「국회법」 제95조 제1항). 본회의 수정안은 원안 또는 위원회에서 심사보고한 안의 취지 및 내용과 직접 관련성이 있어야 하지만, 의장이 각 교섭단체 대표의원과 합의하는 경우에는 직접 관련성이 없는 본회의 수정안도 제출 가능하다(「국회법」 제95조 제5항).

위원회는 그 소관에 속하는 사항에 관해 법률안이나 그 밖의 의안을 제출할 수 있는데(「국회법」 제51조 제1항), 이를 근거로 위원회는 위원회 대안 또는 위원회안을 제출한다. 위원회 대안은 위원회가 법률을 심사하는 과정에서 원안의 취지를 변경하지 않는 범위에서 내용을 대폭 수정하거나 체계를 다르게 하여 원안을 본회의에 부의하지 않기로 하고 원안을 대신해 입안·제출하는 법률안을 말한다. 실제 법률안을 심사하는 과정에서 위원회 대안의 형식을 활용하는 경우는 같은 법률에 대해 제출된 여러 개의 개정법률안을 위원회에서 수정·통합해 하나의 개정법률안을 만들어서 본회의에 제출할 때이다.[3] 위원회안은 원안이 존재하는 것을 전제하지 않고[4] 위원회가 그 소관에 속하는 사항에 관해 독자적으로 안을 제출하는 것이다(국회사무처, 2016c: 229). 위원회 수정안, 위원회 대안, 위원회안의 구분은 〈표 4-1〉과 같다.

위원회 대안을 처리하는 방식에 대해서는 부연 설명이 필요하다. 위원회 대안이 본회의에서 의결되면 대안에 수정·통합된 원안들은 형식적으로는 폐기된다. 과거에는 이것을 의안 통계에서 폐기로 관리했다. 이렇게 폐기로 관리되자 많은 법률안의 내용이 의결을 통해 반영됨에도 불구하고 법률에 반영되지 않은 듯한 인상을 주었다. 이로 인해 통계를 접하는 일반인이나 연구자들은 국회에서 많은 법률안이 부결된 것처럼 인

3 그 밖에 1건의 법률안이라도 수정의 범위를 벗어나 원안에 포함되지 않는 다른 조문의 내용을 개정하고자 하는 경우, 제명이 다른 법률안을 합해 하나의 법률안으로 만들거나 개정법률안과 제정법률안을 합해 다른 제정법률안을 만드는 경우 등에도 활용되고 있다.

4 다만 심사과정에서 법률안의 일부 내용이 가결될 필요가 있으나 다른 중요한 내용이 남아 있어 해당 법률안 자체는 계속 심사해야 할 경우에는 가결될 필요가 있는 내용을 위원회 대안이 아닌 위원회안으로 의결하기도 한다. 이러한 경우에는 내용적으로는 위원회안의 전제가 된 원안이 존재하는 셈이다.

표 4-1 **위원회 수정안, 위원회 대안, 위원회안의 구분**

	위원회 수정안	위원회 대안	위원회안
제안자	위원회(위원장)	위원회(위원장)	위원회(위원장)
법적 근거	「국회법」 제95조 제2항	「국회법」 제51조	「국회법」 제51조
법률안 형식	원안을 일부 개정하는 방식	제정·개정(전부/일부)·폐지법률안 방식이 모두 가능	제정·개정(전부/일부)·폐지법률안 방식이 모두 가능
원안과의 관계	원안을 토대로 원안을 수정	원안을 폐기하고 원안을 대신	완전히 독립된 안 (원안을 전제하지 않음)
특징 (수정안 대비)	-	새로운 의안이지만, 사실상 수정안(같은 법률에 대한 여러 제·개정법률안을 수정 ·통합하는 성격)	최초 발의

자료: 국회사무처(2024f: 214) 수정.

식했고, 나아가 이는 국회의 정책적 역할을 낮게 평가하는 원인이 되기도 했다. 따라서 최근에는 대안 폐기된 법률안들은 의안 통계에서 법률에 반영(대안 반영)된 것으로 관리 및 표시하고 있다.

제3절 단계별 법률안 심사과정

이 절에서는 국회가 법률을 제정하거나 개정할 때 따라야 하는 헌법과 법률이 정하는 일련의 과정에 대해 설명한다. 우선 그 과정을 개괄적으로 살펴보면 ① 법률안의 입안·발의(제출), ② 위원회 회부, ③ 위원회 심사(소위원회 이전 단계: 제안설명, 검토보고, 대체토론), ④ 소위원회 심사, ⑤ 위원회 심사(소위원회 이후 단계: 축조심사, 찬반토론, 표결), ⑥ 공청회 또는 청문회(필요할 경우), ⑦ 법제사법위원회 체계·자구 심사, ⑧ 전원위원회 심사(필요할 경우), ⑨ 본회의 심의(심사보고·제안설명, 질의·토론, 표결), ⑩ 법률안의 정리 및 정부 이송, ⑪ 법률안의 공포, ⑫ 재의 요구 및 재의(필요할 경우) 순이다. 이를 그림으로 나타내면 〈그림 4-3〉과 같다.

여기서는 앞서 살펴본 정부가 제출한 「재난적의료비 지원에 관한 법률 일부개정법률안」(의안번호 2117627)의 실제 심사과정을 주된 예로 들면서 법률안 심사과정을 각 단계별로 설명하고자 한다.

1. 법률안의 입안 및 발의(제출)

헌법 제40조는 "입법권은 국회에 속한다"라고 하여 국회입법의 원칙을 명문으로 선언하고 있다. 그러나 헌법 제52조는 "국회의원과 정부는 법률안을 제출할 수 있다"라고 하여 정부에도 법률안 제출권을 부여함으로써 입법과정에 정부가 참여하는 것을 제도적으로 보장하고 있다. 「국회법」은 여기에 더해 위원회는 그 소관에 속하는 사항에 관해 법률안을 제출할 수 있도록 하는데, 이 경우 제출자는 위원장이 되도록 하고 있다(「국회법」 제51조). 위원회안과 위원회 대안이 여기에 해당한다는 것은 이미 살펴본 바와 같다. 이들 위원회안과 위원회 대안은 의원 발의 법률안으로 분류된다. 다음에서는 의원 발의 법률안과 정부 제출 법률안의 입안과정 및 발의(제출) 절차에 대해 각각 살펴본다.

1) 의원 발의 법률안

개별 국회의원은 지역구 및 이익단체의 상황, 소속 정당이 중점적으로 추진하는 정책, 사회적 현안, 의원 개인의 정치적 신념 등에 따라 입

그림 4-3 **법률안 심사과정 개관**

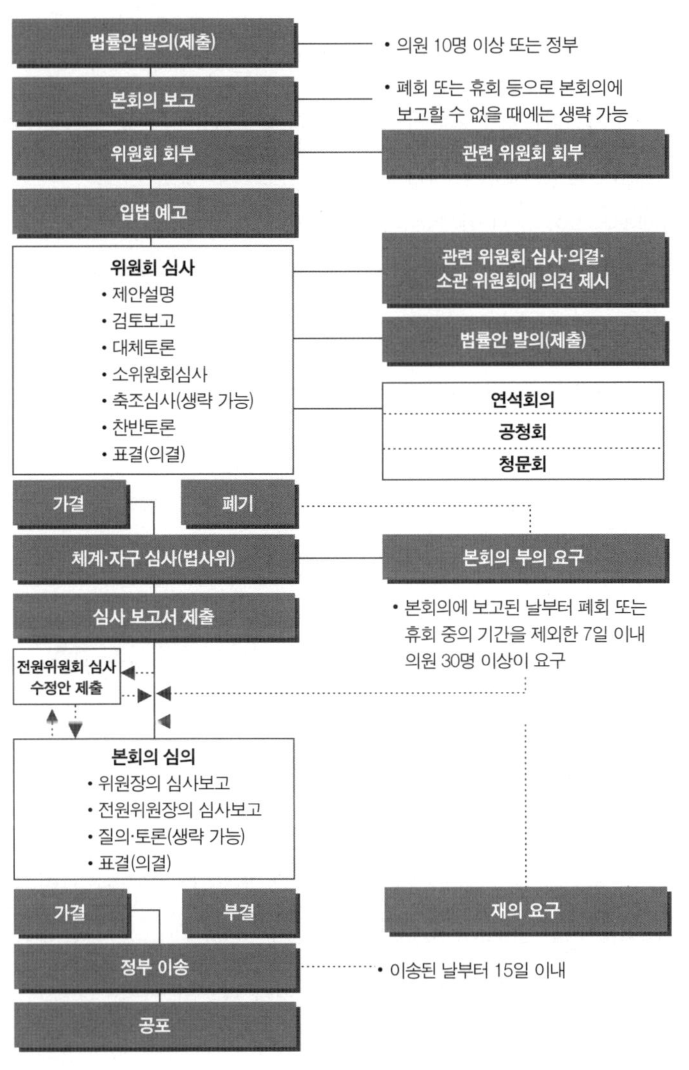

자료: 국회사무처(2024d: 60).

법의 필요성을 인식하고 자료 수집과 공청회 등을 통해 법률안의 발의를 준비한다. 의원 발의 법률안의 기초를 마련하는 방식은 ① 의원이 직접 기초하는 방식, ② 정부 또는 제3자가 기초하여 제공하는 안을 근간으로 의원이 입안하여 제출하는 방식, ③ 관련 단체 등이 마련한 법률안 초안을 의원을 통해 제출하는 방식, ④ 정당에 소속된 의원이 소속 정당의 정책실무부서에서 입안한 법률안을 당무회의 등 소정의 당내 절차를 거쳐 발의하는 방식 등 다양하다. 의원은 10명 이상의 찬성으로 법률안 등 의안을 발의할 수 있는데, 의안을 발의하는 의원은 그 안을 갖추고 이유를 붙여 찬성자와 연서해 이를 의장에게 제출해야 한다(「국회법」 제79조 제1항 및 제2항). 의원이 법률안을 발의할 때에는 발의의원과 찬성의원을 구분하고, 당해 법률안에 대해 그 제명의 부제로 발의의원의 성명을 기재하되, 발의의원이 2명 이상인 경우에는 대표발의의원 1명을 명시해야 한다(이른바 법안실명제, 「국회법」 제79조 제4항).[5]

의원 발의 법률안은 제16대에 1912건에서 제17대 6387건, 제18대 1만 2220건, 제19대 1만 6729건, 제20대 2만 3047건, 제21대 2만 5027건으로 늘었다. 의원실은 법률안을 성안하면서 국회 법제실에 입안을 의뢰할 수 있다. 의원실에서 초안을 작성한 후 법제실의 검토 및 수정·보완을 거치기도 하고 초안 없이 의원실의 입법 취지에 따라 법제실이 성안한 법률안을 의원이 발의하기도 한다. 또한 의원실은 법제실에서 성안된 법률안을 송부받고 나서 실제로 이를 국회에 법률안으로 발의할 수도 있고 발의하지 않을 수도 있다.

5 다만, 소속 교섭단체가 다른 대표발의의원(비교섭단체 의원 포함 가능)을 3명 이내의 범위에서 명시할 수 있다(이른바 공동대표발의제).

그림 4-4 법제실 법률안 입안 의뢰 추이(단위: 건)

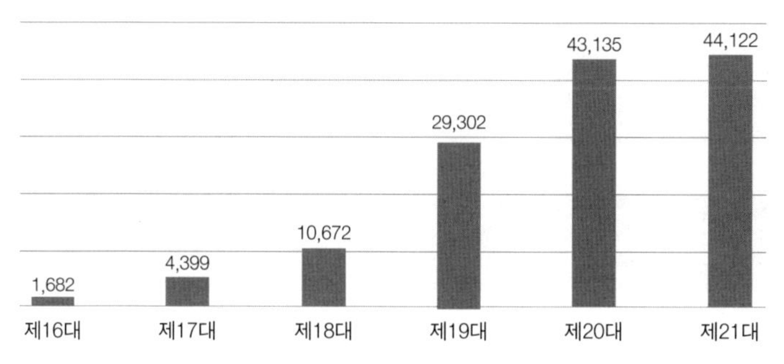

자료: 국회 의안정보시스템.

국회의원이 국회 법제실에 입안을 의뢰하는 건수도 제16대 국회 1682건에서 제21대 국회 4만 4122건으로 크게 늘었다(〈그림 4-4〉 참조). 제19대 국회 이후부터 의원 발의 입법 건수보다 법제실 입안 의뢰 건수가 늘어났다. 의원 발의 법률이 모두 법제실을 거쳤다고 단정하기는 어렵지만, 이를 통해 의원입법에 있어 법제실의 법제 지원기능과 역할이 크게 강화되고 있음을 알 수 있다. 실제로 최근에는 의원입법에 있어 법제실의 입안이 사실상 필수적인 절차가 되고 있다. 또한 정부 제출 법률안이 18대 국회(2008~2012년) 이후 계속 감소해 제21대 국회의 경우 831건에 불과하다는 점을 고려할 때, 법률안을 입안하는 데서 법제실은 정부 법제처의 위상을 넘어 명실상부한 중추적인 기관으로 자리매김했다고 할 수 있다. 다만 양적인 측면에서의 성장뿐만 아니라 법제 기준 확립, 입법체계 연구, 위헌 법률 방지 등 입법의 질적 향상을 도모하기 위해서는 법제실의 더 많은 역할과 기능이 요구된다. 의원 발의 법률안의 입안과정은 〈그림 4-5〉와 같다.

그림 4-5 의원 발의 법률안의 입안과정

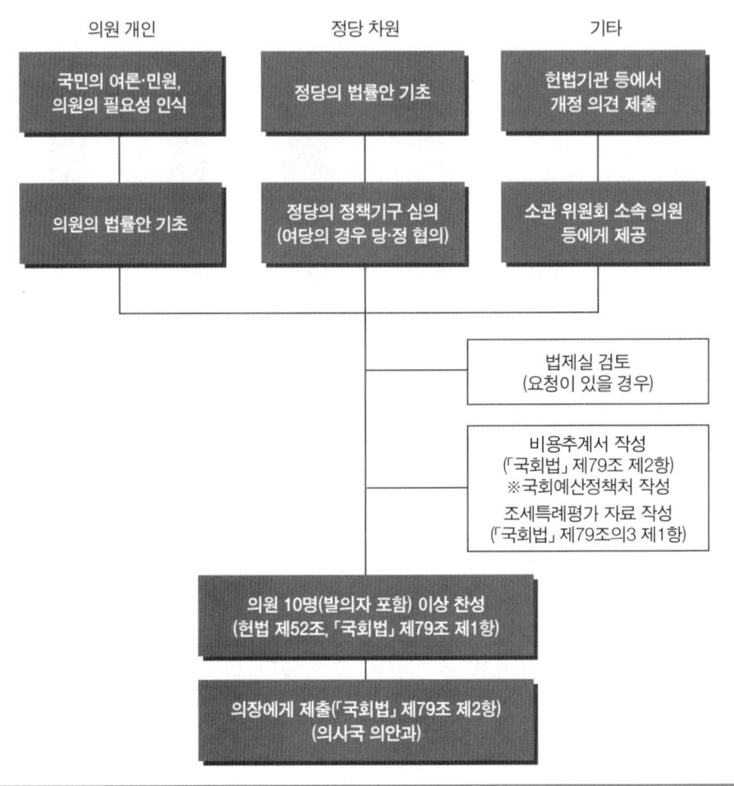

자료: 국회사무처(2024d: 40).

한편 법률을 시행하기 위해서는 직간접적으로 예산이 소요된다. 따라서 국민의 세금을 효과적으로 사용하기 위해서는 법률안의 입안 단계에서부터 국가가 부담해야 할 재정 소요를 자세히 분석할 필요가 있다. 따라서 의원이 예산 또는 기금상의 조치를 수반하는 의안을 발의하는 경우에는 그 의안의 시행에 수반될 것으로 예상되는 비용에 대한 국회예산정책처의 추계서 또는 국회예산정책처에 대한 추계요구서를 아울러 제출해야 한다(「국회법」 제79조의2 제1항). 의원이 비용추계요구서를 제출한 경우 국회예산정책처는 특별한 사정이 없으면 위원회의 심사 전에 해당 의안에 대한 비용추계서를 의장과 비용추계를 요구한 의원에게 제출해야 한다(「국회법」 제79조의2 제2항). 위원회가 예산 또는 기금상의 조치를 수반하는 의안을 제안하는 경우에는 그 의안의 시행에 수반될 것으로 예상되는 비용에 대한 국회예산정책처의 추계서를 아울러 제출해야 하지만, 긴급한 사유가 있는 경우에는 위원회의 의결로 이를 생략할 수 있다(「국회법」 제79조의2 제3항).

「조세특례제한법」에 따른 조세특례를 신규로 도입하는 법률안을 발의하는 경우, 연간 조세특례금액이 국회규칙으로 정하는 일정 금액 이상인 때에는 국회예산정책처 등 국회규칙으로 정하는 전문 조사·연구기관에 의뢰해 조세특례의 필요성 및 적시성, 기대효과, 예상되는 문제점 등 국회규칙으로 정하는 내용에 대해 평가한 자료를 함께 제출해야 한다(「국회법」 제79조의3).

2) 정부 제출 법률안

정부가 제출하는 법률안은 의원 발의 법률안보다 준비 과정이 복잡하다. 정부 제출 법률안은 ① 소관부처의 법률안 입안, ② 관계 기관과의 협의(필요한 경우), ③ 입법예고, ④ 규제심사 등(필요한 경우), ⑤ 법제처 심사, ⑥ 차관회의, ⑦ 국무회의, ⑧ 대통령 서명의 절차를 거친다(법제처, 2016: 2~3).

법률 소관 중앙행정기관이 어떤 정책을 결정한 뒤 그 정책의 시행과 관련해 입법이 필요하다고 판단하면, 그 기관은 법률안을 입안한다. 소관 기관의 장이 법률안을 입안하면 법률안의 내용을 관계 기관의 장에게 보내 의견을 들어야 한다(「법제업무 운영규정」 제11조 제1항). 이와 함께 개별 법에 따른 각종 평가를 요청해야 하는데, 해당 평가를 실시하는 기관의 장은 특별한 사정이 없으면 입법예고 기간이 끝나기 전까지 평가결과를 법률안 주관기관의 장에게 통보해야 한다(「법제업무 운영규정」 제11조 제6항).

이후 해당 법률안을 마련한 기관의 장은 특별한 사정이 없으면 이를 40일 이상 입법예고해야 한다(「행정절차법」 제41조 제1항 및 제43조). 그리고 법률안에서 규제를 신설하거나 강화하는 내용이 포함되어 있는 경우 법제처에 법률안 심사를 요청하기 전에 규제개혁위원회에 규제심사를 요청해야 한다(「행정규제기본법」 제10조 제1항).

규제심사 등이 완료되면 법제처에서 법률안을 심사하고, 법제처 심사가 끝나면 법률안은 차관회의에 상정되어 심의된다. 차관회의는 통상 국무회의에 앞서 매주 목요일에 정례회의가 열리며, 필요한 경우 임시회의가 개최된다. 차관회의는 국무조정실장이 의장을 맡고 각 부처의 차관이 구성원이 된다(법제처, 2016: 57). 차관회의에서 의결된 법률안은 특별한 사정이 없으면 자동으로 다음 국무회의에 상정된다. 국무회의는 원칙적으로 매주 화요일에 정례회의가 열리며, 필요한 경우 임시회의가 개최된다(법제처, 2016: 58). 헌법 제88조에 따라 대통령이 국무회의 의장을 맡고 국무총리가 부의장을 맡으며, 개별 국무위원이 구성원이 된다. 국무회의의 심의를 거친 법률안은 국무총리와 관계 국무위원의 부서 및 대통령의 서명을 받아(헌법 제82조) 국회에 제출한다. 이러한 절차를 그림으로 나타내면 〈그림 4-6〉과 같다.

정부가 제출하는 법률안도 의원 발의 법률안과 마찬가지로 예산 또는 기금상의 조치가 수반되면 그 비용에 대한 추계서와 이에 상응하는 재원

그림 4-6 **정부 제출 법률안의 입안과정**

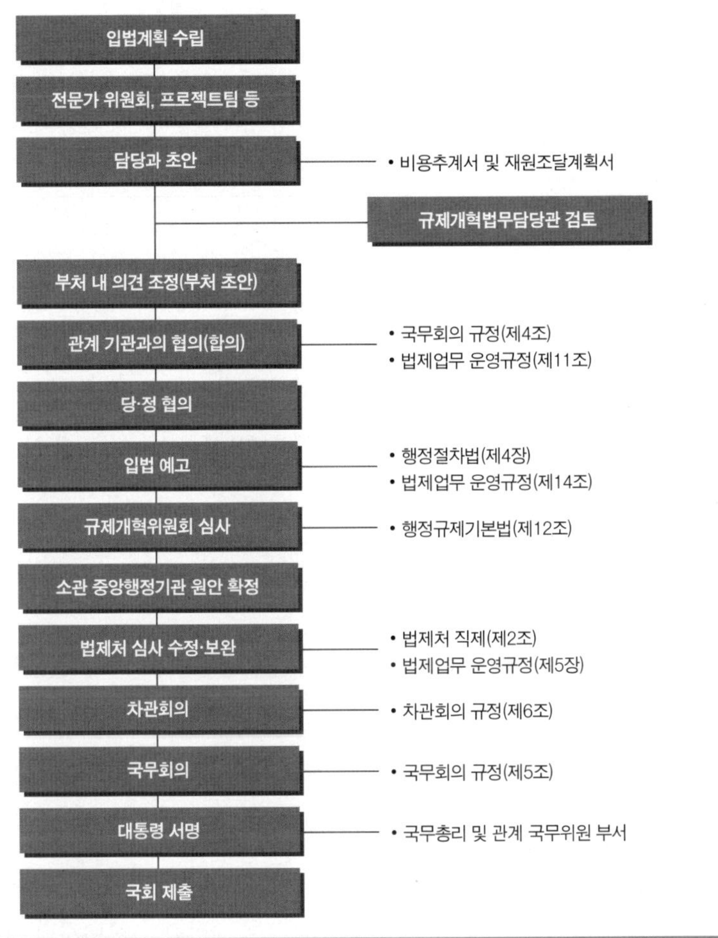

자료: 국회사무처(2024d: 47).

조달 방안에 관한 자료를 의안에 첨부해야 한다(「국회법」 제79조의2).

우리가 주로 살펴볼 「재난적의료비 지원에 관한 법률 일부개정법률안」은 〈표 4-2〉의 일정에 따라 정부 내에서 준비되어 국회에 제출되었다.

표 4-2 「재난적의료비 지원에 관한 법률 일부개정법률안」 준비 일정

구분	일정
입법예고	2022. 5. 20 ~ 6. 29
법제처 심사 완료	2022. 9. 20
차관회의	2022. 9. 22
국무회의	2022. 9. 27
국회 제출	2022. 9. 29

자료: 국회 의안정보시스템.

이 법률안은 희귀질환을 진단·치료할 때 필요한 의료기기 구입비용에 대해 재난적의료비를 지원하는 내용을 담고 있는데, 비용이 연평균 10억 원 미만으로 예상되어 비용추계서를 붙이지 않았다(〈예시 4-4〉 참조).

2. 본회의 보고 및 위원회 회부

국회의장은 의안이 발의 또는 제출되면 이를 인쇄하거나 전산망에 입력하는 방법으로 의원에게 배부하고 본회의에 보고하며, 소관 상임위원회에 회부해 심사가 끝나고 나면 본회의에 부의한다. 최근에는 전산망에 입력하는 방법으로 의원에게 배부할 수 있으므로 의안정보시스템에 의안을 입력함으로써 의안 배부에 갈음한다. 폐회 또는 휴회 등으로 본회의에 보고할 수 없을 때에는 이 과정을 생략하고 위원회에 회부할 수 있다(「국회법」 제81조 제1항). 폐회 또는 휴회 중 발의 또는 제출된 안건은 그다음에 개의되는 본회의에서 보고한다. 보통 본회의 개의 직후 보고가 이루어지며, "○○○의원 대표발의로 ○○법 일부개정법률안 등 ○○○건의 법률안이 발의되었습니다. 정부로부터 ○○법 일부개정법률안 등 ○○○건의 법률안이 제출되었습니다"라는 형태로 한꺼번에

예시 4-4 「재난적의료비 지원에 관한 법률 일부개정법률안」 비용추계서 미첨부 사유서

재난적의료비 지원에 관한 법률 일부개정법률안 비용추계서 미첨부 사유서

1. 재정수반요인

○ 동 개정안에 따라 희귀질환 진단·치료시 필요한 의료기기(「의료기기법」 제15조의2" 제1항 제1호에 따른 의료기기) 구입비용에 대해서도 재난적의료비를 지원

2. 미첨부 근거 규정

○ 「의안의 비용추계 등에 관한 규칙」 제3조제1항제1호에 해당

3. 미첨부 사유

○ 재난적의료비 지원은 해당 의료기기를 비급여로 '한국의료기기안전정보원'을 통해 구입한 경우 지원하게 되는데, '22.9월 현재까지 해당 의료기기 구입사례 미발생

- 향후 사례 발생시에도 해당 의료기기 가격이 수백만원 수준(220~475만원, '22년 기준)이고, 유병률이 높지 않은 희귀질환자 수요에 따른 것으로 연평균 10억원 미만 추정

4. 작성자

○ 보건복지부 의료보장관리과 사무관 ○○○ (000-000-0000)

- 11 -

자료: 국회 의안정보시스템.

보고한다.

법률안 회부란 국회의장이 법안을 심사할 권한이 있는 소관 위원회에 송부하는 행위를 뜻한다. 법률안을 심사할 특별위원회가 별도로 구성되어 있지 않으면 법률안의 소관 위원회는 원칙적으로 「국회법」 제37조 제1항의 상임위원회 소관 사항에 따라 결정한다. 다만, 법률안 등의 안건이 어느 상임위원회의 소관인지 명백하지 않을 때에는 국회운영위원회와 협의해 상임위원회에 회부하되, 협의가 이루어지지 않을 때에는 의장이 소관 상임위원회를 결정한다(「국회법」 제81조 제2항). 한편, 법률안과 직접적인 이해관계를 가지는 위원이 소관 상임위원회 재적위원의 과반수를 차지해 의안을 공정하게 심사할 수 없다고 인정하는 경우 국회의장은 해당 의안을 국회운영위원회와 협의해 다른 위원회에 회부해서 심사하게 할 수 있다(「국회법」 제81조 제3항).

국회의장은 특히 필요하다고 인정하는 안건에 대해서는 본회의의 의결을 얻어 이를 특별위원회에 회부할 수 있고, 회부된 안건과 관련이 있는 다른 안건은 본회의 의결을 거치지 않고 바로 특별위원회에 회부할 수도 있다(「국회법」 제82조).

소관 위원회에 안건을 회부하는 경우, 국회의장은 그 안건이 다른 위원회의 소관 사항과 관련이 있다고 인정하면 관련 위원회에도 이 안건을 회부한다. 안건이 소관 위원회에 회부된 후 다른 위원회로부터 회부 요청이 있는 경우, 국회의장은 필요하다고 인정하면 요청한 위원회를 관련 위원회로 하여 안건을 회부한다(이상 「국회법」 제83조 제1항). 국회의장이 관련 위원회에 안건을 회부할 때에는 관련 위원회가 소관 위원회에 의견을 제시할 기간을 정해야 하며, 필요한 경우 기간을 연장할 수 있다. 소관 위원회는 관련 위원회가 의견을 제시한 경우 의견을 존중해

예시 4-5 본회의 보고 사례

(이전 생략)

• **의장 ○○○:** 의석을 정돈해 주시기 바랍니다.

성원이 되었으므로 제10차 본회의를 개의하겠습니다.

보고사항은 회의록에 게재토록 하겠습니다.

(중간 생략)

【보고사항】

(중간 생략)

• **의안 제출**

(중간 생략)

감염병의 예방 및 관리에 관한 법률 일부개정법률안

재난적의료비 지원에 관한 법률 일부개정법률안

(이상 2건 2022. 9. 29. 정부 제출)

(이후 생략)

자료: 제400회국회(정기회) 국회본회의회의록 제10호, 1쪽 및 8쪽.

야 하며(「국회법」 제83조 제4항), 해당 안건에 대한 심사를 마친 때에는 의장에게 심사보고서를 제출하기 전에 관련 위원회에 그 내용을 송부해야 한다(「국회법」 제83조 제5항). 관련 위원회가 특별한 이유 없이 기간 내에 의견을 제시하지 않는 경우 소관 위원회는 바로 심사보고를 할 수 있다(「국회법」 제83조 제2항 및 제3항).

「재난적의료비 지원에 관한 법률 일부개정법률안」(의안번호 2117627)은 제출된 다음 날인 2022년 9월 30일 소관 위원회인 보건복지위원회로 회부되었다. 이 법률안은 제출된 다음에 처음으로 개의된 제400회국회(정기회) 제10차 본회의(2022. 10. 25)에서 <예시 4-5>와 같이 다른 법률안들과 함께 제출 사실이 회의록에 게재되는 방식으로 보고되었다.

3. 위원회 심사

앞서 살펴본 것처럼 법률안은 소관 위원회에 회부해 심사가 끝나야지만 본회의에 부의한다. 위원회는 입법예고, 위원회 상정, 제안설명, 검토보고, 대체토론, 소위원회 심사, 공청회 또는 청문회(필요한 경우), 축조심사, 찬반토론, 표결 등의 절차를 거쳐 심사한다. 다음에서는 소위원회 심사 이전 단계, 소위원회 심사 단계, 소위원회 심사 이후 단계, 그 밖의 안건조정위원회·연석회의·공청회·청문회 등으로 나누어 살펴보기로 한다.

1) 소위원회 심사 이전 단계

위원장은 간사와 협의해 회부된 법률안의 입법 취지와 주요 내용 등을 국회공보를 통해 또는 국회나 소관 위원회의 인터넷 홈페이지를 통해 입법예고해야 한다. 다만, 긴급히 입법해야 하는 경우 등에는 간사와 협의해서 입법예고를 생략할 수 있다(「국회법」 제82조의2). 입법예고된 법률안에 대해 의견이 있는 자는 입법예고 기간 동안 소관 위원회에 의견을 제출할 수 있다. 제출된 의견 중 법률안의 체계, 적용범위 및 형평성 침해 여부 등 중요한 사항은 소관 위원회의 전문위원이 위원회 또는 소위원회에 보고한다.

위원회에 법률안이 회부되면 위원장은 간사와 협의해서 의사일정을 정한다(「국회법」 제49조 제2항). 본격적인 심사를 위해서는 위원회 회의에 법률안을 상정하는 절차가 필요하다. 그런데 긴급하고 불가피한 사유로 위원회의 의결이 있는 경우를 제외하고는 위원회에 회부된 날부터 일부개정법률안은 15일, 제정법률안·전부개정법률안 및 폐지법률안은

20일의 기간이 경과하지 않는 때에는 법률안을 상정할 수 없다(「국회법」 제59조). 이 기간을 보통 법률안의 숙려기간이라고 부른다. 이는 위원들에게 법률안을 검토할 수 있는 최소한의 시간을 주어 법률안 심사가 형식적으로 이루어지는 것을 방지하기 위한 것이다.

과거에는 쟁점 법안인 경우 법률안이 위원회 회의에 상정되는 것 자체를 둘러싸고 정당 또는 교섭단체 간에 정치적인 다툼이 생기는 경우가 많았다. 그래서 2012년 5월부터 시행된 개정 「국회법」(법률 제11453호, 2012.5.25, 일부개정)(이른바 「국회선진화법」)에서는 위원회에 회부되었으나 상정되지 못하고 있는 법률안은 숙려기간이 경과한 후 30일이 지난 뒤에 처음으로 개회하는 위원회에 상정된 것으로 간주하는 의안상정간주제가 도입되었다(「국회법」 제59조의2 본문). 다만, 위원장이 간사와 합의한 경우에는 상정된 것으로 보지 않는다(「국회법」 제59조의2 단서).

한편 이러한 숙려기간, 상정간주제 등에도 불구하고 소위원회에 회부되어 이미 심사 중인 안건과 직접 관련된 법률안이 위원회에 새로 회부된 경우에는, 위원장이 간사와 협의를 거쳐 필요하다고 인정하면 이 안건을 바로 해당 소위원회에 회부해 함께 심사하게 할 수 있다(「국회법」 제58조 제3항 및 제4항). 이는 법률안의 효율적인 심사를 위해 상정, 제안자의 취지 설명, 전문위원 검토보고 및 대체토론을 모두 생략할 수 있다는 것을 의미한다. 이렇게 되면 상정절차를 거치지 않으므로 해당 법률안을 회부받은 후 15일 또는 20일이 경과하지 않아도 소위원회에서 심사할 수 있다.

법률안이 위원회에 상정되면 제안자는 위원회에 출석해 법률안의 제안이유와 주요 내용 및 제안 취지를 설명하는데, 이를 보통 제안설명이라고 한다. 제안설명은 원칙적으로는 정부 제출 법률안의 경우에는 소관 국무위원으로부터, 의원 발의 법률안의 경우에는 대표발의의원으로부터 법률안의 취지에 대해 설명을 듣는 것이다. 일반적으로 정부 제출 법률안의 경우에는 소관 국무위원 또는 차관이 제안설명을 구두로 진행하지만, 의원 발의 법률안의 경우에는 서면으로 제안설명을 대체하는 경우가 많다. 예외적으로는 대표발의의원이 아닌 다른 발의자나 찬성자가 대리해 법률안에 대해 제안설명을 하기도 한다.

제안설명 후에는 전문위원의 검토보고를 듣는데, 이는 우리 국회의 독특한 제도이다. 「국회법」 제42조는 위원회에 전문위원과 필요한 공무원을 두도록 하고 있으며, 제58조는 안건을 심사함에 있어 전문위원의 검토보고를 듣도록 하고 있다. 이는 위원회의 심사대상이 되는 안건에 대해 전문위원이 전문적·객관적인 입장에서 내용의 타당성과 문제점, 개선방안, 그 밖에 안건 심사에 필요한 사항을 조사·연구·검토해 검토보고서로 작성하고, 이를 위원회 위원들에게 배부한 뒤 회의장에서 구두로 보고하는 제도이다. 이러한 검토보고 제도는 위원회 위원들에게 안건 심사와 관련된 정보를 수집·제공해 위원회가 전문적이고 능률적으로 안건을 심사하도록 지원하는 것을 목적으로 한다. 또한 안건을 심사하면서 제기될 수 있는 쟁점이나 놓치기 쉬운 중요한 논점을 확인함으로써 안건 심사를 효율적으로 진행하는 데 기여하는 역할도 한다. 전문위원의 검토보고는 특별한 사정이 없는 한 해당 법률안의 위원회 상정일 48시간 전까지 소속 위원들에게 배부되어야 한다(「국회법」 제58조 제8항).

전문위원의 검토보고 후에는 대체토론을 한다. 대체토론은 안건 전체에 대한 문제점과 당부에 관해 일반적인 토론을 하는 것을 말하며, 제안자와의 질의·답변을 포함한다(「국회법」 제58조 제1항). 대체토론의 목적은 안건의 취지와 필요성, 기대효과와 문제점 등에 대해 전반적으로 검토하고 필요한 경우 여러 가지 수정 방향을 제시하는 것이다(국회사무처, 2016a: 272). 질의는 의제가 된 안건의 범위 내에서 해야 하는데, 제안자에게 질의하는 것이 원칙이기는 하지만 의원 발의 법률안과 관련해서는 해당 국무위원에게 의견을 묻는 경우도 많다. 위원회가 법률안을 소위원회에 회부하고자 할 때에는 대체토론이 끝난 후에만 회부할 수 있다(「국회법」 제58조 제3항).

최근에는 위원회 회의에 상정하는 법률안의 수가 많아졌기 때문에 개별 법률안에 대해 각각 상정 → 제안설명 → 검토보고 → 대체토론의 심사절차를 거치지 않고 일괄 상정한 후 관련 절차를 진행하는 것이 일반적이다. 따라서 전문위원의 구두 검토보고는 상정하는 여러 개의 법률안 중 일부 중요한 법률안에 대해서만 요약해 보고하는 것이 일반적이며, 대체토론도 미리 정해진 위원별 순서에 따라 여러 개의 법률안에 대해 일괄적으로 진행한다(예를 들어 A의원이 의사일정의 다수 법률안 중 관심 있는 일부 법률안에 대해 일괄적으로 대체토론을 진행한 후, B의원이 관심 있는 일부 법률안에 대해 일괄적으로 대체토론을 진행하는 식이다).

「재난적의료비 지원에 관한 법률 일부개정법률안」은 2022년 11월 7일 제400회국회(정기회) 제9차 보건복지위원회에서 다른 법률안들과 함께 일괄해서 상정되었다. 이 법률안에 대해서는 위원장과 간사위원 간 사전 협의로 효율적인 회의 운영을 위해 보건복지부 장관의 제안설명과 전문위원의 검토보고가 컴퓨터 단말기 자료와 검토보고 요약본으로 대체되었다. 같이 상정된 법률안이 많아서 일괄적으로 진행된 대체토론에서도 이 법률안에 대한 질의·토론은 없었다. 대체토론이 종료된 후 이

예시 4-6 대체토론 사례

• ○○○**위원:** (이전 생략) 그런데 이번에 검토보고서를 보니까 국민연금법 개정안에 대한 수용이 아니고요 반대하는 입장인 신중검토 의견을 내셨습니다. (중간 생략) 제가 또 납득하기 어려운 게 신중검토 의견에 뭐라고 했냐 하면 '국민 혼란이 예상되고 범위가 불명확하고 정보 파악이 어렵다'라고 의견을 냈습니다. (중간 생략) 장관님, 어떻게 생각하시나요?

• **보건복지부 장관** ○○○: (중간 생략) 아마 비과세 소득에 대해 가지고 소득을 하려면 저 같은 케이스도 있고 또 다른 케이스도 있기 때문에 부처랑 긴밀한 협의가 필요하다는 그러한 취지라고 생각합니다. (이하 생략)

자료: 제400회국회(정기회) 보건복지위원회회의록 제9호, 60쪽.

법률안은 그날 회의에 상정했던 다른 법률안들과 함께 법안심사소위원회로 회부되었다.

<예시 4-6>에는 다른 법률안의 대체토론 사례가 제시되어 있다. 이 예시의 위원은 의원 발의 법률안인 「국민연금법 일부개정법률안」에서 비과세소득으로 급여를 받는 국제기구 근무자를 노령연금 감액 대상에 포함하는 등의 제도 개선이 요구된다는 취지로 질의했고, 이에 대해 장관은 부처 간 긴밀한 협의가 필요하다는 취지로 답변했다.

2) 소위원회 심사 단계

우리 국회에서는 위원회에 법률안이 회부되면 위원회 전체회의의 대체토론 과정에서 곧바로 구체적이고 자세하게 논의하는 경우가 많지 않다. 위원회 전체회의는 일부 중요한 법률안이나 쟁점이 되는 정책 현안에 대한 질의·답변이 중심을 이루지만, 실제 조문에 대한 자세한 심사는 법안심사소위원회에서 이루어지는 것이 보통이다.

법률안이 증가함에 따라 소위원회 심사 기능을 더욱 활성화하기 위해 2019년 「국회법」 개정으로 상임위원회는 소관 법률안의 심사를 분담하는 둘 이상의 소위원회를 둘 수 있도록 했고, 2020년 「국회법」 개정으로 법률안을 심사하는 소위원회(운영·정보·여성가족위원회의 소위원회는 제외)는 원칙적으로 매월 3회 이상 개회하도록 했다. 소위원회는 폐회 중에도 언제든지 회의를 소집해서 회부된 법률안 등 의안을 심사할 수 있다. 또한 소위원회는 회부된 법률안에 대한 수정안과 대안을 제시할 뿐만 아니라 위원회안 등도 기초한다. 한편 소위원회 의결로 정부·행정기관 등에 의안의 심사와 직접 관련된 보고 또는 서류를 요구할 수 있고, 해당 기관이 보유한 사진·영상물의 제출을 요구할 수 있으며, 증인·감정인·참고인의 출석도 요구할 수 있다. 또한 소위원회의 회의는 원칙적으로 공개하도록 하고 축조심사를 생략할 수 없도록 하여 안건 심사가 졸속으로 이루어지는 것을 방지하고 있다(「국회법」 제57조).

소위원회에서는 개별 법률안 단위로 심사하거나 성격이 유사한 법률안을 묶어서 함께 심사한다. 일단 법률안이 소위원회에 상정되면 소위원장은 전문위원에게 법안의 주요 내용과 심사경과를 보고하게 한다. 전문위원은 이 과정에서 법률안의 세부 내용과 쟁점 사항 및 문제점 등을 보고하고 필요한 경우 조문에 대한 수정의견을 함께 보고한다. 전문위원의 보고가 끝나면 해당 부처 관계자(일반적으로 부처 차관)로부터 법안에 대한 정부의 의견을 듣는다. 이 과정이 끝나고 나면 위원들의 질의·토론을 거쳐 세부 조문을 심사한 후 법안에 대한 의결이 이루어진다. 소위원회에서는 법률안에 대한 구체적·실질적인 심사를 통해 수정안을 작성하기도 하고 대안 또는 위원회안을 기초하기도 한다.

우리가 살펴보고 있는 「재난적의료비 지원에 관한 법률 일부개정법률안」은 2022년 12월 6일 제400회국회(정기회) 제1차 보건복지위원회 제2법안심사소위원회에서 다른 82건의 법률안과 함께 일괄해서 상정되었다(의사일정 제18항). 이 법률안은 같은 제명의 의원 발의 법률안과 함께 심사되었는데, 우선 소위원장이 수석전문위원에게 개정안의 각 조문별로 법안 내용을 간략하게 설명하도록 했다. 수석전문위원은 해당 법률안의 내용을 설명하면서 먼저 부칙 시행시기와 관련해 다른 의원안과 함께 처리될 경우 시행시기를 조정할 필요가 있다는 의견을 제시했다. 또한 재난적의료비지원정책심의위원회 폐지와 관련해 보완 방안으로 각 분야의 다양한 의견이 반영될 수 있도록 보건복지부가 노력해야 한다는 의견을 제시했다. 그리고 민감정보 및 고유식별정보에 대한 규정 방식에 대해서는 법률에서 개별적·구체적으로 정한 경우가 13건, 시행령으로의 위임 근거를 둔 경우가 310건 정도 된다는 사례를 제시했다.

이후 소위원회 위원들의 질의와 토론에서는 재난적의료비지원정책심의위원회를 폐지했을 때 어떻게 대안을 마련할 것인지에 대한 논의가 필요하다는 의견이 있었고, 법에서 개인정보에 관한 규정을 좀 더 구체화하고 시행령에 구체적으로 위임하는 방식이 타당하다는 의견이 제시되었다. 이에 정부는 시행시기를 앞당기는 것에 대한 준비가 실무적으로 되어 있다고 밝히고 재난적의료비지원정책심의위원회 폐지와 관련해 자문회의 등을 통해 의견수렴하는 등의 다른 절차들을 설명했으며, 개인정보 규정 방식에 대해서는 수정안을 다시 준비하기로 했다(<예시 4-7> 참조).

오후에 속개된 회의에서는 소위원회 위원들의 논의에 따라 수석전문위원이 보건복지부의 의견을 반영하고 다른 입법례를 감안해 민감정보 및

예시 4-7 소위원회 전문위원 보고, 정부 답변 및 질의·토론 사례

• **소위원장** ○○○: (이전 생략) 다음은 의사일정 제18항 및 제19항의 재난적의료비 지원에 관한 법률 일부개정법률안 심사를 하겠습니다.
수석전문위원 보고해 주시기 바랍니다.

• **수석전문위원** ○○○: 2건의 재난적의료비 관련 법안을 설명드리겠습니다.
(중간 생략)

• **수석전문위원** ○○○: 정부안입니다. 희소·긴급도입 필요 의료기기 구입비용에 대해서 재난적의료비를 지원하고자 하는 내용입니다. (중간 생략) 부칙의 시행일이 2023년 1월 1일이기 때문에 두 법이 통과하는 경우에는 통합해서 1월 1일부터 시행하는 것이 바람직하다고 보았습니다.

• **소위원장** ○○○: 정부 측 의견 말씀해 주세요.

• **보건복지부 제2차관** ○○○: 정부가 제안한 안이고 원안대로 통과되기를 말씀드립니다.

• **소위원장** ○○○: 질의하실 위원님들 계십니까?

• ○○○**위원**: 1월 1일부터 시행이 가능해요?

• **보건복지부 제2차관** ○○○: 예, 이것은 저희가 준비가 돼 있어서 문제가 없습니다.
(중간 생략)

• **소위원장** ○○○: 폐지하는 조항 말씀하시는 …… 말씀하십시오.

• **수석전문위원** ○○○: (이전 생략) 그러나 재난적의료비 사업의 중요 사항을 심의의결하는 과정에서 다양한 분야의 의견을 반영하고 이해관계를 조정하려고 했던 취지를 고려해서 심의위원회가 폐지되더라도 해당 업무를 수행함에 있어서 각 분야의 다양한 의견이 반영될 수 있도록 보건복지부가 노력해야 될 것이라고 생각됩니다. 이상입니다.

• **소위원장** ○○○: 위원님들 질의하실…….
(중간 생략)

• ○○○**위원**: 저는 그래서 지금 당장 위원회를 폐지하는 것보다 이 위원회가 폐지됐을 때 어떻게 대안을 할 건지에 대한 논의가 이루어진 다음에 해야 된다고 봅니다.

(중간 생략)

• **보건복지부 제2차관** ○○○: (이전 생략) 그리고 저희가 그런 큰 틀의 정책 변화가 필요하면 지금 위원회 구성을 하고 있는 민간의 대표들을 불러서 자문회의 같은 것을 통해 가지고 의견도 수렴을 하고 그런 절차들을 통해서 정책 수립하는 데는 활용할 수 있다 이렇게 생각을 합니다.

(중간 생략)

• **소위원장** ○○○: 다음.

• **수석전문위원** ○○○: (이전 생략) 사실 전문위원 입장에서는 개인적으로는 법령에서 안 정하고 시행령으로 정하는 것이 바람직한 방향은 아닙니다. (중간 생략) 또 법률에 근거를 둔 경우에는, 그러니까 법률에서 포괄적으로 규정하지 않고 개별 구체적으로 정한 경우가 한 13건, 시행령에 근거를 둔 경우가 한 310건 정도 되는 것 같습니다. (이하 생략)

• **소위원장** ○○○: 질의하실 위원님들 계십니까?

(중간 생략)

• ○○○**위원**: 그래서 저는 이 법 자체를 조금, 너무 포괄적으로 규정되어 있기 때문에 구체화할 필요가 있고요. 그 구체성을 위임받은 방식으로 시행령에 더 촘촘하게 정리를 하는 것이 맞다는 것이고, (이하 생략)

• **소위원장** ○○○: 그러면 아까 말씀하신 것처럼 좀 더 구체적인 것을 오후까지라도 준비하실 수 있으세요?

• **보건복지부 제2차관** ○○○: 예, 가능합니다.

(이하 생략)

자료: 제400회국회(정기회) 보건복지위원회회의록(제2법안심사소위원회) 제1호, 16~21쪽.

고유식별정보가 포함된 자료 처리에 관한 구체적인 상황 세 가지를 법률에 규정한다는 내용의 수정의견을 제시했다. 이에 대해 정부가 동의하고 다른 위원들도 의견이 없어 의원안과 함께 통합·조정한 대안을 채택하고 해당 법안은 본회의에 부의하지 않는 것으로 의결했다(〈예시 4-8〉 참조).

예시 4-8 소위원회 심사·의결 사례

• **소위원장 ○○○:** (이전 생략) 아까 2차관이 이야기하셨던 재난적의료비 지원에 관한 법률 일부개정법률안이 심사될 준비가 됐다는데요. 아까 논의가 좀 돼서 같이 저희가 요구했던 건데요. 수석전문위원께서 보고해 주시지요.

• **수석전문위원 ○○○:** 알겠습니다. (중간 생략) 간단하게 말씀드리면, 이 법에 따른 재난적의료비 지원사업과 관련하여 이 부분이 포괄적이라는 정보위원회의 입장이 있었기 때문에 이 부분을 시행령으로 맡기는 정부안을 받아들이지 않고 법률에서 좀 더 구체적으로 규정하는 것으로 수정의견을 마련했습니다. 그래서 그 부분을 '다음 각 호의 사무를 수행하기 위하여 불가피한 경우'로 고치고 각 호에서는 주요한 내용 세 가지를 적시하고 나머지 사항에서는 '그 밖에 이 법에 따른 재난적의료비 지원사업을 수행하기 위해서 필요한 사무로서 대통령령으로 정하는 사무'로 해서 보건복지부가 정할 수 있도록 이렇게 규정을 했습니다. 수정의견은 이렇게 마련했습니다. 이상입니다.

• **소위원장 ○○○:** 정부 측 의견 주십시오.

• **보건복지부 제2차관 ○○○:** 저희가 실무적으로 제안을 드렸고 수석전문위원이 그대로 검토를 해주신 거라서 동의 말씀 드립니다.

• **소위원장 ○○○:** 질의하실 위원님들 계십니까?

(「없습니다」 하는 위원 있음)

그러면 의결하겠습니다. 의사일정 제18항 및 제19항 이상 2건의 재난적의료비 지원에 관한 법률 일부개정안은 이를 통합·조정하고 위원님들과 전문위원의 의견을 반영하여 위원회 대안으로 채택하며 본회의에 부의하지 않는 것으로 의결하고자 합니다. 이의 없으십니까?

(「예」 하는 위원 있음)

가결되었음을 선포합니다.

자료: 제400회국회(정기회) 보건복지위원회회의록(제2법안심사소위원회) 제1호, 52~53쪽.

3) 소위원회 심사 이후 단계

소위원회에서 심도 있는 심사를 거쳐 법안을 의결하면 전체회의에 다시 회부한다. 그러면 전체회의에서는 소위원회의 심사 경과와 결과를 소위원장으로부터 보고받고 축조심사와 찬반토론을 거쳐 의결한다. 소위원장의 심사보고 및 제안설명은 소위원회에서 의결한 모든 법률안에 대해 일괄해서 이루어지는 것이 일반적이다. 축조심사는 법률안을 한 조항씩 차례차례 심사하는 방식이다. 축조심사는 위원회의 의결로 생략할 수도 있는데, 제정법률안과 전부개정법률안의 경우에는 생략할 수 없다(「국회법」 제58조 제5항). 축조심사를 마치면 찬반토론을 실시한다. 찬반토론은 의제에 대해 찬반의 의견을 표명하는 것으로, 어떠한 이유로 찬성 또는 반대한다는 것을 표명하거나 수정의견을 명백히 해야 한다(국회사무처, 2016a: 276).

찬반토론이 종결되면 법률안을 표결에 부친다. 위원회의 표결은 위원장의 요구에 따라 위원이 의제에 대한 찬성 또는 반대의 의사를 표명하고 그 수를 집계하는 것이다(국회사무처, 2016a: 277). 위원회에서의 표결은 본회의의 표결에 관한 규정이 준용되지만, 표결 방법에서는 거수로도 표결할 수 있다(「국회법」 제71조). 위원회는 의사진행의 효율성을 위해 의제가 간단하고 특히 반대가 없을 것으로 보이는 상황에서는 위원장이 법률안에 대한 이의의 유무를 물어 이의가 없다고 인정되면 가결되었음을 선포한다(「국회법」 제112조 제3항 준용). 간혹 이의가 있을 때에는 위원장이 위원으로 하여금 기립하게 하여 가부를 결정하는 것이 일반적이다(「국회법」 제112조 제1항 단서 준용). 표결이 끝나면 위원장은 그 결과를 위원장석에서 선포한다.

표결의 내용은 원안의결, 수정의결, 위원회안 또는 위원회 대안 의결,

폐기 등으로 구분된다. 원안의결은 위원회에서 의원 또는 정부가 제안한 의안을 수정 없이 본회의에 부의하기로 의결하는 것이다. 이는 내용상의 변경이 없음을 의미하며, 문맥의 흐름을 바로잡기 위한 단순한 자구의 변경, 오자·탈자·한자의 한글로의 표기(또는 한글의 한자로의 표기) 등의 변경, 법제사법위원회의 체계·자구 심사로 수정된 내용의 심사보고서 반영에 따른 변경은 원안의결로 본다.

수정의결은 의안을 위원회에서 심사하는 과정에서 원안의 취지와 성격을 변경하지 않는 범위에서 원안의 내용·체계·형식 및 자구의 일부를 추가·삭제·변경 등을 하는 것이다. 위원회안과 위원회 대안에 대해서는 이미 앞에서 살펴본 바 있다.

폐기는 법률안을 본회의에 부의하지 않기로 결정하는 것이다. 위원회는 의안의 본회의 심의에 앞서서 예비적 심사를 하는 것이므로 위원회의 의결이 그대로 국회의 의사(意思)로서 최종적인 결정이 되는 것이 아니며 위원회에서 어떠한 의결을 하든 본회의에 부의하는 것이 원칙이다. 그러나 위원회에서 부결(본회의에 부의하지 않기로 의결)된 의안은 본회의에 부의할 필요가 없다고 결정했음을 본회의에 보고하고 본회의에 부의하지 않고 있다.

그런데 위원회에서 법률안을 본회의에 부의하지 않기로 결정했더라도 본회의에 보고된 날로부터 폐회 또는 휴회 중의 기간을 제외한 7일 이내에 의원 30명 이상의 요구가 있을 때에는 그 법률안을 본회의에 부의해야 한다[「국회법」 제87조 제1항 단서, 이른바 위원회 해임(Discharge of Committee)]. 위원회 해임 규정이 적용된 최근 사례는 제19대 국회에서 논의된 「국회법 일부개정법률안」(권성동 의원 대표발의)이다. 이는 국회의장의 직권상정 요건에 일반 다수결 원칙을 추가하는 내용이었는데

2016년 1월 18일 국회운영위원회에서 부결되었다. 그러나 2016년 2월 4일 권성동 의원 등 139명이 동 안건에 대한 본회의 부의 요구를 한 바 있다(본회의 표결은 이루어지지 않았다).

우리가 살펴보고 있는 「재난적의료비 지원에 관한 법률 일부개정법률안」은 소위원회의 심사가 끝난 후 2022년 12월 9일 제400회국회(정기회) 제11차 보건복지위원회에 다른 80건의 법률안들과 함께 상정되었다. 소위원장의 심사보고는 〈예시 4-9〉와 같이 이루어졌다. 이 법률안의 심사보고에 대해 위원들의 질의·토론은 없었다. 축조심사와 찬반토론은 생략되었고, 표결은 이의에 대한 유무를 물어 이의가 없는 것으로 인정해 「재난적의료비 지원에 관한 법률 일부개정법률안(대안)」을 소위원회에서 심사보고한 대로 채택했고, 「재난적의료비 지원에 관한 법률 일부개정법률안」의 정부안과 의원안은 본회의에 부의하지 않기로 의결했다(〈예시 4-10〉 참조).

4) 안건조정위원회

앞에서는 위원회에서 법률안을 심사하는 데 필요한 전형적이고 필수적인 절차들에 대해 살펴보았다. 다음으로는 위원회 심사와 관련된 그 밖의 절차들에 대해 알아본다. 먼저, 안건조정위원회이다. 위원회는 이견을 조정할 필요가 있는 안건(예산안, 기금운용계획안, 임대형 민자사업 한도액안, 체계·자구 심사를 위해 법제사법위원회에 회부된 법률안, 이미 안건조정위원회의 심사를 거친 안건은 제외)을 심사하기 위해 재적위원 3분의 1 이상의 요구로 안건조정위원회를 구성해 해당 안건을 심사할 수 있다. 안건조정위원회 위원은 조정위원장 1명을 포함한 6명의 조정위원으로 구성하되, 제1교섭단체에 소속된 조정위원의 수와 제1교섭단체에 속하

예시 4-9 소위원장 심사보고 사례

• **위원장** ○○○: 의사일정 제2항 국민건강증진법 일부개정법률안부터 의사일정 제81항 의료기사 등에 관한 법률 일부개정법률안까지 이상 80건의 법률안을 일괄하여 상정합니다.

그러면 법안심사소위원장님들로부터 심사보고를 듣도록 하겠습니다.

먼저 제2법안심사소위원회 위원장인 ○○○간사님 심사결과를 보고하여 주시기 바랍니다.

• **소위원장** ○○○: 제2법안심사소위원장 ○○○위원입니다.

우리 제2법안심사소위원회는 82건의 법안과 1건의 결의안을 심사한 결과 2건은 원안, 7건은 수정안으로 채택하고 17건은 통합 조정해서 6건의 대안으로 제안하기로 의결했습니다. 이에 법안소위에서 의결된 14건의 법률안과 1건의 결의안에 대해서 심사한 결과를 보고드리도록 하겠습니다.

먼저 3페이지, 재난적의료비 지원에 관한 법률 일부개정법률안(대안)은 ○○○의원과 정부가 각각 제안한 2건의 법률안을 통합 조정한 것으로 주요 내용은 외래진료의 경우 중증질환에서 모든 질환으로 재난적의료비 지원을 확대하고 희귀질환을 진단·치료하기 위한 희소·긴급도입 필요 의료기기 구입 비용에 대해서도 재난적의료비를 지원할 수 있도록 하는 등의 내용입니다. (이하 생략)

자료: 제400회국회(정기회) 보건복지위원회회의록 제11호, 7쪽, 8쪽.

지 않는 조정위원의 수를 같게 해야 한다. 조정위원장은 안건조정위원회가 제1교섭단체에 소속된 조정위원 중에서 선출한다.

안건을 조정위원회로 회부하는 것은 소위원회 심사 중에도 가능하고 소위원회 심사가 완료된 후에도 가능하다. 하지만 해당 안건에 대한 대체토론 전에 안건조정위원회 구성에 대한 요구가 있는 경우에는 해당 안건에 대한 대체토론이 끝난 후에 조정위원회로 안건을 회부할 수 있다(「국회법」 제57조의2 제1항, 제3항 및 제4항). 이는 위원회에서 최소한의

예시 4-10 **위원회 의결 사례(축조심사 생략)**

• **위원장** ○○○: 법안 심사에 애써 주신 두 분 소위원장님과 법안소위 위원님들께 감사하다는 말씀을 전합니다.
그러면 법안심사소위원회의 심사결과에 대하여 의견이 있으신 위원님 계시면 말씀해 주시기 바랍니다.
다른 의견이 없으시면 의결하도록 하겠습니다.
의결 절차에 들어가기에 앞서 오늘 의결하는 일부개정법률안들은 소위에서 심도 있게 논의가 되었으므로 국회법 제58조 제5항에 따라 축조심사를 생략하고자 하는데 위원님들 이의 없으십니까?
(「예」 하는 위원 있음)
가결되었음을 선포합니다.
그리고 국회법 제66조 제3항 단서 및 제79조의2 제3항 단서에 따라 예산상 또는 기금상의 조치를 수반하는 수정안 또는 대안에 대해 국회예산정책처의 비용추계서 첨부를 생략하도록 의결하고자 합니다. 이에 대하여 이의 없으십니까?
(「예」 하는 위원 있음)
가결되었음을 선포합니다.
(중간 생략)
의사일정 제5항 재난적의료비 지원에 관한 법률 일부개정법률안(대안)을 소위원회에서 심사보고한 대로 채택하고 의사일정 제3항 및 제4항의 법률안은 본회의에 부의하지 않는 데 이의 없으십니까?
(「예」 하는 위원 있음)
가결되었음을 선포합니다.
(이하 생략)

자료: 제400회국회(정기회) 보건복지위원회회의록 제11호, 9쪽, 10쪽

심사를 거친 후 이견이 있는 경우 조정위원회에서 심사하도록 하려는 취지이다.

안건조정위원회의 활동기한은 구성일(안건조정요구서가 제출된 날)부터 90일로 하되, 조정위원회를 구성할 때 위원장이 간사와 합의해 90일의 범위에서 따로 정할 수 있다(「국회법」 제57조의2 제2항). 다만, 「국회법」 제85조의2 제2항에 따른 신속처리 대상 안건을 심사하는 조정위원회는 안건이 법제사법위원회에 회부되거나 바로 본회의에 부의된 것으로 간주될 경우 활동기간이 남아 있더라도 활동을 종료한다(「국회법」 제57조의2 제9항).

안건조정위원회는 회부된 안건을 심사하고 조정안을 마련해 의결한다. 심사절차는 「국회법」에서 다르게 정하거나 성질에 반하지 않는 한 위원회 또는 소위원회에 관한 규정이 준용된다(「국회법」 제57조의2 제10항). 안건조정위원회에서의 의결은 재적 조정위원 3분의 2 이상의 찬성으로 하게 함으로써 협의와 타협에 의한 안건처리를 유도하고 있다. 안건조정위원장은 조정안이 의결된 경우 지체 없이 위원회에 보고해야 한다. 조정위원회에서 조정안을 의결한 안건은 소위원회의 심사를 거친 것으로 보며, 위원회는 조정안이 의결된 날부터 30일 이내에 그 안건을 표결한다(「국회법」 제57조의2 제6항 및 제7항).

안건조정위원회에서 활동기한 내에 안건이 조정되지 않거나 조정안이 부결된 경우, 안건조정위원장은 심사경과를 위원회에 보고하고, 상임위원장은 해당 안건을 소위원회에 회부(소위원회의 심사를 마친 안건은 제외)한다(「국회법」 제57조의2 제8항).

5) 연석회의, 공청회, 청문회 등

둘째, 위원회 심사와 관련된 그 밖의 절차로 안건이 둘 이상의 위원회의 소관 사항과 관련 있을 경우 그 안건을 회부받은 소관 위원회는 심사에 참고하기 위해 관련 위원회와 연석회의를 열어 의견을 교환할 수 있다. 다만, 표결은 할 수 없다(「국회법」 제63조 제1항). 연석회의는 해당 안건의 소관 위원회의 회의로 한다(「국회법」 제63조 제3항). 세입예산안과 관련 있는 법안을 회부받은 위원회는 예산결산특별위원회 위원장의 요청이 있을 경우 연석회의를 열어야 한다(「국회법」 제63조 제4항). 제11대 국회부터 제20대 국회까지 모두 21차례의 연석회의가 개최되었다(국회사무처, 2020b: 902~903).

셋째, 위원회(소위원회를 포함한다)는 중요한 안건 또는 전문지식을 요하는 안건을 심사하기 위해 의결을 통해 또는 재적위원 3분의 1 이상의 요구를 통해 공청회를 열어 이해관계자 또는 학식·경험이 있는 자 등으로부터 의견을 들을 수 있다(「국회법」 제64조 제1항 본문). 공청회에서 진술할 진술인 선정, 진술인 및 위원의 발언시간은 위원회에서 정하며, 진술인의 발언은 의견을 듣고자 하는 안건의 범위를 넘어서는 안 된다(「국회법」 제64조 제3항). 위원회가 주관하는 공청회는 그 위원회의 회의로 한다(「국회법」 제64조 제4항). 공청회는 법안심사에 관한 일반 국민의 관심을 높이고 이해관계자 또는 학식·경험이 있는 자로부터 전문적인 의견을 청취해 안건을 심도 있게 심사할 수 있도록 하며, 다양한 이해관계를 조정하는 데 그 의의가 있다(국회사무처, 2016a: 296).

넷째, 위원회(소위원회를 포함한다)는 중요한 안건의 심사와 국정감사 및 국정조사에 필요한 경우 증인·감정인·참고인으로부터 증언·진술을 청취하고 증거를 채택하기 위해 위원회의 의결로 청문회를 열 수 있다

표 4-3 법률안 심사를 위한 공청회와 입법청문회 개최 현황(단위: 회)

	제13대	제14대	제15대	제16대	제17대	제18대	제19대	제20대	제21대	계
공청회	10	10	33	107	216	128	126	126	138	1,021
청문회	-	-	-	-	-	-	3	-	1	4

주: 청문회는 입법청문회 및 법률안 심사를 위한 청문회에 한정함.
자료: 국회사무처(2025: 810, 890~909).

(「국회법」 제65조 제1항). 법률안을 심사하기 위한 청문회의 경우 재적위원 3분의 1 이상의 요구로 개최할 수 있다(「국회법」 제65조 제2항). 공청회가 전문가나 이해관계자의 의견을 청취하는 것을 주목적으로 한다면, 청문회는 증인 등으로부터 쟁점인 사실관계에 관한 증언과 진술을 청취하는 것을 주목적으로 한다(임종훈, 2012: 200).

위원회는 제정법률안 및 전부개정법률안에 대해서는 공청회 또는 청문회를 개최해야 하지만, 위원회의 의결로 이를 생략할 수 있다(「국회법」 제58조 제6항). 실제 법률안의 심사과정에서 이해관계자 또는 전문가의 의견을 듣거나 정보·자료를 수집하기 위한 절차로 청문회보다는 공청회가 더 많이 개최되고 있다. 청문회는 법률안 심사과정에서 자료를 수집하는 목적보다는 특정 현안에 대한 국정조사 또는 국정감사 과정에서 자료를 수집하거나 증언을 청취하는 목적으로 많이 활용되고 있다. 공청회는 제16대 국회 이후 폭발적으로 개최 횟수가 늘어나고 있다(<표 4-3> 참조). 제13대 국회부터 제21대 국회까지 법률안 심사를 위한 공청회는 1021회 개최되었다. 이에 반해 입법청문회는 제19대 국회에서 3회, 제21대 국회에서 1회만 개최되었다. <예시 4-11>과 <예시 4-12>에는 각각 공청회와 입법청문회의 실제 공고문이 예시되어 있다.

예시 4-11 **공청회 공고문**

공 고

「국회법」 제64조의 규정에 따라 『정부조직법 일부개정법률안』에 대한 공청회를 아래와 같이 공고합니다.

1. 공청회명 : 『정부조직법 일부개정법률안』
2. 일 시 : 2017. 7. 11(화) 10:00
3. 장 소 : 국회 안전행정위원회 회의실 (본관 445호)
4. 진 술 인

▶ ○○○(○○대학교 ○○학과 교수)
▶ ○○○(○○대학교 ○○학과 교수)
▶ ○○○(○○대학교 ○○학과 교수)
▶ ○○○(○○대학교 ○○학과 교수)
▶ ○○○(○○대학교 ○○학과 교수)
▶ ○○○(○○대학교 ○○학과 교수)

2017. 7. 5.

국회 안전행정위원장 ○○○

자료: 국회전자게시판.

예시 4-12 **입법청문회 공고문(국회전자게시판)**

공 고

국회법 제65조제3항에 따라 우리 위원회의 "방송통신위원회 설치 및 운영에 관한 법률 일부개정법률안에 대한 입법청문회"를 다음과 같이 개최합니다.

1. 안 건 : 방송통신위원회 설치 및 운영에 관한 법률 일부개정법률안에 대한 입법청문회
2. 일 시 : 2024. 6. 21(금) 14:00
3. 장 소 : 과학기술정보방송통신위원회 회의실(627호실)
4. 증 인
   - ○○○(○○○○○○○ ○○○)
   - ○○○(○○○○○○○ ○○○○)
   - ○○○(○○○○○○○ ○○○○○○)

과학기술정보방송통신위원장 ○ ○ ○

자료: 국회전자게시판.

다섯째, 법률안의 철회 또는 수정이다. 의원은 자신이 발의한 법률안을 철회할 수 있다. 이때 발의자가 아닌 찬성자의 동의는 필요하지 않지만, 2명 이상의 의원이 공동으로 발의한 법률안에 대해서는 발의의원 2분의 1 이상이 철회를 요구해야 한다. 본회의 또는 위원회에서 의제가 된 법률안을 철회할 때에는 본회의 또는 위원회의 동의를 얻어야 한다. 의원 발의 법률안에 대한 발의자의 수정요구는 인정하지 않는다. 본회의 또는 위원회의 심의 과정에서 의원이 수정동의를 낼 수 있기 때문이다(「국회법」 제95조). 정부 제출 법률안을 수정 또는 철회할 때에도 본회의 또는 위원회의 의제가 되기 전에는 정부의 청구만으로 수정 또는 철회가 가능하지만 의제가 된 후에는 본회의 또는 위원회의 동의를 얻어야 한다(국회사무처, 2024b: 456~457; 「국회법」 제90조 제3항). 철회된 의안을 같은 회기에 다시 제출하는 것은 일사부재의의 원칙에 저촉되지 않는다(국회사무처, 2024b: 457). 제13대 국회 이후 법률안의 철회 현황은 <표 4-4>와 같다.

마지막으로, 「국회법」은 이미 가결된 법률안에 대해 그 의결을 무효로 하고 전과 다른 내용으로 번복해 다시 의결하는 번안 제도를 두고 있는데 이는 의결 후에 사정 변경 또는 의사결정의 명백한 착오가 인정되는 경우 이를 다시 심의해 시정할 수 있도록 하기 위한 취지이다(국회사무처, 2024b: 459). 위원회에서 이루어지는 번안동의(動議)(위원회가 가결한 법률안을 번복해 다시 의결하는 경우)는 위원이 그 안을 갖춘 서면으로 제출하되, 재적위원 과반수의 출석과 출석위원 3분의 2 이상의 찬성으로 의결한다(「국회법」 제91조 제2항 본문). 본회의에서 의제가 된 후에는 위원회에서 번안할 수 없다(「국회법」 제91조 제2항 단서). 본회의에서 이루어지는 번안동의는 의안을 발의한 의원이 그 의안을 발의할 때의 발

표 4-4 법률안 철회 현황(단위: 건)

	제13대	제14대	제15대	제16대	제17대	제18대	제19대	제20대	제21대	계
발의·제출	938	902	1,951	2,507	7,489	13,913	17,822	24,141	25,858	95,521
철회	49 (5.2%)	18 (2.0%)	47 (2.4%)	41 (1.6%)	89 (1.2%)	508 (3.7%)	172 (1.0%)	215 (0.9%)	226 (0.9%)	1,365 (1.4%)

자료: 국회 의안정보시스템.

의의원 및 찬성의원 3분의 2 이상의 동의로 그 안을 갖춘 서면으로 발의해야 하고, 정부 또는 위원회가 제출한 의안은 소관 위원회의 의결로 그 안을 갖춘 서면으로 제출해야 한다. 본회의 의결은 재적의원 과반수의 출석과 출석의원 3분의 2 이상의 찬성으로 한다(「국회법」 제91조 제1항 본문). 그러나 의안이 정부에 이송된 후에는 본회의에서도 번안할 수 없다(「국회법」 제91조 제1항 단서).

4. 법제사법위원회 체계·자구 심사

위원회에서 법률안의 심사를 마치거나 입안한 때에는 법제사법위원회에 회부해 체계와 자구에 대한 심사를 거쳐야 한다(「국회법」 제86조 제1항 전단). 체계·자구 심사는 국회에서 제정하거나 개정하는 법률이 국가의 최고 법규범인 헌법에 위배되는지 여부를 심사해 위헌 가능성을 차단하고, 법률 상호 간의 충돌이나 모순을 시정해 법체계상 조화를 도모하기 위해 실시된다. 또한 법률안의 조문 구성이나 배열 등 법 형식의 통일을 유지하고, 불명확하거나 잘못 표기된 자구를 수정·보완하는 것을 목적으로 한다(임종훈·이정은, 2021: 312). 여기서 체계의 심사란 법률안 내용의 위헌 여부, 관련 법률과의 저촉 여부, 균형 유지 여부, 자체 조항 간의 모순 유무 등을 심사하는 동시에 법률 형식을 정비하는 것을 뜻하며, 자구의 심사란 용어의 적합성과 각 법률 사이에 용어의 통일성 등을 심사해 법률 용어를 정비하는 것을 뜻한다(국회사무처, 2024b: 440).

체계·자구 심사를 위해 법제사법위원회에 회부된 법률안은, 긴급하고 불가피한 사유로 위원회의 의결이 있는 경우를 제외하고는, 5일의 기간이 경과하지 않는 때에는 이를 상정할 수 없다(「국회법」 제59조). 법제사법위원회의 체계·자구 심사는 원칙적으로는 위원회에서 이루어지는 법률안 심사절차와 큰 차이가 없다. 따라서 제안자의 취지 설명과 전문위원의 검토보고를 듣고 대체토론과 축조심사 및 찬반토론을 거쳐 표결한다. 법제사법위원회의 체계·자구 심사에서는 위원회 심사와 달리 제정법률안과 전부개정법률안에 대한 축조심사를 생략할 수 있다(「국회법」 제58조 제9항).

최근에는 한 번의 회의에 상정되는 법률안의 수가 많기 때문에 보통 법률안을 심사한 소관 위원회 단위로 법률안을 묶어서 일괄해서 상정해 제안설명, 검토보고, 대체토론 및 찬반토론을 진행한다. 실제 제안설명에서는 의원 발의 법률안이나 위원회 제출 법률안의 경우 서면으로 제안설명을 대체할 때가 많으며, 전문위원의 검토보고는 법률안의 정책 내용을 심사하기보다 법률적 체계와 자구를 검토하는 데 초점을 둔다. 우리가 살펴보고 있는 「재난적의료비 지원에 관한 법률 일부개정법률안(대안)」은 2023년 2월 23일 제403회국회(임시회) 제3차 법제사법위원회에 의사일정 제59항으로 다른 보건복지위원회 소관 28건의 법률안과 함께 상정되었다. 이 법률안에 대해 전문위원은 시행일로 규정된 날이 이미 지났으므로 시행일을 '공포한 날'로 수정하는 등 일부 자구의 수정이 필요하다고 보고했고 이를 법제사법위원회에서 받아들여 수정의결했다(<예시 4-13> 참조).

예시 4-13 법제사법위원회 체계·자구 심사 사례

• **위원장** ○○○: 의사일정 제39항부터 제67항까지 29건의 법률안을 일괄하여 상정합니다. (제안설명서는 부록에 실음) 이 중 의사일정 제62항 장애아동 복지지원법 일부개정법률안(대안)은 지난 전체회의 시 계류하여 계속 심사하기로 한 안건입니다. 따라서 검토보고를 생략하겠습니다. ○○○전문위원님, 나오셔서 검토보고해 주시기 바랍니다.

• **전문위원** ○○○: 전문위원입니다. 의사일정 제39항부터 제61항까지와 제63항부터 제67항까지 보건복지위원회 소관 28건의 법률안에 대한 체계·자구 검토결과를 보고드리겠습니다.

(중간 생략)

의사일정 제44항, 제59항, 제67항 등 3건은 시행일로 규정된 날이 이미 지났으므로 시행일을 '공포한 날'로 수정하는 등 일부 자구의 수정이 필요하다고 보았고

(중간 생략)

이상으로 보고를 마치겠습니다.

• **위원장** ○○○: 수고하셨습니다. (중간 생략) 의사일정 제62항 장애아동 복지지원법 일부개정법률안(대안)은 지난 전체회의 시 대체토론을 마쳤다는 점을 말씀드립니다. 그 외의 법률안에 대해서 토론하실 위원님 계십니까?

(중간 생략)

• **위원장** ○○○: (이전 생략) 제39항, 40항, 41항, 42항, 44항, 46항, 48항, 49항, 51항, 55항, 58항, 59항, 60항, 62항, 64항, 65항, 66항 법률안은 전문위원이 수정한 부분은 수정한 대로, 기타 부분은 원안대로 의결하고자 하는데 이의 있으십니까?

(「없습니다」 하는 위원 있음)

가결되었음을 선포합니다.

자료: 제403회국회(임시회) 법제사법위원회회의록 제3호, 31쪽, 33~34쪽, 44쪽.

체계·자구 심사 제도는 제2대 국회에서 도입되었는데, 이 제도에 대해서는 크게 두 가지 비판이 제기되고 있다. 첫째, '체계·자구 심사'의 범위가 모호해 법사위가 법률안의 정책적 내용을 수정하는 경우가 있는데, 이로 인해 법사위와 법률안의 소관 상임위원회가 법률안 심사과정에서 서로 충돌할 여지가 있다는 것이다. 법제사법위원회의 체계·자구 심사권의 범위는 원칙적으로 체계와 자구의 심사에 한정되며, 법률안의 정책적 내용까지 실질적으로 심사할 수 있다고 보기는 어렵다. 그러나 법률안의 내용이 헌법에 위배되는 등 상위 법이나 타법과 상충·저촉될 때에는 국가 법체계의 통일·조화를 위해 체계심사의 대상이 된다. 그런데 법률의 내용·체계·형식·자구는 서로 밀접하게 관련되어 있으므로 체계·자구 심사의 범위를 명확하게 규정하기가 쉽지 않다.

그래서 〈표 4-5〉와 같이 실제로는 법사위가 법률의 정책적 내용을 수정해 상임위 또는 관련 단체와 충돌하는 경우가 간혹 발생하고 있다. 이에 2021년 국회법 개정을 통해 법제사법위원회가 다른 위원회에서 심사를 마쳤거나 입안해 회부된 법률안에 대해 체계와 자구의 심사 범위를 벗어나 심사할 수 없도록 명문화했다(「국회법」 제86조 제5항). 하지만 이와 같은 규정에도 불구하고 개별 법률안을 심사할 때 그 범위가 명확하지 않기 때문에 이러한 문제가 완벽히 해소되지 못하고 있는 실정이다.

둘째, 법사위의 체계·자구 심사가 법안의 문지기(gatekeeper) 역할을 하고 있다 보니 정당 간에 정치적으로 갈등이 있는 상황이거나 체계·자구 심사의 대상인 법률안이 쟁점 법률안인 경우에는 법사위의 체계·자구 심사가 지연되어 입법이 늦어지는 원인이 되고 있다. 법률안의 실질적인 내용에 큰 문제가 없음에도 불구하고 상대 정당에서 절실하게 통

표 4-5 법사위와 상임위 또는 관련 단체 간 충돌 사례

구분	내용
「사립학교법」 일부개정법률안	• 교비회계 예산의 편성 및 결산을 등록금심사위원회의 심사·의결을 거치도록 체계·자구 수정 • 일부 사학법인이 대학 기본권을 침해당했다며 헌법소원 청구
「유해화학물질 관리법」 일부개정법률안	• 유해물질 배출 기업에 대한 규제를 환경노동위원회의 안보다 대폭 완화 • 환경노동위원회 반발
「국민건강증진법」 일부개정법률안	• 담뱃갑에 경고 그림을 의무적으로 도입하는 내용이 위헌 소지가 있다는 이유로 법사위 소위 회부 • 보건복지위원회 반발

과를 원하는 법안이라는 사실을 알기 때문에 정치적인 이유로 법사위의 체계·자구 심사에 묶어두는 것이다. 이 경우 반대 정당에서는 나중에 있을 협상에 대비해 상대 정당이 중점적으로 챙기는 다른 법안을 적당한 이유를 붙여 법사위의 체계·지구 심사 단계에 잡아두고 싶은 유혹을 느끼게 된다.

참고로, 법사위에서 심도 있게 체계·자구 심사를 거치고 있음에도 불구하고 국회에서 통과된 법률에 위헌성이 있다고 결정되는 경우도 발생하고 있다. 2024년 5월 말 기준 헌법재판소의 사건통계(법원이 위헌 법률 제청 신청을 받아들인 경우와 위헌 법률 제청 신청이 기각되어 당사자가 헌법재판소에 헌법소원을 청구한 경우)를 살펴보면 법률에 대해 위헌성 결정이 내려진 건수가 951건에 이르고 있다. 특히 법원을 거쳐 헌법재판소에 제기되는 위헌 법률 심판의 경우 처리된 1083건의 약 44.6%인 483건이 위헌성 결정을 받았다(〈표 4-6〉 및 〈표 4-7〉 참조).

표 4-6 헌법재판소 위헌 법률 결정 현황(단위: 건)

	위헌성 결정	합헌	각하	취하 등	계
위헌 법률	483	389	81	130	1,083
헌법소원	468	3,041	6,205	162	9,876
계	951	3,430	6,286	292	10,959

자료: 헌법재판소 홈페이지(2024년 5월 31일 기준).

표 4-7 헌법재판소 위헌성 결정 세부 현황(단위: 건)

	위헌	헌법불합치	한정위헌	한정합헌	계
위헌 법률	356	102	18	7	483
헌법소원	292	123	32	21	468
계	648	225	50	28	951

자료: 헌법재판소 홈페이지(2024년 5월 31일 기준).

5. 전원위원회 심사

국회는 위원회의 심사를 거치거나 위원회가 제안한 의안 중 정부조직에 관한 법률안, 조세 또는 국민에게 부담을 주는 법률안 등 주요 의안의 경우 의안 심사를 위해 의원 전원으로 구성되는 전원위원회를 개회할 수 있다(「국회법」 제63조의2 제1항 본문). 전원위원회 제도를 도입한 이유는 우리 국회가 위원회 중심주의로 운영되다 보니 ① 본회의에서의 법률안 심의절차가 형식적으로 이루어지는 경향이 있고, ② 법률안의 심사가 소관 위원회와 관련 있는 이익집단이나 부처의 영향을 강하게 받을 수 있으며, ③ 소관 위원회 소속이 아닌 위원들의 법률안 심사에 대한 참여가 제한된다는 문제점을 해결하기 위한 것이다(임종훈·이정은, 2021: 323~324).

전원위원회는 심사의 대상이 되는 의안이 본회의에 상정되기 전이나 상정된 후 재적의원 4분의 1 이상의 요구가 있는 때 개회할 수 있지만, 의장은 주요 의안의 심의 등이 필요하다고 인정하는 경우 각 교섭단체 대표의원의 동의를 얻어 전원위원회를 개회하지 않을 수 있다(「국회법」 제63조의2 제1항).

전원위원회에는 위원장 1명을 두는데 의장이 지명하는 부의장을 전원위원장으로 한다(「국회법」 제63조의2 제3항). 전원위원회는 의장이 전원위원장을 지명한 때에 구성된 것으로 본다(「전원위원회 운영에 관한 규칙」 제3조). 전원위원회에는 각 교섭단체별로 간사 1명을 둔다. 국회운영위원회의 간사가 전원위원회의 간사가 되지만, 국회운영위원회의 간사가 사고로 직무를 수행할 수 없는 때에는 전원위원장이 교섭단체 대표의원으로부터 교섭단체 소속의 국회운영위원회 위원 중에서 추천받아 지명한다(「전원위원회 운영에 관한 규칙」 제4조 제1항). 전원위원장이 사고가 있을 때에는 전원위원장이 지정하는 간사가 전원위원장의 직무를 대리한다(「전원위원회 운영에 관한 규칙」 제4조 제2항).

전원위원회는 심사하는 의안에 대한 수정안을 제출할 수 있다(「국회법」 제63조의2 제2항 전단). 전원위원회는 재적위원 5분의 1 이상의 출석으로 개회하고(의사정족수), 재적위원 4분의 1 이상의 출석과 출석위원 과반수의 찬성으로 의결한다(의결정족수)(「국회법」 제63조의2 제4항). 전원위원회의 표결방법에 대한 명시적인 규정은 없지만, 의원 전원으로 구성되고 회의가 본회의장에서 진행된다는 점에서 본회의의 표결방법을 준용해 전자투표가 원칙이라 할 수 있다(국회사무처, 2024b: 310). 전원위원회는 본회의의 심사를 담당하는 회의체로서 본회의나 위원회와는 구별되는 제3의 회의체라 할 수 있다(국회사무처, 2024b: 305~306).

표 4-8 전원위원회 개회 현황

	개회일	안건	심사결과
제헌	1948. 9. 16. 1948. 9. 17.	대한민국정부와 미국정부 간의 재정과 재산에 관한 최초협정동의안	원안 가결
	1949. 4. 28. 1949. 4. 29.	1949년도 세입세출예산안	수정의결
제2대	1951. 11. 29.	1951년도 내무부 소관 제3회 추가경정예산안	수정의결
	1952. 4. 8. 1952. 4.	1952년도 예산안	수정의결
	1952. 7. 3. 1952. 7. 4.	헌법개정안	수정의결
	1953. 6. 13.	휴전대책에 관한 건	-
제16대	2003. 3. 28. 2003. 3. 29.	국군부대의 이라크전쟁 파견 동의안	-
제17대	2004. 12. 9.	국군부대의 이라크전쟁 파견 연장 동의안	-
제21대	2023. 3. 30. 2023. 4. 10. 2023. 4. 11. 2023. 4. 12. 2023. 4. 13.	국회의원 선거제도 개선에 관한 결의안	-

자료: 국회사무처(2025: 1193) 등

우리 국회는 전원위원회 제도를 「국회법」 제정(1948.10.2) 당시부터 도입했고 제헌국회에서 2회, 제2대 국회에서 4회의 전원위원회 회의를 열었다. 이후 1960년 9월 26일 「국회법」 개정으로 관련 규정이 삭제되었다가 제15대 국회 말인 2000년 2월 16일 다시 도입되었다. 제16대 국회와 제17대 국회에서는 국군부대의 이라크전쟁 파견 동의안과 파견 연장 동의안을 심의하기 위해 각각 1회의 전원위원회가 열렸으며, 최근 제21대 국회에서는 국회의원 선거제도 개선에 관한 결의안 심사를 위해 전원위원회가 열렸다(<표 4-8> 참조).

6. 본회의 심의

1) 심사보고, 질의·토론, 표결

위원회가 안건의 심사를 마친 때에는 심사경과와 결과, 그 밖의 필요한 사항을 서면(심사보고서)으로 의장에게 보고해야 한다(「국회법」 제66조 제1항). 소관 위원회 소속이 아닌 의원은 위원회의 심사보고서를 통해 의안의 취지, 문제점, 이해관계 등을 확인할 수 있으므로 심사보고서는 본회의 심의의 중요한 자료가 된다. 법률안의 경우 법제사법위원회의 체계·자구 심사가 끝난 후에 체계·자구 수정 부분을 법률안 본문에 반영하고 심사보고서의 주요 사항에 기재해 제출된다. 위원회에서 심사를 거쳐 본회의에 부의할 필요가 없다고 의결함으로써 본회의의 의제가 되지 않는 의안도 반드시 의장에게 심사보고서를 제출해야 한다. 의장은 보고서가 제출되면 본회의에서 의제가 되기 전에 인쇄하거나 전산망에 입력하는 방법으로 의원에게 배부한다(「국회법」 제66조 제4항 본문).

의장은 의안에 대한 위원회의 심사가 끝나면 이를 본회의에 부의한다(「국회법」 제81조 제1항 본문). 하지만 의장이 특별한 사유로 각 교섭단체 대표의원과의 협의를 거쳐 따로 정한 경우를 제외하고는 위원회가 법률안에 대한 심사를 마치고 의장에게 보고서를 제출한 후 1일을 경과하지 않는 때에는 이를 의사일정으로 상정할 수 없다(「국회법」 제93조의2). 이는 위원회에서의 상정기간 제한(15~20일), 법사위에서의 상정기간 제한(5일)과 같이 본회의에서도 일종의 숙려기간을 두기 위해서이다. 본회의에서는 안건을 심의할 때 안건을 심사한 위원장의 심사보고를 듣고 질의·토론을 거쳐 표결한다(「국회법」 제93조 본문). 하지만 위원회의 심사를 거친 안건에 대해서는 표결로 질의나 토론을 모두 생략하거나 그중의 하나를 생략할 수 있다(「국회법」 제93조 단서).

위원장은 위원회의 심사경과 및 결과와 소수의견 및 관련 위원회의 의견 등 필요한 사항을 본회의에 보고한다(「국회법」 제67조 제1항). 위원장은 다른 위원으로 하여금 심사보고를 하게 할 수 있는데(「국회법」 제67조 제2항), 실제로는 거의 대부분 위원장이 아닌 다른 위원(주로 간사 또는 대표발의의원)이 심사보고를 한다. 심사보고자는 심사보고를 할 때 자신의 의견을 덧붙일 수 없다(「국회법」 제67조 제4항). 일반적으로는 같은 위원회에서 심사한 여러 개의 법률안을 일괄해서 상정하고, 위원장의 심사보고도 일괄해서 실시한다. 위원회에서 제출한 대안이 의제가 된 때에는 이에 대한 제안설명을 하면서 원안에 대한 심사과정도 동시에 설명한다.

질의는 심의 중인 안건에 대해 제안자 또는 소관 국무위원에게 의문사항을 묻는 것이다(임종훈·이정은, 2021: 343). 하지만 본회의의 법률안 심의에서는 질의가 거의 활용되지 않는다. 토론은 법률안을 표결하기 전에 법률안에 대해 특별히 찬성 또는 반대토론을 희망하는 의원이 있을 때 하게 되는데, 여·야 합의로 통과된 법률안에 대해서는 본회의에서 토론이 신청되는 경우가 거의 없다. 그러나 간혹 개별 의원이 찬성이나 반대토론을 하는 경우가 있으며, 실제로 본회의에서 법률안이 부결되는 경우도 발생한다.[6]

표결은 안건에 대한 회의체의 의사를 결정하는 것인데, 본회의에서는 의장의 표결 선포에 따라 출석의원이 의제에 대해 찬성과 반대의 의사를 일정한 표결방법으로 표명한 후 그 수를 집계한다(국회사무처, 2024b:

6 제13대 국회부터 제15대 국회까지는 본회의 부결 사례가 없으나 제16대 5건, 제17대 6건, 제18대 7건, 제19대 3건, 제20대 2건, 제21대 11건의 법률안이 본회의에서 부결되었다.

표 4-9 표결방법 및 요건

요건	표결방법
중요한 안건으로서 의장의 제의 또는 의원의 동의(動議)로 본회의의 의결이 있거나 재적의원 5분의 1 이상의 요구가 있을 때	기명투표·호명투표 또는 무기명투표
헌법개정안	기명투표
- 대통령으로부터 환부된 법률안 - 그 밖의 인사에 관한 안건 - 국회에서 실시하는 각종 선거 - 국무총리 또는 국무위원의 해임건의안	무기명투표

- 기명투표: 투표용지에 안건에 대한 가부의 의사표시와 함께 의원의 성명을 기재
- 호명투표: 표결하고자 하는 안건에 대해 의장이 각 의원의 성명을 호명하면 호명된 의원이 찬성과 반대의 의사를 구두로 표시
- 무기명투표: 안건에 대한 가부를 기재하거나 선출하고자 하는 사람의 성명을 기재하고 투표하는 의원의 성명은 기재하지 아니함

자료: 「국회법」 제112조 제2항부터 제7항까지; 국회사무처(2024b: 542~556).

533). 표결할 때에는 전자투표에 의한 기록투표로 가부를 결정하는데, 투표기기의 고장 등 특별한 사정이 있을 때에는 기립표결로 가부를 결정할 수 있다(「국회법」 제112조 제1항). 기립표결은 안건에 대해 찬성하는 의원들과 반대하는 의원들을 각각 일어서게 하여 찬성 또는 반대의 수를 계산해 가부의 결과를 선포하는 것이다(국회사무처, 2024b: 546). 또한 의장은 안건에 대해 의의가 있는지 물어서 이의가 없다고 인정할 때에는 가결되었음을 선포할 수 있다(「국회법」 제112조 제3항 본문). 그 밖의 표결방법과 실시 요건은 〈표 4-9〉와 같다. 표결이 끝나면 의장은 그 결과를 의장석에서 선포한다(「국회법」 제113조).

우리가 살펴보고 있는 「재난적의료비 지원에 관한 법률 일부개정법률안(대안)」은 2023년 2월 27일 제403회국회(임시회) 제8차 본회의에 의사일정 제63항으로 다른 100건의 안건과 함께 심의되었다. 이 법률안은 보건복지위원회에서 심사한 다른 9건의 법률안과 함께 상정되었다. 보건복지위원회 위원이 위원회의 위원장을 대리해 심사보고했고,

예시 4-14 본회의 심의·의결 사례

• **부의장 ○○○**: 의사일정 제61항 장애아동 복지지원법 일부개정법률안(대안)부터 의사일정 제69항 장애인·노인·임산부 등의 편의증진 보장에 관한 법률 일부개정법률안까지 이상 9건을 상정합니다.

보건복지위원회의 ○○○위원 나오셔서 9건에 대하여 제안설명 및 심사보고해 주시기 바랍니다.

• **보건복지위원장대리 ○○○**: 존경하는 ○○○부의장님과 선배·동료 의원 여러분!

(중간 생략)

재난적의료비 지원에 관한 법률 일부개정법률안(대안)은 ○○○의원 및 정부가 각각 제안한 2건의 법률안을 통합 조정한 것으로 주요 내용은 외래진료의 경우 중증질환에서 모든 질환으로 재난적의료비 지원을 확대하고 희소하고 긴급하게 도입이 필요한 의료기기의 구입비용에 대해서도 재난적의료비를 지원할 수 있도록 하려는 것입니다.

(중간 생략)

우리 위원회가 심사·제안한 대로 심의 의결하여 주시기 바랍니다.

감사합니다.

• **부의장 ○○○**: ○○○위원 수고하셨습니다. (중간 생략)

다음은 재난적의료비 지원에 관한 법률 일부개정법률안(대안)을 의결하도록 하겠습니다.

투표해 주시기 바랍니다.

(전자투표)

투표를 다 하셨습니까?

투표를 마치겠습니다.

투표 결과를 말씀드리겠습니다.

재석 171인 중 찬성 170인, 기권 1인으로서 재난적의료비 지원에 관한 법률 일부개정법률안(대안)은 가결되었음을 선포합니다.

(이하 생략)

자료: 제403회국회(임시회) 국회본회의회의록 제8호, 29쪽.

질의와 토론은 생략되었으며, 전자투표로 재석 171명 중 찬성 170명, 기권 1명으로 원안 가결되었다(<예시 4-14> 참조).

2) 심사기간 지정

소관 위원회의 심사나 법제사법위원회의 체계·자구 심사가 지체될 경우에는 법률안 심사의 효율성을 위해 바로 본회의에서 법률안을 심의할 필요가 있다. 이를 위해 1973년 제9대 국회에서 심사기간을 지정하는 제도가 도입되었다. 통상 언론 등에서는 이를 의장의 '직권상정' 제도라고 표현해 왔다. 이에 따르면 국회의장이 위원회나 법제사법위원회에 의안 또는 법률안의 심사기간을 지정하고(1988년 6월 15일 「국회법」 개정 이후에는 교섭단체 대표의원과의 협의가 필요하다), 위원회가 이유 없이 그 기간 안에 심사를 마치지 않는 때에는 법률안을 다른 위원회에 회부하거나 바로 본회의에 부의할 수 있도록 했다.

이 제도가 처음 도입된 뒤 제19대 국회까지 국회의장이 심사기간을 지정했으나 심사기간 내에 심사가 끝나지 않아 의장이 안건을 바로 본회의에 상정한 현황은 <표 4-10>과 같다. 제17대 국회에서는 개방형 이사제 도입을 주요 내용으로 한 「사립학교법」을 당시 여당이 직권상정한 후 강행 통과시킨 데 대해 야당이 크게 반발해 국회가 파행을 겪기도 했다. 제18대 국회 전반기에는 소득세법 및 법인세 개정안, 주택공사와 토지공사의 통합법안, 미디어 관련 법안 등을 국회의장이 본회의에 직권상정했다. 이때마다 정국이 경색되었고, 여·야 관계는 급격하게 냉랭해졌다. 특히 2009년 7월 22일 직권상정으로 처리한 이른바 미디어법은 헌법재판소의 권한쟁의심판까지 청구될 정도로 많은 갈등을 빚었다(헌법재판소는 재판관들 사이에 팽팽하게 의견이 갈린 가운데 야당 의원들의 법

표 4-10 심사기간 지정 및 본회의 직접 상정 현황(단위: 건)

	제12대	제13대	제14대	제15대	제16대	제17대	제18대	제19대	제20대
상임위	13/2	4/4	0/0	19/16	2/2	20/19	39/28	3/3	0/0
법사위	19/19	38/38	21/21	72/71	4/2	9/8	60/55	4/4	2/2

주: 사선 앞은 심사기간이 지정된 안건의 수를, 사선 뒤는 지정된 심사기간이 만료된 후 본회의에 직접 상정된 안건의 수를 뜻한다.
자료: 국회사무처(2025: 975~1017).

안 심의권과 표결권이 침해되었음을 인정하면서도 법률에 대한 무효확인청구는 기각했다). 제18대 후반기 역시 예산 부수 법안 등을 이런 방식으로 처리해서 야당이 크게 반발했다.

하지만 2012년 5월 30일 개정된 「국회법」(이른바 「국회선진화법」)으로 이제 의장은 ① 천재지변의 경우, ② 전시·사변 또는 이에 준하는 국가비상사태의 경우, ③ 의장이 각 교섭단체 대표의원과 합의하는 경우 중 어느 하나에 해당하는 경우에만 위원회에 회부하는 안건 또는 회부된 안건에 대해 심사기간을 지정할 수 있게 되었다(「국회법」 제85조 제1항 본문). 이 경우 ① 또는 ②에 해당하는 때에는 의장이 각 교섭단체 대표의원과 협의해 해당 사항과 관련된 안건에 대해서만 심사기간을 지정할 수 있다(「국회법」 제85조 제1항 단서). 이는 법제사법위원회의 체계·자구 심사에 대해서도 마찬가지이다(「국회법」 제86조 제2항). 심사기간을 지정한 경우 위원회가 이유 없이 그 기간 안에 심사를 마치지 않는 때에는 의장은 중간보고를 들은 후 다른 위원회에 회부하거나 바로 본회의에 부의할 수 있다(「국회법」 제85조 제2항). 심사기간 내에 심사를 마치지 못할 때에는 위원회는 기간 연장을 요청할 수 있으며, 이유가 있다고 인정할 때에는 심사기간을 연장할 수 있다. 심사기간이 경과되어도 의장이 법률안을 다른 위원회에 회부하지 않거나 본회의에 부의하지 않는 한 심사를 계속할 수 있다.

한편 「국회선진화법」에서는 법사위의 체계·자구 심사가 지연되는 것을 방지할 수 있는 절차를 체계·자구 심사기간 지정절차와는 별도로 신설했는데, 그 내용은 다음과 같다. 법제사법위원회의 체계·자구 심사에 있어 법제사법위원회가 이유 없이 회부된 날부터 60일[7] 안에 심사를 마치지 않는 때에는 심사 대상 법률안의 소관 위원회 위원장은 간사와 협의해 이의가 없는 경우 의장에게 해당 법률안의 본회의 부의를 서면으로 요구한다(「국회법」 제86조 제3항 본문).

이의가 있는 경우에는 해당 법률안에 대한 본회의 부의 요구 여부를 무기명투표로 표결하되, 해당 위원회의 재적위원 5분의 3 이상의 찬성으로 의결한다(「국회법」 제86조 제3항 단서). 의장은 소관 위원회 위원장의 본회의 부의 요구가 있는 때에는 해당 법률안을 각 교섭단체 대표의원과 합의해 바로 본회의에 부의한다(「국회법」 제86조 제4항 본문). 다만, 본회의 부의 요구가 있은 날부터 30일 이내에 합의가 이루어지지 않는 때에는 그 기간이 경과한 후 처음으로 개의되는 본회의에서 해당 법률안에 대한 본회의 부의 여부를 무기명투표로 표결한다(「국회법」 제86조 제4항 단서).

제21대 국회에서는 「방송법」, 「방송문화진흥회법」 및 「한국교육방송공사법」 개정안이 과학기술정보방송통신위원회 전체회의에서 2022년 12월 2일 의결되어 법제사법위원회로 회부되었으나 처리되지 않고 있자, 2023년 3월 21일 과학기술정보방송통신위원회 위원장이 법제사법

---

7 「국회선진화법」(2012년 개정)에서는 120일이었으나, 2021년 「국회법」 개정을 통해 60일로 줄어들었다.

위원회가 이유 없이 회부된 날부터 60일 이내에 심사를 마치지 않고 있음을 이유로 위원회 재적위원 5분의 3 이상의 찬성의결을 거쳐 국회의장에게 각 법률안의 본회의 부의를 요구한 바 있다.

3) 안건 신속처리 및 예산안 등 본회의 자동부의

「국회선진화법」에서는 심사기간의 지정 요건을 강화하는 한편, 이로 인해 법률안의 처리가 지연되는 것을 막기 위해 안건 신속처리 제도(일명 패스트 트랙)를 도입했다. 안건 신속처리 제도란 여·야 간 쟁점 안건이 처리되지 못하고 위원회에 장기간 계류되는 문제를 해소하기 위해 일정 의원 또는 위원이 안건의 신속처리를 요구하는 경우 위원회에서의 안건 심사기간을 제한하고, 심사 미종료 시 다음 단계로 자동 진행하는 제도를 말한다.

위원회에 회부된 안건에 대해서 신속처리 대상 안건으로 지정하고자 하는 경우 의원은 재적의원 과반수가 서명한 신속처리 안건 지정동의(動議)를 의장에게, 해당 안건의 소관 위원회에 소속된 위원은 소관 위원회의 재적위원 과반수가 서명한 신속처리 안건 지정동의를 소관 위원회의 위원장에게 제출해야 한다. 이 경우 의장 또는 위원장은 지체 없이 이를 무기명투표로 표결하되, 재적의원 5분의 3 이상 또는 안건의 소관 위원회 재적위원 5분의 3 이상이 찬성하면 해당 안건은 신속처리 대상 안건으로 지정된다(「국회법」 제85조의2 제1항 및 제2항).

신속처리 대상 안건 지정을 위한 의결은 가중다수결로 규정되어 지정 요건이 까다로운 편이다. 이로 인해 제19대 국회까지 신속처리 대상 안건으로 지정되어 실제로 처리된 법안이 없었으나, 제20대 국회에서는 2016년 12월 26일 최초로 신속처리 대상 안건으로 지정되어 2017

년 11월 24일 본회의에서 수정의결된「사회적 참사의 진상규명 및 안전사회 건설 등을 위한 특별법안」(일명 사회적 참사법)을 시작으로 2018년에 3건, 2019년에 4건, 2023년에 4건 등 총 13건이 신속처리 대상 안건으로 지정되었다.

신속처리 대상 안건은 소관 위원회에서는 180일 이내, 법사위에서는 90일 이내에 심사를 마쳐야 하고, 그 기간 안에 심사를 마치지 않는 때에는 각각 법제사법위원회에 회부 또는 본회의에 부의된 것으로 본다(「국회법」 제85조의2 제3항부터 제5항까지). 본회의에서는 신속처리 대상 안건을 부의된 것으로 보는 날부터 60일 이내에 본회의에 상정해야 하고 그렇지 않는 경우에는 그 기간이 경과한 후 처음으로 개의되는 본회의에 상정한다(「국회법」 제85조의2 제6항 및 제7항). 다만, 의장이 각 교섭단체 대표의원과 합의한 경우에는 신속처리 대상 안건에 대해 신속처리 제도를 적용하지 않는다(「국회법」 제85조의2 제8항).

또한「국회선진화법」에서는 예산안 등에 대한 본회의 자동부의 제도를 마련했는데, 이에 따르면 위원회는 예산안, 기금운용계획안, 임대형 민자사업 한도액안과 세입예산안 부수법률안으로 지정된 법률안에 대한 심사를 매년 11월 30일까지 마쳐야 한다(「국회법」 제85조의3 제1항). 위원회가 이들 안건에 대한 심사를 기한 내에 마치지 않는 때에는 그다음 날에 위원회에서 심사를 마치고 바로 본회의에 부의된 것으로 본다(「국회법」 제85조의3 제2항 본문). 다만, 의장이 각 교섭단체 대표의원과 합의한 경우에는 이 규정을 적용하지 않는다(「국회법」 제85조의3 제2항 단서).

세입예산안 부수법률안 지정이란 세입예산안과 이에 부수되는 법률안의 내용 및 처리 시기를 일치시키기 위해 미리 세입예산안 부수법률안으로 지정하는 것을 뜻한다. 의원 또는 정부가 세입예산안에 부수하는 법률안을 발의 또는 제출하는 경우 세입예산안 부수법률안 여부를 표시해야 한다. 국회의장은 세입예산안 부수법률안 지정을 신청한 법률안에 대해 국회예산정책처의 의견을 들어 세입예산안 부수법률안으로 지정한다. 한편, 위원회가 지정된 세입예산안 부수법률안에 대해 대안을 입안한 경우에는 그 대안을 세입예산안 부수법률안으로 지정된 것으로 본다. 위원회가 세입예산안 부수법률안(체계·자구 심사를 위해 법제사법위원회에 회부된 법률안을 포함한다)의 심사를 11월 30일까지 마치지 않으면 그다음 날(12월 1일)에 위원회에서 심사를 마치고 바로 본회의에 부의된 것으로 본다. 다만, 의장은 본회의에 부의된 것으로 보는 법률안 중 같은 제명의 법률안이 둘 이상일 경우에는 소관 위원회 위원장의 의견을 들어 일부 법률안만 본회의에 부의할 수 있다(「국회법」 제85조의3).

4) 무제한토론(일명 필리버스터)

「국회선진화법」에서 마련된 또 다른 제도는 본회의 무제한토론, 일명 필리버스터이다. 이는 본회의에서 안건을 최종적으로 의결하기 전에 소수의견을 개진할 수 있는 기회를 주고, 다수당과 소수당이 타협하도록 하여 안건이 합의를 통해 처리될 수 있도록 하려는 것이다(국회사무처, 2016a: 504).

제정 「국회법」(법률 제5호, 1948. 10. 2 제정)에서도 의원의 질의, 토론, 그 밖의 발언에 대해서는 국회의 결의가 있는 때 외에는 시간을 제한할 수 없도록 했다(제46조 전단). 1964년 4월 20일 당시 의원이었던 고 김대중 전 대통령이 동료 의원인 김준연 의원의 구속동의안 통과를 저지하기 위해 5시간 19분 동안 쉬지 않고 의사진행 발언을 했고 그 결과 안건 처리를 무산시켰다. 1969년 8월 29일 법제사법위원회 회의에서는 신민당의 박한상 의원이 3선 개헌안을 저지하기 위해 10시간 15분 동안 반대토론을 한 사례도 있다. 그런데 1973년에 발언시간이 30분으로 제한되었고, 몇 번의 「국회법」 개정을 거쳐 1994년 개정 「국회법」에서는 정부에 대한 질문 외의 의원의 발언시간에 대해서는 15분을 초과하지 않는 범위 내에서 의장이 정하도록 하고 있는데, 이 규정이 현재까지 유지되고 있다(「국회법」 제104조 제1항 본문). 무제한토론 제도는 이러한 발언시간의 제한 원칙에 대한 예외이다.

무제한토론 제도에 따르면 의원이 본회의에 부의된 안건에 대해 시간의 제한을 받지 않는 토론(무제한토론)을 하려는 경우 재적의원 3분의 1 이상이 서명한 요구서를 의장에게 제출해야 하고, 이 경우 의장은 해당 안건에 대해 무제한토론을 실시해야 한다(「국회법」 제106조의2 제1항). 무제한토론이 실시되는 경우 의원은 「국회법」상 발언시간 제한 규정에도 불구하고 시간의 제한을 받지 않고 발언할 수 있다. 이 경우 해당 안건에 대해 무제한토론을 요구하지 않은 의원도 시간의 제한을 받지 않고 발언할 수 있다. 「국회법」상 같은 의제에 대해 두 차례만 발언할 수 있는 규정(「국회법」 제103조)에도 불구하고 무제한토론이 실시되는 경우에는 의원 한 명당 한 차례만 토론할 수 있다(「국회법」 제106조의2 제3항). 무제한토론이라 하더라도 의제 외의 발언은 금지되고, 질의를 하거나 의장의 의사진행 방법을 비난하는 것은 허용되지 않는다(「국회법」 제102조; 국회사무처, 2024b: 508). 무제한토론을 실시하는 본회의는 무제한토론 종결을 선포하기 전까지 산회하지 않고 회의를 계속하며(1일 1차 회의 원칙의 예외), 회의 중 재적의원 5분의 1 이상이 출석하지 않는 때에도 회의를 계속한다(의사정족수 불필요)(「국회법」 제106조의2 제4항).

의원은 무제한토론을 실시하는 안건에 대해 재적의원 3분의 1 이상의 서명으로 무제한토론의 종결동의(終決動議)를 의장에게 제출할 수 있다(「국회법」 제106조의2 제5항). 무제한토론의 종결동의는 동의가 제출된 때부터 24시간이 지난 후에 무기명투표로 표결하되 재적의원 5분의 3 이상의 찬성으로 의결한다. 이 경우 무제한토론의 종결동의에 대해서는 토론을 하지 않고 표결한다(「국회법」 제106조의2 제6항). 무제한토론을 실시하는 안건에 대해 무제한토론을 할 의원이 더 이상 없거나 무제한토론의 종결동의가 가결되는 경우 의장은 무제한토론의 종결을 선포한 후 해당 안건을 지체 없이 표결해야 한다(「국회법」 제106조의2 제7항). 무제한토론을 실시하는 중에 해당 회기가 종료되는 때에는 무제한토론이 종결 선포된 것으로 보고, 이 경우 해당 안건은 바로 다음 회기에서 지체 없이 표결해야 한다(「국회법」 제106조의2 제8항).

예산안 등[8] 및 세입예산안 부수법률안과 관련한 무제한토론에 대해서는 무제한토론에 의해 본회의 자동부의 제도가 무력화되는 것을 방지하고 그 실효성을 확보하기 위해 무제한토론 관련 절차를 당해 연도 12월 1일 자정까지만 적용하도록 했다. 이에 따라 그때까지 실시 중인 무제한토론, 계속 중인 본회의, 제출된 무제한토론의 종결동의에 대한 심의절차 등은 모두 12월 1일 밤 12시에 종료하도록 함으로써 12월 2일에 예산안 등 및 세입예산안 부수법률안의 본회의 의결이 가능하도록 했다(「국회법」 제106조의2 제10항).

이 제도가 도입된 후 처음으로 제340회국회(임시회) 제7차 본회의에

---

8 예산안 등은 예산안, 기금운용계획안, 임대형 민자사업 한도액안을 뜻한다.

서 「국민보호와 공공안전을 위한 테러방지법안」에 대해 무제한토론이 실시되었다. 2016년 2월 23일부터 3월 2일까지 9일 동안 모두 38명의 국회의원이 무제한토론에 참가했다. 이 과정에서 이종걸 의원은 12시간 31분 동안 반대토론을 하여 현재까지 가장 긴 발언시간으로 기록되고 있다.

5) 재회부

본회의는 위원장의 보고를 받은 후 필요하다고 인정한 때에는 그 의결로 다시 그 안건을 같은 위원회 또는 다른 위원회에 회부할 수 있다(「국회법」 제94조). 이를 재회부라고 하는데, 이는 위원회의 심사가 불충분하거나 부적당하다고 판단하는 경우, 보다 충실하게 심사하도록 함으로써 심의결과의 타당성을 제고하기 위한 것이다(임종훈·이정은, 2021: 356). 재회부는 위원회에서 보고한 안건 자체를 재회부하는 것이므로 재회부받은 위원회는 그 안건을 다시 위원회의 심사에 부치고 이전에 심사한 결과에 구속받지 않고 새로운 결정을 하거나 이전과 동일한 결정을 할 수 있다.

2006년 8월 21일 제17대 국회 제261회 제1차 본회의에 상정된 「임대주택법 일부개정법률안」에 대해 소관 위원회인 건설교통위원회의 심사가 충분하지 않았다는 등의 이유로 교섭단체 사이의 합의에 따라 안건을 다시 같은 위원회에 회부한 사례가 있다(국회사무처, 2016d: 452).

7. 법률안의 정리 및 이송, 법률안 공포와 재의 요구

본회의는 의안이 의결된 후 서로 저촉되는 조항·자구·숫자, 그 밖의 정리를 필요로 할 때에는 이를 의장 또는 위원회에 위임할 수 있다(「국회법」 제97조). 예를 들어 법률안 중 특정 조항을 삭제 또는 추가해서 의결했을 때 다음 조항부터 순차적으로 조항 번호를 수정하거나 명백한 오류가 있는 용어·자구·숫자를 정리하는 것이다(국회사무처, 2024b: 487)(<예시 4-15> 참조). 이를 의안의 정리라고 하는데 국회사무처 의사국 의안과가 의안 정리의 실무를 담당하고 있다. 의안 정리 이후 최종 의장결재를 받은 법률안은 정부로 이송된다.

이송된 법률안은 15일 이내에 대통령이 공포한다(헌법 제53조 제1항). 국회에서 정부로 법률안이 이송되면 법제처에서 이를 접수하고 해당 부처에 이송 사실을 통지하며 재의 요구 여부 및 명백한 오류 여부를 파악한다(법제처, 2016: 70). 문제가 없는 경우 법률공포안은 국무회의에 상정되며 국무회의 의결과 대통령 결재를 거쳐 공포된다. 정부는 대통령이 법률안을 공포한 경우에는 이를 지체 없이 국회에 통지해야 한다(「국회법」 제98조 제2항). 법령의 공포일은 그 법령을 실은 관보가 발행된 날이다(「법령 등 공포에 관한 법률」 제12조). 대통령이 국회에서 이송되어 온 법률안을 15일 이내에 공포하지 않거나 재의의 요구를 하지 않는 때에는 그 법률안은 법률로 확정된다(헌법 제53조 제5항).

대통령은 법률안에 이의가 있을 때에는 15일 이내에 이의서를 붙여 국회로 환부하고, 그 재의를 요구할 수 있다(헌법 제53조 제2항). 대통령은 법률안의 일부에 대해 또는 법률안을 수정해 재의를 요구할 수 없다(헌법 제53조 제3항). 재의 요구를 하는 경우 소관 부처에서는 법제처의 심사를 받은 재의 요구안을 국무회의에 상정하고, 국무회의에서 의결되면 대통령이 결재한 후 법제처에서 재의 요구안을 국회에 제출한다(법제처, 2016: 76~78).

내용확인필

字句修正畢

법률 제 호

국가공무원법 일부개정법률안

국가공무원법 일부를 다음과 같이 개정한다.

제6조제4항 중 "임용 · 교육훈련"을 "임용 · 인재개발"로 한다.

제19조의4를 다음과 같이 신설한다.

제19조의4(인사업무의 전문성 확보) ① 소속 장관은 각 기관의 직무 및 인력 특성을 반영한 전략적 인사운영을 위하여 인사업무 담당 조직의 전문성이 확보될 수 있는 방안을 마련하여야 한다.

② 소속 장관은 인사혁신처장이 정하는 바에 따라 인사 담당 공무원의 보직기준 등 필요한 인사관리기준을 정하여 인사업무에 대한 전문성 및 자격을 갖춘 사람을 인사 담당 공무원으로 임용하여야 한다.

제28조의6제1항 중 "승진임용 및 고위공무원으로서 적격한지 여부를"을 "승진임용, 고위공무원으로서 적격한지 여부 및 그 밖에 고위공무원 임용 제도와 관련하여 대통령령으로 정하는 사항을"로 하고, 같은 조 제2항 중 "5인 내지 7인"을 "5명 이상 9명 이하"로 한다.

제33조에 제6호의3을 다음과 같이 신설한다.

6의3. 「형법」 제303조 또는 「성폭력범죄의 처벌 등에 관한 특례

- 49 -

련 등을 통하여 계속적으로 소속 직원의 능력을 발전시킬"을 "지속적인 인재개발을 통하여 소속 직원의 공직가치를 확립하고 미래지향적 역량과 전문성을 향상시킬"로 한다.

제69조제1호 단서 중 "「형법」 제129조부터 제132조까지"를 "「형법」 제129조부터 제132조까지, 제303조 또는 「성폭력범죄의 처벌 등에 관한 특례법」 제10조"로, "같은 법 제355조"를 "「형법」 제355조"로 한다.

제71조제2항에 제7호를 다음과 같이 신설한다.

7. 대통령령등으로 정하는 기간 동안 재직한 공무원이 직무 관련 연구과제 수행 또는 자기개발을 위하여 학습·연구 등을 하게 된 때

제72조에 제10호를 다음과 같이 신설한다.

10. 제71조제2항제7호에 따른 휴직 기간은 1년 이내로 한다.

제78조의2제4항의 개정규정에 단서를 다음과 같이 신설하고, 같은 조에 제5항을 다음과 같이 신설한다.

다만, 체납액 징수가 사실상 곤란하다고 판단되는 경우에는 징수를 관할 세무서장에게 의뢰하여야 한다.

⑤ 처분권자(대통령이 처분권자인 경우에는 처분 제청권자)는 제4항 단서에 따라 관할 세무서장에게 징계부가금 징수를 의뢰한 후 체납일부터 5년이 지난 후에도 징수가 불가능하다고 인정될 때에는 관할 징계위원회에 징계부가금 감면의결을 요청할 수 있다.

- 51 -

의 개정규정은 공포 후 6개월이 경과한 날부터 시행하고, 제6조제4항 및 제50조제1항부터 제3항까지의 개정규정은 2016년 1월 1일부터 시행한다.

제2조(결격사유 및 당연퇴직 등에 관한 적용례) 제33조, 제33조의2 및 제69조의 개정규정은 이 법 시행 이후 발생한 범죄행위로 형벌을 받는 사람부터 적용한다.

제3조(직위해제된 사람의 결원보충에 관한 적용례) 제43조제4항의 개정규정은 이 법 시행 당시 직위해제 중인 사람에 대해서도 적용한다.

제4조(징계부가금 징수 의뢰에 관한 적용례) 제78조의2제4항의 개정규정은 이 법 시행 전에 징계부가금 부과 의결이 된 경우에 대해서도 적용한다.

제5조(징계의 효력에 관한 경과조치) 부칙 제1조 단서에 따른 시행일 전에 발생한 사유로 징계를 받는 사람에 대해서는 제80조제1항부터 제3항까지의 개정규정에도 불구하고 종전의 규정에 따른다.

- 53 -

대통령으로부터 재의가 요구된 법률안은 상임위원회 회부 등의 절차를 거치지 않고 바로 본회의에 부의된다. 재의 요구된 법률안이 본회의에 상정되면 정부로부터 재의 요구에 대한 이유 설명을 들은 후 질의·토론을 거쳐 무기명투표로 표결한다(「국회법」 제112조 제5항). 본회의에서 재적의원 과반수의 출석과 출석의원 3분의 2 이상의 찬성으로 전과 같은 의결을 하면 그 법률안은 법률로서 확정된다(헌법 제53조 제4항).

국회의 재의를 거쳐 법률로 확정된 경우와 대통령이 국회에서 이송되어 온 법률안을 15일 이내에 공포하지 않거나 재의의 요구를 하지 않아서 법률로 확정된 경우 대통령은 확정된 법률을 지체 없이 공포해야 한다(헌법 제53조 제6항 본문). 국회의 재의에 따른 확정 법률이 정부에 이송된 후 또는 대통령이 공포나 재의 요구를 하지 않아서 법률이 확정된 후 5일 이내에 대통령이 공포하지 않을 때에는 국회의장이 이를 공포한다(헌법 제53조 제6항 단서). 법률은 특별한 규정이 없는 한 공포한 날부터 20일이 경과하면 효력이 발생한다(헌법 제53조 제7항).

대통령이 국회에 재의를 요구한 법률안 및 법률안의 처리 현황은 〈표 4-11〉 및 〈표 4-12〉와 같다. 제헌국회 이후 제21대 국회까지 모두 84건의 법률안에 대해 재의가 요구되었다. 우리 국회에서는 대통령이 속한 정당이 국회에서 소수당일 때 상대적으로 재의 요구권이 자주 행사되었다(강원택, 2019: 35).

제4절 국회 법률안 심사과정의 특징과 이유

이 절에서는 우리 국회가 법률안을 심사하는 과정에서 보여주는 특

표 4-11 대통령이 재의 요구한 법률안 현황(단위: 건)

제헌	제2대	제3대	제4대	제5대	제6대	제7대	제9대	제13대	제16대	제17대	제19대	제20대	제21대
14	25	3	3	8	1	3	1	7	4	2	3	0	14

자료: 국회사무처(2025: 625~631).

표 4-12 대통령이 재의 요구한 법률안의 처리 현황(단위: 건)

재의법률안	법률확정 및 확정간주	수정통과	폐기	철회	회기불계속 및 임기 만료 폐기	미처리
88	28	6	30	2	21	1

자료: 국회사무처(2025: 622~624).

징을 살펴보고 그러한 특징이 나타나는 이유를 알아본다. 먼저 법률안 심사과정의 특징으로 위원회 중심주의에 대해 그리고 위원회 중심주의의 예외로 교섭단체 간 협상, 합의 및 사전 조율 중시 경향, 개별 법안들에 대한 국회의원의 차별적인 관심에 대해 살펴본다. 다음으로는 그러한 특징이 나타나는 이유로 개별적 대의기관인 국회의원이 가지는 유인구조(incentive structure)에 대해 그리고 상호 의존적인 정책망(interdependent policy network)의 특징을 보이는 법률안 심사과정에서의 관련 행위자들 간의 관계에 대해 설명한다.

1. 국회 법률안 심사과정의 특징

우리 국회의 법률안 심사과정에서 나타나는 가장 중요한 특징은 위원회 중심주의(committee centered)이다. 즉, 특정 분야별로 업무를 분담한 위원회가 실질적인 의사결정기능을 수행한다. 위원회 중심주의는 입법과정의 효율성을 높일 수 있어 입법산출을 증대하는 데 유리하며 입법과정의 전문성도 높일 수 있다. 하지만 소수에 의한 심사결과가 본회의 의결을 좌우해 입법과정의 대표성이 저하될 수 있다. 또한 다른 위원회나 본회의 등을 통한 정책조정이 원활하지 못할 때는 특정 정책 분야 안에서 분파적 정책결정[9]이 이루어질 우려도 있다(임종훈·이정은, 2021: 54~56 참조).

우리 국회는 제도적인 의미에서만 위원회 중심주의 성격을 지니는 것이 아니라 실질적으로도 소관 위원회가 법률안에 대해 독점적인 심사권을 행사한다. 이를 보완할 수 있는 관련 위원회 제도와 연석회의 제도는 거의 활용되지 못하고 있다. 한편 위원회 중심주의를 채택한 미국 연방의회에서는 안건 심사에서 복수위원회 회부 제도를 도입하고 있는데, 우리 국회는 이 제도를 도입하지 않고 있다. 우리 국회에서는 본회의가 일부 법안을 제외하고는 위원회의 심사결과를 확정하는 의례적인 절차에 불과하다. 나아가 위원회 내에서는 법률안심사소위원회에서 거의 실질적인 심사가 이루어지는 이른바 소위원회 중심주의까지 나타나고 있다(임종훈·이정은, 2021: 264).

한편 우리 국회에서 진행되는 법률안 심사과정의 두 번째 특징은 정당 간에 첨예하게 대립하는 이른바 쟁점 법안을 심사할 때에는 위원회 중심주의의 예외적인 현상으로 교섭단체 원내지도부 차원의 협상이 중시된다는 것이다. 이 경우에는 법안의 처리 여부 및 일정에 대한 논의, 법안의 주요 내용에 대한 의사결정이 교섭단체의 원내대표 또는 수석부대표 간 등의 협상 채널을 통해 이루어진다. 즉, 쟁점 법안의 경우 교섭

9 이해관계가 있는 다른 정부 부처나 이익집단의 정당하고 합리적인 의견이 법률안 심사과정에서 논의 또는 반영되기 어려운 결과를 초래할 수 있다.

단체 차원에서 협상이 타결되면 소관 위원회에서 진행되는 공식적인 법률안 심사는 그 결과를 법안에 반영해 추인하는 형태로 이루어지는 경우가 많다.

국회 법률안 심사에서 나타나는 세 번째 특징은 합의가 중시된다는 것이다. 특히 「국회선진화법」이 도입된 이후로는 쟁점 법안을 심사할 때 교섭단체 간의 합의가 제도적으로 필요해져 합의가 중시되는 경향이 강화되었다. 하지만 「국회선진화법」이 도입되기 이전에도 비쟁점 법안의 경우 법률안심사소위원회에서 1~2명의 의원이 강력하게 반대 의사를 표명하면 이를 의결하기가 쉽지 않았으며, 「국회선진화법」이 도입된 이후에도 유사한 사례가 종종 나타나고 있다. 나아가 관련된 정부 부처가 강력하게 반대 의사를 표명하는 경우에도 법률안을 의결하기 쉽지 않다. 따라서 국회에서의 법률안 심사는 표 대결에 의한 단순 다수결로 처리하기보다 심사에 참여하는 이해관계자들의 합의에 입각해 처리하는 것이 기본적이고 원칙적이다.

국회 법률안 심사의 네 번째 특징은 이처럼 법률안 심사에서 합의가 중시되다 보니 공식적인 소위원회 심사절차에 앞서 관련 행위자들 간의 사전 조율이 중요시되고 있다는 점이다. 공식 회의에서 반대의견이 나오면 법률안이 의결될 수 없기 때문에 의결을 목표로 하는 법률안 상정이 예정될 경우 해당 법률안의 발의의원 또는 이를 제출한 정부의 소관 부처, 위원장, 간사 및 심사위원 간의 사전 협의가 필요하며, 위원회 전문위원 및 입법조사관은 이에 따라 법률안에 대한 수정내용까지 포함해 실무적인 사전 준비 작업을 하는 경우가 많다.

다섯 번째 특징은 법률안에 대한 공식적인 심사 권한을 지닌 개별 국회의원은 각각의 법률안에 대해 차별적인 관심(differentiated attention)

을 가지고 있다는 점이다. 국회의원이 주로 관심을 가지는 법률안은 여론의 관심을 받거나 현안인 법률안, 자신의 지역구나 관계되는 집단에 영향을 미칠 수 있는 법률안, 정당 간에 첨예하게 대립하는 법률안이다. 이러한 법률안들은 법안심사소위원회 외에 위원회 전체회의나 법제사법위원회, 본회의에서도 질의·답변, 토론 등 실질적인 논의가 이루어진다. 하지만 그 밖의 법률안들은 소위원회를 제외하고는 심사가 의례적인 성격을 띠는 경우가 많다. 따라서 위원회 및 소위원회 심사과정에서 특정 법률안에 대해 남다른 관심을 가지고 있는 소수의 국회의원이 법률안의 처리 여부에 결정적인 역할을 하는 경우가 간혹 있다.

2. 국회의원의 유인 구조와 정책네트워크 성격

이와 같은 특징이 나타나는 이유로 여러 가지를 들 수 있겠지만 이 책에서는 개별 대의기관으로서 국회의원이 가지고 있는 유인 구조와 법률안 심사과정이 지닌 정책네트워크로서의 성격에 주목하고자 한다.

1) 우리 국회의 특징과 국회의원의 유인 구조

제1장에서 살펴보았듯이 국회의원은 선거구 일꾼, 정당 정치인, 정책감시자 및 정책기업가라는 세 가지 역할을 동시에 수행하고 있으며, 이러한 역할들은 국회의원의 시간과 관심이라는 자원을 동시에 요구한다. 그런데 우리의 경우 국회라는 기관에 대한 국민의 신뢰도가 높지 않고, 현역 의원의 재선율은 50% 내외이며, 소선거구 중심의 선거 제도와 정당 기율이 강한 정치 문화를 지니고 있는 상황이다. 따라서 개별 국회의원이 재선이라는 현실적인 목표를 위해서는 선거구 일꾼과 정당 정치

인이라는 역할에 우선순위를 부여하지 않을 수 없다.

정책감시자 및 정책기업가로서의 역할은 자연히 후순위일 수밖에 없는데, 이 중에서도 법률안을 발의하거나 심사하기보다는 국정감사 또는 국정조사 등을 통해 정부의 잘못된 점을 밝혀내는 것이 언론의 주목을 더 크게 받을 수 있다. 법률안과 관련된 활동에서도 법률안을 발의하는 건수는 정당이나 시민단체가 개별 국회의원을 평가하는 양적 지표로 활용하고 있으며, 나아가 그 법률안이 통과되어 법률에 반영되는 경우에는 발의의원으로서의 배타적인 업적을 쌓을 수 있다.[10] 하지만 위원회에서 공동 작업으로 이루어지는 법률안의 심사 작업으로는 이와 같은 배타적인 혜택을 얻기가 어렵다.[11]

국회의원의 역할을 수행하는 데 기반이 되는 유인 구조가 이렇게 형성되어 있다 보니 국회의원은 법률안 심사에서 개별 법률안에 대해 차별적으로 관심을 가질 수밖에 없다. 시간과 노력이라는 자원이 제한되어 있고 발의·제출되는 법률안의 수는 폭증하는 상황에서 모든 법률안에 대해 개별 국회의원이 관심을 쏟기를 기대하기는 어렵다. 따라서 법률안 심사는 개별 국회의원의 시간과 노력을 가능하면 절약할 수 있는 방향으로 효율성을 중시해서 이루어진다.

---

10 예를 들어 사회적 의미를 가지는 A법률안이 국회를 통과해서 시행된다고 하면 그 법률안을 심사한 위원회의 국회의원보다 그 법률안을 발의한 국회의원이 자신이 입법과정에서 더 중요한 역할을 했다고 주장할 수 있다.

11 미국 연방의회의 경우 위원장, 소위원장, 간사의 직위를 결정하는 데 해당 위원회에서 쌓은 경력이 중요하다. 그래서 해당 위원회의 입법활동에 활발히 참여하는 것이 국회 내의 중요한 직위를 노리는 의원들에게 유인 기제가 된다(Wawro, 2000). 하지만 현직 의원의 재선율이 낮고 위원회 간 이동이 많은 우리 국회에서는 이러한 유인 기제를 활용하기가 어려운 상황이다.

법률안 심사과정에서 효율성이 중시되다 보면 정치적으로 쟁점이 있거나 사회적으로 이슈가 되는 법률안을 제외한 나머지 법률안에 대해서는 많은 관심을 기울이지 못할 가능성이 있다. 또한 법률안 심사에서 소위원회를 제외한 나머지 절차에서는 해당 법률안에 특별히 관심을 가지고 있는 의원들의 질의·답변 외에 실질적인 토론이 이루어지기 어려운 환경이다. 우리 입법과정이 위원회 중심주의나 더 나아가 소위원회 중심주의로 흐르고 있는 데에는 제도적으로 보장되어 있는 위원회의 문지기 권한(gatekeeping power)과 현실적인 정보 우위에서 비롯되는 유리한 위치(Deering and Smith, 1997: 6~10; Smith, Roberts and Vander Wielen, 2015: 182~188)도 작용하고 있지만, 이와 같은 현실적인 제약도 한몫하고 있다.

나아가 쟁점 법안에 대해 교섭단체 차원의 협상을 중심으로 심사가 이루어지는 것도 법률안 심사과정에서 효율성을 확보하기 위한 것으로 볼 수 있다. 위원회, 특히 법안심사소위원회의 위원들은 공식적으로 법률안 심사 권한을 가지지만, 쟁점 법안의 심사에 수반되는 정치적 책임을 감당하기 위한 현실적인 권위나 영향력은 가지고 있지 못한 경우가 많다. 이런 상황에서 해당 위원회에서 법률안의 심사가 진행되면 위원들 각자가 입장을 고수해 입법이 교착될 가능성이 높다. 따라서 의원들 각자의 시간과 노력을 절약하고 교착을 풀기 위해서는 협상 결과에 따른 정치적 책임을 감당할 수 있는 교섭단체 차원의 협상이 필요하다.

2) 우리 국회에서의 정책네트워크의 성격

우리 국회에서 법률안 심사과정에 참여하는 정책행위자들 사이의 관계는 상호의존적인 정책망의 성격을 가지고 있다. 이 점이 법률안 심사과정의 특징을 형성하는 데 또 다른 중요한 영향을 끼치고 있다.

미국 연방의회에서는 압력집단, 행정부의 관련 부처, 위원회의 위원들이 서로 필요한 자원을 의존하면서 이른바 철의 삼각(iron triangle)을 형성하고 있는데, 이러한 사실은 관련 연구(Peters, 2016: 31)에서 잘 기술되어 있다. 미국 의회처럼 정책네트워크 내에서 정책행위자 간에 자원을 의존하는 관계는 우리 국회의 법률안 심사과정에도 어느 정도 적용할 수 있다. 법률안을 심사·의결하기 위해서는 공식적인 법률안 심사 권한, 법률안 의결을 위한 정치적 능력, 관련 정책 분야에 대한 전문성, 법률 집행을 위한 수단과 자원, 집행 현장에서의 정책 대상자들의 순응, 지지 여론, 입법과정에 대한 지식과 법제기술에 대한 전문성 등 여러 정책 자원이 필요한데, 이러한 정책 자원은 어느 하나의 정책행위자가 독점하는 것이 아니라 여러 행위자에게 차별적으로 분산되어 있다.

예를 들어 공식적인 심사 권한은 위원회의 위원에게, 관련 정책 분야에 대한 전문성과 법률 집행을 위한 수단과 자원은 관련 정부 부처에, 집행 현장에서 정책 대상자들을 순응시키는 것은 관련 이익집단에 분산되어 있는데, 개별 정책행위자들은 법률안 심사과정에서 이러한 자원들을 다른 행위자들에게 의존한다. 따라서 이러한 자원들 중 어느 하나를 관장하는 행위자가 해당 자원의 부재 또는 확보의 어려움을 내세워 법률안을 반대하면 법률안은 통과되기 어려워진다. 예를 들어 의원 발의 법률안이 취지는 좋더라도 정책 현장에서 집행될 수 있는 수단과 자원을 확보하기 어렵다면 관련 정부 부처는 이에 반대하기 마련이고, 이 경우 해당 법률안은 바로 통과되기가 어렵다. 따라서 일반적으로 정치적 함의가 적은 비쟁점 법안의 경우에도 관련되는 정책행위자들 간에 합의를 형성하는 것이 법률안을 의결하는 데 중요한 조건이다.

또한 정책행위자들 간에는 법률안 심사에 직접 관련되는 정책자원 말고도 다른 자원들의 상호 의존 관계가 형성된다. 정부 부처는 개별 의원들의 지역구에 집행할 수 있는 사업에 대한 결정권이나 예산에 대한 편성권을 가지고 있다. 이익집단들은 정치적 지지를 동원해 개별 의원이나 정당으로 하여금 자신들이 원하는 방향으로 정책이 수립되도록 시도한다. 개별 의원들은 공식적인 법률안이나 예산안 심사권을 통해 이들 부처나 이익집단들의 이해관계에 영향을 미칠 수 있는 권한이 있다. 이처럼 간접적인 자원들이 분산되어 있으므로 법률안 심사에 직접 관련되는 정책자원도 분산되고 서로 간의 상호 의존 관계도 강화된다. 즉, 특정 법률안을 강하게 반대하는 정책행위자가 있을 때 이를 무시하고 법률안을 의결하면 향후 정책 과정에서 그 행위자로부터 호의를 기대하기 어렵다는 점에서 합의를 중시하는 경향이 더 커진다.

이처럼 합의를 중시하는 경향 때문에 공식적인 소위원회 심사를 진행하기 전에 실무적인 사전 조율이 중요하다는 것은 이미 살펴본 바 있다. 그런데 이러한 합의 및 사전 조율을 중시하는 경향과 효율성을 중시하는 경향이 결합하면 소위원회에 공식 상정하기 전에 합의를 형성하기 위한 사전 조율 기간이 길어지는 결과가 생길 수 있다. 특히 법률안의 내용에 문제가 있다거나 그 밖의 다른 이유로 관련 정책행위자 간의 사전 조율이 어려운 경우에는 법률안이 계속 상정되지 못하는 사례도 발생할 수 있다. 법률안을 소위원회에 상정했다가 성공적으로 의결하지 못할 경우에는 소위원회의 소중한 심사 시간을 아무 결과 없이 소비한 것이 되고 나아가 그 법률안의 향후 심사에도 부정적인 영향을 미칠 수 있으므로 아예 안건 상정을 포기하기도 한다.[12]

제5절 헌법개정 절차

이 절에서는 국회에서 이루어지는 헌법개정안 처리 절차 등을 중심으로 헌법개정 절차와 쟁점 사항 등을 살펴본다. 우리 헌법은 1948년 7월 12일 제헌 헌법이 제정된 후 9차에 걸쳐 개정되어 왔다. 현행 9차 개정헌법은 1987년 9월 18일에 이대순 의원 등 4명의 발의와 260명의 찬성으로 제안되었고, 같은 해 10월 12일 국회에서 의결된 후 10월 27일 국민투표를 통해 확정되었으며, 1988년 2월 25일부터 시행되었다.

1. 헌법개정안의 의의

"헌법개정안"이란 헌법에 규정된 개정절차에 따라(형식적 요건), 헌법의 기본적 동일성을 유지하면서(실질적 요건), 헌법의 특정 조항을 수정 또는 삭제하거나 새로운 조항을 추가하기 위해 국회 재적의원 과반수의 찬성으로 발의하거나 대통령이 국무회의의 심의를 거쳐 제안한 것을 말한다.

최초 헌법 제정 이후 헌법개정안은 14건이 제안되었으며, 이 가운데 9건의 개정안이 개정 절차를 거쳐 확정되었다. 9차 개정 이후 제안된 헌법개정안은 2018년 대통령으로부터 제안된 헌법개정안과 2020년 강창일 의원 등 148명의 공동발의로 제안된 헌법개정안이 있었으나, 국회 본회의 의결과정에서 투표한 의원 수가 의결정족수인 재적의원 3분의

---

12 형식적으로 의사일정에 포함시켜 해당 법률안이 상정되더라도 실질적으로 논의되지 못하고 계속 계류되는 경우도 많다.

2에 미치지 못해 투표 불성립으로 처리되지 못했다.

2. 헌법개정의 절차

헌법개정안의 처리는 법률개정안에 비해 보다 엄격한 절차를 거친다. 헌법개정안의 처리절차에 대한 내용을 요약하면 〈그림 4-7〉과 같다.

1) 헌법개정안 제안

헌법개정안은 국회 재적의원 과반수 또는 대통령의 발의로 제안할 수 있다(헌법 제128조 제1항). 헌법개정을 위해 국회에서 특별위원회를 구성한 경우라도 특별위원회 위원장은 헌법개정안을 제안할 수 없으며 국회의원의 명의로 제안해야 한다. 헌법개정안은 그 제명을 전부개정안과 일부개정안으로 구분하지 않는다.

발의권자인 국회 재적의원 과반수와 대통령이 각각 헌법개정안을 제안하는 경우 복수의 헌법개정안이 동시에 제안될 수 있다. 1952년 헌법개정 당시에는 의원안과 정부안이 각각 제안되었다. 제안된 헌법개정안에 대해 별도의 철회규정은 없으나 헌법개정안도 의안의 한 종류로 「국회법」상 철회규정을 적용할 수 있다고 볼 수 있다(「국회법」 제35조). 과거 1954년 1월 23일 대통령이 제안한 헌법개정안은 정부의 철회요구(1954. 3. 9)에 따라 본회의에서 철회승인(1954. 3. 15)이 이루어진 바 있다.

2) 헌법개정안 공고

제안된 헌법개정안은 대통령이 20일 이상의 기간 동안 이를 공고해

그림 4-7 **헌법개정안 처리절차도**

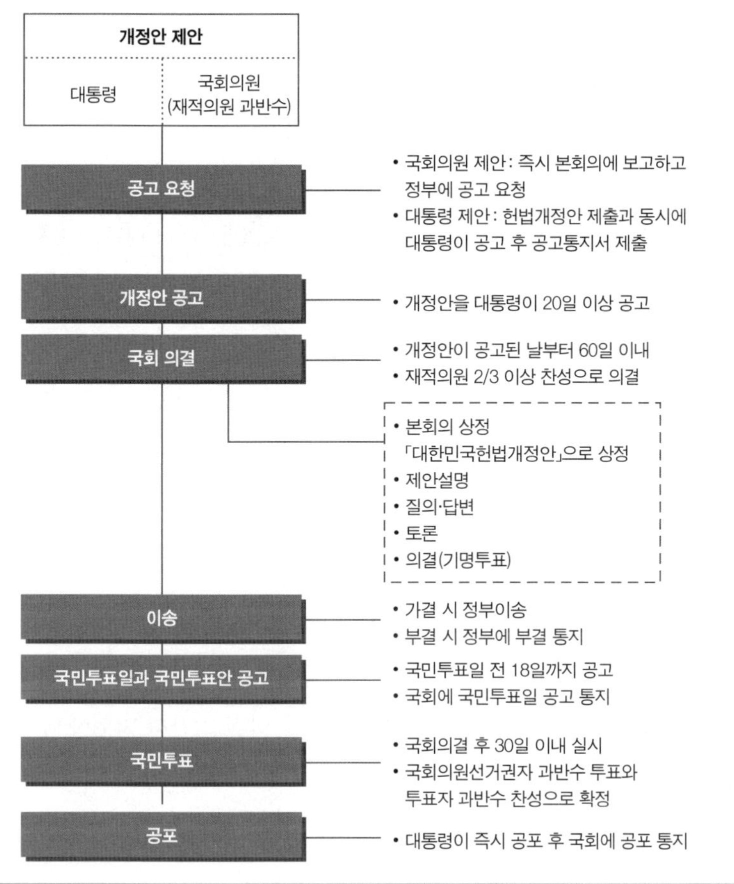

자료: 국회사무처(2024d: 231).

야 한다(헌법 제129조). 국회 재적의원 과반수가 헌법개정안을 제출하면 의장은 본회의에 보고한 후 바로 정부에 공고를 요청한다. 국회가 폐회 또는 휴회 중일 때에는 먼저 정부에 공고를 요청한 후 다음 본회의에 보고한다. 대통령이 헌법개정안을 제출할 때에는 대통령이 국회에 헌법

개정안을 제출하는 동시에 공고를 한다. 헌법개정안에 대한 공고 기간을 둔 것은 헌법개정 내용을 충분히 인식하고 국민 의사를 형성하는 데 필요한 기간을 국민에게 줌으로써 국회에서 헌법개정안을 의결할 때 국민의 의사를 충분히 반영하도록 하려는 것이다.

국회는 헌법개정안이 공고된 날부터 60일 이내에 이를 의결해야 하므로(헌법 제130조 제1항), 결국 공고 기간은 20일 이상 60일 이내에서 국회의 헌법개정안 의결 전일까지가 된다. 헌법개정안의 공고문에는 전문을 붙여야 하는데, 그 전문에는 대통령 또는 국회 재적의원 과반수가 발의한 사실을 적으며, 대통령이 서명한 후 대통령인을 찍고 그 공고일을 명기해 국무총리와 각 국무위원이 부서한다(「법령 등 공포에 관한 법률」 제2조 및 제3조). 헌법개정안의 공고는 관보에 게재함으로써 한다.

3) 국회 의결

국회는 헌법개정안이 공고된 날부터 60일 이내에 이를 의결해야 한다. 국회의 헌법개정안 의결 일정은 헌법상 의결 기간의 범위에서 국회의 자율권에 의해 국회가 스스로 정한다.

헌법개정안은 국회의 다른 의안과는 달리 위원회에 회부되지 않고 바로 본회의에서 기명투표로 표결한다(「국회법」 제112조 제4항). 국회의 의결은 재적의원 3분의 2 이상의 찬성을 얻어야 한다(헌법 제130조 제1항). 헌법개정안은 전부 또는 일부에 대해 수정의결할 수 없고 전체로서 가부만을 결정한다.

헌법개정안이 본회의에 상정되면 일반 의안의 심의절차와 같이 제안자의 취지 설명, 질의, 찬반토론 등의 절차를 거쳐 표결에 들어간다. 헌법개정안은 기명투표로 표결하므로 투표용지는 의원서명란과 가부란으로 구별되어 있다. 의원은 의원성명란에 자신의 이름이 기재된 투표용지를 받아 가부란에 "가(可)" 또는 "부(否)"를 표시하는 방식으로 투표한다. 다만, 의장이 각 교섭단체 대표의원과 합의하는 경우에는 전자장치를 이용해 실시할 수 있다(「국회법」 제112조 제9항). 복수의 헌법개정안이 제안된 경우에는 헌법개정안 제안 시 공고된 날로부터 60일 이내에 의무적으로 국회에서 의결하도록 하는 헌법 규정에 따라 각각 심의·의결할 필요가 있다.

국회 본회의에서 표결한 결과 재적의원 3분의 2 이상의 찬성을 얻은 경우 의장은 헌법개정안을 정부에 이송해 국민투표에 부치도록 한다. 재적의원 3분의 2 이상의 찬성을 얻지 못한 경우 그 헌법개정안은 부결되고 의장은 이를 정부에 통보한다. 대통령은 국회의 헌법개정안 의결에 대해 거부권을 행사할 수 없다.

4) 국민투표[13]

국회 재적의원 3분의 2 이상의 찬성을 얻어 정부에 이송된 헌법개정안은 국회가 의결한 후 30일 이내에 국민투표에 부쳐 국회의원선거권자 과반수의 투표와 투표자 과반수의 찬성을 얻어 확정된다(헌법 제130조 제2항 및 제3항). 대통령은 늦어도 국민투표일 전 18일까지 국민투표일과 국민투표안을 동시에 공고하고(「국민투표법」 제49조), 국회에 이를

13 헌법재판소가 2014년 재외국민의 국민투표 참여를 "국내거소 신고가 되어 있는" 경우로 한정하고 있는 「국민투표법」 제14조 제1항에 대해 헌법불합치 결정(헌법재판소 2014. 7. 24. 결정 2009헌마256)했으나 이후 법 개정이 이루어지지 않아 법적 공백상태가 지속되고 있다. 따라서 현재 헌법개정을 위한 국민투표를 실시하기 위해서는 해당 법률의 개정이 선행되어야 한다.

통지한다.

정부는 국회에서 의결된 헌법개정안이 이송되어 오면 바로 국민투표 절차에 들어간다. 국민투표는 「국민투표법」에 따라 중앙선거관리위원회가 통할·관리한다(「국민투표법」 제6조).

중앙선거관리위원회는 공고된 헌법개정안(국민투표안)을 투표권자에게 주지시키기 위해 게시해야 하며(「국민투표법」 제22조 제1항), 구·시·군 선거관리위원회는 국민투표안의 제안이유·주요 골자와 그 내용·국민투표 절차, 그 밖에 필요한 사항을 게재한 국민투표공보를 1회 이상 발행하고 이를 매 세대에 투표일 전 4일까지 우편으로 송부해야 한다(「국민투표법」 제23조 제1항 및 제24조 제1항).

5) 헌법개정 공포

헌법개정안을 국민투표에 부쳐 찬성을 얻은 때에는 헌법개정은 확정되며 대통령은 즉시 이를 공포해야 한다(헌법 제130조 제3항 및 「국민투표법」 제91조).

헌법개정의 공포문에는 전문을 붙여야 하는데, 그 전문에는 헌법개정안이 대통령 또는 국회 재적의원 과반수의 발의로 제안되어 국회에서 재적의원 3분의 2 이상이 찬성하고 국민투표에서 국회의원선거권자 과반수가 투표해 투표자 과반수가 찬성한 사실을 적고, 대통령이 서명한 후 국새(國璽)와 대통령인을 찍고 공포일을 명기해 국무총리와 각 국무위원이 부서한다(「법령 등 공포에 관한 법률」 제4조). 헌법개정의 공포는 관보에 게재함으로써 한다(「법령 등 공포에 관한 법률」 제11조 제1항).

제6절 행정입법과 이에 대한 국회의 통제

이 절에서는 법률에서 위임한 사항이나 법률을 집행하기 위해 필요한 사항을 규정한 대통령령 등 행정입법의 의의와 제·개정 절차 등을 설명한다. 그리고 「국회법」 제98조의2에 따라 국회가 이를 제출받고 법률 위반 여부 등을 검토했을 때 법률의 취지 또는 내용에 합치되지 않는다고 판단되는 경우 검토결과를 정부에 송부해 정부의 처리결과를 제출받는 국회의 행정입법 통제제도에 대해서도 살펴본다.

1. 행정입법의 의의

행정입법은 행정기관이 법 규정의 형식으로 일반적·추상적인 규정을 정립하는 작용 또는 그에 따라 정립된 규범을 말한다. 이것을 '행정권에 의한 입법'이라고도 한다. 여기에서 '일반적'이라 함은 적용대상이 특정되지 않는다는 것을 뜻하고 '추상적'이라 함은 적용사건이 특정되지 않는다는 것을 뜻한다. 현대행정이 복잡화·전문화됨에 따라 전문적·기술적인 사항에 대해서는 행정입법의 필요성이 점차 인정되고 있다. 행정권이 법률과 정책의 세부 내용을 더욱 적절히 정할 수 있기 때문이다. 또한 사회의 급속한 변화에 기민하게 대응하기 위해서는 심의에 많은 시간이 소요되는 법률보다 행정입법이 더 편리한 측면이 있다.

행정입법은 법규성을 가지는지 아닌지에 따라 법규명령과 행정규칙으로 구분된다. 법규명령은 행정주체와 국민 간의 관계를 규율하는 법규범으로, 대외적으로 일반적 구속력을 가진다. 이에 반해 행정규칙은 원칙적으로 행정기관 내부에서만 행정기관을 구속하는 것으로, 내부적 구속력을 가진다. 법규명령은 국민의 권리·의무에 관계될 뿐만 아니라 일반적·추상적 법규로서의 성질도 가지기 때문에 일정한 형식과 일반적인 고시(공포) 절차가 필요하다.

헌법상 인정되는 법규명령에는 대통령의 긴급명령·경제명령(헌법 제76조), 대통령령(헌법 제75조), 총리령·부령(헌법 제95조)이 있다. 일반적으로 대통령령은 시행령이라 불리고 총리령과 부령은 시행규칙이라 불린다. 법규명령은 내용에 따라 위임명령과 집행명령으로 구분된다. 위임명령은 법률 또는 상위명령의 위임에 따라 법률이 위임한 사항에 대해 실질적으로 법률의 내용을 보충하는 법규명령을 의미한다. 위임명령은 법률이나 상위명령에서 구체적으로 범위를 정한 개별적인 위임이 있을 때 가능하다(대법원 2004.7.22. 선고 2003두7606). 반면, 집행명령은 법률 또는 상위명령을 시행하는 데 필요한 사항, 즉 필요한 절차 및 형식에 관한 사항을 규정하는 법규명령을 의미한다. 집행명령은 상위 법률에 종속하며 상위 법률의 범위 내에서 모법을 현실적으로 집행하는 데 필요한 세칙을 규정할 수 있을 뿐이므로 위임명령과 달리 새로운 권리와 의무에 관한 사항을 규정할 수 없다(헌법재판소 2001.2.22. 결정 2000헌마604).

법규명령에는 이 외에도 헌법에 직접 근거를 둔 규칙 등이 있는데, 대법원, 중앙선거관리위원회, 헌법재판소, 국회 등 독립기관의 규칙이 이에 해당한다.

행정규칙은 행정기관의 설치나 내부적 권한 분배에 관한 사무분장 또는 사무처리규정으로, 상급기관이 하급기관에 관한 사항을 계속적으로 규율하기 위해 발하는 훈령, 예규, 지침 등을 말한다. 이 가운데 학설과 판례(헌법재판소 1992.6.26. 선고 91헌바25)는 행정규칙이 예외적으로 상위 법령과 결합해 대외적인 구속력을 갖는 법령보충적 행정규칙을 인정하고 있다. 법령보충적 행정규칙이란 법령이 직접적으로 위임함에 따라 행정기관이 그 법령을 시행하는 데 필요한 구체적인 사항을 정한 경우, 제정형식이 고시, 훈령, 예규, 지침 등이라도 상위 법령의 위임한계를 벗어나지 않는 한, 상위 법령과 결합해 대외적인 구속력을 갖는 법규명령으로서 기능하는 것을 말한다.[14]

2. 행정입법의 제·개정 절차

대통령령은 법제처 심사를 거친 후 국무회의의 심의를 거쳐야 하지만, 총리령과 부령은 법제처 심사만 거칠 뿐 국무회의 심사는 받지 않는다(헌법 제89조 제3호; 법제처, 2016: 4~5). 일반적으로 법규명령이 아닌 행정규칙에 해당하는 훈령, 예규, 고시 등은 부처 내의 내부 결재를 거치면 되지만, 대통령훈령안과 국무총리훈령안은 법제처의 심사를 거쳐야 한다(「법제업무 운영규정」 제23조). 대통령령과 총리령 및 부령의 제·개정 절차는 〈그림 4-8〉 및 〈그림 4-9〉와 같다. 법령의 시행과 직접 관련해 발령하는 규정, 규칙, 지시, 지침, 통첩 등은 명칭에 상관없이 그 내용이 적법하고 현실에 적합하게 발령·유지·관리되어야 한다(「법제업무 운영규정」 제25조 제1항). 따라서 법제처는 법령이 발령된 후 사후에 검토해 문제가 있는 경우 해당 중앙행정기관에 의견서를 보낸다(「법제

14 다만, 상위 법령과 결합해 일체가 되는 한도 내에서 상위 법령의 일부가 됨으로써 대외적 구속력이 발생되는 것일 뿐, 그 행정규칙 자체는 대외적 구속력을 갖는 것은 아니라 할 것이다(헌법재판소 2004.10.28. 선고 99헌바91).

그림 4-8 대통령령의 제·개정 절차

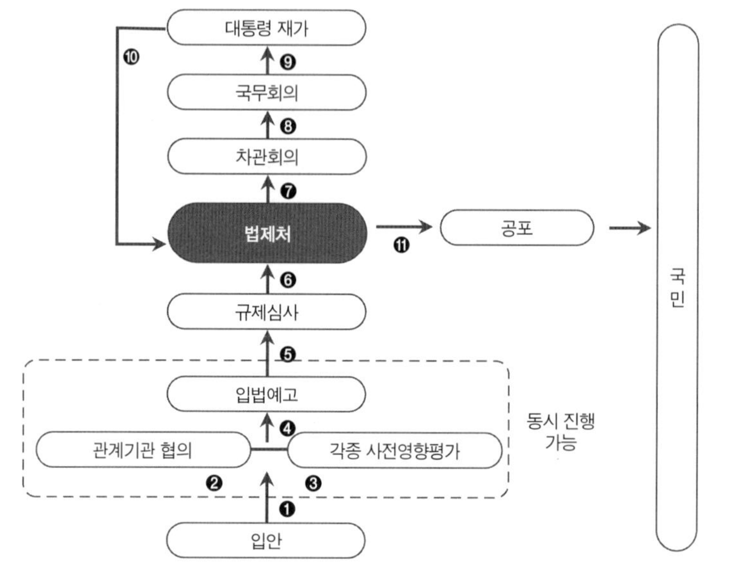

자료: 법제처(2024: 4).

그림 4-9 총리령 및 부령의 제·개정 절차

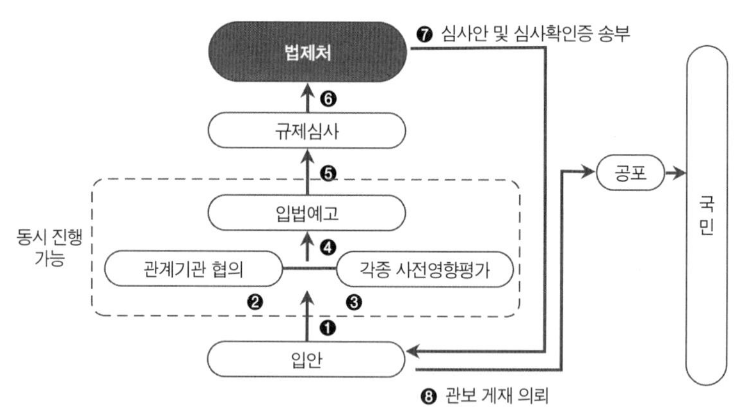

자료: 법제처(2024: 5).

업무 운영규정」 제25조 제3항).

3. 행정입법의 한계

성질상 대외적 구속력을 가지는 법규명령의 제정은 원칙적으로 입법기능에 속하는 것으로, 행정기능이라고 볼 수 없다. 우리 헌법은 국회의 고유하고 본래적인 입법권을 확인하면서(제40조), 행정부가 대통령령, 총리령 또는 부령 등을 제정할 수 있도록 규정하고 있다(제75조, 제95조). 또한 헌법은 법률을 통해서만 국민의 자유와 권리를 제한할 수 있도록 하고 있다(제37조 제2항). 따라서 국민의 권리와 의무, 특히 기본권 침해영역에 관계되는 법규사항은 행정부가 스스로 결정할 수 없고, 단지 위임법률에서 구체적으로 범위를 정한 한도 내에서만 결정할 수 있다(헌법재판소 1994.6.30. 결정 93헌가15). 다만, 법률을 현실적으로 집행하기 위해 필요한 절차적·기술적 사항을 규정하는 집행명령의 경우 상위 법률이 위임하지 않더라도 규정할 수 있다. 그러나 이 경우에도 국민의 권리와 의무에 새로이 영향을 미치는 내용을 규정할 수는 없다.

행정규칙은 행정기관의 내부 규칙이지만, 법령과 상급 감독기관의 행정규칙에 위반되지 않는 범위 내에서 규정되어야 하고 특정한 행정목적을 달성하기 위해 필요한 한도 내에서만 규정되어야 한다. 행정규칙이 상위 법령과 결합해 대외적 구속력을 갖는 경우에는 상위 법령이 위임하는 범위 내에서 규정되어야 한다. 이러한 경우에도 그 대상은 전문적·기술적 사항이나 경미한 사항으로서 업무의 성질상 위임이 불가피한 사항에 한정된다(헌법재판소 2004.10.28. 결정 99헌바91).

4. 국회의 행정입법 통제

1) 의회에 의한 행정입법 통제 필요성

우리 헌법은 입법권을 국회에 부여하고 있다(헌법 제40조). 따라서 국민의 권리·의무의 형성에 관한 사항과 국가의 통치조직·작용에 관한 기본적이고 본질적인 사항은 반드시 국회가 정하도록 하는 헌법의 이념에 충실해야 한다. 행정부가 법률의 내용을 보충하거나 집행 기준을 마련하기 위해 일반적·추상적인 법규를 정립하는 행정입법 권한은 국회의 입법권으로부터 파생된 권한이다.

그런데 행정부가 행정입법의 형식으로 사실상 실질적인 법규를 창조하는 추세가 심화될 경우 기본권을 부당하게 침해하는 것은 물론이고 헌법상 기본원칙인 의회민주주의와 권력분립 원리까지 위협할 수 있다. 이에 따라 행정입법이 한계를 지키도록 적절하게 통제할 필요성이 더욱 커지고 있다. 특히 국민의 대표기관인 국회는 입법권에 근거해 행정입법이 상위 법률의 내용과 목적에 적합하게 제·개정되었는지 여부를 심사하고 통제할 필요가 있다.

의회에 의한 행정입법의 통제에는 직접적 통제방법과 간접적 통제방법이 있다. 직접적 통제에는 동의나 승인을 받도록 하거나 일단 유효하게 성립된 행정입법의 효력을 후에 소멸시킬 수 있는 권한을 의회에 유보하는 방법이 포함된다. 하지만 미국, 독일 등과 달리 우리나라에서는 이러한 제도를 일반적으로 채택하고 있지 않다. 다만, 우리 헌법에 따르면 대통령의 긴급재정·경제명령이나 긴급명령에 대해 의회가 사후적으로 승인하거나(헌법 제76조 제3항 및 제4항) 상위 법률을 제·개정해 위법한 법규명령의 효력을 제거할 수 있다. 또한 「국회법」 제98조2에 따르면 국회 상임위원회는 소관 중앙행정기관이 제출한 대통령령·총리령 및 부령의 법률 위반 여부 등을 검토해 법률의 취지 또는 내용에 합치되지 않는다고 판단되는 경우 소관 중앙행정기관의 장에게 그 내용을 통보할 수 있다.

간접적 통제는 의회의 행정부에 대한 감독 권한을 활용해 행정입법의 성립이나 발효 등에 대해 통제하는 것을 뜻한다. 예컨대 국정감사 또는 조사권, 국무총리 등에 대한 질문권, 국무총리 또는 국무위원의 해임건의권, 대통령에 대한 탄핵소추권 등 행정권에 대한 감독 권한을 행사함으로써 위법한 법규명령을 간접적으로 통제하는 방식이다.

물론 법원이나 헌법재판소가 행정입법을 통제하는 것도 가능하다. 헌법 제107조 제2항은 "명령·규칙 또는 처분이 헌법이나 법률에 위반되는 여부가 재판의 전제가 된 경우에는 대법원은 이를 최종적으로 심사할 권한을 가진다"라고 규정하고 있다. 헌법재판소에서도 시행령이나 시행규칙 등이 별도의 집행행위를 기다리지 않고 직접 기본권을 침해할 때에는 모두 헌법소원심판의 대상이 될 수 있는 것으로 본다(헌법재판소 1990.10.15. 89헌마178).

그러나 행정입법을 사법적으로 통제하는 것은 구체적인 사건에서 행정입법이 헌법이나 법률에 위반되는 여부가 재판의 전제가 된 경우에만 사후적으로 가능하며, 국민이 위헌·위법한 행정입법 자체를 대상으로 제소하는 것은 불가능하다. 또한 권리침해가 발생한 후에는 이를 구제하기 위한 재판 과정에 장기간이 소요된다.

반면 국회는 「국회법」상 행정입법 검토제도뿐만 아니라 행정입법의 모법인 상위 법률의 개정·폐지, 국정감사, 질의권 활용 등의 다양한 방식으로 행정입법을 통제할 수 있다. 국회의 이러한 통제권 행사는 행정입법의 위헌·위법성을 신속하게 제거할 수 있어 국민의 자유와 기본권을 보장하는 데 보다 실효적이다. 또한 적법성 판단에 한정되는 사법적 통제와 달리 국회는 행정입법에 대한 공정성, 효율성, 합목적성 등의 기준으로 행정입법이 상위 법률의 내용과 취지에 맞는지 여부에 대한 적정성 판단도 가능하다는 점에서 판단범위가 더 광범위하다.

2) 행정입법 검토제도(「국회법」 제98조의2)

우리 국회는 행정입법에 대한 직접적인 통제를 강화하기 위해 1997년 「국회법」을 개정해 행정입법의 국회 송부절차를 신설하는 것을 시작으로 제도적인 측면을 점차 발전·강화해 왔다.

현행 「국회법」에 따른 국회의 행정입법 검토제도는 다음과 같다. 먼저 중앙행정기관의 장은 법률에서 위임한 사항이나 법률을 집행하기 위해 필요한 사항을 규정한 대통령령·총리령·부령·훈령·예규·고시 등이 제정·개정 또는 폐지된 때에는 10일 이내에 이를 국회 소관 상임위원회에 제출해야 한다. 대통령령의 경우에는 입법예고를 하는 때에도 입법예고안을 10일 이내에 제출해야 한다. 이 기간 이내에 제출하지 못한 경우에는 그 이유를 소관 상임위원회에 통지해야 한다(「국회법」 제98조의2 제1항 및 제2항).

상임위원회는 위원회 또는 상설소위원회를 정기적으로 개회해 소관 중앙행정기관이 제출한 대통령령·총리령 및 부령에 대해 법률을 위반하는지 여부 등을 검토한다. 「국회법」 제98조의2 제1항의 행정입법 제출제도는 행정입법 전체를 대상으로 하지만 제3항의 행정입법 검토제도는 대통령령, 총리령, 부령이 대상이라는 점에서 차이가 있다. 또한 상임위원회 전문위원은 행정입법에 대한 검토결과를 해당 위원회 위원에게 제공하도록 규정하고 있다(「국회법」 제98조의2 제3항 및 제9항).

대통령령 또는 총리령의 경우 상임위원회의 검토결과 법률의 취지 또는 내용에 합치되지 않는다고 판단되면 검토결과보고서를 의장에게 제출해야 한다. 국회의장은 검토결과보고서를 본회의에 보고하고, 국회는 본회의 의결로 이를 처리하고 정부에 송부한다. 정부는 송부받은 검토결과에 대한 처리 여부를 검토하고 처리결과를 국회에 제출해야 한다. 만약 정부가 송부받은 검토결과에 따르지 못하는 경우 사유를 함께 제출해야 한다(「국회법」 제98조의2 제4항, 제5항 및 제6항). 2020년 「국회법」 개정을 통해 행정입법 검토보고서를 본회의에서 의결하는 제도가 도입되었는데, 이 제도의 취지는 본회의 의결 절차를 거침으로써 행정입법 통제에 대한 입법부 의사의 대표성을 확보하고 정부에 대한 구속력을 강화하는 것이다.

부령의 경우 상임위원회가 해당 부령이 법률의 취지 또는 내용에 합치하지 않는다고 판단되면 소관 중앙행정기관의 장에게 그 내용을 통보할 수 있다. 이 경우 중앙행정기관의 장은 통보받은 내용에 대한 처리계획과 그 결과를 지체 없이 소관 상임위원회에 보고해야 한다(「국회법」 제98조의2 제7항 및 제8항).

이와 같은 국회의 행정입법 통제시스템은 법률에서 위임한 사항이나 법률의 집행을 위해 필요한 사항을 규정한 행정입법(대통령령·총리령·부령·훈령·예규·고시 등)이 제정·개정 또는 폐지된 경우 중앙행정기관의 장이 이를 국회에 제출하도록 하고 국회는 행정입법의 법률 위반 여부 등을 검토할 수 있도록 함으로써 궁극적으로는 정부의 자의적인 행정입법을 방지하기 위해 도입된 제도이다.

「국회법」에 따라 실시하는 행정입법 검토 업무를 지원하기 위해 국회사무처는 「행정입법 분석·평가 업무 처리에 관한 규정」을 제정했다. 이 규정에 따라 국회 법제실은 상임위원회가 의뢰한 행정입법에 대해 분석 평가한 후 그 결과를 해당 상임위원회로 송부하고 있다. 〈예시 4-16〉은 법제실에서 행정입법에 대해 분석·평가한 결과서의 한 예이다.

3) 행정입법 평가기준[15]

여기서는 국회가 행정입법을 검토할 때 실무적으로 활용하고 있는 평가기준을 소개한다. 이 기준은 행정입법을 평가하는 기준이기도 하지만 정부가 행정입법을 할 때 입법자의 의도와 법령체계를 조화시키기 위해 준수해야 하는 기준이기도 하다.

(1) 위임근거 없는 국민의 권리 제한 또는 의무 부과

법치국가의 법률유보원칙에 따르면 행정권을 발동하기 위해서는 법률상 근거가 필요하다. 더 나아가 국가와 국민에게 중요한 의미가 있는 영역에 관해서는 본질적인 사항에 대해 국민의 대표기관인 의회가 스스로 결정해야 한다. 즉, 행정입법에서는 기본권의 본질적인 사항 등 전속적인 법률사항 내용을 정하지 않아야 한다. 이를 위반한 행정입법은 위헌이고 위법하다.

국민의 권리를 제한하거나 국민에게 의무를 부과하는 행정입법을 규정하기 위해서는 원칙적으로 수권법률에 위임의 근거가 되는 수권규정이 직접 존재해야 하거나 수권법률의 입법 취지 및 관련 조항 전체

15 국회 법제실, 『행정입법 분석·평가 이론과 실무』(2020) 참조.

예시 4-16 「서민의 금융생활 지원에 관한 법률 시행령」 분석·평가 결과서

신용협동조합법 시행령(대통령령 제28390호) 제18조

법률에서는 신용협동조합이 채무를 변제받기 위하여 비업무용 부동산을 소유하는 경우를 인정하고 있으나, 시행령에서는 이에 해당하는 부동산을 처분하여야 한다고 규정하여 법률의 근거 없이 신용협동조합에 부동산 처분 의무를 부과하고 있으므로, 부동산 처분의 필요성이 인정된다면 법률에 명시적인 근거를 마련할 필요가 있음.

가. 관련 규정

○ 「신용협동조합법」 제45조

▪ 법 제45조는 신용협동조합이 부동산을 소유할 수 있는 경우를 업무상 필요한 경우와 채무를 변제받기 위하여 부득이한 경우로 한정하고 그 외의 경우는 부동산을 소유할 수 없도록 규정하고 있음.

○ 「신용협동조합법 시행령」 제18조 제3항

▪ 시행령 제18조 제3항은 채무를 변제받기 위하여 부동산을 소유한 조합은 금융위원회가 정하는 방법과 절차에 따라 그 부동산을 처분하여야 한다고 규정하고 있음.

신용협동조합법	신용협동조합법 시행령
제45조(부동산의 소유 제한) 조합은 업무상 필요하거나 채무를 변제받기 위하여 부득이한 경우를 제외하고는 부동산을 소유할 수 없다.	제18조(업무용 부동산의 범위 등) ① · ② (생략) ③ 법 제45조에 따라 채무를 변제받기 위하여 부동산을 소유한 조합은 금융위원회가 정하여 고시하는 방법 및 절차에 따라 그 부동산을 처분하여야 한다.

나. 분석 및 평가

○ 부동산 처분의무는 재산권을 제한하는 것으로 법률상 근거가 필요

▪ 신용협동조합은 업무상 필요한 경우와 채무를 변제받기 위하여 부득이한 경우 외에는 부동산 소유가 금지됨.

▪ 이는 조합의 재무건전성 확보와 이용자 보호 등을 위하여 비업무용 부동산의

소유를 엄격히 제한하려는 것으로, 시행령에서 조합이 채무를 변제받기 위하여 소유한 부동산에 대해서도 처분하도록 의무를 부과하고 있는 것은 법률의 취지에 상응하는 측면이 있음.

▪ 그러나 법률은 조합의 부동산 소유를 제한하되 채무를 변제받기 위한 경우에는 예외적으로 부동산 소유를 인정하고 있는 반면, 시행령은 법률상 인정되는 소유 부동산을 처분하도록 의무를 부과하고 있고, 이는 새로운 의무를 부과하는 것으로서 법률상 근거가 필요함.

다. 개선방안

○ 부동산 처분의무 규정을 법률에 둘 필요 있음.

▪ 신용협동조합의 비업무용 부동산 소유를 엄격히 금지할 필요성이 인정된다면 조합이 채무를 변제받기 위하여 비업무용 부동산을 취득한 경우 이를 처분하도록 법률에 명시적 근거를 두고, 시행령에 그 방법과 절차 등을 정하도록 위임하는 것이 적절할 것임.

라. 법령 개정 현황

○ 「신용협동조합법」 제45조 제2항 신설

▪ 법 제45조 제2항에 신용협동조합이 채무를 변제받기 위하여 부득이하게 소유하게 된 비업무용 부동산에 대한 처분 의무를 규정함(법률 제19259호, 2023.3.21. 개정, 2023.9.22. 시행).

신용협동조합법 (법률 제18714호, 2022.7.5)	신용협동조합법 (법률 제19259호, 2023.9.22)
제45조(부동산의 소유 제한) (생략) 〈신설〉	제45조(부동산의 소유 제한) ① (현행제목 외의 부분과 같음) ② 제1항에 따라 채무를 변제받기 위하여 부동산을 소유한 조합은 대통령령으로 정하는 방법 및 절차에 따라 그 부동산을 처분하여야 한다.

자료: 제411회국회(임시회) 국회본회의회의록 제2호.

를 유기적·체계적으로 보아 행정입법에 규정될 사항을 예측할 수 있어야 한다.

상위 법률이 위임하지 않는 한 행정입법으로 법률이 규정한 개인의 권리·의무에 관한 내용을 변경·보충하거나 법률에 규정되지 않는 새로운 내용을 규정할 수 없다. 예를 들어 국민의 권리·의무에 직접 영향을 주는 행정행위(시정명령 등) 또는 결격사유 등을 행정입법에서 신설하는 것은 위임근거 없이 권리·의무를 제한하는 것으로 볼 수 있다.

상위 법률이 위임했더라도 법률이 위임한 내용과 범위 등 위임의 한계를 준수해야 한다. 법률의 위임규정 자체에서 의미 내용을 정확하게 알 수 있는 용어를 사용해 위임의 한계를 분명히 하고 있는데도 행정입법이 상위 법률의 문언적 의미의 한계를 벗어났다면 이는 위법하다. 예를 들어, 수권법률에서 처분의 기준만을 위임했는데 행정입법에서 처분의 유예 사유까지 규정하는 등 수권법률이 정한 특정 사항, 기간, 또는 금액 등의 범위를 행정입법으로 확대하거나 초과하는 경우 위임범위를 일탈한 것으로 볼 수 있다. 또한 수권법률에서 예시한 사항과 본질적 동일성이 인정되지 않는 사항을 추가하거나 확대한 경우 위임범위의 일탈에 해당할 수 있다.

(2) 상위 법률의 취지 및 내용과의 불합치

법질서는 헌법을 최상위에 두고 통일적인 체계를 이루고 있으므로 행정입법의 내용은 모법뿐만 아니라 헌법의 명문 규정과 헌법의 기본원칙에 부합해야 한다. 따라서 헌법 규정과 기본원칙[16]에 위반되는 행정입법은 허용될 수 없다. 예를 들어 상위 법률의 위임에 따라 대통령령이 규정되어 있더라도 규정된 과징금, 부담금 등의 기준이 다른 재제적 행정처분 등과 균형이 맞지 않으면 평등권을 침해할 수 있고, 경과조치나 적용례를 두지 않는 경우 국민의 신뢰이익을 침해할 수 있다.

행정입법의 내용을 규정하는 데 있어 모법의 위임한계는 물론이고 모법의 입법 취지와 규정 내용 등을 균형 있게 고려함으로써 해당 법령의 타당성과 합리성을 확보해야 한다. 행정입법의 내용이 국민의 이익보다는 행정편의를 추구해 국민의 이익을 필요 이상으로 침해한다면 타당성이나 합리성이 결여된 행정입법이다. 또한 상위 법률에 따라 부과된 의무를 준수하는 데 필요한 중요한 고려사항이 누락되어 있는 것도 위법한 행정입법이라고 볼 수 있다. 예를 들어 재량행위의 기준이 설정되어야 함에도 그 기준이 전혀 설정되어 있지 않거나, 기준이 설정되어 있더라도 해당 규정의 목적 및 적용 상황에 비춰 반드시 고려해야 하는 내용을 빠뜨린 경우가 이에 해당한다.

또한 법률의 위임 없이 집행명령으로 절차적 사항 등의 내용을 규율하더라도 상위 법률의 입법 취지 및 내용을 효과적으로 집행할 수 있는 방향으로 규정되어야 한다. 상위 법률의 입법 목적을 훼손하거나 사실상 상위 법률 내용을 변경하는 행정입법도 위법하다고 볼 수 있다.

(3) 행정입법 부작위

행정권에 행정입법을 제정·개정 또는 폐지할 법적 의무가 있음에도 합리적인 이유 없이 지체해 행정입법을 제정·개정 또는 폐지하지 않는 경우 행정입법 부작위에 해당한다. 법치행정의 원칙을 당연한 전제로

---

16 헌법상 기본원칙에는 비례원칙(과잉금지 원칙), 평등원칙, 명확성 원칙, 신뢰보호 원칙, 적법절차 원칙 등이 있다.

하고 있는 우리 헌법에서 행정부의 행정입법 등 법 집행의무는 헌법적 의무에 해당한다.

행정입법 부작위가 되려면 첫째, 행정기관에 행정입법을 제정 또는 개정할 법적 의무가 있어야 한다. 상위 법령에서 위임한 사항이 있거나 상위 법령의 집행을 위해 필요한 사항이 있어야 한다. 또한 행정입법 제정이 법률의 집행에 필수적인 경우로서 상위 법령의 규정만으로는 집행이 이루어질 수 없어야 한다. 둘째, 행정입법의 제정 또는 개정에 필요한 상당한 기간이 지났음에도 행정입법의 제정 또는 개정이 이루어지지 않은 경우이다. 법률상 정해진 시행일이 지난 경우 일반적으로 상당한 기간이 지난 것으로 추정할 수 있다. 다만, 행정부의 행정입법 지체에 합리적인 사유가 있는 경우 행정입법 부작위에 해당한다고 보기 어렵다.

(4) 포괄적 재위임

포괄적 재위임이란 법률에서 위임받은 사항을 대통령령 등에서 전혀 규정하지 않고 총리령·부령 등 하위 법령에 그대로 재위임하는 것을 의미한다. 이는 위임사항을 제·개정 절차가 간편한 하위 법령으로 규정함으로써 행정 편의적인 법 집행을 조장할 우려가 있다. 포괄적 재위임에 해당하지 않기 위한 요건으로는 첫째, 재위임 근거가 존재해야 한다. 법률에서 위임한 사항 중 일부를 부령, 조례, 또는 중앙행정기관의 장 등이 정하도록 하는 하위 법령에 재위임할 수 있는 근거 자체가 존재해야 한다. 둘째, 위임받은 사항에 관해 대강을 정해야 한다. 즉, 하위 법령에서 세부적인 사항을 정할 수 있도록 위임받은 사항의 기본적인 틀 또는 기본적인 일부 사항을 정해야 하며, 위임받은 사항에 대한 구체적인 예시를 두어야 한다. 또한 특정 사항을 범위를 정해 재위임해야 한다. 재위임하는 내용에 대해서는 국민의 예측가능성이 보장되어야 한다.

(5) 법령 용어·형식·체계 등의 미정비

법체계상 행정입법권은 국회의 입법권에서 파생된 권한이다. 따라서 상위 법률과 조화될 수 없는 개념이 사용되거나 동일한 구성요건을 두고 상이한 법적 효과가 규정된 경우, 법률에서 위임받은 형식과 다른 행정입법의 형식으로 규정된 경우, 법령 형식별 소관 사항을 준수하지 않은 경우 등은 부적합한 행정입법으로 볼 수 있다.

또한 행정입법이 장기간 개정되지 않아 발생하는 문제, 즉 변화된 행정환경을 반영하지 못해 사문화되는 것, 상위 법률의 제정·개정으로 변경된 사항을 정비하지 않아 누락과 오기가 발생하는 것, 일반적으로 사용되지 않는 옛날식 용어·명칭·표현 등을 사용하는 것 등은 법률 집행상으로는 문제가 없더라도 해당 규정이 행위 준칙으로서의 역할을 담당하기 어렵게 하므로 정비할 필요가 있다.

제5장

예산안·결산 심사

제1절 개관

이 장에서는 예산안과 결산을 심사하는 과정에 관해 살펴본다. 국민의 대표기관으로서 의회의 가장 대표적이고 본질적인 권한은 입법권과 재정권이다. 국회의 재정권은 국민이 납부한 세금 등을 기초로 하는 국가의 재정작용이 자의적으로 이루어지지 않도록 국민의 대표기관인 의회가 통제를 하도록 하려는 것이다.

국가의 재정작용에서 핵심을 차지하는 것이 예산이다. 주요 선진국과 달리 우리 헌법은 예산을 법률과 구분된 별도의 형식과 절차로 규정하고 있다(헌법 제53조 및 제54조). 이에 따라 예산안에서 세입 부분은 세법 심의결과와 연계해 처리하지만, 세출 부분은 법률안 심의가 아닌 예산안 심의로 확정한다. 그리고 국회의 심의로 확정된 예산을 실제로 집행한 결과가 결산인데, 국회는 결산 심사를 통해 집행과정의 위법·부당함이 없는지, 국회가 예산안을 심의·확정한 취지대로 집행했는지를 확인한다.

이 장에서는 예산과 예산과정에 관해 각각 절을 구분해 설명한다. 국가재정이나 예산항목 등은 매우 복잡하기 때문에 이 책에서는 국회의 예산안·결산 심사과정을 이해하는 데 필요한 기초적인 내용을 위주로 소개한다. 그리고 이를 바탕으로 국회의 예산안 심사과정과 실제 현실에 대해 설명한다. 결산 심사는 예산안 심사과정과 절차상으로는 사실상 동일하므로 마지막 절에서 간략히 알아본다. 결산 심사의 조치사항과 관련해서는 국회가 감사원에 감사를 요구하는 감사요구제도를 함께 소개한다.

제2절 예산의 이해

이 절에서는 국가 예산을 기본적으로 이해하기 위해 예산의 개념과 일반회계, 특별회계, 기금의 범위에 대해 살펴본다. 또한 법률과는 다른 예산의 형식과 특징에 대해 알아보고 본예산, 수정예산, 추가경정예산 등 예산과 예산안의 종류를 개관한다. 또한 예산의 구조를 세입예산과 세출예산으로 구분해 주요 내용을 간략히 설명한다.

1. 예산의 개념과 범위

예산이란 국회의 의결을 통해 확정된, 중앙정부의 한 회계연도에 걸친 수입·지출 계획을 뜻한다(김춘순, 2014: 183). 형식적 의미로 보면, 헌법 또는 「국가재정법」에 의거해 정부가 일정한 형식에 따라 편성하고 국회의 심의·의결을 거쳐 확정된 다음 회계연도 국가재정의 일반적인

그림 5-1 2025년 기준 중앙정부 재정체계

일반회계	기업특별회계(5개)	기타특별회계(16개)	기금(67개)
세입 • 내국세 • 관세 • 세외수입 **세출** • 일반/지방행정 • 공공질서 및 안전 • 통일/외교 • 국방 • 교육 • 문화 및 관광 • 환경 • 사회복지 • 보건 • 농림수산 • 산업/중소기업 및 에너지 • 교통 및 물류 • 통신 • 국토 및 지역개발 • 과학기술 • 예비비	• 우편사업 • 우체국예금 • 양곡관리 • 조달 • 책임운영기관	• 교도작업 • 지역균형발전 • 농어촌 구조개선 • 등기 • 행정중심복합도시 건설 • 아시아문화중심 도시 조성 • 에너지 및 자원사업 • 우체국보험 • 주한미군기지 이전 • 환경 개선 • 국방군사시설 이전 • 혁신도시 건설 • 교통시설 • 유아교육 지원 • 소재부품장비 경쟁력 강화 및 공급망 안정화 • 고등·평생교육 지원	• 사업성기금 48개 • 사회보험성기금 6개 • 금융성기금 8개 • 계정성기금 5개

자료: 국회예산정책처(2025: 6).

계획표이다. 실질적 의미로 보면, 국가의 재정수요와 이를 충당하는 재원을 추정해 작성한 회계연도 내 세입·세출의 '예정적인' 계산서이다(신해룡, 2012: 4). 즉, 예산이란 정부의 정책 중 재정수입과 지출이 필요한 사항을 일정한 금액으로 표시한 것이자, 정부가 국가의 정책목표를 달성할 수 있도록 재원을 어떻게 조달하고 어떻게 지출할 것인지를 정리한 것이다. 국회는 이러한 수입과 지출의 항목이 제대로 편성되어 있는지, 어떻게 하면 보다 효율적으로 예산을 편성·집행할 수 있는지를 심의한다. 〈그림 5-1〉은 2025년 기준 중앙정부의 재정체계를 보여준다.

예산은 일반회계와 특별회계로 나뉜다. 일반회계는 국가의 일반적인 지출, 즉 통상적인 국가활동, 행정작용, 재정사업에 사용하기 위해 설치된 회계이다. 특별회계는 특정 사업이나 특정 자금을 위해, 또는 특정 세입과 특정 세출을 연계하기 위해 일반회계와 구분할 필요가 있을 때 설치하는 회계이다. 예산은 조세수입을 기초로 한다. 이와 달리 기금은 법률이 정책목표를 달성하기 위해 특정한 사업자 등에게 부과한 출연금, 부담금 등을 주요 재원으로 하여 특정한 목적을 위해 특정 자금을 신축적으로 운영할 필요가 있을 때 설치한다.

2025년도 기준으로 일반회계 총지출은 365.3조 원이다. 특별회계는 기업특별회계 5개와 기타특별회계 16개가 있는데, 21개 특별회계의 총계는 82.1조 원이다. 총 67개인 기금의 총계는 225.9조 원이다(국회예산정책처, 2025: 6~7).[1] 중앙정부 예산·기금 총계에서 내부거래·보전거래를 제외한 전체 재정규모는 총지출 673.3조 원, 총수입 651.6조 원이다.

법적인 의미에서 엄밀하게 보면 예산은 일반회계와 특별회계로 구분되고 예산과 기금도 형식적인 측면에서 서로 다르다. 그러나 일반회계와 특별회계, 기금에 대한 실제 편성 과정이나 집행, 국회의 심의절차 등은 사실상 동일하다. 특히 헌법에서 국민의 대표기관인 국회의 예산심의권을 보장하려는 취지를 고려하면 예산과 기금을 엄격히 구분하는 것은 실익이 크지 않다(김춘순, 2014: 182~183). 즉, 헌법 제54조 이하에서 사용하고 있는 예산안, 예산, 지출예산 등의 용어는 일반회계와 특별

1 참고로 2024년 지방재정 규모는 일반재정 305.8조 원, 교육재정 92.4조 원으로 국가와 지방 규모를 구성비로 비교하면 62.3 대 37.8(일반 29.0, 교육 8.8)이다(국회예산정책처, 2025: 24).

회계는 물론 기금까지 모두 포함하는 중앙정부의 예산을 의미한다고 볼 수 있다.

예산(public budget)과 재정(public finance)은 혼동될 수 있으므로 범위를 구분할 필요가 있다. 재정은 예산보다 넓은 국가기능으로, 조세, 공과금, 화폐·통화, 재정조정 등까지 포괄한다(박기영, 2014: 4). 헌법을 보면 정부가 국채를 모집하거나 국가에 부담이 될 계약을 체결할 때에는 미리 국회의 의결을 얻어야 하고(헌법 제58조), 국가나 국민에게 중대한 재정적 부담을 지우는 조약을 체결·비준하려면 국회의 동의를 얻어야 한다(헌법 제60조). 국회의 대표적인 권한인 재정권은 이러한 측면을 모두 포함하는 것이다. 다만, 국회 운영이나 정치적·행정적 현실에서 가장 중요하고 쟁점이 되는 것은 예산심의권이다.

2. 예산의 형식 및 법률과의 관계

우리나라에서 예산은 법률이 아니다. 우리 국민은 대부분 이 사실을 자연스럽게 받아들이고 있다. 그러나 대부분의 주요국은 예산법률주의를 채택하고 있으며, 예산과 법률이 별개의 형식으로 의회를 통과하는 나라는 한국, 일본, 스웨덴 정도이다. 예산법률주의를 채택하면 예산의 목적, 내용, 한계가 법률 조문으로 명확하게 기술되기 때문에 예산 내용을 쉽게 이해할 수 있고 법률로 규정하기 때문에 법적 규범력도 높아진다.

예산법률주의는 국회의 재정 권한을 높이는 측면도 있다. 현재 우리 국회는 항목별 금액이 정리된 통계표 형식의 예산안을 의결하면서 법적 구속력이 없는 부대의견만 덧붙일 수 있다. 이에 비해 예산법률주의를 채택하면 예산법률을 심의한 결과에 따라 국회의 의견이 구체적인 법률 조문으로 법적인 구속력을 가질 수 있어 예산집행에 대한 통제도 강화될 수 있다. 하지만 반대로 예산 운용이 경직화될 수 있고 예산안을 심의하는 데 투입되는 시간과 노력이 그만큼 더 필요해진다.

우리나라에서 예산과 법률은 서로 형식이 다르고 그 효력 사이의 관계도 명시되어 있지 않다. 즉, 예산을 집행할 때 법률에서 지출의 근거가 필요한 것은 아니며, 반대로 법률은 있는데 이를 집행할 예산이 없는 경우가 발생할 수도 있다. 이 경우 정부는 추가경정예산안을 제출해 예산 자체를 국회의 심의를 거쳐 변경할 수도 있고, 예비비를 이용(移用)할 수도 있으며, 이용·전용 등 법적 절차에 따라 다른 항목의 예산을 활용할 수도 있다. 예산집행이 현저히 곤란한 법률안에 대해서는 재의 요구 조치, 즉 대통령이 거부권을 행사할 수도 있다. 상황에 따라서는 국회가 해당 법률을 개정해 예산과 법률의 불일치를 조정할 수도 있다(박기영, 2014: 122).

한편 「국회법」 제79조의2는 예산상 또는 기금상의 조치를 수반하는 의안에 대해 그 시행에 수반될 것으로 예상되는 비용에 관한 추계서(이하 '비용추계서')를 함께 첨부하도록 하고 있다. 이는 해당 법률안이 국가의 수입·지출 등 재정에 미치는 영향을 파악하고 실제 예산이 뒷받침되고 있는지 여부를 사전에 검토하는 절차를 의무화하기 위함이다. 국회의원 또는 위원회가 발의한 법률안은 국회예산정책처가, 정부가 제출한 법률안은 정부가 각각 추계서를 작성한다.

또 우리 헌법은 조세에 대해서는 조세 종목과 세율을 법률로 정하도록 하는 조세법률주의를 규정하고 있지만 지출에 대해서는 지출법률주의를 채택하고 있지 않다. 지출법률주의를 도입하면 국회는 각 사업의 구체적인 집행 방법에 관한 사항을 개별 법률에 규정할 수 있다. 정부는 이를 준수해 예산을 집행할 것이므로 예산집행에서 국회의 의사가 존중되는 효과도 거둘 수 있다. 또 개별 법률의 예산 근거 규정을 심의함으로써 연중 내내 예산을 심의하는 효과를 확보할 수 있으므로 예산을 장기적이고 체계적으로 심의할 수 있다. 제20대 국회 헌법개정특별위원회에서도 예산의 규범성을 확보하고 재정의 책임성을 강화하기 위해 지출법률주의를 도입할 필요가 있다는 의견이 다수 개진된 바 있다. 그러나 행정부 중심의 예산과정이 지속되어 온 현실에서 지출법률주의를 도입하는 것은 쉽지 않은 과제이다.

3. 예산과 예산안의 종류

정부가 제출하고 국회가 심의·확정하는 예산안의 종류는 통상 본예산안, 수정예산안, 추가경정예산안으로 구분된다(정호영, 2012: 459~461).

첫째, 본예산안은 헌법 제54조 제2항에서 정부가 회계연도 개시 90일 전까지 국회에 제출하고 국회는 회계연도 개시 30일 전까지 의결하도록 규정하고 있는 예산안이다. 일반적으로 말하는 예산안은 이 본예산안을 의미한다. 실제 예산안의 국회 제출은 「국가재정법」 제33조에 따라 회계연도 개시 120일 전까지 이루어진다.

둘째, 수정예산안은 국회가 예산안을 의결하기 전에 정부가 그 내용의 일부를 수정해 제출하는 예산안이다. 헌법에는 명문의 근거가 없으나 「국가재정법」 제35조(국회 제출 중인 예산안의 수정)에서 부득이한 사유로 국회에 제출된 예산안을 수정하고자 하면 국무회의 심의를 거쳐 대통령의 승인을 얻은 수정예산안을 국회에 제출할 수 있다고 규정하고 있다.

헌법상 명문의 규정은 없으나 「국가재정법」에 수정예산안의 근거를 마련해 둔 것은 여러 부처에 걸친 사업을 복잡하게 수정하는 경우 또는 수정의 규모가 큰 경우에는 정부가 수정예산안을 제출하는 것이 체계적으로 예산안을 심사하는 측면에서 편리하기 때문이다(국회예산정책처, 2025: 129). 수정 범위에 대해서는 명문으로 제한하고 있지 않으나 「국가재정법」에서 '부득이한 사유'와 '그 내용의 일부'라고 표현하고 있으므로 이러한 취지에 부합하는 범위여야 할 것이다. 수정예산안이 제출되면 기존에 정부가 제출한 예산안은 자동적으로 철회되며 독립 안건으로서의 효력이 상실된다고 본다(임명현, 2022: 311).

수정예산안은 지금까지 모두 4회 제출되었다. 본예산안에 대한 수정예산안이 제출된 것은 총 3회로, 1970년도, 1981년도, 2009년도 예산안에 대해 수정예산안이 제출되었다. 1980년도에는 추가경정예산안이 제출된 후 이에 대한 수정예산안이 제출되었다. 최근 사례인 2009년도 예산안에 대한 수정예산안을 보면, 미국 금융위기 등 경제 여건 변화를 반영하기 위해 총수입은 당초 대비 1.8조 원 감소한 293.2조 원, 총지출은 당초 대비 10조 원 증가한 283.8조 원으로 편성해 국회에 제출했다(국회예산정책처, 2025: 129~130). '수정예산안'과 '예산안에 대한 수정안(예결특위 또는 본회의에서의 수정안)'을 혼동해서는 안 되는데(임명현, 2022: 312), 후자는 이 장 제4절 '예산안 심사과정'에서 설명할 것이다.

셋째, 추가경정예산안은 예산이 성립된 후, 즉 국회가 심의·확정한 후 예산에 추가할 사항이 있거나 변경할 사항이 있을 때 정부가 국회에 제출하는 예산안으로, 헌법 제56조에서 명문으로 규정하고 있다. 「국가재정법」 제89조 제1항은 추가경정예산안을 편성할 수 있는 경우로 ①

예시 5-1 **수정예산안 사례**

2009년 수정예산안 개요

2008. 11

대 한 민 국 정 부

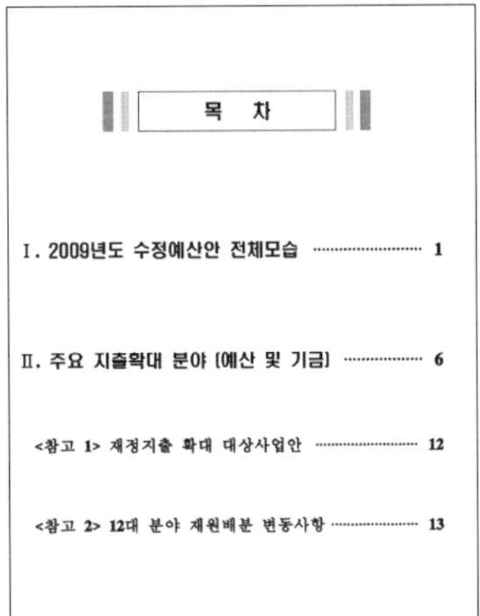

목 차

Ⅰ. 2009년도 수정예산안 전체 모습

< 요 약 >

◇ **지출확대 규모 : 10조원 수준** (공기업투자 1조원 별도)

ㅇ GDP 성장률 1%p 제고를 위한 정책노력의 절반수준을 재정지출이 담당

◇ **재정확대 효과**

ㅇ 성장률 1%p 내외 제고

- 추가 지출확대(11조원)·조기집행 0.5%p, 감세·'08추경 0.5%p

ㅇ 취업자 10만명 내외 증가

- 성장률 제고 효과 7만명, 규제혁파 등 제도개선 2~3만명

◇ **주요 재정지표 변화**

(조원, %)

	'08예산	'09당초(A)	'09수정(B)	증감(B-A)
• 총지출	257.2	273.8	**283.8**	**10.0**
(증가율)	*(8.5)*	*(6.5)*	**(10.4)**	
• 예산순계	195.1	209.2	**217.6**	**8.4**
(증가율)	*(10.4)*	*(7.2)*	**(11.5)**	
• 재정수지	△11.0	△10.4	**△21.8**	**△11.4**
(GDP대비,%)	*(△1.1)*	*(△1.0)*	**(△2.1)**	**(△1.1)**
• 적자성 국가채무	134.8	138.2	**148.6**	**10.4**
(GDP대비,%)	*(14.3)*	*(13.4)*	**(14.5)**	**(1.1)**
• 총 국가채무	317.1	333.8	**350.8**	**17.0**
(GDP대비,%)	*(32.7)*	*(32.3)*	**(34.3)**	**(2.0)**
• 일반회계 국채	7.4	7.3	17.6	10.3

◇ **중점 지원대상 사업**

① 지방 SOC 확충 등 지방경제 활성화 4.6조원

② 지방중소기업·영세자영업자·농어업인 지원 3.4조원

③ 저소득층 복지지원 확대 1.0조원

④ 청년 등 실업대책 0.3조원

⑤ 지방재정 지원 확대 1.1조원

자료: 2009년도 수정예산안 개요, 표지~1쪽(해당 이미지는 국회 의안정보시스템에서 '2009년도 예산안'을 검색한 후 '예산안 의안원문'에 함께 수록된 '수정안' 파일에서 발췌).

전쟁이나 대규모 재해가 발생한 경우, ② 경기침체, 대량실업, 남북관계 등 대내외 중대 변화가 발생했거나 발생할 우려가 있는 경우, ③ 법령에 따른 국가의 지출이 발생하거나 증가한 경우 등을 규정하고 있다.

제헌국회 이래 제21대 국회까지 추가경정예산안은 총 89회 제출되었다(국회사무처, 2025: 1261~1265; 국회예산정책처, 2025: 131~133). 전체 횟수를 평균으로 보면 사실상 매년 제출되는 셈인데, 1년에 2~3회 제출되는 경우도 있었으며, 2020년에는 코로나19 팬데믹 대응으로 4회 제출되기도 했다. 추가경정예산안은 국가적 재난이나 경제위기 등 긴급한 필요가 발생하는 경우 신속하게 합의 처리되기도 하지만 재정건전성 악화, 선심성 예산 등의 비판에 직면하기도 한다.

4. 예산의 구조

예산에서 세입과목은 관 – 항 – 목의 체계로 구분되어 있다. 크게 보면 소득세, 법인세, 상속세 등의 국세수입과 국세수입 외의 세외수입으로 나뉜다. '관'은 내국세(01), 관세(02), 방위세(03) 등의 순서로 나열되어 있으며, 정부내부수입 및 기타(40)가 마지막이다. 각 '관'은 '항'과 '목'의 순서로 다시 나뉜다. 예를 들어, 내국세(01) 관은 소득세(11), 법인세(12), 상속세(15) 등의 항으로 구성되어 있고, 소득세(11) 항은 신고분(111)과 원천분(112) 2개의 목으로 구성되어 있다.

세출예산은 크게 소관별 분류, 회계별 분류, 기능별 분류, 성질별 분류로 나뉜다. 소관은 소관 부처를 구분한 것이고 회계는 일반회계인지 아니면 특정 특별회계 중 무엇인지를 명시하는 것이다. 기능별 분류는 정책구조의 체계에 따라 분야(장) – 부문(관) – 프로그램(항) – 단위사업

(세항) - 세부사업(세세항)으로 나뉜다. 사업의 명칭과 예산 항목을 구분하기 위해 분야(장) - 부문(관) - 프로그램(항) - 단위사업(세항) - 세부사업(세세항) 각각의 체계에는 사업명을 부여하고 일련의 숫자로 사업코드를 표시한다. 예를 들어, 「재난안전통신망 구축 운용(정보화)」 사업은 행정안전부 소관 일반회계 사업으로, 공공질서 및 안전(020) 분야 - 재난관리(025) 부문 - 재난안전정보화(3000) 프로그램 - 재난정보통신관리(3031) 단위사업의 세부사업(502)이다. 이 경우 실무적으로는 통상 '「재난안전통신망 구축 운용(정보화)」(3031-502)' 식으로 단위사업 또는 세부사업의 사업명(사업코드)을 표시한다.[2]

이처럼 소관, 회계, 기능으로 구분된 모든 경비는 실제 지출하는 성질에 따라 다시 비목별 분류로 나뉜다. 비목별 분류는 '목'과 '세목'의 체계로 구성된다. '목'은 인건비(100), 물건비(200), 이전지출(300), 자산취득 및 운용(400), 상환지출(500), 전출금 등(600), 예비비 및 기타(700)와 같이 일곱 가지 성질로 구분된 후 총 27개의 목으로 분류된다. 예를 들어, 일반적인 행정·사무 비용이 포함되는 물건비(200)에는 운영비(210), 여비(220), 특수활동비(230), 업무추진비(240), 직무수행경비(250), 연구용역비(260), 안보비(270), 정보보안비(280)의 목이 있다. 목 아래에는 '세목'이 있다. 예를 들어, 전술한 물건비(200) 가운데 운영비(210)에는 일반수용비(210-01), 공공요금 및 제세(210-02), 임차료(210-07) 등 16개의 세목이 있다.

2 사업명에서 일반적인 사업과 달리 각종 시스템 구축 등 정보화 사업은 '(정보화)'를 부가해 표시한다.

제3절 예산과정의 이해

이 절에서는 예산의 편성에서부터 결산에 이르기까지 전체 예산과정을 개관하고, 정부 우위의 예산과정에 대해 간략히 언급한다. 각 예산과정의 세부적인 내용, 국회 예산안·결산의 실제 심사절차에 대해서는 다음 절에서 설명한다.

1. 예산과정의 개요

예산과정(budget cycle)이란 예산의 편성에서부터 심의·확정, 집행, 결산으로 연결·반복되는 과정을 가리킨다. 예산과정은 3년의 기간이 하나의 주기로 구성된다. 이는 당해 연도를 기준으로 할 때 예산 주기가 전년도 결산 → 당해 연도 예산의 집행 → 다음 연도 예산편성 및 심의의 순서로 3년에 걸친 과정을 필요로 하기 때문이다(신해룡, 2012: 85). 다음 연도 예산안을 기준으로 할 때, 예산과정은 정부의 예산안 편성에서부터 시작된다고 볼 수 있다. 우리 헌법과 「국가재정법」에 따르면 정부가 회계연도 개시 120일 전(9월 3일)까지 예산안을 편성해 국회에 제출하면 국회는 회계연도 개시 30일 전(12월 2일)까지 이를 의결한다(헌법 제54조).

1) 정부의 예산안 편성

우리 헌법은 예산안 편성권을 정부에 부여하고 있다(헌법 제54조 제2항). 정부의 예산안 편성은 ① 각 부처의 중기사업계획서 제출(~1/31), ② 기획재정부의 예산안편성지침 통보(~3/31), ③ 각 부처의 예산요구

표 5-1 예산안 편성 일정

기간	사항	비고
1월 31일까지	• 중기사업계획서 제출 (각 부처 → 기획재정부)	•「국가재정법」 제28조 - 신규 및 주요 계속사업(5회계연도 이상)
3월 31일까지	• 예산안편성지침 통보 (기획재정부 → 각 부처) • 국회 예결위 보고 (기획재정부 → 예결위)	•「국가재정법」 제29·30조 - 국가재정운용계획과 예산편성의 연계 - 중앙관서별 지출한도 포함
5월 31일까지	• 예산요구서 제출 (각 부처 → 기획재정부)	•「국가재정법」 제31·32조 - 예산조정 작업 착수(기획재정부) - 국무회의 심의 후 대통령 승인으로 정부예산안 확정
9월 3일까지	• 예산안 및 국가재정운용계획의 국회 제출	• 회계연도 개시 120일 전까지 국회 제출(헌법 제54조 및「국가재정법」 제33조)
12월 2일까지	• 예산안 국회심의·의결	• 회계연도 개시 30일 전(12월 2일)까지 의결(헌법 제54조)
국회 확정 후	• 예산공고	• 확정된 예산의 정부 이송 • 국무회의 의결·대통령 재가 후 공고

자료: 예산결산특별위원회(2023: 49) 재정리.

서 제출(~5/31), ④ 기획재정부의 예산안 편성, ⑤ 국무회의 심의 및 대통령 승인, ⑥ 국회 제출(~9/3)의 순서로 이루어진다(「국가재정법」 제28조부터 제33조까지).

각 중앙관서는 매년 1월 31일까지 향후 5년 이상의 신규사업 및 주요 계속사업에 대한 중기사업계획서를 기획재정부에 제출한다. 중기사업계획서는 향후 5년간의 국가재정운용계획 수립과 예산안 편성을 위한 지출한도 설정의 기초자료로 활용된다(국회예산정책처, 2025: 134). 이후 기획재정부는 각 부처에서 제출한 중기사업계획서를 중심으로 전년도에 작성한 국가재정운용계획과 비교·검토한다. 이 과정에서 전문가 견해를 청취하면서 거시지표 전망에 대해 재정 규모의 윤곽을 설정하고, 대통령, 국무총리 및 국무위원 전원이 참석하는 국가재정전략회의에서 분야별·부처별 지출한도 및 국가재정운용계획 수립을 논의하기 위한 준비를 진행한다.

기획재정부는 다음 연도의 경제전망에 대한 예측과 정부의 정책 방향 등을 고려해 예산안 편성의 기본방향이 되는 예산안편성지침을 작성한다. 예산안편성지침은 국무회의 심의와 대통령의 승인을 거쳐 매년 3월 31일까지 각 중앙관서에 통보하고 같은 내용을 국회 예결위에 보고한다. 또한 국가재정운용계획을 근간으로 하여 분야별·부처별 지출한도를 설정하는데, 각 부처는 부처별 지출한도 내에서 기존 사업의 구조조정 및 신규사업 발굴 등을 통해 자율적으로 세부사업을 편성한다.[3] 각 부처의 장은 이를 통해 작성된 부처별 예산요구서를 5월 31일까지 기획재정부에 제출한다. 기획재정부가 각 부처의 예산요구서를 조정해 편성한 전체 예산안은 국무회의 심의와 대통령의 승인을 거쳐 회계연도가 개시되기 120일 전(9월 3일)까지 국회에 제출된다.

2) 국회의 심의·확정

정부가 제출한 예산안은 국회가 심의·확정한다(헌법 제54조 제1항). 국회의 예산안 심의는 ① 정부의 시정연설, ② 상임위의 예비심사, ③ 예결위의 종합심사, ④ 본회의 의결 순서로 이루어진다(헌법 제54조 및 「국회법」 제84조 등). 다만, 정보위원회의 국가정보원 등에 대한 예산안 심사는 예결위 심사와 별도로 이루어지고 있어 예결위에서 수정하지 못한다. 예산 심의 과정의 세부 절차는 다음 절에서 다시 상술한다.

---

3 이를 예산의 '총액배분·자율편성(top-down)' 제도라고 하는데, 과거 '부처요구·중앙편성(bottom-up)' 방식을 대신해 2005년부터 도입되었다(국회예산정책처, 2025: 136).

국회의 예산안 심의는 정부가 예산안을 제출하는 시점부터 공식적으로 시작된다. 현행 헌법은 예산안을 회계연도 90일 전(10월 2일)까지 국회에 제출하도록 규정하고 있다(헌법 제54조 제2항). 1972년 제7차 개정헌법, 즉 유신헌법 이전에는 예산안을 회계연도 개시 120일(9월 3일) 전까지 국회에 제출하도록 되어 있었다. 하지만 유신헌법은 예산안의 국회 제출 시한을 회계연도 개시 90일 전으로 바꿔 국회에서 예산안을 심사하는 기간을 줄여버렸다.

이 때문에 예산안 제출(10월 2일)에서 헌법상 의결 시한(12월 2일)까지의 심의 기한이 촉박하다는 비판이 지속되었다. 그리고 헌법개정이 어렵다면 법률개정을 통해서라도 국회의 예산 심의 기간을 확보할 필요성이 꾸준히 제기되어 왔다. 이에 국회는 2012년「국회선진화법」개정 당시 예산안 자동부의 제도를 도입하면서 예산 심의 기간을 확보하기 위한「국가재정법」개정을 부대의견으로 채택했다. 이후 2013년에 개정된「국가재정법」은 예산안을 회계연도 90일 전에 제출하는 규정을 120일 전 제출로 바꿔 예산 심의 기간을 30일 늘렸다. 한편 국회의 예산안 의결 법정시한의 경우 제헌헌법에서는 회계연도 개시 전까지 의결하면 되도록 하고 있었으나 1962년 제5차 개정헌법에서 회계연도 개시 30일 전(12월 2일)까지로 바뀌었는데, 이것이 현행까지 이어지고 있다.

우리 헌법 제57조는 국회가 정부의 동의 없이 지출항목 각항의 금액을 증가하거나 새 비목을 설치할 수 없도록 하여 국회의 예산수정권을 제한하고 있다. 이처럼 규정상으로는 제한되어 있으나 현실에서는 여·야 협상과 합의 및 정부 동의로 예산안 증액이 이루어지고 있다. 그러나 정부가 예산안 증액동의 권한을 지닌 것은 국가 예산의 최종적 결정권한을 국민의 대표기관인 국회에 두도록 한 헌법정신과 충돌할 수 있고,

의회가 해야 할 예산의 실질적인 조정과 결정을 선출직이 아닌 중앙예산기관의 관료가 대신한다는 문제가 있다.

3) 예산의 집행

예산이 확정되고 새로운 회계연도가 시작되면 예산집행 단계에 들어간다. 예산집행은 예산배정에서 시작되며, 배정된 예산은 지출원인행위를 바탕으로 집행과정을 거친다(서갑수, 2012: 4). 예산집행은 단순히 예산상의 금액을 수납·지출하는 것이 아니라 수입의 조정, 예산 및 자금의 배정, 지출원인행위의 실행, 국채의 발행, 일시차입금의 차입, 세출예산의 이용·전용·이체, 계약의 체결 등까지 모두 포함하는 활동이다(국회예산정책처, 2025: 255).

예산집행의 첫 단계인 예산배정은 각 중앙관서의 장이 예산배정요구서를 작성해 기획재정부에 제출하고, 기획재정부 장관이 작성한 분기별 예산배정계획이 국무회의 심의와 대통령 승인을 통해 확정되면서 이루어진다(「국가재정법」 제42조 및 제43조). 이렇게 중앙관서에 배정된 예산은 각 부서 등 하급기관에 재배정되고 기획재정부에서 작성·통지한 월별 세부자금계획(「국고금 관리법」 제30조)의 범위 내에서 예산수요부서의 예산집행요구, 재무관의 지출원인행위, 지출관의 지급 등의 절차를 거쳐 실제 집행된다(국회예산정책처, 2025: 257~258).

우리 헌법은 조세에 대해 종목과 세율을 법률로 정하도록 하는 조세법률주의(헌법 제59조)를 규정하고 있지만 지출에 대해서는 지출법률주의를 채택하고 있지 않다. 그리고 예산은 법률이 아닌 국회의 의결 사항이며 대통령은 국회에서 의결한 예산을 법률처럼 거부할 수는 없다. 또한 법률과 예산은 별개이므로 법률의 근거가 없어도 세입만 확보되면 지출하는 데 문제가 없다. 국회에서 예산이 확정되면 항목별 금액으로 표시되어 있는 예산을 정부에 이송하고 정부는 그 예산을 「국가재정법」 등 예산 관계 법률에 따라서 집행한다.

그러나 이러한 근거 법률이나 예산안에 기술된 내용은 추상적이고 일반적이라서 각 개별 사업에 합당한 구체적인 집행 방법이 제시되어 있지는 않다. 예산 심의 과정에서 제출된 각종 사업설명서 등에서도 사업의 목적이나 내용이 설명되고 있으나 해당 기술이 법적 구속력을 가지는 것은 아니다. 예산의 세부적인 항목과 금액, 단가 등이 기재된 각목명세서는 편성·지출의 근거 역할을 하지만 법적 구속력을 가지지 못하는 것은 마찬가지이다.

따라서 실제 예산집행에서는 정부 재량이 미치는 영향이 크다. 사업설명서나 각목명세서가 있긴 하지만 상황에 따라 달리 적용하는 경우가 많으며 실제로 일정 정도의 재량도 필요하다. 그리고 이처럼 일정한 재량에 따라 집행된 결과가 관련 법령은 물론 원래의 편성 취지나 내용에 맞는지는 1차적으로는 부처별 내부 감사와 정부 내 감사원에서, 최종적으로는 국회의 결산 심사에서 점검한다.

4) 정부의 결산

정부의 결산은 ① 출납사무 완결, ② 각 중앙관서결산보고서 등의 작성·제출, ③ 기획재정부의 국가결산보고서 작성, ④ 국무회의 심의와 대통령 승인, ⑤ 감사원의 결산검사, ⑥ 국가결산보고서 국회 제출의 순서로 이루어진다. 우리 헌법에서는 결산을 감사원의 직무사항 중 하나로 열거하면서 감사원이 결산검사 후 대통령 및 국회에 보고할 의무만 규정하고 있다(헌법 제97조 및 제99조).

회계연도가 연도 말로 종료되면 다음 연도 2월 10일까지 국고금의 출납장부 정리를 마감한다(「국고금 관리법」 제4조의2). 이후 각 중앙관서에서는 기획재정부가 미리 통보한 결산보고서 작성지침에 따라 중앙관서결산보고서를 작성해 2월 말까지 기획재정부에 제출하며, 이를 통합한 국가결산보고서가 국무회의 심의와 대통령 승인을 거쳐 4월 10일까지 감사원에 제출된다(「국가회계법」 제13조, 「국가재정법」 제58조 및 제59조). 감사원은 국가결산보고서를 검사해 그 보고서를 5월 20일까지 기획재정부에 송부하고 정부는 감사원 검사를 거친 국가결산보고서를 5월 31일까지 국회에 제출한다(「국가재정법」 제60조 및 제61조).

5) 국회의 결산 심사

헌법에는 국회의 결산 심사에 관한 규정이 없다. 헌법 제99조에서는 감사원이 매년 결산을 검사해 그 결과를 대통령과 국회에 보고해야 한다고만 규정하고 있다. 따라서 국회의 결산 심사는 「국가재정법」과 「국회법」에 근거해 이루어진다. 정부는 감사원 검사를 거친 국가결산보고서를 5월 31일까지 국회에 제출해야 한다(「국가재정법」 제61조). 국회에 제출된 결산은 상임위의 예비심사와 예결위 종합심사를 거쳐 본회의에 부의한다(「국회법」 제84조 제2항 및 제3항). 시정연설이 없다는 점, 결산은 예산안과 달리 수정할 수 없다는 점 외에는 예산안의 심사절차와 동일하다.

과거에는 9월에 시작되는 정기회 중에 결산 심사까지 함께 이루어졌으나 2003년 조기결산제도가 도입됨에 따라 국회는 정부가 5월 31일까지 제출한 결산을 정기회 개회 전(8월 31일)까지 심의·의결하는 것으로 바뀌었다(「국회법」 제128조의2). 조기결산제도의 취지는 의원들의 관심이 낮았던 결산 심사를 보다 강화하는 동시에 정기회는 예산안 심의에 집중하며 결산 심사, 국정감사, 예산안 심의를 효율적으로 연계하기 위한 것이다. 현재 상임위와 예결위에서는 조기결산제도의 취지에 따라 결산에 대한 실질적·실무적 심사를 정기회 개회 전에 어느 정도 진행하며, 의결만 하면 되는 수준까지 내용적인 합의가 이루어지는 경우도 많다. 다만, 국회 일정과 정치 상황에 따라 예결위와 본회의의 의결 자체가 정기회 기간 중으로 미뤄지는 경우도 자주 발생한다.

또한 국회는 결산 심사의 결과에 따라 위법 또는 부당한 사항이 있는 때에는 본회의 의결 후 정부 또는 해당 기관에 변상 및 징계조치 등 시정을 요구하는데, 이때 정부 또는 해당 기관은 이를 지체 없이 처리해 그 결과를 국회에 보고해야 한다(「국회법」 제84조 제2항 후단). 이는 감사원이 각 기관에 대한 감사 결과에 따라 변상 및 징계조치 등 시정을 요구하는 제도(「감사원법」 제31조 이하)를 국회의 결산 심사에도 차용한 것이다. 결산에 대한 이러한 시정요구제도는 2003년 조기결산제도를 도입할 당시 함께 도입되었다.

2. 정부 우위의 예산과정

1) 정부의 예산안 편성권 문제

예산 심사와 통제에 관한 각종 연구에서는 예산과정의 특징을 행정부 우위형(영국), 입법부 우위형(미국), 관료제형(개발도상국)으로 분류하고 있는데, 한국은 주로 관료제형으로 분류되어 왔다(성낙인, 2017: 496). 그런데 한국에서도 점차, 법적·제도적 한계에도 불구하고, 국회가 예산안을 심의하는 과정에서 정부를 비판하고 통제하는 범위가 확대되고 있다. 이를 근거로 우리 국회가 이른바 '경합장형(arena) 의회'(Polsby, 1975)와

가깝다는 분석도 있다(김춘순, 2018: 435~436).[4]

미국에서는 예산편성권을 정부가 아니라 연방의회가 보유한다. 그런데 현대 행정국가에서 의회가 정부의 복잡한 각종 사업을 충분히 잘 파악해 예산안을 작성한다는 것은 사실상 불가능하다. 이를 감안해 미국 연방의회는 1921년 「예산회계법」을 제정해 대통령에게 연방정부의 예산안을 작성해 의회에 제출하는 의무를 부과했다. 이에 따라 대통령은 매년 2월 예산교서 형식으로 대통령예산안(President's Budget)을 의회에 제출한다(임재주, 2013: 422~425).

우리나라도 이러한 미국의 제도를 모델로 삼아 개헌을 통해 국회가 예산안 편성권을 보유해야 한다는 의견이 있다. 재정민주주의를 실질적으로 실현한다는 취지에서 이 의견은 타당한 측면이 있다. 그러나 예산안 편성권을 국회가 보유하는 것만으로는 인력과 정보가 집중된 행정부에 의존하는 현상이 해결되지 않는다. 미국 연방의회 역시 법적으로는 대통령예산안에 구속되지 않지만 실질적으로는 대통령예산안의 내용에 크게 의존할 수밖에 없는 것이 현실이다.

2) 기획재정부의 영향력 문제

정부 내에서 다른 부처의 예산요구서를 조정해 예산안을 편성하고 공공기관의 인사·재정까지 개입할 수 있는 기획재정부의 영향력은 막강하다. 2005년에 각 부처는 부처별 지출한도 내에서 자율편성을 하는 총액배분 자율편성 제도를 도입했다. 그러나 실무에서 부처별 예산요

---

4 경합장형 의회에 대한 설명은 이 책 33쪽을 참고할 수 있다.

구서를 조정하는 과정을 보면 기획재정부의 실무관료가 사업별 세부항목과 근거까지 원점에서 재검토하는 현실을 여전히 벗어나지 못하고 있다(국회예산정책처, 2025: 136).

입법권과 예산심의권을 행사하는 국회의원들도 지역구 예산 등 자신들이 필요로 하는 예산이 있으면 이를 기획재정부의 편성단계에 미리 반영하려고 노력한다. 국회에서 증액하는 것은 소관 상임위와 예결위 심사과정에서 외부에 드러나기 쉽고 결국 여·야 간 합의와 정부, 특히 기획재정부의 동의가 필요하기 때문이다.

예산과정에서 정부의 권한, 보다 구체적으로는 기획재정부라는 특정 부처의 권한이 비대하다는 비판에 대해서는 기획재정부로부터 예산을 편성하고 배정하는 기능을 분리해 기획재정부가 경제·재정정책 수립과 같은 본연의 기능에 충실하도록 해야 한다는 주장이 제기되기도 했다. 예산을 담당할 별도의 부처를 신설하더라도 힘의 쏠림 현상은 여전할 것이기 때문에 미국 백악관에 설치된 관리예산처(Office of Management and Budget: OMB)처럼 예산을 대통령실에서 총괄하도록 하는 방안도 검토될 수 있다(임재주, 2013: 456~458).

과거 김대중 정부가 출범하면서 미국 백악관의 관리예산처와 비슷한 조직을 만들고자 시도한 적이 있다. 대선 후 발족한 정부조직개편심의위원회가 당시 재정경제원의 예산실을 장관급 기획예산처로 분리해 대통령 직속으로 두는 정부조직개편안을 마련했던 것이다. 하지만 대통령 권한 강화를 우려한 야당의 반대로 기획예산위원회와 예산청으로 나눠 각각 대통령 직속과 재정경제부 산하에 두도록 했다. 그런데 정부 내 예산기능을 이원화한 기형적인 형태라서 결국은 두 기관을 통합해야 한다는 목소리가 높아졌고 다음 해에 국무총리 소속으로 기획예산처를 발족했다. 그러다 2008년 이명박 정부가 들어서면서 지금과 같이 기획재정부로 환원되어 현재까지 이르고 있다. 기획재정부로부터 예산기능을 분리할 필요가 있다는 지적은 이후에도 종종 제기되고 있다.

현재 우리나라 예산과정의 현실을 고려하면 예산 권한을 정부의 특정 부처에 두는 방안으로는 정부 우위, 기획재정부 우위, 관료제 중심의 문제점을 근본적으로 해소하기 어려울 수 있다. 기능을 배분하고 절차 자체를 개선하는 것도 필요하지만 본질적으로는 예산의 편성·집행·심사의 투명성을 확대하고 국민의 대표기관인 국회가 그 역할을 주도할 수 있어야 한다.

제4절 예산안 심사과정

이 절에서는 국회로 제출된 예산안이 본회의에 보고되는 과정과 상임위원회의 예비심사 및 예산결산특별위원회의 종합심사를 거쳐 다시 본회의에서 최종 심의·의결되는 과정을 세부적으로 살펴본다.

1. 예산안의 국회 제출

1) 본회의 보고와 시정연설

예산안 심사는 정부가 예산안을 국회에 제출함으로써 공식적으로 시작된다. 국회에 제출된 예산안은 본회의 보고와 정부 시정연설의 절차를 거친다.

정부는 헌법 제54조 제2항에 따라 회계연도 개시 90일 전까지 예산안을 편성해 국회에 제출해야 한다. 「국가재정법」 제33조는 이를 30일 당겨 120일 전까지로 규정하고 있어 현재는 매년 9월 3일까지 다음 연도 예산안이 국회에 제출되고 있다.[5] 의장은 제출된 예산안을 의원에게 배부하고 본회의에 보고한다. 본회의 보고는 법률안의 경우와 동일한 방식으로 이루어진다(〈예시 5-2〉 참조).

국회는 예산안이 제출되면 본회의에서 정부로부터 국정의 각 부문별 역점 운용방향 등에 관해 시정연설을 듣는다. 정부의 예산안 시정연설은 「국회법」 제84조 제1항 후단에서 규정한 필수적인 절차이다. 정부 시정연설은 대통령 명의로 이루어지므로 대통령이 직접 국회에서 하는 것이 원칙이나 임기 첫 시정연설 이후에는 관행적으로 국무총리가 대독해 왔다. 그러다가 2013년부터 2023년까지는 매년 대통령이 직접 시정연설을 했다.

2) 예산안의 구성요소

「국가재정법」 제19조를 보면 예산안의 구성항목으로 예산총칙, 세입세출예산, 계속비, 명시이월비, 국고채무부담행위 등 다섯 가지를 열거하고 있다. 매년 실제로 제출되는 "○○○○년도 예산안"을 보면 표지와 차례에도 이상 다섯 가지 순서가 명시되어 있다(〈예시 5-3〉 참조). 기금운용계획안은 총괄과 기금별 계획안으로 구성되어 있다. 「국가재정법」에 따라 예산안에는 이 다섯 가지 법정항목에 대한 설명서나 총사업비

---

5 다만, 2013년 「국가재정법」 개정 당시 부칙에서 정부의 제출기한을 단계적으로 당기도록 하여 2015년에는 회계연도 100일 전(9월 22일), 2016년에는 회계연도 110일 전(9월 12일)이 제출기한으로 적용되었다.

예시 5-2 예산안 시정연설 사례

(10시 00분 개의)

• **의장:** 의석을 정돈해 주시기 바랍니다.
성원이 되었으므로 제○○차 본회의를 개의하겠습니다.
보고사항은 회의록에 게재하도록 하겠습니다.

(보고사항은 끝에 실음)

오늘 본회의에서는 2024년도 예산안에 대한 정부의 시정연설을 듣겠습니다. (중략)

1. 2024년도 예산안 및 기금운용계획안에 대한 정부의 시정연설

(10시 01분)

• **의장:** 그러면 의사일정 제1항 2024년도 예산안 및 기금운용계획안에 대한 정부의 시정연설을 상정합니다.
잠시 후 대통령께서 입장하여 연설을 하시겠습니다.
(중략)
• **대통령:** 존경하는 국민 여러분!
민생과 국가발전을 위해 애쓰시는 ○○○국회의장님, ○○○·○○○국회부의장님 또 함께 해주신 ○○○더불어민주당 대표님, ○○○정의당 대표님, ○○○국민의힘 대표님, ○○○민주당 원내대표님, ○○○국민의힘 원내대표님, 그리고 여야 의원 여러분!
저는 오늘 정부의 국정운영 방향과 이에 터잡은 내년도 정부 예산안을 국민과 국회에 설명드리고자 합니다.
(이후 생략)

자료: 제410회국회(정기회) 국회본회의회의록 제10호, 1쪽.

관리대상 사업 현황, 성과계획서, 성인지예산서, 온실가스감축인지예산서, 조세지출예산서 등 총 19개의 첨부서류가, 기금운용계획안에는 8개의 첨부서류가 같이 제출된다.[6] 2010년「국회법」개정에서는‘임대형 민

예시 5-3 **예산안 표지 및 차례 사례**

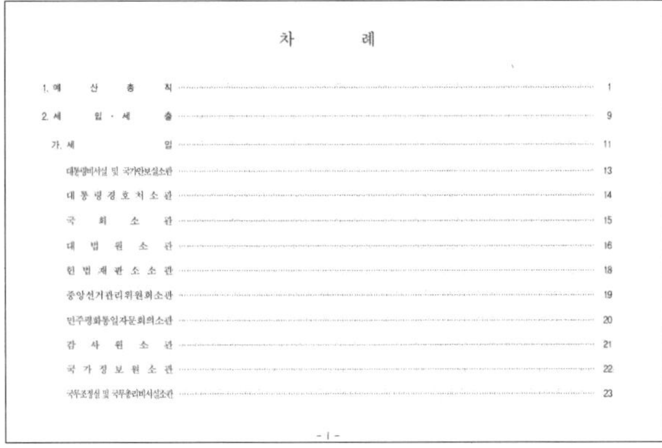

2025년도 예 산 안

예산총칙
세입세출예산
계속비
명시이월비
국고채무부담행위

대한민국정부

차례

- i -

자료: 2025년도 예산안, 표지 및 차례(해당 이미지는 국회 의안정보시스템 검색).

자사업(BTL) 한도액안'에 대해 종전에 국회에 사전제출·변경보고만 하던 것을 예산안과 동일한 절차로 심의받도록 했다. 이에 예산 심사절차에서는 통상 예산안, 기금운용계획안, 임대형 민자사업 한도액안이 한

6 예산안의 구성항목과 첨부서류에 대한 세부적인 설명은 국회예산정책처(2025), 141쪽 이하 참조.

꺼번에 상정·심사된다. 이하 본문에서도 "예산안"이라 표현한 것은 각각 제출된 이 세 가지 의안을 한꺼번에 묶어서 지칭하는 경우가 많다. 법률 규정상으로는 「국회법」 제85조의3에서 이 세 가지 의안을 묶어서 "예산안 등"으로 표현한다.

앞서 예산의 구조에서 세입과목은 관 – 항 – 목의 체계이고, 세출과목은 기능별로는 분야(장) – 부분(관) – 프로그램(항) – 단위사업(세항) – 세부사업(세세항)의 체계라고 소개했다. 그런데 실제 예산안에서 정부가 국회에 제출하는 단위는 세입과 세출 모두 '항'이다. '항' 이상은 국회 의결이 필요한 단위라는 측면에서 입법과목이라 표현하고, 항 이하는 정부의 재량이 가능한 단위라는 측면에서 행정과목이라 표현한다.

이에 따라 다른 항(프로그램)으로 예산을 집행하는 것인 '이용(移用)'은 원칙적으로 허용되지 않으며 미리 국회의 의결을 받은 경우에 한해 제한적으로 허용된다.[7] 반면 같은 항(프로그램) 내에 있는 다른 세항(단위사업)으로 예산을 집행하는 것인 '전용(轉用)'은 각 기관이 기획재정부 장관의 승인을 거쳐 집행할 수 있다. '전용' 대상 이하의 단위에서 다른 항목으로 예산을 집행하는 것, 즉 같은 단위사업 내의 세세항 간에 같은 목으로의 예산집행 또는 목 내에서 세목 간으로의 예산집행을 '조정'이라고 부르는데, 이는 원칙적으로는 기획재정부 장관의 승인 없이 기관 자체 지침으로 가능하다. <예시 5-4>부터 <예시 5-8>까지는 국회에 제출된 예산안의 실제 내용을 일부 발췌한 것이다.[8]

---

7 통상 예산총칙에 포함해 매년 국회의 의결을 받고 있다. 다만, 정부조직의 변동이 있는 경우 등에 있어서는 국회의 의결 없이도 상호 이용할 수 있다(「국가재정법」 제47조 제2항).

8 국회의 예산안·결산 심사 내용과 관련 의안은 국회 의안정보시스템(likms.assembly.go.kr/bill)에서 '예산안'과 '결산'을 검색해도 되고 해당 시스템의 '예산정보', '결산정보' 메뉴

예시 5-4 **예산안 실제 사례: 예산총칙**

2025년도 예산총칙

제1조 2025년도 세입 · 세출예산 총액을 각각 다음과 같이 정한다.

① 일반회계	477,629,641,000,000 원
② 농어촌구조개선특별회계	15,025,223,000,000 원
③ 교통시설특별회계	15,566,837,000,000 원
④ 등기특별회계	278,574,000,000 원
⑤ 교도작업특별회계	123,680,000,000 원
⑥ 에너지및자원사업특별회계	6,370,563,000,000 원
⑦ 환경개선특별회계	7,371,525,000,000 원
⑧ 소재부품장비경쟁력강화특별회계	2,284,287,000,000 원
⑨ 우체국보험특별회계	1,105,924,000,000 원
⑩ 주한미군기지이전특별회계	572,137,000,000 원
⑪ 행정중심복합도시건설특별회계	230,348,000,000 원
⑫ 국방 · 군사시설이전특별회계	1,500,277,000,000 원
⑬ 혁신도시건설특별회계	204,936,000,000 원

(중략)

제10조 ① 다음 경비 또는 비목에 부족이 생겼을 경우에는 국가재정법 제47조 제1항 단서규정에 의하여 당해 소관 내의 타 비목으로부터 이용할 수 있다.

1. 공무원의 보수, 기타직 보수, 상용임금, 일용임금
2. 공공요금 및 제세, 급식비, 임차료
3. 배상금, 국선변호금, 법정보상금, 법정포상금(민간)
4. 국공채 및 재정차관원리금 상환금과 금리변동으로 인한 이자지출(국고금관리법 제32조 및 동법 시행령 제51조에 따른 조달지급에 따른 이자지출 포함) 경비
5. 국제부담금, 환율변동으로 인한 원화경비 부족액
6. 국제유가 변동으로 인한 군 및 해양경찰의 유류경비 부족액
7. 기업특별회계의 양곡관리비용, 우체국예금 지급이자, 우편운송료
8. 재해대책비(전염병 예방 · 대책비 포함)
9. 반환금
10. 선거 및 국민투표 관련경비
11. 국민기초생활보장급여, 기초연금급여, 장애인연금급여, 아동수당, 부모급여, 장병내일준비적금 재정지원금

② 방위사업청 소관 지휘정찰사업 · 기동화력사업 · 함정사업 · 항공기사업 · 유도무기사업은 긴급 소요, 정산결과 증액 등 사전에 예측할 수 없는 사정변경이 발생한 경우에 한하여 상호간 이용할 수 있다. 다만, 연구개발 관련사항은 이용대상에서 제외한다.

자료: 2025년도 예산안, 3, 6쪽(해당 이미지는 국회 의안정보시스템 검색).

에서 확인할 수도 있다.

예시 5-5 **예산안 실제 사례: 계속비**

계 속 비

(천원)

회계 (소관)	사업별	계속비 총액	계속비 연부액									
			2013	2014	2015	2016	2017	2018	2019	2020	2021	2022
	2021 예산	2,483,266,000	37,369,000	229,956,000	540,943,000	508,411,000	505,852,000	243,651,000	215,752,000	96,540,000	104,792,000	-
	2022 예산안	-	-	-	-	-	-	-	-	-	-	-
교통시설 특별회계 (국토교통부)	1. 지역간선국도8차건설											
	2021 예산	1,579,152,000	37,369,000	229,956,000	302,543,000	323,011,000	320,852,000	221,351,000	100,752,000	21,940,000	21,378,000	-
	2022 예산안	-	-	-	-	-	-	-	-	-	-	-
	2. 익산-대야복선전철											
	2021 예산	400,476,000	-	-	93,000,000	79,000,000	80,000,000	14,500,000	68,400,000	36,000,000	29,576,000	-
	2022 예산안	-	-	-	-	-	-	-	-	-	-	-
	3. 군장산단인입철도건설											
	2021 예산	503,638,000	-	-	145,400,000	106,400,000	105,000,000	7,800,000	46,600,000	38,600,000	53,838,000	-
	2022 예산안	-	-	-	-	-	-	-	-	-	-	-

자료: 2022년도 예산안, 367쪽(최근 예산안 중 계속비 사업이 있었던 2022년도 예산안 계속비를 수록함. 해당 이미지는 국회 의안정보시스템 검색).

예시 5-6 예산안 실제 사례: 세입세출예산안

세입예산안 사례

< 기획재정부 소관 >

일반회계

구분	코드	명칭	금액
관	01	내국세	338,129,200,000,000 원
항	11	소득세	128,006,600,000,000
항	12	법인세	88,501,300,000,000
항	15	상속세	12,787,900,000,000
항	21	부가가치세	88,020,100,000,000
항	22	개별소비세	9,666,300,000,000
항	25	증권거래세	3,845,400,000,000
항	26	인지세	908,500,000,000
항	27	기타내국세	6,393,100,000,000
관	02	관세	8,409,300,000,000
항	31	관세	8,409,300,000,000
관	04	교통·에너지·환경세	15,104,800,000,000
항	33	교통·에너지·환경세	15,104,800,000,000
관	06	교육세	6,040,200,000,000
항	34	교육세	6,040,200,000,000
관	09	종합부동산세	4,121,500,000,000
항	39	종합부동산세	4,121,500,000,000
관	11	재산수입	5,247,343,000,000
항	52	정부출자수입	1,045,447,000,000
항	54	기타이자수입및재산수입	4,201,896,000,000

세출예산안 사례

< 행정안전부 소관 >

일반회계

구분	코드	명칭	금액
장(분야)	010	일반·지방행정	68,940,480,000,000 원
관(부문)	013	지방행정·재정지원	67,147,654,000,000
항(프로그램)	1100	지방자치분권	40,040,000,000
항(프로그램)	1200	지역발전	26,146,000,000
항(프로그램)	1300	지방재정경제	26,302,000,000
항(프로그램)	1400	지방자치인재개발	14,370,000,000
항(프로그램)	1500	이북5도	2,291,000,000
항(프로그램)	1600	지방교부세	67,038,505,000,000
관(부문)	015	정부자원관리	792,534,000,000
항(프로그램)	1800	인사관리	167,000,000
항(프로그램)	1900	정부혁신조직	25,132,000,000
항(프로그램)	2000	전자정부	767,235,000,000
관(부문)	016	일반행정	1,000,292,000,000
항(프로그램)	2100	정부의전	17,726,000,000
항(프로그램)	2200	청사관리	227,123,000,000
항(프로그램)	2300	기록물관리	45,336,000,000
항(프로그램)	2400	민주화지원및과거사정리	321,960,000,000
항(프로그램)	7000	행정안전행정지원	388,147,000,000
장(분야)	020	공공질서및안전	783,649,000,000
관(부문)	023	경찰	68,252,000,000

자료: 2025년도 예산안, 24, 233쪽(해당 이미지는 국회 의안정보시스템 검색).

예시 5-7 **예산안 실제 사례: 명시이월비**

명 시 이 월 비

(천원)

회계 및 소관	사 항	금 액		
		2014예산	2015예산안	증 감
1. 국 방 부	**소 계**	**28,500,000**	**-**	**△28,500,000**
	○ 군사시설개선 (주한미군방위비분담금)	28,500,000	-	△28,500,000

자료: 2015년도 예산안, 369쪽(최근 예산안 중 명시이월비 시행이 있었던 2015년도 예산안 명시이월비를 수록함. 해당 이미지는 국회 의안정보시스템 검색).

예시 5-8 **예산안 실제 사례: 국고채무부담행위**

국 고 채 무 부 담 행 위

(천원)

회계 및 소관	사 항	금 액		
		2023예산	2024예산안	증 감
기획재정부 (일반회계)	○국제금융 (녹색기후기금 운영지원 (ODA))	($116,000,000) 149,640,000	(-) -	(△$116,000,000) △149,640,000

자료: 2024년도 예산안, 397쪽(최근 예산안 중 국고채무부담행위 사례가 있었던 2024년도 예산안 국고채무부담행위를 수록함. 해당 이미지는 국회 의안정보시스템 검색).

2. 상임위원회 예비심사

상임위원회의 예비심사는 ① 소관 상임위원회 회부, ② 상임위원회 상정, ③ 위원 질의·정부 답변, ④ 소위원회 심사, ⑤ 토론 및 표결, ⑥ 예비심사보고의 순서를 거친다(예산결산특별위원회, 2023: 62~64). 기본적인 절차는 앞서 살펴본 법률안의 상임위원회 심사절차와 비슷하다.

1) 소관 상임위 회부 및 상정, 대체토론 등

의장은 예산안이 제출되면 이를 바로 소관 상임위원회에 회부하고, 회부한 사실을 예산결산특별위원회에 통지한다. 예산안이 상임위원회에 회부되면 상임위원회는 일정을 잡아 예산안을 상정한다. 통상 각 상임위원회는 여러 부처의 예산안을 묶어서 같이 상정하기도 하고 오전과 오후로 나누어서 각각의 예산안을 상정하기도 한다. 소위원회 심사는 예산 규모 등에 따라 1일 또는 2~3일 이상 실시한 후 전체회의에서 한꺼번에 소위 심사 결과를 의결한다. 예산안 심사절차가 법률안과 가장 큰 차이가 나는 부분은 상임위원회－예산결산특별위원회 2단계 심사구조를 취한다는 것이고, 이러한 측면에서 「국회법」은 상임위의 예산안 심사를 "예비심사"라고 표현하고 있다.

상임위원회－예산결산특별위원회 2단계 심사구조의 본래 취지대로라면 상임위원회의 예비심사는 〈표 5-2〉와 같이 예산결산특별위원회 심사 이전인 10월 중에 충분히 이루어지는 것이 바람직하다. 그러나 실제 상임위원회 예비심사는 〈표 5-3〉에서 보듯이 보통 11월 초에 시작한다. 이는 상임위원회의 국정감사와 법률안 심사가 10월까지 진행되는 경우가 많고, 정치 일정이나 현안으로 국회 전체의 예산안 심사 일정

표 5-2 국회 예산안 심의·확정 과정

기간	사항	비고
9월 3일까지	• 예산안 국회 제출	• 회계연도 개시 120일 전까지 제출(「국가재정법」 제33조)
	• 본회의 보고 • 정부시정연설	
	• 상임위원회 예비심사 - 위원회 상정 - 대체토론(위원 질의·정부 답변) - 소위원회 심사 - 토론 및 표결(의결) - 예비심사보고	• 정부 제안설명, 전문위원 검토보고 • 상임위 예산안 조정(증액·삭감)
9월~ 11월	• 예산결산특별위원회 심사 예산안 및 기금운용계획안에 대한 공청회 - 위원회 상정 - 종합정책질의 - 부별 심사 - 예산안 조정소위원회 구성 및 심사 - 소위원회 심사보고 - 토론 및 표결(의결)	※ 위원회 의결로 생략 가능 • 정부 제안설명 • 전문위원 검토보고 • 정부 전체에 대한 정책질의·답변 • 경제부처 및 비경제부처별로 실시 • 11~15명의 예결위원으로 구성하며, 검토보고·상임위 예비심사 결과와 종합정책 질의 내용 및 교섭단체 의견을 참고해 예산을 증액 또는 삭감 • 예산안 수정안 첨부 • 예결위가 11월 30일까지 심사를 마치지 못하면 다음 날(12월 1일) 본회의에 자동부의됨 - 다만, 의장이 각 교섭단체 대표의원과 합의한 경우에는 그러하지 아니함
12월 2일까지	• 본회의 심의·확정 - 예결위 심사보고 - 토론 - 표결(의결): 확정 - 예산안 정부 이송	• 국회는 회계연도 개시 30일 전(12월 2일)까지 의결(헌법 제54조)

자료: 예산결산특별위원회(2023: 60~61) 재정리.

표 5-3 **2025년도 예산안 상임위원회 예비심사 일정**

상임위원회	소관 기관	전체회의 상정	소위	전체회의 의결
국회운영	국회, 대통령비서실 및 국가안보실, 대통령경호처, 국가인권위원회	11/19	11/20	11/21
법제사법	법무부, 대검찰청, 법제처, 감사원, 고위공직자범죄수사처, 헌법재판소, 대법원	11/4	11/6~7	11/8
정무	국무조정실 및 국무총리비서실, 국가보훈부, 공정거래위원회, 금융위원회, 국민권익위원회, 개인정보보호위원회	11/12	11/14~15, 18~19	11/19
기획재정	기획재정부, 국세청, 관세청,조달청, 통계청	11/6	11/7, 12~13	(없음)
교육	교육부, 국가교육위원회	11/5	11/18	(없음)
과학기술정보 방송통신	과학기술정보통신부, 방송통신위원회, 원자력안전위원회, 우주항공청	11/11	11/13~14, 19	11/20
외교통일	외교부, 통일부, 민주평화통일자문회의, 재외동포청	11/7	11/11~13	11/13
국방	국방부, 병무청, 방위사업청	11/11	11/13~14	11/15
행정안전	행정안전부, 인사혁신처, 경찰청, 소방청, 진실·화해를위한과거사정리위원회, 10·29이태원참사 특별조사위원회, 중앙선거관리위원회	11/11	11/15, 18~19	11/19
문화체육관광	문화체육관광부, 국가유산청	11/9	11/14~16	11/20
농림축산식품 해양수산	농림축산식품부, 해양수산부, 농촌진흥청, 산림청, 해양경찰청	11/12	11/13~14	11/14
산업통상자원 중소벤처기업	산업통상자원부, 중소벤처기업부, 특허청	11/7	11/8, 11	11/12
보건복지	보건복지부, 식품의약품안전처, 질병관리청	11/7	11/13~14	11/14
환경노동	환경부, 노동부, 기상청	11/12	11/13~14, 20~21	11/21
국토교통	국토교통부, 행정중심복합도시건설청, 새만금개발청	11/7	11/11~12	11/13
정보	국가정보원, 그 밖의 정보예산	11/20	11/21	11/22
여성가족	여성가족부	11/18	11/19	11/21

자료: 국회 의안정보시스템 및 위원회별 홈페이지.

협의가 지연되기 때문이다.

예산안이 상임위원회 전체회의에 상정되면 소관 부처의 장은 예산안에 대한 제안설명을 한다. 이어서 법률안과 마찬가지로 전문위원 검토보고가 진행된다. 예산안에 대한 전문위원의 검토보고는 "○○○○년도 예산안", "○○○○년도 기금운용계획안", "○○○○년도 임대형 민자사업(BTL) 한도액안" 세 가지의 의안에 대해 통상 하나의 검토보고서로 일괄해서 이루어진다. 전체회의에서 예산안이 상정되면 법률안과 마찬가지로 해당 부처의 예산안에 대해 위원들이 질의하고 소관 부처의 장이 답변하는 대체토론이 이루어진다. 대체토론이 끝나면 예산결산 심사를 담당하는 소위원회에 예산안을 회부하는데 소위원회는 법률안과 마찬가지로 5~10명으로 구성된다.

앞서 설명한 바와 같이 정부가 국회에 법률상 제출하는 예산안에는 '항', 즉 '프로그램' 단위의 금액만 표시되어 있다. 예산안에 첨부되는 사업설명자료에는 이에 더해 사업내용, 사업기간, 지원형태, 시행주체가 각각 1~2줄만 덧붙여 있다. 즉, 정부가 국회에 공식적으로 제출하는 예산안으로는 사업의 구체적인 내용과 비목 편성을 알 수 없으며 그 외에 심사에 필요한 사업설명도 없다.

그런데 예산사업의 구체적인 내용과 집행은 프로그램 단위로는 알 수 없고 주로 단위사업(세항)이나 세부사업(세세항) 단위까지 내려가야 파악할 수 있다. 이에 상임위와 예결위에서는 실무상 각 정부 부처에 세부사업(세세항) 단위까지 '공통요구자료'라는 자료 형식으로 사업내용과 산출근거 등을 자세히 설명하도록 하고 있다. 〈예시 5-9〉는 2025년 예산안에 대한 공통요구자료 중 국민권익위원회 사례(사업명 및 코드: 청렴권익민간협력, 1133-333)를 발췌한 것이다.

예시 5-9 **공통요구자료 중 사업설명자료 사례**

사 업 명
(10) 청렴권익민간협력 (1133-333)

□ 사업 코드 정보

구분	회계	소관	실국(기관)	계정	분야	부문
코드	일반회계	국민권익위원회	기획조정실		010	016
명칭					일반·지방행정	일반행정

구분	프로그램	단위사업	세부사업
코드	1100	1133	333
명칭	국민권익증진	청렴권익대내외협력강화	청렴권익민간협력

□ 사업 성격 (공통요구자료 Ⅱ-1 작성유의사항 4. 참조, 해당하는 사항에 "○" 표시)

신규	계속	완료	예비타당성 실시여부	총사업비 관리대상	총액계상 예산사업	사업소관 변경정보 2024예산 시 소관
	○					

□ 사업 지원 형태 및 지원율 (최소한 한 개는 반드시 선택하시오. 해당사항에 O 표시)

직접	출자	출연	보조	융자	국고보조율(%)	융자율 (%)
○			○		90	

□ 사업 담당자

사업명	구분				
청렴권익 민간협력	소관부처	실·국·과(팀)	과 장	사무관	주무관
		기획조정실	박지원	손정아	유지열
		민간협력담당관	044-200-7161	044-200-7164	044-200-7166

가. 예산안 총괄표

(단위: 백만원, %)

사업명	2023년 결산	2024년 예산 본예산(A)	2025년		증감	
			요구안	조정안(B)	(B-A)	(B-A)/A
청렴권익민간협력	459	455	364	354	△101	△22.2

□ 기능별(내역사업별), 목별 예산안 내역

(단위: 백만원)

	2023					2024('24.7월말)							2025 예산안
	예산액(추경)	예산 현액	집행액 [실집행액]	이월액	불용액	본예산	예산 현액	집행액 [실집행액]	전년도 이월액 제외 예산 현액	전년도 이월액 제외 집행액 [실집행액]	이월 예상액	불용 예상액	
○ 기능별 분류(합계)	672	663	459 [458]	-	204	455	455	189 [136]	455	189 [136]	-	-	354
· 시민협력	273	273	223	-	50	190	190	120	190	120	-	-	185
· 기업 윤리경영 지원 및 협력	85	85	84	-	1	87	87	60	87	60	-	-	77
· 청렴사회민관 협의회 운영	186	177	25	-	152	-	-	-	-	-	-	-	-
· 청렴윤리경영 컴플라이언스 프로그램 운영	128	128	128	-	0	178	178	9	178	9	-	-	92
○ 비목별 분류(합계)	672	663	459 [458]	-	204	455	455	189 [136]	455	189 [136]	-	-	354
· 일반수용비(210-01)	211	211	85	-	125	65	105	56	105	56	-	-	96
· 임차료(210-07)	19	19	13	-	6	9	9	3	9	3	-	-	13
· 일반용역비(210-14)	40	40	38	-	2	40	-	-	-	-	-	-	-
· 국내여비(220-01)	34	25	15	-	10	16	16	8	16	8	-	-	14
· 사업추진비(240-01)	24	24	7	-	17	10	10	4	10	4	-	-	9
· 일반연구비(260-01)	155	155	151	-	4	203	203	40	203	40	-	-	110
· 민간경상보조(320-01)	189	189	150 [149]	-	39	113	113	79 [26]	113	79 [26]	-	-	113
○ 기능비목별 분류(합계)	672	663	459 [458]	-	204	455	455	189 [136]	455	189 [136]	-	-	354
· 시민협력	273	273	223	-	50	190	190	120	190	120	-	-	185
· 일반수용비(210-01)	20	20	22	-	△3	18	58	29	58	29	-	-	50
· 임차료(210-07)	5	5	4	-	1	5	5	2	5	2	-	-	9
· 일반용역비(210-14)	40	40	38	-	2	40	-	-	-	-	-	-	-

나. 사업설명자료

1) 사업목적·내용

- (시민협력) 민간단체 등과의 간담회, 토론회 등을 통한 소통·협력 활성화, 공공기관 청렴시민감사관 운영 지원, 청렴정책 모니터링, 민간경상보조사업 등
- (기업 윤리경영 지원 및 협력) 기업의 윤리경영 문화 조성·정착 지원을 위한 「국민권익위원회 청렴윤리경영 브리프스」 발간·배포, 윤리경영 문화 확산을 위한 홍보 등 협력
- (청렴윤리경영 컴플라이언스 프로그램 운영) 공기업 등이 청렴윤리경영을 자율 실천할 수 있도록 '컴플라이언스 프로그램(청렴윤리경영 CP)' 마련 및 배포 등을 추진

2) 사업개요

□ 사업근거 및 추진경위

① 법령상 근거 및 조항 적시

- 「부패방지 및 국민권익위원회의 설치와 운영에 관한 법률」
  - 제3조(공공기관의 책무) : ① 공공기관은 건전한 사회윤리를 확립하기 위하여 부패방지에 노력할 책무를 진다. ② 공공기관은 부패를 방지하기 위하여 법령상, 제도상 또는 행정상의 모순이 있거나 그 밖에 개선할 사항이 있다고 인정할 때에는 즉시 이를 개선 또는 시정하여야 한다. ③ 공공기관은 교육·홍보 등 적절한 방법으로 소속 직원과 국민의 부패척결에 대한 의식을 고취하기 위하여 적극 노력하여야 한다. ④ 공공기관은 부패방지를 위한 국제적 교류와 협력에 적극 노력하여야 한다.
  - 제5조(기업의 의무) : 기업은 건전한 거래질서와 기업윤리를 확립하고 일체의 부패를 방지하기 위하여 필요한 조치를 강구하여야 한다.
  - 제6조(국민의 의무) : 모든 국민은 공공기관의 부패방지시책에 적극 협력하여야 한다.
  - 제12조(기능) 8호 : 비영리 민간단체의 부패방지활동 지원 등 위원회의 활동과 관련된 개인·법인 또는 단체와의 협력 및 지원
- 「부패방지 및 국민권익위원회의 설치와 운영에 관한 법률 시행령」
  - 제3조(기업윤리경영 지원 등) : 국민권익위원회는 법 제5조에 따른 기업의 기업윤리 확립의무가 효과적으로 달성 될 수 있도록 윤리경영 지원 및 협력업무 등을 수행할 수 있다.
- 「비영리 민간단체 지원법」
  - 제3조(기본방향) : 국가 또는 지방자치단체는 비영리민간단체의 고유한 활동영역을 존중하여야 하며 창의성과 전문성을 발휘하여 공익활동에 참여할 수 있도록 적극 노력하여야 한다.

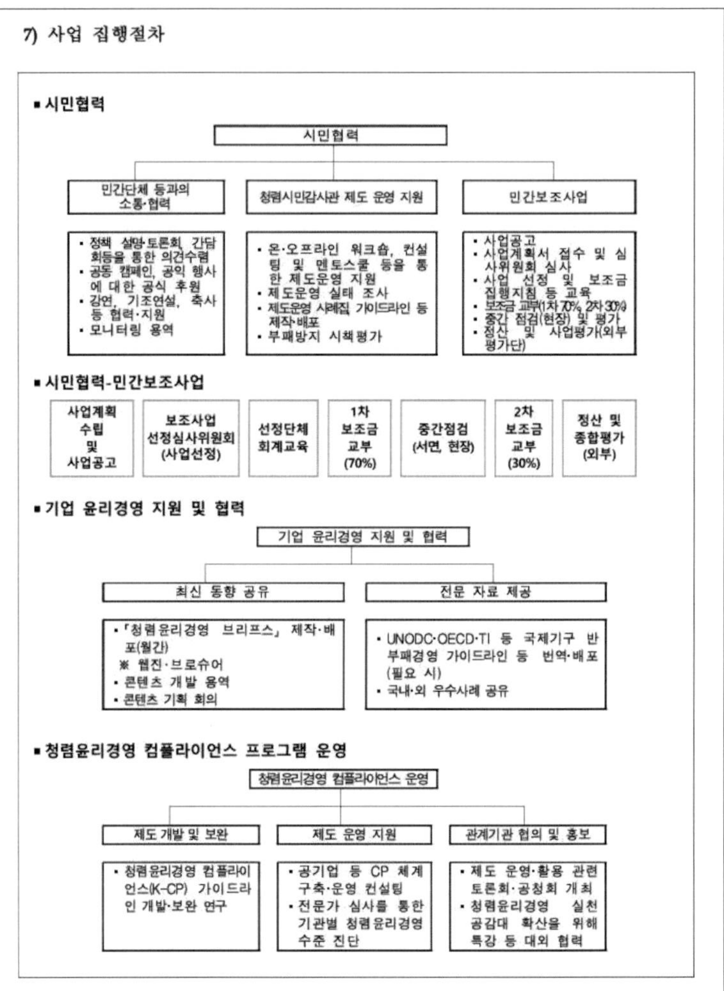
7) 사업 집행절차
■ 시민협력
시민협력
민간단체 등과의 소통·협력
청렴시민감사관 제도 운영 지원
민간보조사업
• 정책 설명·토론회, 간담회등을 통한 의견수렴
• 공동 캠페인, 공익 행사에 대한 공식 후원
• 강연, 기조연설, 축사 등 협력·지원
• 모니터링 용역
• 온·오프라인 워크숍, 컨설팅 및 멘토스쿨 등을 통한 제도운영 지원
• 제도운영 실태 조사
• 제도운영 사례집, 가이드라인 등 제작·배포
• 부패방지 시책평가
• 사업공고
• 사업계획서 접수 및 심사위원회 심사
• 사업 선정 및 보조금 집행지침 등 교육
• 보조금 교부(1차 70%, 2차 30%)
• 중간 점검(현장) 및 평가
• 정산 및 사업평가(외부평가단)
■ 시민협력-민간보조사업
사업계획 수립 및 사업공고
보조사업 선정심사위원회 (사업선정)
선정단체 회계교육
1차 보조금 교부 (70%)
중간점검 (서면, 현장)
2차 보조금 교부 (30%)
정산 및 종합평가 (외부)
■ 기업 윤리경영 지원 및 협력
기업 윤리경영 지원 및 협력
최신 동향 공유
전문 자료 제공
• 「청렴윤리경영 브리프스」 제작·배포(월간)
※ 웹진·브로슈어
• 콘텐츠 개발 용역
• 콘텐츠 기획 회의
• UNODC·OECD·TI 등 국제기구 반부패경영 가이드라인 등 번역·배포 (필요 시)
• 국내·외 우수사례 공유
■ 청렴윤리경영 컴플라이언스 프로그램 운영
청렴윤리경영 컴플라이언스 운영
제도 개발 및 보완
제도 운영 지원
관계기관 협의 및 홍보
• 청렴윤리경영 컴플라이언스(K-CP) 가이드라인 개발·보완 연구
• 공기업 등 CP 체계 구축·운영 컨설팅
• 전문가 심사를 통한 기관별 청렴윤리경영 수준 진단
• 제도 운영·활용 관련 토론회·공청회 개최
• 청렴윤리경영 실천 공감대 확산을 위해 특강 등 대외 협력

2) 주요 결산사항

□ 2021년~2024년 결산사항

2021	- 불용 : 74백만원(코로나19로 인한 대면 회의 및 대면 교육 등 일정 연기 및 취소에 따른 불용, 민간보조사업 선정 단체 1개소(9백만원) 사업 포기에 따른 불용)
2022	- 불용 : 84백만원(코로나19로 인한 대면 회의, 행사일정 취소에 따른 불용, 청렴사회민관실무협의회 분과위원 구성 지연으로 인한 불용)
2023	- 불용 : 204백만원(민간보조사업 2차 공모에 대한 수요부족으로 인한 불용, 청렴사회민관협의회 운영 사업 폐지로 인한 불용) - 전용 : 9백만원(중앙행정심판위원회 국내여비 부족으로 인한 전용 요청에 따라 '청렴권익민간협력 국내여비(1133-333-220-01)' 9백만원을 '행정심판운영 국내여비(1137-370-220-01)'로 전용)
2024	-

□ 2024년 이 · 전용 등 세부내역

(단위: 백만원)

구분 (날짜)	~에서		금액	~으로		이 · 전용 등 사유
	세부사업 명 (사업코드)	목-세목 코드		세부사업 명 (사업코드)	목-세목 코드	
자체전용 ('23.12.22)	청렴권익민간 협력 (1133-333)	220-01	9	행정심판운영 (1137-370)	220-01	여비 단가 상승 등에 따른 국내여비 재원 마련

□ 2024년 예비비 배정 세부내역 : 해당 없음

라. 기타 추가자료 : 해당 없음

자료: 국민권익위원회 2025년도 예산안 사업설명자료(II-1) 1권(2024.9), 115쪽 이하.

2) 소위 심사 및 의결, 예비심사보고

예·결산 심사를 담당하는 소위원회의 명칭은 상임위마다 조금씩 차이가 있으나(<표 3-8> 참조) '예산결산' 또는 '예산결산기금'이라는 표현이 주로 포함되어 있다.

소위 심사에서는 해당 부처의 예산안 전체를 다루지는 않는다. 이는 시간적으로도 불가능하다. 소위 심사에서 실제 감액, 증액 여부 등의 심사 대상인 사업은 위원회 전체회의 대체토론에서 의원들이 질의한 사항(회의 후 제출하는 서면질의도 포함된다)을 중심으로 선정되며 전문위원 검토보고서에서 중요하게 지적된 내용이 일부 추가되기도 한다. 이에 각 부처에서는 의원실을 통해 대체토론 과정에서 증액 필요성을 제기하는 질의가 나올 수 있도록 협조를 구하는 경우가 많으며 반대로 감액 등의 문제점이 제기되지 않도록 노력한다.

위원회별 의사일정을 보면 상임위 예비심사와 예결위 종합심사 일정이 겹치는 경우가 자주 발생한다. 또는 상임위 법률안 심사 일정이 예결위 심사 일정과 겹치기도 한다. 이에 정부에서는 장관, 차관, 기획조정실장 등 국무위원과 정부위원이 상임위와 예결위에서의 출석을 분담한다. 상임위 소위 심사는 감액, 증액 항목이 많고 세부적인 사항을 다루기 때문에 장관보다는 차관 이하의 관료가 답변하는 경우가 많다.

법률안과 마찬가지로 예산안 역시 전체회의가 아니라 소위원회에서 실질적인 심사를 하고 소위원회에서 합의된 수정안을 위원회 전체회의에 보고한다. 여·야 간의 의견대립으로 조정되지 않거나 정부 측 이견으로 합의점을 찾지 못한 부분에 대해서는 부대의견, 건의사항, 소수의견 등의 형식으로 수정안에 첨부한다. 최근에는 예산액 자체를 조정하는 것은 아니지만 상임위에서 의결한 부대의견이나 제도개선의견 등이 사업의 추진방식과 방향에 활용되는 경우도 많다. 2025년도 예산안에 대한 상임위 예비심사에서 채택된 부대의견을 보면 총 712건인데 위원회별로 보면 정무위원회(153건), 보건복지위원회(115건), 행정안전위원회(60건) 순서로 많았다(국회예산정책처, 2025: 419).

위원회의 예산안 예비심사가 종료되면 실무적으로 전문위원실에서 정리한 예비심사보고서를 위원장이 결재하고 의장에게 보고한다(「국회법」 제84조 제1항). 의장은 예산안에 소관 상임위의 예비심사보고서를 첨부해 이를 예결위에 회부한다(「국회법」 제84조 제2항). 의장은 예산안을 소관 상임위에 회부할 때 심사기간을 지정할 수 있다. 상임위가 의장이 지정한 심사기간 내에 심의를 마치지 아니한 때에는 해당 위원회의 예비심사결과보고에 관계없이 예산안을 예결위에 바로 회부할 수 있다(「국회법」 제84조 제6항).

정보위원회에서 국가정보원 및 정보·보안과 관련된 부처의 정보 예산안을 심사한 예산안 심사(결산도 동일)에 대해서는 해당 부처별 총액으로 의장에게 보고하고, 의장은 이를 총액으로 예결위에 통보한다. 이 경우 정보위원회의 심사는 예결위의 심사로 보며, 예결위는 이를 수정하지 못한다(「국회법」 제84조 제4항). 이는 국가안전보장 등 기밀성을 고려한 것이다.

3) 상임위 예비심사의 효과

예결위는 소관 상임위의 예비심사 내용을 존중해야 한다. 또한 소관 상임위에서 삭감한 세출예산 각항의 금액을 증액하거나 새 비목을 설치할 경우에는 소관 상임위의 동의를 얻어야 한다(「국회법」 제84조 제5항).

이 조문은 세부사업의 운영과 효율성에 대해서는 소관 상임위가 보다 전문성을 가지고 있으므로 상임위가 삭감한 예산을 예결위가 해당 상임위의 동의 없이 함부로 증액하지 못하도록 하려는 취지이다. 그런데 실제 각종 증액 요구가 쏟아지고 있어 증액 여유분을 최대한 찾아야 하는 예결위 입장에서 보면 소관 상임위가 직접 예산을 삭감할 경우 반기기 마련이다. 즉, 상임위에서 증액된 예산은 예결위 심사를 사실상 다시 받아야 하지만, 상임위에서 삭감된 예산은 예결위에서 거의 확실하게 삭감된다. 이 때문에 상임위는 예산 삭감을 주저하는 경향이 있다. 정부에 비판적인 야당 의원들도 자신이 속한 상임위 소관 부처의 예산을 삭감하자고 강력히 주장하는 경우는 흔하지 않다. 정부 부처 공무원들 역시 기획재정부의 조정을 거쳐 힘겹게 편성한 예산이 상임위의 감액 심사 대상이 되는 것은 피하려고 다방면으로 노력한다.

반면 상임위에서 증액 심사는 활발하다. 상임위의 증액 요구가 예결위에서 반영된다는 보장은 없지만 상임위 전체 입장에서 또는 특정 사업에 대한 의지를 가지고 있는 의원 입장에서는 예결위에 증액심사 결과를 보내는 것이 적어도 손해는 아니다.

이러한 현상은 상임위의 예산안 예비심사가 상임위의 법률안 심사와 성격 면에서 차이가 있다는 표현으로도 설명 가능하다. 상임위의 법안 심사는 사실상 최종적이다. 법사위의 체계·자구 심사가 남아 있지만 정치적으로 민감하거나 법리상 이견이 존재하는 예외적인 경우를 제외하면 법사위의 심사 범위는 주로 일부 자구의 수정 등으로 제한된다. 본회의 심의 단계까지 가면 의원들이 법률안의 내용을 충분히 파악하지 못할 정도로 법률안 수가 많고 다양하다. 사실 본회의 심의 자체가 본질적으로 의례적인 측면도 있다. 그러나 법률안과 달리 상임위의 예산 심사는 예결위 심사를 위한 예비심사에 해당하며, 현행 제도에서 증액 여부는 실질적으로 예결위가 결정한다.

참고로 2025년도 예산안 심사에서는 상임위 예비심사 결과 세입 예산은 102억 원 증액, 3760억 원 감액으로 3657억 원 순감되었다. 기금수입은 3370억 원 증액, 100억 원 감액으로 3270억 원 순증되었다. 세출 예산은 15조 4323억 원 증액, 1조 3458억 원 감액으로 14조 865억

원 순증되었다. 기금 지출은 3조 5758억 원 증액, 9212억 원 감액으로 2조 6545억 원 순증되었다. 세출 및 지출 순증액 규모는 보건복지위원회 2조 9720억 원 순증, 행정안전위원회 2조 6182억 원 순증 순이었다. 임대형 민자사업 한도액안은 정부 원안대로 총 1조 6431억 원으로 의결했다(국회예산정책처, 2025: 415~417).

3. 예산결산특별위원회 심사

예산결산특별위원회 심사는 ① 예산안 공청회, ② 위원회 상정, ③ 종합정책질의, ④ 부별 심사 또는 분과별 심사, ⑤ 조정소위 심사, ⑥ 토론·표결, ⑦ 심사보고의 순서를 거친다(예산결산특별위원회, 2023: 60~61).

예산결산특별위원회 역시 상임위원회와 마찬가지로 위원회이므로 기본적인 의안심사과정은 동일하다. 다만, 소관 분야만 다루는 상임위원회와 달리 정부 전체 예산안을 종합심사하는 것이므로 공청회를 개최하고 전체회의를 종합정책질의와 부별 심사로 나누어 여러 차례 진행한다는 점에서 차이가 있다.

2024년 정기회에서 이루어진 2025년도 예산안 심사에서 예산결산특별위원회의 예산안 심사는 공청회(10월 31일), 종합정책질의(11월 7~8일), 부별 심사(4일, 경제부처 11월 11·12일, 비경제부처 11월 13~14일), 조정소위(11월 18~29일, 총 10회)를 거쳤다. 그리고 11월 29일 수정안을 의결했다. 2014년 예산안 본회의 자동부의제도가 도입된 이후 10년 만에 법정 기한인 11월 30일 이내에 예산결산특별위원회가 심사를 완료했다(예산결산특별위원회 홈페이지 및 국회예산정책처, 2025: 417).

1) 공청회, 상정, 종합정책질의 및 부별 심사

예산안 및 기금운용계획안이 예산결산특별위원회에 회부되면 위원장과 간사 간의 협의를 거쳐 '예산안 및 기금운용계획안에 대한 공청회'를 개최한다. 본예산안에 대한 공청회는 필수이지만, 추가경정예산안과 기금운용계획변경안은 의결로 공청회를 생략할 수 있다(「국회법」 제84조의3).

예산결산특별위원회는 간사 간 협의를 거쳐 일정을 정하고 예산안을 상정하며, 상정 즉시 제안설명과 검토보고를 한다. 기획재정부 장관은 경제운용시책 및 재정운용의 방향과 예산안의 주요 내용에 대해 제안설명을 하고, 전문위원은 검토보고를 통해 예산안의 문제점과 개선방향, 수정의견 등을 제시한다. 통상 전문위원 검토보고가 끝난 직후 종합정책질의가 시작된다. 종합정책질의는 예산안에 한정하지 않고 정부의 시책방향, 재정·경제정책, 외교·안보 현안, 사회정책 등 국정 전반에 관해 질의·답변이 이루어지는데, 특히 정치적 쟁점에 대한 질의와 답변이 많다. 즉, 예산결산특별위원회 전체회의는 사실상 본회의의 대정부질문과 유사하게 운용되고 있다.

부별 심사 또는 분과위원회 심사는 선택적 운용사항인데(「국회법」 제84조 제2항) 실제로는 주로 부별 심사로 운영된다. 부별 심사는 몇 개의 부처로 묶어 일괄 상정하고 예산안과 직접 관련되는 부분에 대해 질의하는 것이 원칙이다. 보통 경제부처와 비경제부처로 묶어 운영하고 있다. 전체회의에서 종합정책질의와 부별 심사를 하고 나면 예산안의 수정 여부에 대해서는 결론을 내지 않고 예산안등조정소위원회(이하 '조정소위')로 넘겨진다. 조정소위 심사 전까지 예결위는 종합정책질의와 부별 심사를 위한 전체회의를 총 6~8회 내외로 실시한다.

우리 국회는 제헌국회 이후 1963년까지 상임위원회 중 하나로 예산결산위원회를 운영했다. 하지만 제3공화국이 시작된 1963년에 예산결산위원회를 정기국회에 한시적으로 활동하는 비상설 특위로 격하했다. 이후 2000년에 다시 상설화되었지만 위원은 여전히 다른 상임위원회와 겸임하고 있다. 원칙적으로는 예산결산특별위원회가 전임 위원으로 1년 내내 상시적으로 운영되면서 정부의 예산안 편성 전 단계에 개입하는 것이 이상적이다. 그러나 예산결산특별위원회 기능을 강화하는 데 대한 정부의 부정적인 인식, 특위를 상임위화하는 데 따른 기획재정위원회 등과의 법률안 심사권 조정 문제 등 현실적인 장애물이 존재한다.

또한 예산결산특별위원회 위원의 임기는 1년이어서(「국회법」 제45조 제3항) 전문성을 보장하기가 쉽지 않다. 그런데 단순히 예결위원의 임기를 2년으로 하거나 다른 상임위와 겸임하지 못하도록 하는 것만으로는 대안이 될 수 없다. 위원 수 조정, 상임위와의 합리적인 권한 조정, 전문성을 확보하기 위한 위원 선임과 위원회 운영 등 종합적인 개선이 필요하다. 현재로서는 예결위원에 대한 선호도가 높은 현실을 고려할 때 의원 300명 중 50명의 예결위원 자리를 자주 교체하는 방식이 계속 유지될 것으로 보인다.

2) 조정소위 심사

예산안을 실제로 심사·수정하기 위해서는 위원회 의결로 조정소위를 구성한다. 조정소위는 일정한 예산안 조정원칙을 수립해 상임위의 예비심사결과, 종합정책질의와 부별 심사 시의 수정의견, 교섭단체의 의견, 전문위원의 수정의견 등을 기초로 하여 예산안을 종합적으로 조정하고, 단일 수정안을 마련해 예결위 전체회의에 보고한다.

예결위원이 50명이고 1년 임기로 상임위를 겸임해 높은 전문성을 갖추기 어려운 점, 예산결산특별위원회가 연중 상설로 운영되고 있지 못한 점, 상임위원회 예비심사가 특히 증액심사에서는 실질적인 권한을 갖지 못한 점 등으로 인해 15명 내외의 조정소위가 전체 예산안의 조정에서 갖는 권한은 상당히 높은 편이다. 조정소위에서는 부처별 사업들의 실질적인 증액과 감액을 논의하기 때문에 조정소위는 '예산 심사의 꽃'으로 불리기도 한다. 하지만 조정소위가 예산 삭감에 대해서는 회의록을 남기면서도 증액에 대해서는 논의 과정을 기록으로 남기지 않아 권한에 비해 예산 심사의 투명성과 객관성이 떨어진다는 비판을 받기도 한다.

한편, 예산결산 조정소위의 위원 수를 보면 제2대 국회였던 1964년에 9명으로 시작했던 조정소위 정수는 1974년에 11명으로 늘었고, 이후 9명(1990년), 13명(2000년), 10명(2003년) 등으로 늘었다 줄었다를 반복했다. 이후에는 11명(2004년), 13명(2007년), 15명(2010년), 16명(2018년)까지 증가했다가 2019년 이후로 계속 15명을 유지하고 있다.

일명 '쪽지예산' 역시 조정소위에 집중적으로 전달된다. 쪽지예산은 예산안을 심사하는 과정에서 조정소위 소속 의원에게 예산을 반영해 달라고 쪽지를 보낸다고 해서 붙은 이름이다. 쪽지예산에는 지역에 필요한 민원성 예산이 대부분인데, 대의기능을 수행하는 국회의 역할을 고려할 때 이러한 민원성 예산에 대한 의견을 전달하는 것 자체로는 부적절하다고 보기 어렵다. 그러나 공식적인 심사과정에서 충분히 검토되지 못하고 비공식적으로 전달되며 주로 여·야의 지도부나 실세, 예결위원, 조정소위 위원 등이 여·야 및 정부의 협상 과정에서 수혜를 입는 경우가 많다는 비판을 받고 있다.

최근에는 소위보다 더 인원이 적은 '소소위'가 정례화되고 있다. 소소위에서는 조정소위가 심사과정에서 보류한 사업과 예산을 놓고 여·야 교섭단체 간사들이 최종담판을 벌인다. '예산결산특별위원회 예산안등 조정소위원회 보류안건심사소위원회'로 불리기도 한다. 그런데 소소위는 법적으로 명확한 근거가 없는 기구로, 여·야 협상을 위한 비공식기구이다. 소소위의 협상 내용은 언론은 물론 예결위원들에게도 공개되지 않는다. 또한 수조 원의 감액과 증액을 다루는 협의체임에도 공식적인 기록이 남지 않는다는 지적이 제기되고 있다.

3) 토론·표결 및 심사보고

소위원회의 수정안에 대해 여·야 간에 이견이 있으면 전체회의에서 토론 및 표결과정을 거쳐 위원회안을 확정하며, 전체회의에서 부대의견이 추가되기도 한다. 예산안에 대한 심사가 종료되면 심사결과보고서를 작성하고 의장에게 보고한다.

상임위원회 예비심사에서 설명한 바와 같이 예산결산특별위원회는 소관 상임위원회의 예비심사 내용을 존중해야 하며, 소관 상임위원회에서 삭감한 세출예산 각항의 금액을 증액하거나 새 비목을 설치할 경우에는 소관 상임위원회의 동의를 얻어야 한다(「국회법」 제84조 제5항 본문). 원칙적으로는 소관 상임위원회의 '동의'를 얻기 위해서는 별도의 상임위원회 회의를 거친 의결이 필요하다. 그러나 국회 운영 현실상 어려운 면이 있어 각 상임위원회에서는 예비심사를 의결할 때 위원장 및 간사에게 해당 동의를 위임해 놓기도 한다. 다만, 새 비목의 설치에 대한 동의 요청이 소관 상임위원회에 회부되고 회부된 때부터 72시간 이내에 동의 여부가 예산결산특별위원회에 통지되지 않는 경우에는 소관 상임위원회가 동의한 것으로 본다(「국회법」 제84조 제5항 단서).

한편 예산안 등이 헌법상 의결기한(12월 2일)까지 의결되지 않는 문제가 반복되자 이를 개선하기 위해 2012년 5월에 「국회선진화법」 개정으로 제85조의3(예산안 등 본회의 자동부의)이 신설되었다(2014년 5월 30일 시행). 이 조항에 따르면 예산결산특별위원회가 매년 11월 30일까지 예산안 등 심사를 마치지 못한 경우 예산안은 12월 1일에 본회의에 자동부의된 것으로 본다. 예산결산특별위원회 심사가 완료되지 못했으므로 본회의에는 정부가 제출한 원안이 자동부의된다.[9]

결국 「국회선진화법」으로 인해 예산안과 예산부수법안이 예결위와 관련 상임위원회의 의결 없이 정부 원안으로 자동 상정될 수 있게 되었다. 이것은 국회 전체의 예산심의권이 약화된다는 것을 의미하는 것이기도 하다. 지금도 정부가 제출한 예산안에서 사업의 성격 등 실질적으로 국회가 조정할 수 있는 예산은 전체의 1~2% 수준에 불과하다. 나머지 98~99%는 법령에 의해 용도가 정해져 있거나 정부가 편성한 예산안에서 근본적으로 수정하는 것이 사실상 어려운 상태로 제출된다. 그런데 예산안의 본회의 자동부의가 반복되면 정부의 편성권을 실질적으로 견제하는 국회의 예산심사권이 더욱 약화될 가능성이 있다.

4. 본회의 심의·의결

예산결산특별위원회 심사가 완료되어 본회의에 자동부의되지 않은 경우라면 예산결산특별위원회 위원장은 본회의 의사일정에 따라 예산

9 본회의에 자동부의되더라도 본회의에서 의원 50명 이상의 찬성으로 수정안을 제안해 의결해 정부 원안을 수정할 수 있다(「국회법」 제95조 제1항 단서).

예시 5-10 예산안의 본회의 심의(본회의 자동부의) 사례

2023년 12월 21일

• **의장:** 의사일정 제16항 2024년도 예산안, 의사일정 제17항 2024년도 기금운용계획안, 의사일정 제18항 2018년도 임대형 민자사업(BTL) 한도액안, 이상 3건을 상정합니다. ○○○부총리 겸 기획재정부 장관 나오셔서 3건에 대하여 제안설명해 주시기 바랍니다.

• **부총리 겸 기획재정부 장관:** 존경하는 ○○○국회의장님, 그리고 의원님 여러분!

부총리 겸 기획재정부 장관 ○○○입니다.

2024년도 예산안 및 기금운용계획안 등에 대한 제안설명을 드리겠습니다. (중략)

• **의장:** ○○○ 부총리 수고하셨습니다.

2024년도 예산안에 대해서는 ○○○의원 등 65인으로부터 수정안이 제출되어 있습니다. ○○○예산결산특별위원장 나오셔서 수정안에 대하여 제안설명해 주시기 바랍니다.

• **의원:** 존경하는 ○○○국회의장님, 그리고 선배·동료 의원 여러분!

○○○국무총리를 비롯한 국무위원 여러분!

예산결산특별위원회 위원장 ○○○의원입니다.

2024년도 예산안의 수정안에 대하여 간략히 제안설명을 드리겠습니다.

수정안은 정부가 제출한 2024년도 예산안 및 기금운용계획안의 총지출 656.9조 원에 대하여 지방교육재정교부금법 개정에 따른 보통교부금과 특별교부금 간 이관 금액을 제외하고 4.2조 원을 감액, 3.9조 원을 증액했습니다. 이 중 기금을 제외한 예산안 총지출 438.7조 원에 대해서는 3.4조 원을 감액하고 3조 원을 증액하여 총 0.4조원을 순감액했습니다.

수정된 주요 사항을 말씀드리면 (중략)

• **의장:** ○○○의원 수고하셨습니다.

이것으로 토론을 종결할 것을 선포합니다.

다음은 헌법 제57조에 따라 2024년도 예산안에 대한 수정안에서 증액된 부분 및 새로이 설치된 비목에 대하여 정부 측 의견을 듣도록 하겠습니다.

○○○부총리 겸 기획재정부 장관 나오셔서 정부 측 의견 밝혀주시기 바랍니다.

• **부총리 겸 기획재정부 장관** ○○○정부는 2024년도 예산안에 대한 수정안에서 정부 원안보다 증액된 부분 및 새 비목이 설치된 부분에 대하여 이의가 없습니다.

감사합니다.

• **의장** ○○○ 부총리 수고하셨습니다.

그러면 국회법 제96조에 따라 수정안부터 먼저 표결하도록 하겠습니다.

2024년도 예산안에 대한 수정안에 대하여 투표해 주시기 바랍니다.

(전자투표)

투표를 다 하셨습니까?

그러면 투표를 마치겠습니다.

투표 결과를 말씀드리겠습니다.

재석 259인 중 찬성 237인, 반대 9인, 기권 13인으로서 2024년도 예산안에 대한 수정안은 가결되었음을 선포합니다.

(찬반 의원 성명은 끝에 실음)

수정안이 가결되었으므로 원안은 표결하지 않겠습니다.

그러면 2024년도 예산안은 수정한 부분은 수정안대로, 기타 부분은 원안대로 가결되었음을 선포합니다.

다음은 2024년도 기금운용계획안을 의결할 순서입니다만 이 안건에 대해서는 ○○○의원 등 65인으로부터 수정안이 제출되어 있습니다.

○○○의원 나오셔서 수정안에 대하여 제안설명해 주시기 바랍니다.

(이하 생략)

자료: 제411회국회(임시회) 국회본회의회의록 제2호.

안이 상정된 날에 예산안의 개요와 심사경과 및 결과를 본회의에 보고한다. 국회는 헌법 제57조에 따라 행정부가 제출한 예산안을 삭감할 수는 있지만, 각항의 금액을 증액하거나 새 비목을 설치하려면 정부의 사전 동의를 받아야 한다.

이에 따라 예산안과 추가경정예산안을 심의·확정하는 과정에서 지출

예산 각항의 금액을 증액하거나 새로운 비목을 설치할 때에는 예산결산특별위원회와 본회의에서 표결하기 전에 기획재정부 장관에게 동의를 얻고 있다. 여·야 협상의 결과로 예산안이 처리되기 때문에 정부가 이러한 동의를 거부하는 일은 없다. 그렇지만 예산 증액에 대해 여·야가 합의하더라도 결국 정부 동의가 전제되지 않으면 예산 증액이 불가능하다는 점에서 국회의 재정통제권이 크게 제약받는다는 문제는 지속되고 있다. 이는 근본적으로는 헌법개정이 필요한 사항이라는 한계도 있다.

국회는 예산안이 본회의에서 의결되면 이를 지체 없이 정부에 이송해야 한다. 정부는 국회의 증액동의 요구에 대해 이송된 예산과 함께 국무회의에서 심의하고 대통령의 승인을 얻어 증액동의 사실을 사후에 서면으로 국회에 통보한다.

헌법에서는 국회는 국가의 예산안에 대한 심의·확정권을 가지며 회계연도 개시 30일 전까지 이를 의결해야 한다고 규정하고 있다. 이처럼 헌법에서 국회의 예산안 심사에 시한을 두는 이유는 정부에 예산집행을 준비할 시간을 주기 위해서이다. 하지만 실제로는 국회가 예산 처리를 위한 법정시한인 12월 2일을 지킨 경우가 오히려 드물다. 2014년 「국회선진화법」 시행으로 상황이 다소 개선되기도 했으나 법정시한을 지키지 못하는 사례는 계속 발생하고 있다(2011회계연도 예산안부터 이루어진 국회 의결 일자에 대해서는 〈표 5-4〉 참조).

기존에는 정부 예산안에 대해 본회의에서 예결위 수정안을 의결했으나 예산안 자동부의 제도가 적용된 2014년부터 현재까지는 예결위에서 11월 30일까지 의결하지 못하면 정부 예산안 원안에 대해 본회의 수정안(「국회법」 제95조 후단에 따라 의원 50명 이상 찬성)을 의결하고 있다. 다만, 예산안의 본회의 수정안도 실무적인 작업은 예결위 차원에서 이루

표 5-4 **예산안 정부 제출 및 국회 의결 일자**

회계연도	법정 기한	정부 제출	국회 의결
2011	2010. 12. 2.	2010. 10. 1.	2010. 12. 8.
2012	2011. 12. 2.	2011. 9. 30.	2011. 12. 31.
2013	2012. 12. 2.	2012. 9. 28.	2013. 1. 1.
2014	2013. 12. 2.	2013. 10. 2.	2014. 1. 1.
2015	2014. 12. 2.	2014. 9. 22.	2014. 12. 2.
2016	2015. 12. 2.	2015. 9. 11.	2015. 12. 3.
2017	2016. 12. 2.	2016. 9. 2.	2016. 12. 3.
2018	2017. 12. 2.	2017. 9. 1.	2017. 12. 6.
2019	2018. 12. 2.	2018. 9. 3.	2018. 12. 8.
2020	2019. 12. 2.	2019. 9. 3.	2019. 12. 10.
2021	2020. 12. 2.	2020. 9. 3.	2020. 12. 2.
2022	2021. 12. 2.	2021. 9. 3.	2021. 12. 3.
2023	2022. 12. 2.	2022. 9. 2.	2022. 12. 24.
2024	2023. 12. 2.	2023. 9. 1.	2023. 12. 21.
2025	2024. 12. 2.	2024. 9. 2.	2024. 12. 10.

자료: 국회사무처(2025); 국회 의안정보시스템.

어진다.

예산안이 본회의에 자동부의될 경우 예결위의 심사결과가 존재하지 않으므로 예결위의 심사보고도 하지 않는다. 원안이 그대로 본회의에 부의된 것이므로 정부가 다시 본회의에서 제안설명을 하며, 의원 50명 이상의 찬성으로 수정안을 제출하고 수정안 제안설명을 한 후에 토론·표결을 거친다.

2025년도 예산안을 보면 본회의 수정안에서 총수입은 정부안 대비 2713억 원 감액되었고, 총지출은 정부안 대비 4조 1091억 원 감액되어 최초로 증액 없는 감액만 의결되었다(<표 5-5> 참조). 참고로 2024년도 예산안을 보면 본회의 수정안에서 총수입은 정부안 대비 3412억 원 증액되고 2115억 원 감액되어 총 1296억 원이 순증되었고, 총지출은

예시 5-11 **예산안에 대한 수정안 사례(증액, 감액 모두 존재하는 경우를 사례로 수록)**

2024년도 예산안에 대한 수정안

발의연월일 : 2023. 12. 21.
발 의 자 : 서삼석 · 송언석 · 한병도
김태년 · 이수진 · 이수진(비)
박광온 · 이원택 · 양기대
강훈식 · 김승원 · 위성곤
강준현 · 홍성국 · 윤재갑
김수흥 · 김주영 · 조응천
고용진 · 이형석 · 신동근
김영호 · 진성준 · 서영교
박상혁 · 정태호 · 이용빈
허 영 · 박재호 · 조승래
도종환 · 홍영표 · 진선미
양경숙 · 김민철 · 유동수
홍기원 · 김병욱 · 유기홍
이용우 · 이달곤 · 지성호
조수진 · 김 웅 · 전주혜
박정하 · 김영식 · 장동혁
이용호 · 권명호 · 서정숙
송석준 · 김정재 · 김희곤
안병길 · 서일준 · 서범수
백종헌 · 엄태영 · 임병헌
정경희 · 양금희 · 이 용
이인선 · 조명희 의원
(65인)

수정이유

상임위원회 및 예산결산특별위원회에서 심사한 내용을 토대로 집행 가능성이 낮거나 사업계획이 미흡한 사업 등을 감액하고, 사업 간 우선순위를 조정하여 지역사랑상품권 발행, R&D 분야 기초연구 과제비·출연연구기관 인건비 및 연구인프라 확충, 새만금 지역경제 활성화를 위한 지원, 청년 주거비·교통비 지원, 농어민 경영부담 경감 등을 위한 예산을 추가로 반영하고자 함.

수정주요내용

가. 민간소비 제고 및 지방재정 부담 경감을 위해 지역사랑상품권 발행을 한시로 지원하고자 예산 3,000억원을 신규 반영함.

나. R&D 분야 기초연구 과제비 추가지원 예산 1,528억원, 박사후 연구원 연구사업을 신설하기 위한 예산 450억원, 대학원생 장학금·연구장려금 확충을 위한 예산 100억원을 각각 증액함.

다. 슈퍼컴퓨터, 중이온가속기, 양성자가속기 등 최신형 고성능 대형장비 운영·구축비용 지원을 확대하고자 예산 434억원을 증액함.

라. 새만금 입주기업의 원활한 경영활동과 민간투자 유치를 지원하도록 고속도로, 신항만 등 기업수요에 맞는 새만금 투자 사업에 총 0.3조원을 증액함.

마. 에너지·비료가격 상승 등에 따른 농어업인 경영부담을 완화하기

2024년도 예산안에 대한 수정안

2024년도 예산안 일부를 다음과 같이 수정한다.

<예산안 및 기금운용계획안 총괄 조정규모>

◇ 총계

(단위 : 백만원)

구분		정부안	증액	감액	증감	수정안
예산	수입	548,904,758	1,755,611	△646,166	1,109,445	550,014,203
	지출		5,348,668	△4,239,223		
기금	수입	1,023,133,925	1,003,978	△844,696	159,282	1,023,293,207
	지출		1,709,000	△1,549,718		
합계	수입	1,572,038,683	2,759,589	△1,490,862	1,268,727	1,573,307,410
	지출		7,057,968	△5,789,241		

※ 예산 순계

(단위 : 백만원)

구분	정부안	증액	감액	증감	수정안
수입	488,328,691	621,657	△328,443	293,214	488,621,905
지출		4,213,495	△3,920,281		

주1) 예산순계는 예산총계에서 회계간 또는 계정간 내부거래를 제외(회계-기금간 내부거래는 포함)
2) 기금은 각각이 개별적인 회계단위이므로 전체 기금을 포괄하는 순계는 통상 미산출

◇ 총수입 및 총지출

(단위 : 백만원)

구분		정부안	증액	감액	증감	수정안
예산	총수입	395,281,476	325,562	△97,149	228,413	395,509,889
	총지출	438,662,167	3,501,334	△3,902,812	△401,478	438,260,689
기금	총수입	216,803,501	15,658	△114,392	△98,734	216,704,767
	총지출	218,189,272	980,889	△812,602	168,287	218,357,559
합계	총수입	612,084,977	341,220	△211,541	129,679	612,214,656
	총지출	656,851,439	4,482,223	△4,715,414	△233,191	656,618,248

주) 총수입·총지출 = 총계 - '외국환평형기금 및 8대 금융성기금' - '내부거래 및 보전거래'

자료: 2024년도 예산안, 표지 및 차례(해당 이미지는 국회 의안정보시스템 검색).

표 5-5 2025년도 예산안 분야별 국회 수정

분야	2024 예산 (조 원) (A)	2025(조 원)		증감(%)		
		정부안 (B)	최종 (C)	국회 증감 (C-B)	전년 대비 (C-A)	(C-A)/A
1. 보건·복지·고용	237.6	249.0	248.7	△0.3	11.1	4.7
2. 교육	95.2	98.5	98.5	△0.0	3.3	3.5
3. 문화·체육·관광	8.7	8.8	8.8	△0.1	0.1	1.1
4. 환경	12.5	13.0	13.0	△0.0	0.5	4.0
5. R&D	26.5	29.7	29.6	△0.1	3.1	11.7
6. 산업·중소·에너지	28.0	28.3	28.2	△0.0	0.2	0.7
7. SOC	26.4	25.5	25.4	△0.0	△1.0	△3.8
8. 농림·수산·식품	25.4	25.9	25.9	△0.0	0.5	2.0
9. 국방	59.4	61.6	61.2	△0.3	1.8	3.0
10. 외교·통일	7.5	7.8	7.7	△0.1	0.2	2.7
11. 공공질서·안전	24.4	25.1	25.0	△0.1	0.6	2.5
12. 일반·지방행정	110.5	111.3	110.7	△0.6	0.2	0.2
총지출	656.6	677.4	673.3	△4.1	16.7	2.5

자료: 국회예산정책처(2025: 419).

정부안 대비 4조 4822억 원 증액되고 4조 7154억 원 감액되어 총 2331억 원이 순감되었다.

국회는 예산안을 확정하면서 부대의견을 함께 채택해 정부에 예산집행 방법 등에 대해 일정한 방향을 제시하고 있다. 현행법상 부대의견은 법적 근거가 없으므로 법적 효력을 갖지 못한다. 다만, 국회의 재정권 등을 고려할 때 국회의 부대의견이 존중되어야 한다는 점에는 이견이 없는 것으로 보인다(박기영, 2014: 545).

2025년도 예산안 등에 대한 상임위 예비심사에서 채택된 부대의견은 총 712건이다. 본회의에서 예산안 등을 확정하면서 첨부한 부대의견은 36건이다. 본회의 의결 기준으로 부대의견 건수는 2011년도 예산안부터 2018년도 예산안까지는 증가 추세였다가 2019년도 예산안 이후로는

표 5-6 부대의견 건수(본회의 의결 기준)

회계연도	2011	2012	2013	2014	2015	2016	2017	2018
건수	12	27	33	49	46	47	57	74
회계연도	2019	2020	2021	2022	2023	2024	2025	-
건수	52	50	47	45	53	53	36	-

자료: 국회예산정책처(2025: 420).

50건 내외로 증감을 반복했다. 2025년도 예산안이 36건으로 다소 줄어든 것은 증액이 없었던 것을 반영한 것으로 볼 수 있다(<표 5-6> 참조).

제5절 결산 심사과정

이 절에서는 예산과정의 마지막 단계로서 결산의 의미와 국회에서 심사하는 결산의 내용 및 범위에 대해 살펴보고 결산의 국회 제출과 심사절차 및 후속 조치 등에 대해 설명한다. 덧붙여 감사원에 감사를 요구하는 제도도 함께 소개한다. 감사요구제도는 특정사안에 대한 감사를 국회가 감사원에 요구할 수 있는 제도인데, 결산이나 국정감사의 후속 조치로 연계되기도 한다.

1. 결산의 의의

예산이 한 회계연도에서 이루어지는 '수입·지출의 예정적 계수'라면 결산은 이러한 예산의 실제 집행결과에 따른 '수입·지출의 확정적 계수'이다(김춘순, 2014: 602).

예산상 수입은 추정액이어서 실제 징수액과 차이가 있고 지출 역시 실제 집행하려면 여러 가지 변수가 많다. 이에 예산을 집행하는 기관에서는 법률이 허용하는 범위 내에서 예산을 변경해 집행할 수 있다. 따라서 예산과 결산이 실제로 일치하기는 거의 불가능하다. 그러나 중요한 예산을 위법·부당하게 이용, 전용, 또는 이월할 경우 또는 이러한 예산 변경을 반복할 경우 헌법이 보장하는 국회의 예산심의권을 심대하게 침해하는 결과를 초래할 것이고 이는 결국 재정민주주의를 훼손할 것이다.

국회는 결산 심사를 통해 법령과 지침이 정한 요건과 절차대로 예산을 집행해 위법·부당한 지출이 없었는지, 입법부가 의도한 대로 예산이 집행되었는지 확인함으로써 예산의 성과와 결산의 결과를 차기 예산에 반영할 수 있다(박기영, 2014: 591). 이를 제도적으로 뒷받침하기 위해 국회는 2003년에 조기결산제도를 도입하면서 결산의 심사결과 나타난 위법과 부당한 사항에 대해 변상 및 징계조치 등을 요구할 수 있도록 시정요구제도도 함께 도입했다(「국회법」 제84조 제2항 후단). 결산은 정부 입장에서도 재정을 운용한 결과와 실적에 대해 사후적으로 보고하고 향후 재정운용에 필요한 정보를 국회에 제출해 재정집행결과를 추인받음으로써 정부의 책임을 해제시키는 효과도 갖고 있다(박기영, 2014: 605).

2. 결산의 내용과 범위

1) 국가결산보고서

「국가재정법」과 「국회법」에 따라 정부가 국회에 제출해 승인을 받는 결산의 의안원문은 법적으로는 '국가결산보고서'이다. 중앙관서결산보고서와 국가결산보고서의 작성은 「국가회계법」에 따른다. 국가결산보고서는 결산 개요, 세입세출결산(기금의 수입지출결산도 포함), 재무제표,

성과보고서로 구성된다(「국가회계법」 제14조). 결산보고서의 부속서류로는 세입세출결산에 대해 15가지, 기금의 수입지출결산에 대해 4가지, 국가결산보고서 세입세출결산에 대해 2가지, 재무제표에 대해 4가지가 있다.[10] 국회 의안정보시스템에서 '○○○○회계연도 결산'을 검색하면 의안원문으로 '국가결산보고서'를 확인할 수 있으며, 기타 문서로 중앙관서별 결산보고서, 중앙관서별 성과보고서, 국가채무관리보고서, 국유재산관리운용총보고서, 기금 재무제표, 성인지결산서, 온실가스감축인지결산서 등 12가지가 함께 제출되어 있는 것을 확인할 수 있다.

2) 예비비사용총괄명세서

국회는 통상 결산 심사과정에서 '○○○○회계연도 결산'과 '○○○○회계연도 예비비 지출 승인의 건', 두 가지 의안을 함께 심사한다. 이 두 의안은 넓은 의미에서 '결산'으로 함께 묶어 표현할 수 있는데, 헌법 및 법률상으로는 사실 별개의 안건이다.

예비비는 예측할 수 없는 예산 외의 지출 또는 예산초과지출에 충당하기 위해 세입세출예산에 계상한 금액이다(「국가재정법」 제22조). 예비비는 구체적인 지출항목 없이 총액으로 국회의 의결을 얻어야 한다(헌법 제55조 제2항). 또한 예비비를 지출하려면 차기국회의 승인을 얻어야 하는데(헌법 제55조 제2항), 이를 위해 예비비 지출 승인의 건이 「국가재정법」에 따라 결산과 함께 국회에 제출된다.

실제 결산 심사에서 결산과 예비비 지출 승인의 건은 별개의 안건이

10 결산보고서의 구성항목과 부속서류에 대한 자세한 설명은 국회예산정책처(2025), 309쪽 이하를 참조.

지만 동시에 상정되고, 전문위원 검토보고는 통상 한꺼번에 묶어서 다루는데, 위원회 및 본회의에서는 이를 차례대로 의결한다.

3) 감사원의 결산검사보고서

감사원의 결산검사보고서는 헌법 제99조에 따라 매년 대통령과 다음해 국회에 보고하도록 되어 있으며, 국회의 심의대상 안건은 아니다. 「국가재정법」 제60조는 4월 10일까지 제출받은 국가결산보고서를 감사원이 5월 20일까지 검사해 기획재정부에 송부하도록 하고 있다. 이후 감사원의 결산검사보고서는 정부가 결산을 국회에 제출하는 것과 비슷한 시기에 국회에 제출된다.

감사원의 검사보고 사항으로는 「감사원법」 제41조에서 결산의 확인, 결산금액과 한국은행 결산서 금액의 부합 여부, 위법·부당 사항의 유무, 예비비 지출로서 국회 승인 여부, 징계·시정·개선 등의 요구사항과 결과 등 10가지를 열거하고 있다. 감사원 결산검사보고서 원문 파일은 국회 의안정보시스템에 '○○○○회계연도 결산검사결과보고(감사원장)'로 등재되어 있으며, 감사원 홈페이지에서도 확인할 수 있다.[11]

3. 결산의 제출과 심사과정

정부가 감사원의 검사를 거친 국가결산보고서를 5월 31일까지 국회에 제출하면 상임위 예비심사와 예결위 종합심사를 거쳐 본회의에서 심

11 감사원 홈페이지 자료실 > 간행물 > 결산검사보고 메뉴 참조.

표 5-7 결산 일정

기간	사항	비고
다음 연도 2월 말까지	• 중앙관서결산보고서 작성 및 기획재정부 제출	• 「국가재정법」 제58조
4월 10일까지	• 국가결산보고서 작성 및 제출 - 기획재정부 국가결산보고서 작성 - 국무회의 심의, 대통령 승인을 거쳐 감사원 제출	• 「국가재정법」 제59조
5월 20일까지	• 감사원의 국가결산보고서 검사 및 기획재정부 송부	• 「국가재정법」 제60조
5월 30일까지	• 국가결산보고서 국회 제출	• 「국가재정법」 제61조
6월~8월	• 상임위원회 예비심사 - 위원회 상정 - 대체토론 - 소위원회 심사 - 토론 및 표결(의결) - 예비심사 보고	• 정부 제안설명, 전문위원 검토보고
	• 예산결산특별위원회 종합심사 - 결산에 대한 공청회 - 위원회 상정 - 종합정책질의 - 부별 심사 - 결산심사소위원회 구성·심사 - 토론 및 표결(의결)	• 「국회법」 제84의3 • 의결로 생략 가능 • 정부 제안설명, 전문위원 검토보고 • 정부 전체에 대한 정책질의·답변 • 경제부처 및 비경제부처별로 실시 • 7~11명으로 구성
	• 본회의 의결	• 국회는 정기회 전까지 심의·의결 (「국회법」 제128조의2)

자료: 예산결산특별위원회(2023: 91) 재정리.

의된다. 대부분의 심사절차는 예산안과 동일하다.

1) 정부의 결산과 감사원 검사

각 중앙관서는 2월 말까지 결산보고서를 기획재정부에 제출한다. 기획재정부는 이를 종합한 국가결산보고서를 대통령 승인을 받아 4월 10일까지 감사원에 제출한다. 감사원은 이 보고서를 검사해 5월 20일까지 기획재정부에 송부해야 하며 정부는 이를 5월 31일까지 국회에 제출해야 한다(「국가재정법」 제58조부터 제61조까지).

각 중앙관서별 예비비사용명세서 역시 2월 말까지 기획재정부에 제출해야 하는데, 기획재정부는 이를 종합한 총괄명세서를 국무회의 심의를 거쳐 대통령의 승인을 얻어 감사원에 제출한다. 그리고 정부는 이 총괄명세서를 5월 31일까지 국회에 제출해 국회의 승인을 얻어야 한다(「국가재정법」 제52조).

실제 예산의 구조와 집행결과는, 해당 사업을 직접 집행하는 공무원이 아니라면, 일반 국민은 물론이고 입법·정책에 종사하는 전문가나 시민단체라 하더라도 외부에서 정확하게 파악하기가 쉽지 않다. 최근 출범한 한국재정정보원에서 예산사업과 실시간 결산(d-brain) 정보를 공개하고 있고 국회예산정책처에서 다양한 분석 및 설명 자료를 지속적으로 발간하고 있으나 예산집행의 복잡한 구조와 광범위한 내용으로 인해 국회 외부에 있는 일반인이 내용을 파악하는 데에는 한계가 있다.

예산집행과정의 문제점으로는 법적 구속력이 없는 기획재정부의 예산집행지침에 근거해 예산배정 자체를 삭감함으로써 예산을 인위적으로 절감하는 문제, 당초 편성목적과 다른 내용으로 자주 예산을 집행하는 문제, 법령상 절차를 위반한 채 예산을 이용 또는 전용하거나 자의적으로 조정하는 문제, 집행 잔액을 불용처리하지 않고 고의적으로 이월하거나 연도 말에 집중 집행하는 관행 등이 지적된다(박기영, 2014: 575). 이러한 문제점은 국회의 예산 심의·확정 권한을 침해할 뿐만 아니라 그 자체로 예산집행의 효율성과 재정 건전성을 훼손하는 측면이 있다.

이러한 예산집행상의 문제점은 감사원의 결산검사과정에서 1차적으로 점검된다. 우리 헌법은 회계검사기능을 정부에 속한 감사원에 부여하고 있다. 1962년 제5차 개정헌법 이전까지는 심계원이 회계검사기능만 수행했고 직무감찰기능은 법률상의 기구인 감찰위원회 등에서 수행했다. 이후 1962년 개헌으로 감사원이 헌법적 근거를 가지면서 직무감찰기능도 헌법상에 명시되었고 감사원이 회계검사기능과 직무감찰기능을 통합해 수행하게 되었다.

감사원 소속을 비교법적으로 보면 영국과 미국은 의회 소속이고, 독일과 일본은 헌법상 독립기구이며, 프랑스는 집행부 소속이지만 법원에 준하는 독립기구이다(성낙인, 2017: 664). 의회의 재정권을 실효적으로 뒷받침하기 위해 회계검사기능을 국회로 이관해야 한다는 의견과 국회로 이관하면 정치적 이해관계로 인해 감사원의 기능을 오히려 저해할 수 있다는 의견이 대립하고 있다. 1962년 이래 통합되어 온 감사원의 회계검사기능과 감찰기능을 분리하는 것이 효율적인지, 감사원의 직무상 독립을 실질적으로 보장할 수 있는 방안은 무엇인지에 대해서도 의견이 다양하다. 최근 개헌 논의에서도 감사원을 독립기구화하자는 의견이 있었으나 이 경우 감사원의 기능을 오히려 저해할 수 있다는 우려도 있다(성낙인, 2017: 665).

2) 국회의 결산 심사

결산 심사 역시 예산안 심사와 마찬가지로 상임위 예비심사와 예결위 종합심사로 진행되는데, 상임위 및 예결위 절차는 예산안 심사와 기본적으로 동일하다. 다만, 차이가 있다면 ① 예산안의 경우 시정연설이 법적 절차이지만 결산에는 적용되지 않고 있고(「국회법」 제84조 제1항), ② 예결위는 예산안·기금운용계획안 및 결산에 관해 공청회를 개최해야 하지만 추가경정예산안·기금운용계획안 및 결산의 경우 위원회 의결로 생략할 수 있으며(「국회법」 제84조의3), ③ 결산의 경우 법적 심의기한이 정기회 개회 전까지이지만(「국회법」 제128조의2) 예산안의 본회의 자동부의(「국회법」 제85조의3) 절차와 같이 심의기한을 지키기 위한 별도의 절차는 두고 있지 않다는 것이다.

각 상임위에 결산이 회부되면 상임위는 의사일정에 상정해 정부 부처의 제안설명과 전문위원 검토보고를 듣고, 대체토론, 예산결산심사소위원회 심사, 찬반토론을 거쳐 표결한다. 결산 심사를 마치면 그 결과를 의장에게 보고하고 의장은 정부결산에 상임위 예비심사 보고서를 첨부해 예결위에 회부한다(「국회법」 제84조 제1항 및 제2항). 결산 역시 예산안과 마찬가지로 의장이 심사기간을 지정할 수 있으며, 상임위가 이유 없이 그 기간 내에 심사를 마치지 아니한 때에는 이를 바로 예결위에 회부할 수 있다(「국회법」 제84조 제6항).

예결위에 결산이 제출되면 공청회를 개최하는데 이는 의결로 생략할 수 있다(「국회법」 제84조의3). 결산에 관한 공청회 규정은 2011년 5월 「국회법」에 추가된 것인데, 이후 실제 공청회는 2012년(2011회계연도 결산)을 제외하고는 매년 실시되었다. 예결위 결산 심사는 예산안과 마찬가지로 정부의 제안설명과 전문위원 검토보고를 듣고 종합정책질의, 부별 심사(또는 분과위원회 심사), 결산심사소위원회 심사, 찬반토론을 거쳐 표결한다. 본회의는 예결위 심사보고를 듣고 질의·토론을 거쳐 의결한다. 국회는 정기회 개회 전까지 결산에 대한 심사·의결을 완료해야 한다(「국회법」 제128조의2).

국회는 결산 심사에서 감사원 결산검사를 포함해 정부 전체의 결산 결과를 다시 점검한다. 결산에서는 법령과 지침대로 예산이 집행되었는지가 가장 중요한 기준이다. 소관 부처, 감사원 등 정부 내부에서도 결산에 대해 살펴보지만 아무래도 집행부의 입장이다 보니 집행의 효율성 등을 보다 고려할 가능성이 있다. 이에 비해 국회의 결산 심사는 정부에 집행 권한을 위임한 입법자 및 위임자로서 법령과 지침의 기준은 물론, 국회가 예산안을 심의한 취지대로 예산이 집행되었는지 여부 등도 함께 살펴보므로 독자적인 의미를 지니고 있다.

그런데 실제 상임위나 예결위 결산 심사 회의에서 의원들이 질의하는 내용을 보면 결산과 관련된 사항보다 정치 현안에 집중되는 경향이 있다. 예산 심사나 법안 심사에서도 정치 현안 질의가 적지 않은데, 결산 심사에서도 실제 예산집행 내용에 대해 지적하는 경우는 많지 않으며, 정작 결산과 직접 관련된 지적은 서면질의로 대체되는 경우가 많다.

결산 심사기한도 잘 지켜지지 않는다. 2003년 조기결산제도가 도입되고 2007년(2006회계연도 결산)부터는 정부도 5월 31일까지 결산을 제출했지만 국회가 8월 말까지로 정해진 결산 심사기한을 준수한 경우는 2011년 한 번뿐이었다. 결산 심사가 다른 정치 현안에 밀려 국정감사는 물론 예산안 심의기간이 지나서도 의결되지 못하는 경우도 자주 발생한다. 최근 몇 년간 결산 의결 시점을 보면 2017년 12월 6일, 2018년 12월 8일, 2019년 10월 31일, 2020년 11월 19일, 2021년 12월 2일, 2022년 11월 10일, 2023년 12월 20일, 2024년 12월 2일로 지속적으로 10월 이후에 의결되고 있다.

이러한 측면에서 국회의 결산 심사가 부실하다는 비판이 제기되기도 한다. 결산 심사에 시정요구사항, 부대의견 등을 도입하는 등 국회가 다양한 방법으로 정부에 예산집행에 대한 의견을 제시하고 있지만 국회에서 결산 심사에 대한 관심 자체가 실제로 높다고 보기는 어렵다. 결산 심사가 예산 심의로 자연스럽게 연결되는 정책의 환류 기능과 예산과정의 선순환이 보다 유기적으로 이루어질 필요가 있다.

그런데 결산 심사과정이 부실한 원인을 단순히 의원들의 관심이 부족한 문제로만 돌리기는 어렵다. 국회의 결산 심사가 부실한 이유 중 하나는 예산구조 및 예산집행과 관련된 정보가 복잡하고 불투명한 데다 심의결과의 실효성을 담보하기 위한 수단이 마땅하지 않기 때문이다. 또한 결산의 경우 국정감사 또는 예산안 심의에 비해 국회 입법지원조직의 각종 보고서나 감사원의 결산검사보고서에 의존하는 경향이 크다. 또한 결산 심사결과가 예산안 편성 및 심의와 실제로 잘 연계된다면 결산 심사를 대하는 정부 관계자들의 태도도 달라질 것이다.[12]

3) 결산 심사의 후속조치

국회는 결산을 의결할 때 시정요구사항과 부대의견을 함께 포함해 의결하고, 「국회법」 제127조의2에 따라 감사원에 대한 감사요구안을 별도로 의결한다. 최근 현황은 〈표 5-8〉의 비고에 표시되어 있다.

국회가 결산을 심사한 결과 위법 또는 부당한 사항이 있어 정부 또는 해당 기관에 시정을 요구하면 정부 또는 해당 기관은 이를 지체 없이 처리해 그 결과를 국회에 보고해야 한다(「국회법」 제84조 제2항 후단).

이러한 시정요구제도는 감사원이 감사결과에 따라 해당 기관에 「감사원법」 제31조 이하에서 변상책임, 징계요구, 시정 등의 요구, 개선 등의 요구, 권고 등을 규정하고 있는 것과 유사한 내용으로 2003년 도입

---

12 예를 들어, 정부 부처 실무자는 결산 시 국회의 시정요구사항이나 부대의견 등이 채택되는 것을 회피하려 하는데, 가장 큰 이유는 그러한 경우 해당 사업이 국무총리실·기획재정부 등의 각종 평가에서 부정적인 요인으로 작용해 예산 감액 등의 명분이 되는 경우가 있기 때문이다.

표 5-8 결산 처리 현황

결산연도	정부 제출	예결위	본회의	비고
2002	2003. 8. 29.	2003. 11. 10.	2003. 11. 10.	시정요구사항 194건 채택 감사청구 5개
2003	2004. 8. 6.	2004. 12. 6.	2004. 12. 8.	시정요구사항 354건 채택 감사청구 8개, 부대의견 28개
2004	2005. 7. 27.	2005. 9. 7.	2005. 9. 14.	시정요구사항 511건 채택 감사청구 6개, 부대의견 2개
2005	2006. 6. 9.	2006. 9. 29.	2006. 9. 29.	시정요구사항 549건 채택 감사청구 5개, 부대의견 108개
2006	2007. 5. 31.	2007. 9. 20.	2007. 10. 8.	시정요구사항 760건 채택 감사청구 4개, 부대의견 61개
2007	2008. 5. 30.	2008. 10. 2.	2008. 11. 24.	시정요구사항 669건 채택 감사청구 6개, 부대의견 24개
2008	2009. 5. 28.	2009. 9. 29.	2009. 9. 29.	시정요구사항 756건 채택 감사청구 6개, 부대의견 17개
2009	2010. 5. 28.	2010. 10. 1.	2010. 10. 1.	시정요구사항 1,039건 채택 감사청구 5개, 부대의견 22개
2010	2011. 5. 30.	2011. 8. 31.	2011. 8. 31.	시정요구사항 1,107건 감사요구 5개, 부대의견 27개
2011	2012. 5. 31.	2012. 9. 3.	2012. 9. 3.	시정요구사항 1,236건 감사요구 6개, 부대의견 30개
2012	2013. 5. 31.	2013. 11. 26.	2013. 11. 28.	시정요구사항 1,215건 채택 감사요구 3개, 부대의견 33개
2013	2014. 5. 30.	2014. 10. 2.	2014. 10. 2.	시정요구사항 1,541건 채택 감사요구 4개, 부대의견 26개
2014	2015. 5. 29.	2015. 9. 8.	2015. 9. 8.	시정요구사항 1,812건 채택 감사요구 4개, 부대의견 25개
2015	2016. 5. 31.	2016. 9. 1.	2016. 9. 2.	시정요구사항 2,061건 채택 감사요구 3개, 부대의견 27개
2016	2017. 5. 31.	2017. 12. 5.	2017. 12. 6.	시정요구사항 1,805건 채택 감사요구 1개, 부대의견 25개
2017	2018. 5. 31.	2018. 12. 7.	2018. 12. 8.	시정요구사항 1,833건 채택 감사요구 4개, 부대의견 19개
2018	2019. 5. 31.	2019. 10. 31.	2019. 10. 31.	시정요구사항 1,356건 채택 감사요구 4개, 부대의견 23개
2019	2020. 6. 1.	2020. 11. 12.	2020. 11. 19.	시정요구사항 1,667건 채택 감사요구 4개, 부대의견 19개
2020	2021. 5. 31.	2021. 12. 2.	2021. 12. 2.	시정요구사항 1,881건 채택 감사요구 4개, 부대의견 19개
2021	2022. 5. 31.	2022. 11. 7.	2022. 11. 10.	시정요구사항 1,416건 채택 감사요구 0개, 부대의견 21개
2022	2023. 5. 31.	2023. 8. 30.	2023. 12. 20.	시정요구사항 1,916건 채택 감사요구 1개, 부대의견 26개
2023	2024. 5. 31.	2024. 11. 9.	2024. 12. 2.	시정요구사항 2,319건 채택 감사요구 0개, 부대의견 34개

자료: 예산결산특별위원회(2023: 99~100) 발췌·보완.

되었다. 국회가 적용하고 있는 시정요구 유형은 변상, 징계, 시정, 주의, 제도개선 다섯 가지이다(<표 5-9> 참조).

2024년에 의결된 2023회계연도 결산 심사결과 시정요구 현황을 보면, 변상은 없고 징계 1건, 시정 244건, 주의 793건, 제도개선 1323건으로, 둘 이상의 시정요구 유형이 복수 적용된 중복 68건을 제외하면 총 2293건이 채택되었다(<표 5-10> 참조). 2022회계연도 결산에는 1916건, 2021회계연도 결산에는 1416건이 채택되었다.

통상 정부는 결산 심사가 이루어진 연도 말, 늦으면 다음 연도 초에 '조치결과보고서'를 국회에 제출하고, 다음 연도 결산 제출 시에 '후속조치결과보고서'를 제출하고 있다. 예를 들어, 2023회계연도 결산 및 예비비 지출 승인을 의결할 때 이루어진 시정요구 대상(정보위원회 소관 제외) 중 67.0%는 조치 완료, 23.0%는 조치 중이라고 보고했다(국회예산정책처, 2025: 320). 그러나 실제로 '조치'한 내용을 자세히 살펴보면 모든 조치를 국회의 의도대로 한 것은 아니다. 또한 같은 취지의 시정요구가 매년 결산에서 반복되는 경우가 많으며, 국회와 각 상임위 역시 시정요구나 그에 따른 조치사항을 예산안 심의로 적극 연계하지는 못하고 있다. 결산 또한 예산안과 마찬가지로 부대의견을 함께 채택하고 있다. 2021회계연도 결산에서는 21건의 부대의견이, 2022회계연도 결산에서는 26건의 부대의견이, 2023회계연도 결산에서는 34건의 부대의견이 채택되었다(부대의견 사례는 <예시 5-12> 참조).

4. 감사원에 대한 감사요구

국회는 결산을 의결하면서 「국회법」 제127조의2에 따른 감사원에 대

표 5-9 국회의 결산 시정요구 유형

유형	적용기준	조치대상기관
변상	고의 또는 중과실로 법령을 위반해 국가 재산상 금전적 손실을 가한 경우	소속 장관, 감독기관장 또는 소속 기관장
징계	「국가공무원법」 또는 기타 법령에 규정된 징계사유에 해당하는 경우	소속 장관 또는 임용권자
시정	위법 또는 부당한 사실이 있어 이를 바로잡기 위해 추징, 회수, 원상복구, 사업추진방식 변경 등의 조치가 필요한 경우	소속 장관, 감독기관장 또는 소속 기관장
주의	위법 또는 부당한 사실이 있으나 그 정도가 경미한 경우 향후 동일한 사례가 재발하지 않도록 해당 기관이나 책임자에게 주의를 줄 필요가 있는 경우	소속 장관, 감독기관장 또는 소속 기관장
제도 개선	법령상 또는 제도상 미비하거나 불합리한 사항이 있어 이에 대한 개선이 필요한 경우	소속 장관, 감독기관장 또는 소속 기관장

자료: 예산결산특별위원회(2023: 274).

표 5-10 2023회계연도 결산 심사결과 시정요구 현황

위원회	시정요구 유형						계
	변상	징계	시정	주의	제도 개선	유형 중복	
운영위	-	-	-	5	36	(-)	41
법사위	-	-	18	43	114	(3)	172
정무위	-	-	15	96	131	(3)	239
기재위	-	-	18	51	97	(3)	163
교육위	-	-	6	40	55	(3)	98
과기정위	-	-	24	64	61	(1)	148
외통위	-	-	19	39	46	(3)	101
국방위	-	-	22	30	61	(-)	113
행안위	-	-	11	38	53	(4)	98
문체위	-	1	15	62	68	(7)	139
농해수위	-	-	10	49	149	(2)	206
산자중기위	-	-	10	72	81	(11)	152
복지위	-	-	-	49	164	(8)	205
환노위	-	-	26	75	97	(8)	190
국토위	-	-	43	65	68	(9)	167
여가위	-	-	7	8	34	(2)	47
공통	-	-	-	7	8	(1)	14
합계	-	1	244	793	1,323	(68)	2,293

자료: 2023회계연도 결산심사보고서(2024.12), 61쪽.

예시 5-12 **결산 관련 부대의견 사례**

연번	부대의견
1	• 정부는 항공기소음피해 지역 주민을 위한 정책개선 방안을 적극 검토한다.
2	• 정부는 각종 펀드출자 사업의 연말 기준 실제 투자완료금액과 미투자금액을 매년 결산 사업설명자료에 명시하고, 불필요한 예산이 낭비되지 않도록 펀드출자 사업의 미투자금 규모를 감안하여 적정 예산을 편성하며, 당해 회계연도에 청산된 펀드의 운용실적과 성과를 결산 사업설명자료에 포함하여 국회에 보고하도록 한다.
3	• 정부는 2024년 예산감액으로 중단된 새만금 사업에 대해 적정성 재검토 결과에 따라 사업이 신속하게 추진될 수 있도록 노력한다.
4	• 국무조정실 및 국무총리비서실은 관련 부처와 공조하여 민간의료보험 과다진료행위에 대한 관리·감독 방안을 마련한다.
5	• 국무조정실 및 국무총리비서실은 댐 주변 부처에 따라 주민지원에 있어 격차가 발생하지 않도록 개선방안을 마련한다.

자료: 2023회계연도 결산심사보고서(2024.12), 56쪽 이하.

한 감사요구를 함께 채택하기도 한다. 감사원에 대한 감사요구안은 결산과는 별도의 의안이므로 결산심사보고서에 감사원 감사요구에 대한 현황을 기재하되, 본회의에 통상 예결위원장의 제안으로 '○○○○회계연도 결산 관련 감사에 대한 감사요구안'을 제출해 본회의 의결을 별도로 거친다.

감사원에 대한 감사요구는 국회가 감사원에 감사원 직무범위에 속하는 사항 중 사안을 특정해 감사를 요구할 수 있도록 하는 제도이다. 감사원은 감사요구를 받은 후 3개월 이내에 감사결과를 국회에 보고해야 하고, 이 기한을 지키지 못한 경우 중간보고를 하면서 연장을 요청할 수 있으며, 의장은 2개월 범위 이내에서 기한을 연장할 수 있다(「국회법」 제

128조의2). 현재 국회 의안정보시스템에서 '감사요구안'을 검색하면 국회가 의결한 감사요구안 의안 원문과 함께 해당 감사요구에 대해 감사원이 보고한 감사결과보고서를 확인할 수 있다.

감사원은 매년 결산검사를 하면서 감사를 실시하는데, 때로는 스스로 특정한 사안을 정해 감사를 실시하기도 한다. 감사원은 국가기관, 지자체, 공공기관, 관급공사 등 감사에 필요한 법적 권한과 전문성, 많은 경험을 갖추고 있다. 감사원이 입법부 소속이 아니므로[13] 국회는 감사원에 감사를 요구함으로써 기관 운영, 예산집행, 정책 실패, 각종 비리 등에 대해 객관적이고 전문적으로 감사할 수 있으며 관련 자료도 확보할 수 있다. 한편 감사원이 정치적 중립성을 보장받는 헌법기관이기는 하지만 행정부 소속이므로 업무 수행 시 감사의 대상과 방향에서 일정한 한계가 발생할 수 있다. 그런데 국회가 직접 감사를 요구한 사안에 대해서는 행정부 내부에서 발생하는 이러한 한계를 극복할 수 있으며 국정운영을 견제하는 기능이 활성화되는 측면도 있다.

당초에는 2003년 '감사청구'로 도입되었다가 국민의 대표기관인 국회와 행정부 소속인 감사원 간의 관계를 고려해 '청구'라는 명칭을 바꿔 2010년 '감사요구'로 개정되었다. 각 상임위에서는 국정감사 후에 '○○○○년도 △△△위원회 국정감사 관련 감사원에 대한 감사요구안'을 제출하기도 한다. 또한 결산이나 국정감사와 관련된 사안이 아닌 특정사안을 명시해 감사원에 감사를 요구하기도 한다.

감사원에 대한 감사요구안이 처리된 현황은 〈표 5-11〉과 같다. 별

13 OECD 국가 중 한국, 아일랜드, 터키, 스위스 4개국만 감사원이 입법부가 아닌 행정부 소속이다(정호영, 2012: 565).

표 5-11 **감사원에 대한 감사요구안 처리 현황**

구분	결산 관련		국정감사 관련		기타 의안		계	
	발의	의결	발의	의결	발의	의결	발의	의결
제16대	1	1	0	0	1	1	2	2
제17대	4	4	0	0	30	6	34	10
제18대	4	4	0	0	16	8	20	12
제19대	4	4	21	17	6	6	31	27
제20대	3	2	10	10	4	2	17	14
제21대	3	3	2*	1	2	2	7	6

* 제21대 국정감사와 관련된 감사요구안 2건은 동일한 건으로, 그 중 1건은 철회되고, 1건은 의결됨.
자료: 국회사무처(2025: 671~683) 및 의안정보시스템 참고해서 표로 재구성.

도의 요건이 정해져 있지 않으므로 일반 의안과 마찬가지로 의원 10명 이상의 찬성으로 제안하거나 위원회가 제안할 수 있다. 여당 또는 야당 의원만 발의한 경우는 정치적 쟁점으로 부각되어 의결되지 못하고 폐기되는 경우가 많다. 반면 결산이나 국정감사 결과에 따라 또는 특정사안에 대해 여·야가 합의한 경우에는 주로 위원회안(제안자 명의는 위원장)으로 제안되고 대부분 의결되고 있다.

하나의 감사요구안에서 여러 감사대상을 포함해 의결하는 경우도 있다. 주로 결산이나 국정감사와 관련된 감사요구안이 이에 해당한다. 최소 사례를 예를 들면, 2024년도 농림축산식품해양수산위원회 국정감사 결과와 관련해서는 3가지 사항이, 2020회계연도 결산과 관련해서는 4가지 사항이 의결된 바 있다.

국정감사와 관련된 감사요구안의 경우 '2012년 국토해양위원회 국정감사 관련 감사원에 대한 감사요구안'(2013. 3. 20 제안, 2013. 3. 22 의결)에서 의안 제목에 '국정감사 관련'이라는 표현을 명시하기 시작했다. 이전에도 국정감사 내용이 감사원에 대한 감사요구안으로 이어지는 경우가 많았으나, 이 사례부터 국정감사의 후속조치임을 명시하기 시작했고, 이후 매년 1~4개 내외의 상임위가 감사원에 대한 감사요구안을 제안하고 있다.

제21대 국회에서는 감사원에 대한 감사요구안이 총 7건 발의되었는데, 그중 1건은 철회되었고 5건이 의결되었다. 이 중 결산과 국정감사가 아닌 특정사안이 의결된 예로는 '고위공직자범죄수사처와 다른 형사사법기관들의 형사사법정보시스템 간 연계 추진실태 관련'(2022.8.29 법사위 제안, 2022.9.1 본회의 의결), '한국교육방송공사 출판유통구조 관련'(2018.2.22 과방위 제안, 2018.2.28 본회의 의결), '대북확성기 전력화 사업 관련'(2017.8.24 국방위 제안, 2017.8.31 본회의 의결), '관세청 면세점 사업자 선정 관련'(2016.12.16 기재위 제안, 2016.12.29 본회의 의결) 이상 4건이 있다.

예시 5-13 **결산과 관련된 감사원 감사요구안 사례**

2022회계연도 결산 관련 감사원에 대한 감사요구안

의 안 번 호	

제안연월일 : 2023. 12. .
제 안 자 : 예산결산특별위원장

주 문

「국회법」 제127조의2의 규정에 의하여 감사원에 대하여 다음 사항에 대한 감사를 요구한다.

1. 한국토지주택공사 부실공사 사태 발생 원인에 대한 감사

제안이유

1. 한국토지주택공사 부실공사 사태 발생 원인에 대한 감사

2023년 4월 인천 검단 지하주차장 붕괴사고 이후 무량판 구조 공공주택 조사결과 철근 누락사례가 다수 발견되었으며 그 원인으로 설계·감리 상 부실, 설계·감리업체에 한국토지주택공사 전관이 다수 취업하는 등의 문제가 제기되고 있으므로, 한국토지주택공사 부실공사 사태 발생 원인에 대한 감사원 감사를 요구함

- 1 -

자료: 국회 의안정보시스템. 원문을 편집함.

예시 5-14 **국정감사와 관련된 감사원 감사요구안 사례**

2023년도 문화체육관광위원회 국정감사 결과에 따른
감사원에 대한 감사요구안

의 안 번 호	

제안연월일 : 2023. 11.

제 안 자 : 문화체육관광위원장

주 문

「국회법」 제127조의2에 따라 감사원에 대하여 다음 사항에 대한 감사를 요구한다.

1. 한국콘텐츠진흥원 전(前) 직원이 운영하는 '피아이랩스'의 한국콘텐츠진흥원 위탁용역사업 선정과정에서 전·현직 직원들의 유착관계 등에 관한 한국콘텐츠진흥원에 대한 감사

(중 략)

6. ○○○, ○○○, ○○○ 전임회장의 방만한 운영으로 60억원 규모의 채무와 24억원의 연대보증 채무가 발생한 대한○○○협회에 대한 감사

제안이유

1. 한국콘텐츠진흥원 전(前) 직원이 운영하는 '피아이랩스'의 한국콘텐츠진흥원 위탁용역사업 선정과정에서 전·현직 직원들의 유착관계 등에 관한 한국콘텐츠진흥원에 대한 감사

 한국콘텐츠진흥원 출신 대표가 운영하는 '피아이랩스'는 2016년도 8월에 설립하여 2개월 뒤인 (이하 생략)

- 1 -

자료: 국회 의안정보시스템. 원문을 편집함.

예시 5-15 **특정사안과 관련된 감사원 감사요구안 사례**

고위공직자범죄수사처와 다른 형사사법기관들의
형사사법정보시스템 간 연계 추진실태에 대한 감사요구안

의 안 번 호	

제안연월일 : 2022. 8. 29.
제 안 자 : 법제사법위원장

주 문

국회법 제127조의2에 따라 감사원에 대하여 고위공직자범죄수사처와 다른 형사사법기관들의 형사사법정보시스템 간 연계 추진실태 전반에 대한 감사를 요구한다.

제안이유

「형사사법절차 전자화 촉진법」 제2조에 따른 형사사법정보시스템은 형사사법업무 처리기관들의 문서 작성을 전자화하는 등 형사사법정보를 작성, 취득, 저장, 송신·수신하는데 이용할 수 있도록 구축한 전자적 관리체계로서, 이를 통해 기관 간 형사사법정보를 상호 유통하고 공동으로 활용함으로써 형사사법절차의 신속성과 투명성을 제고하고 형사사법 분야의 대국민 서비스를 개선할 수 있음. (이하 생략)

- 1 -

자료: 국회 의안정보시스템. 원문을 편집함.

제6장

정부에 대한 견제·감시·감독

제1절 개관

이 장에서는 국회가 정부를 견제·감시·감독하는 기능을 수행하는 대표적인 제도로서 국정감사와 국정조사, 대정부질문 등 국회의 질문제도, 위원회의 청문회 및 각종 보고·질의를 소개한다.

입법권과 재정권은 입법부인 국회가 지닌 고전적이고 전통적인 권한이다. 그러나 국가기능과 사회가 복잡화·전문화되고 정부의 역할이 커지면서 국회의 권한 중 국정통제권 또는 정부를 견제·감시하는 기능이 더욱 중요해지고 있다(성낙인, 2024: 502). 국정통제권의 범위를 넓게 보면 정부를 대상으로 국회의 의사를 표명하는 결의안, 정부가 제출하는 동의안 및 승인안 등에 대한 처리를 비롯해 정부를 상대로 하는 국회의 각종 활동까지 포괄한다. 하지만 이 장에서는 국회가 회의에서 질문·답변하는 방식으로 정부를 견제하는 제도를 중심으로 설명한다.

먼저, 국정감사와 국정조사에 대해 설명한다. 국정감사는 국회가 연 1회 국가기관과 공공기관의 업무 전반에 대해 감사를 실시하는 우리나라 특유의 제도이다. 국정조사는 특정한 사안에 대해 실시된다. 국정감사와 국정조사에 대해서는 제도 자체가 지닌 가치와는 별개로 실효성에 대한 비판이 지속되고 있다.

이어서 국회의 질문제도를 대정부질문을 중심으로 살펴본다. 우리 국회는 대통령중심제임에도 불구하고 의원내각제적 전통에서 발달한 대정부질문제도를 비교적 활발하게 운영하고 있다.

끝으로 위원회에서 이루어지는 업무보고와 현안보고는 법정화된 제도는 아니지만 역시 입법자인 국회가 행정부를 상시적으로 감독하고 일정한 정책 방향을 제시하는 측면에서 중요한 의미가 있다. 참고로, 법률안 및 예산안·결산 심사에서 질의·답변하는 과정도 유사한 기능을 수행한다.

제2절 국정감사와 국정조사

이 절에서는 국정감사와 국정조사의 개념 및 기능을 우선 살펴보고 그 법적 근거와 주요 내용 및 절차를 비교해 본다. 이후 국정감사와 국정조사를 준비하는 단계에서부터 국정감사와 국정조사 실시 단계, 그리고 결과를 처리하는 단계에 이르기까지 일련의 과정을 설명한다.

1. 국정감사와 국정조사의 의의

1) 국정감사와 국정조사의 개념

헌법 제61조 제1항은 "국회는 국정을 감사하거나 특정한 국정사안에 대해 조사할 수 있으며"라고 규정하고 있고, 같은 조 제2항에서는 "국정감사 및 조사에 관한 절차 기타 필요한 사항은 법률로 정한다"라고 하여 국정감사와 국정조사를 함께 명시하고 있다. 이와 같이 국정감사를 국정조사와 구분되는 의회조사기능으로 별도로 규정한 사례는 우리나라 외에는 거의 찾아보기 어렵다.

일반적으로 의회의 조사권은 1689년 영국 의회가 아일랜드 전쟁에서 실패한 원인을 조사하기 위해 특별위원회를 설치해 총독의 실정·반역죄 여부를 조사하도록 한 것이 최초이고, 이후 유럽 다른 국가와 미국으로 확산되었다고 한다(성낙인, 2017: 517). 다만, 미국 연방의회에서는 감독청문회나 조사청문회와 같이 상시적인 조사기능이 활성화되어 있다.

우리나라는 제헌헌법 제43조에 '국회는 국정을 감사하기 위해'라고 규정했으며 1948년 제정 「국회법」에서는 '조사를 위한 의원파견' 등을 규정했다. 한편 1953년 제정 「국정감사법」에서는 일반국정감사와 특별국정감사를 구분했다. 그러다가 1972년 유신헌법에서 국정감사가 폐지되었는데, 1980년 헌법에서는 국정조사가 다시 헌법상 근거를 갖게 되었다. 그리고 1988년 현행 헌법에서는 국정감사까지 부활하면서 국정감사가 국정조사와 함께 규정되었다.

국정감사와 국정조사는 양자 간에 본질적인 차이가 있는 것은 아니므로 의회의 조사권, 국정통제권이라는 전제하에 둘을 묶어서 포괄적인 개념으로 파악할 수 있다(정호영, 2012: 650). 다만, 헌법에서의 표현과 제헌헌법 이래의 경험에 따라 「국정감사 및 조사에 관한 법률」에서는 국정감사는 '국정 전반에 대한 정례적 감사'로, 국정조사는 '특정 현안에 대한 조사'로 구분하고 있다.

2) 국정감사와 국정조사의 기능

일반적으로 국정감사와 국정조사에 대해서는 국회가 입법권, 재정권, 국정통제권 등을 유효적절하게 행사하기 위해 국정 전반에 대한 감사 또는 특정 국정사안에 관한 조사를 할 수 있는 권한이라고 소개한다(국회사무처, 2024b: 719). 즉, 대의기관인 국회가 행정부 업무를 지도·감독하고 이를 입법활동에 반영하면서 예산 심의 및 정책 수립에 필요한 각종 정보 또는 자료를 획득하는 기능을 갖는다는 것이다(정호영, 2012: 650). 즉, 국정감사와 국정조사는 행정부 업무수행의 문제점을 시정하는 소극적 기능과 국정실태를 파악하고 관련 자료를 획득하며 여론을 환기하는 적극적 기능을 모두 가진다(안병옥, 1998: 66).

실제로도 국정감사와 국정조사는 현행 헌법이 시행된 1988년 이후 민주화 과정에서 정부의 잘못된 정책집행을 바로잡고 여론을 반영하는 중요한 통로가 되어왔다. 즉, 국민의 의사를 대리하는 대의의 관점에서 볼 때 국정감사와 국정조사는 국회와 국회의원, 국민과 언론 등에 가장 핵심적인 의사소통의 장을 제공하는 제도적 장치이다.

이러한 의미에서 국정감사 및 국정조사는 국회의 국정통제기능 중 가장 실효성이 큰 제도의 하나로 현대 자유민주주의 헌법질서 내에서 불가결한 장치의 하나라는 평가를 받기도 한다(허영, 2004: 873). 특히 국정감사는 국정과 해당 기관의 운영 전반을 매년 정기적으로 파악하고 국민의 알권리를 충족하며 야당이 정부를 견제하는 가장 중요한 정책통제수단이다(성낙인, 2024: 519). 안건이 특정되지 않고 국정 전반에 대해, 즉 개별 피감기관별로 업무 전반에 대한 감사를 실시하므로 정부 입장에서는 긴장할 수밖에 없다. 이러한 과정이 담당 공무원 입장에서는 비효율적으로 느껴질 수도 있으나 국회가 국민의 대표기관으로서 국민을 대신해 국정을 감시하는 역할을 실질적으로 수행하는 것이라고 볼 수 있다.

2. 국정감사와 국정조사의 개요

1) 국정감사와 국정조사의 법적 근거

헌법 제61조 제1항에서는 “국회는 국정을 감사하거나 특정한 국정사안에 대해 조사할 수 있으며 이에 필요한 자료의 제출 또는 증인의 출석과 증언이나 의견의 진술을 요구할 수 있다”라고 하여 국정감사와 국정조사의 직접적인 근거를 규정하면서 자료의 제출, 증인의 출석과 증언, 의견 진술을 요구할 수 있는 권한까지 명시적으로 규정하고 있다. 이어서 제2항에서는 관련된 절차 등 필요한 사항은 법률로 정한다고 위임하고 있다.

그리고 「국회법」 제127조에서는 “국정감사와 국정조사에 관해 「국회법」이 정한 것을 제외하고는 「국정감사 및 조사에 관한 법률」이 정하는 바를 따르도록” 규정하고 있다. 「국회법」 제128조에서는 “국회가 본회의·위원회 또는 소위원회 의결로 안건의 심의 또는 국정감사나 국정조사와 직접 관련된 보고 또는 서류의 제출을 정부 등에 요구할 수 있다”라고 규정하고 있다. 하지만 청문회, 국정감사 또는 국정조사와 관련된 서류제출 요구는 의결 또는 재적위원 3분의 1 이상의 요구로도 가능하다. 같은 조 제2항부터는 제1항에 따른 보고·서류제출의 절차를 개괄적으로 규정하는데, 제6항에서는 보고·서류제출에 관한 사항을 다른 법률이 정하도록 하고 있다.

「국정감사 및 조사에 관한 법률」은 헌법 제61조 제2항의 위임과 「국회법」 제127조의 규정에 따라, 「국회법」 제128조에서 규정하고 있는 보고·서류제출 요구 등에 관한 사항을 제외한 국정감사와 국정조사의 일반적인 주요 절차를 규정하고 있다.

「국회법」 제128조 제6항에서 보고·서류제출에 관한 사항을 다른 법률이 정하도록 함에 따라 이에 관한 사항은 「국회에서의 증언·감정 등에 관한 법률」(이하 「국회증언감정법」 병용)에서 규정하고 있다. 이 법에서는 보고·서류제출 요구나 증인·감정인·참고인 출석·진술 등에 관한 요건과 절차, 불출석·위증 등에 대한 처벌을 규정하고 있다.

국정감사와 국정조사에 관한 국회규칙도 있다. 「국회법」 제166조, 「국정감사 및 조사에 관한 법률」 제18조, 「국회에서의 증언·감정에 관한 법률」 제17조에서는 국회규칙의 근거를 마련해 두고 있다. 실제 마련되어 있는 해당 국회규칙으로는 「국회에서의증인등비용지급에관한규칙」이 있다.

2) 국정감사와 국정조사의 비교 및 주요 절차

국정감사는 연 1회 정기적으로 소관 상임위원회에서 국정 전반에 관해 실시한다. 이에 비해 국정조사는 특정한 국정현안에 대해 재적의원 4분의 1 이상의 요구가 있는 경우 교섭단체 협의에 따라 특별위원회를 설치하거나 특정 상임위원회가 조사위원회가 되어 실시하는데, 조사위원회가 작성한 국정조사계획서가 본회의 승인을 받아야 실제로 조사가

표 6-1 **국정감사와 국정조사의 비교**

	국정감사	국정조사
실시요건	법정(매년 1회) (「국감국조법」 제2조)	국회 재적의원 4분의 1 이상의 요구 (「국감국조법」 제3조)
주체	소관 상임위원회 (「국감국조법」 제2조)	의장이 교섭단체 대표의원들과 협의해 특별위원회 또는 상임위원회로 하여금 조사토록 함(「국감국조법」 제3조 제1항 및 제3항)
구성	상임위원회 위원	• 해당 상임위원회 위원 • 특별위원회는 교섭단체 의원 수의 비율에 따라 구성. 다만, 조사에 참여를 거부하는 교섭단체 의원은 제외 가능 (「국감국조법」 제4조 제1항)
대상	국정 전반(「국감국조법」 제2조)	특정 국정사안(본회의 승인을 받은 조사계획서상 조사사항 범위에 한정) (「국감국조법」 제3조)
감사·조사 기간	매년 정기회 집회일 이전 감사시작일로부터 30일 이내. 본회의 의결에 의해 정기회 기간 중에 실시 가능 (「국감국조법」 제2조)	본회의 승인을 받은 조사계획서에서 정한 조사에 필요한 기간 (「국감국조법」 제3조 제4항)
기타	지방자치단체에 대한 감사는 2개 이상의 위원회가 합동감사를 할 수 있음 (「국감국조법」 제7조의2)	• 예비조사제도 (「국감국조법」 제9조의2) • 행정기관에 대한 지원요청제도 (「국감국조법」 제15조의2)

자료: 국회사무처(2024a: 11~12).

실시될 수 있다(〈표 6-1〉, 〈그림 6-1〉, 〈그림 6-2〉 참조).

3. 국정감사와 국정조사의 준비

1) 국정감사의 시기

국정감사는 연 1회 국정 전반에 관해 소관 상임위원회별로 실시하는데 보통 9~10월을 전후해 실시된다. 현행법상 원칙적으로는 매년 정기

그림 6-1 **국정감사 절차도**

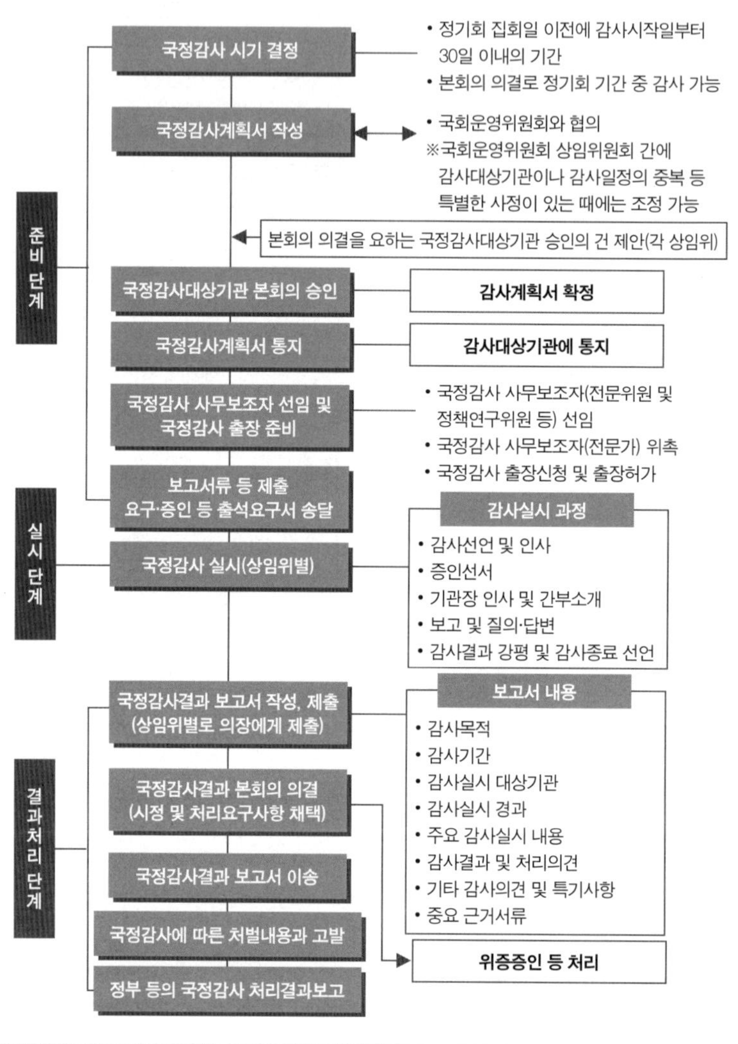

자료: 국회사무처(2024a: 26).

그림 6-2 **국정조사 절차도**

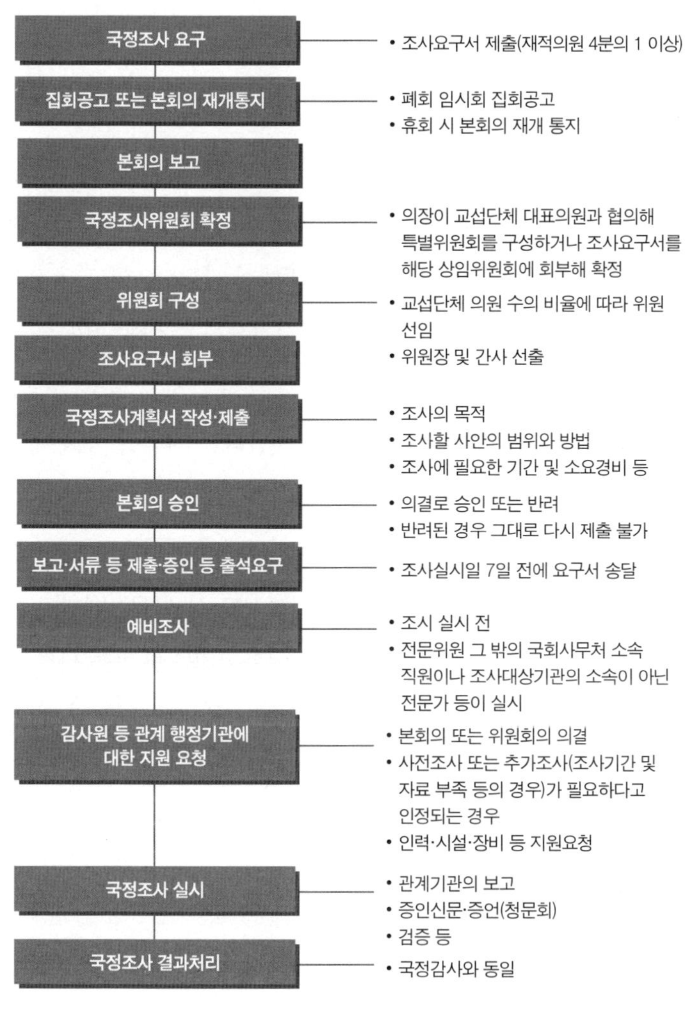

자료: 국회사무처(2024a: 29).

회 집회일 이전에, 즉 8월 말까지 감사를 완료해야 한다(「국감국조법」 제2조 제1항 본문). 다만, 본회의 의결로 정기회 기간 중에 감사를 실시할 수 있다(같은 항 단서).

2012년 이전에는 전체 상임위가 매년 9월 10일부터 20일간 감사를 실시하도록 법적으로 기간이 명시되어 있었고 본회의 의결로 시기를 변경할 수 있도록 했다.[1] 그런데 통상 정치 현안이나 추석 등 연휴기간으로 인해 9월 10일에 감사를 시작하기 어려워 매년 '○○○○년도 국정감사 시기 변경의 건'을 본회의에서 의결해 실시기간을 변경해 왔다.

그러다가 정기회를 예산 심의에 충실하도록 운영하고 국정감사의 일정 등에 대한 상임위별 자율성을 보장해야 한다는 지적이 국회 내외부에서 지속적으로 제기되었다. 이에 2012년 법 개정을 통해 현행과 같이 정기회 집회 이전에 소관 상임위별로 30일 이내의 기간을 정해 국정감사를 실시하도록 했다. 그런데 법 개정 이후에도 실제로는 매년 정기회에서 실시하고 있다. 그 이유는 원구성이 이루어지는 해에는 새로운 상임위로 소속되는 의원실에서 원구성이 이루어지는 6~7월 이후에나 국정감사를 준비할 수 있고, 국정감사의 시작 자체가 각종 정치 현안과 여·야 갈등으로 미뤄지고 있기 때문이다. 예를 들어 최근에는 제417회(임시회) 제2차 본회의(2024. 8. 28)에서 '2024년도 국정감사 정기회 기간 중 실시의 건'[2]을 의결한 바 있다.

---

1 다만, 대부분의 위원이 다른 상임위원회와 겸임하는 위원회인 국회운영위원회·정보위원회·여성가족위원회의 국정감사는 법정 기간과 달리 따로 3일 이내의 기간을 정해 실시한다.

2 국회 의안정보시스템에서 2011년까지는 "○○○○년도 국정감사 시기 변경의 건"을, 2012년 이후에는 "○○○○년도 국정감사 정기회 기간 중 실시의 건"을 검색할 수 있다.

또한 2012년 개정된 현행 규정상 국정감사는 "소관 상임위원회별로 30일 이내의 기간을 정하여" 실시하도록 하여 상임위별 감사 시기의 자율성을 보장했다(「국감국조법」 제2조 제1항 본문). 그러나 실제로는 기존과 마찬가지로 전체 상임위가 동시에 실시하고 있다. 4월 총선으로 새로 국회가 구성되는 연도를 제외하고는 국정감사계획서를 연초에 미리 작성하는 제도도 도입했으나(「국감국조법」 제2조 제4항 및 제5항) 이 역시 국정감사를 실시하는 시기에 임박해 작성되고 있다.

한편 전체 국정감사의 기간은 2012년 법 개정으로 "20일간"에서 소관 상임위별로 시작일부터 "30일 이내"로 실시할 수 있도록 하여 국정감사 기간이 확대되었다. 실제로 시작일을 기준으로 한 전체 감사 기간이 20일을 초과한 사례를 살펴보면 2014년 21일, 2015년 30일, 2021년 21일, 2022년 21일이었다. 1990년, 1992년, 1997년, 2007년, 2023년, 2024년은 전체 감사 기간이 20일 미만이었다.

모든 상임위가 정기회 중에 20일간 획일적으로 국정감사를 시행하는 것은 몰아치기 감사로 국회와 행정부 모두에 피로감을 줄 뿐 아니라, 언론으로부터 주목을 받기 위해 자극적이거나 폭로성 발언이 이어지는 문제를 안고 있었다. 게다가 감사 시기가 예산안 검토 시기와 겹치는 한계도 있었다. 이에 법을 개정해 상임위별로 연초에 국정감사계획서를 수립하도록 했고 감사 기간도 정기회 이전까지로 하되 30일 이내로 기간을 확대해 상임위별 자율성을 보장하고자 했다. 그러나 법 개정 이후에도 기존의 방식대로 여·야 원내지도부의 협상에 따라 전체 상임위가 동시에 국정감사를 실시하는 방식이 유지되고 있다. 따라서 법 개정의 취지대로 상임위가 실제로 자율성을 실천하거나 국감시기 및 대상기관을 적절히 분리·분산하는 방안을 검토할 필요가 있다.

표 6-2 **역대 국정감사 일정(겸임상임위 제외)**

구분	연도	국정감사 실시 시기	시기 변경 의결 및 사유
第13대	1988	10. 5~10. 24(20일)	9월 10일: 올림픽 준비
	1989	9. 18~10. 7(20일)	9월 11일: 국정감사 준비
	1990	11. 25~12. 3(9일)	9월 12일 및 11월 19일: 교섭단체 협의
	1991	9. 16~10. 5(20일)	9월 10일: 국정감사 준비
第14대	1992	10. 15~10. 24(10일)	9월 14일: 구체적인 시기는 의장 통보
	1993	10. 4~10. 23(20일)	9월 16일: 국정감사 준비
	1994	9. 28~10. 17(20일)	9월 10일: 국정감사 준비
	1995	9. 25~10. 14(20일)	9월 11일: 국정감사 준비
第15대	1996	9. 30~10. 19(20일)	9월 10일: 국정감사 준비
	1997	10. 1~10. 18(18일)	9월 10일: 국정감사 준비
	1998	10. 23~11. 11(20일)	10월 13일: 국정감사 준비
	1999	9. 29~10. 18(20일)	9월 10일: 국정감사 준비
第16대	2000	10. 19~11. 7(20일)	10월 9일: 국정감사 준비
	2001	9. 10~9. 29(20일)	9월 1일: 국정감사 준비
	2002	9. 16~10. 5(20일)	9월 2일: 국정감사 준비
	2003	9. 22~10. 11(20일)	9월 1일: 국정감사 준비
第17대	2004	9. 22~10. 11(20일)	9월 1일: 국정감사 준비
	2005	10. 13~11. 1(20일)	9월 1일: 국정감사 준비
	2006	10. 13~11. 1(20일)	9월 1일: 10월 11일~10월 30일 실시 10월 10일: 북한 핵실험 정부대응책 마련 등으로 시기 변경
	2007	10. 17~11. 4(19일)	9월 11일: 국정감사 준비
第18대	2008	10. 6~10. 25(20일)	9월 5일: 국정감사 준비
	2009	10. 5~10. 24(20일)	9월 1일: 국정감사 준비
	2010	10. 4~10. 23(20일)	9월 1일: 국정감사 준비
	2011	9. 19~10. 8(20일)	9월 1일: 국정감사 준비
第19대	2012	10. 5~10. 24(20일)	8월 1일: 국정감사 준비
	2013	10. 14~11. 2(20일)	4월 11일: 국정감사 준비
	2014	10. 7~10. 27(21일)	9월 30일: 국회일정 고려
	2015	9. 10~10. 9(30일)	9월 1일: 국회일정 고려
第20대	2016	9. 26~10. 15(20일)	9월 7일: 국회일정 고려
	2017	10. 12~10. 31(20일)	8월 25일: 국회일정 고려
	2018	10. 10~10. 29(20일)	8월 30일: 국회일정 고려
	2019	10. 2~10. 21(20일)	9월 26일: 국회일정 고려
第21대	2020	10. 7~10. 26(20일)	9월 24일: 국회일정 고려
	2021	10. 1~10. 21(21일)	9월 16일: 국회일정 고려
	2022	10. 4~10. 24(21일)	9월 1일: 국회일정 고려
	2023	10. 10~10. 27(18일)	9월 1일: 국회일정 고려
	2024	10. 7~10. 25(19일)	8월 28일: 국회일정 고려

주: 기존에는 겸임상임위로 운영되는 국회운영위, 여성위, 정보위의 경우 전체 일정과 따로 정할 수 있는 근거가 법률에 명시되어 있었으나, 2012년 법 개정으로 이러한 근거가 필요하지 않아 관련 표현은 삭제되었음. 이들 겸임상임위는 전체 국정감사 일정과 겹치지 않게 보통 전체 일정 종료 후 1~3일간 감사를 실시하고 있음.

자료: 국회사무처(2025: 1285~1287); 의안정보시스템 참조.

2) 국정감사계획서 작성과 감사대상기관 선정

각 상임위원장은 국정감사계획서를 국회운영위원회와 협의해 작성한다. 이 과정에서 국회운영위원회는 감사대상기관이나 감사일정이 중복되는 등 특별한 사정이 있는 때에 이를 조정할 수 있다(「국감국조법」 제2조 제2항). 이는 국회운영위원회에 교섭단체별 원내지도부가 모두 포함되어 있으므로 교섭단체 간 합의를 반영할 수 있도록 하려는 취지이다.

감사계획서에는 감사반의 편성, 감사일정, 감사요령 등 감사에 필요한 사항을 기재해야 한다(「국감국조법」 제2조 제3항). 감사대상이나 일정 등을 변경하는 경우에는 감사시작일 7일 전까지 대상기관에 통지해야 한다(「국감국조법」 제2조 제5항). 국정감사의 장소는 국회 또는 감사대상 현장이나 그 밖의 장소로 한다(「국감국조법」 제11조).

국정감사의 대상기관은 ① 국가기관, ② 광역지자체(단, 감사범위는 국가위임사무와 국가가 보조금 등 예산을 지원한 사업으로 한정), ③ 공공기관·한국은행·농협·수협, ④ 그 밖의 지방행정기관·기초지자체·감사원 감사대상기관[3](단, 이 경우 본회의 의결이 필요), 이상 네 가지로 분류된다(「국감국조법」 제7조). 감사대상기관을 선정하는 권한에 따라 ①~③을 '위원회 선정 대상기관', ④를 '본회의 승인 대상기관'으로 구분하고 있다(국회사무처, 2024b: 747).

이에 각 상임위원회가 국정감사계획서를 작성하고 감사대상기관을 선정하는 과정에서 본회의의 승인을 받아야 하는 기관이 있는 경우에는

---

3 감사원의 감사대상기관은 「감사원법」 제22조 및 제23조에 규정되어 있다.

해당 상임위원장이 '본회의 의결을 요하는 국정감사대상기관 승인의 건'이라는 의안(위원회안)을 제안해 본회의 의결을 받고 있다. 2024년 국정감사의 경우 11개의 '본회의 의결을 요하는 국정감사대상기관 승인의 건'이 처리되었다. 예를 들어, 국회운영위원회는 국회미래연구원에 대해, 외교통일위원회는 한·아프리카재단에 대해, 보건복지위원회는 대한결핵협회·중앙사회서비스원·한국희귀필수의약품센터에 대해 본회의 승인을 받아 국정감사를 실시했다.

국정감사나 국정조사에서 위원회는 의결로 별도의 소위원회나 반을 구성해 국정감사나 조사를 수행하게 할 수 있고(「국감국조법」 제5조), 지방자치단체에 대한 감사는 2개 이상의 위원회가 합동으로 반을 구성해 조사를 수행할 수 있다(「국감국조법」 제7조의2).

참고로, 국정감사계획서는 여·야 원내지도부 간에 국정감사 기간에 대한 합의가 이루어지면 각 상임위별로 '○○○○년도 국정감사계획서 채택의 건'이라는 안건을 전체회의에서 의결한다. '본회의 의결을 요하는 국정감사대상기관 승인의 건'과 '국정감사 결과보고서'의 경우 본회의 의결을 거치기 때문에 국회 의안정보시스템에서 확인할 수 있다. 이외에 국정감사계획서 등의 정보는 국회 상임위원회별 홈페이지나 국회 국정감사정보시스템에서 확인할 수 있다.

국정감사계획서의 목차는 감사의 목적, 감사 기간, 감사대상기관, 감사반의 편성, 감사일정 및 장소, 감사요령, 자료요구 현황, 국정감사 결과보고서 작성 등의 순서로 되어 있다. 해당 기관의 소재지에 따라 지방 및 해외 일정도 포함되며 수요일에는 자료정리, 이동, 휴식을 위해 별도 일정이 없는 경우가 많다. 또한 감사 기간 초반에는 헌법기관·중앙행정부처 등에 대한 국감을 실시하고, 이후에는 공공기관 등에 대한 감사를

예시 6-1 **국정감사 일정 사례(2024년 법제사법위원회)**

일 자	시 간	대 상 기 관	장 소	비 고
10. 7.(월)	10:00	대법원(법원행정처), 사법연수원, 사법정책연구원, 법원공무원교육원, 법원도서관, 양형위원회, 윤리감사관	국 회	
10. 8.(화)	10:00	법무부, 대한법률구조공단, 한국법무보호복지공단, 정부법무공단	국 회	
10. 9.(수)		한 글 날		
10. 10.(목)		자 료 정 리		
10. 11.(금)	10:00	헌법재판소(사무처), 헌법재판연구원	국 회	
	14:00	군 사 법 원	국방부	
10. 14.(월)	10:00	법 제 처	국 회	
	14:00	고위공직자범죄수사처		
10. 15.(화)	10:00	감 사 원	국 회	
10. 16.(수)		자 료 정 리		
10. 17.(목)	10:00	(지방1반) 대전고법, 특허법원, 대전지법, 대전가정, 청주지법, 광주고법, 광주지법, 광주가정, 전주지법, 제주지법	대전고등법원	
		(지방2반) 대구고법, 대구지법, 대구가정, 부산고법, 부산지법, 부산가정, 부산회생, 울산지법, 울산가정, 창원지법	대구고등법원	
	14:00	(지방1반) 대전고검, 대전지검, 청주지검, 광주고검, 광주지검, 전주지검, 제주지검	대전고등검찰청	
		(지방2반) 대구고검, 대구지검, 부산고검, 부산지검, 울산지검, 창원지검	대구고등검찰청	
10. 18.(금)	10:00	서울고검, 수원고검, 서울중앙지검, 서울동부지검, 서울남부지검, 서울북부지검, 서울서부지검, 의정부지검, 인천지검, 춘천지검, 수원지검	국 회	
10. 21.(월)	10:00	대 검 찰 청	국 회	
10. 22.(화)	10:00	서울고법, 수원고법, 서울중앙지법, 서울가정, 서울행정, 서울회생, 서울동부지법, 서울남부지법, 서울북부지법, 서울서부지법, 의정부지법, 인천지법, 인천가정, 춘천지법, 수원지법, 수원가정, 수원회생	국 회	
10. 23.(수)		자 료 정 리		
10. 24.(목)	10:00	<현 장 시 찰>	안양교도소, 서울소년분류심사원	
	15:00	감 사 원	감사원	
10. 25.(금)	10:00	<종 합 감 사> 법무부, 법제처, 감사원, 고위공직자범죄수사처, 헌법재판소, 대법원	국 회	

자료: 법제사법위원회 홈페이지.

진행하며, 감사 기간 마지막에는 종합감사로 다시 감사한다.

한편 상임위원회 중 국회운영위원회, 정보위원회, 여성가족위원회는 위원이 다른 상임위와 겸임하고 있다. 이에 2012년 이전 규정에서는 다른 상임위가 국감을 실시하는 시기와 별도로 3일 이내의 기간을 정할 수 있도록 예외 규정을 두었다. 현행 규정은 감사 시기와 30일 이내의 기간 등에서 상임위별로 자율성을 보장하고 있으므로 이러한 규정을 별도로 둘 필요가 없어 이 규정이 삭제되었다. 이들 겸임위원회의 국정감사는 통상 다른 국정감사가 끝난 후에 1~3일간 실시되고 있다. 예를 들어, 2024년 국정감사는 10월 7~25일이었으나 국회운영위는 10월 31일~11월 1일, 정보위는 10월 29~30일, 여성가족위는 10월 30일에 실시되었다.

3) 국정조사 요구, 조사위원회 확정 및 조사계획서 승인

국정조사는 재적의원 4분의 1 이상의 조사 요구, 조사위원회 확정, 조사위원회가 작성한 조사계획서의 본회의 승인이 있어야 실시할 수 있다. 의장은 조사요구서가 제출되면 지체 없이 본회의에 보고하고 교섭단체 대표의원과 협의해 특별위원회를 구성하거나 해당 상임위에 회부해 조사위원회를 확정한다(「국감국조법」 제3조 제3항). 이후 조사위원회에서 조사목적, 범위, 방법, 기간, 소요경비 등을 기재한 조사계획서를 본회의에 제출해 승인을 얻어 조사를 시행한다(「국감국조법」 제3조 제4항 및 제5항). 조사위원회는 교섭단체 의원 수의 비율에 따라 구성해야 하지만 참여하기를 거부하는 교섭단체 의원은 제외할 수 있다(「국감국조법」 제4조 제1항).

국정조사 요구 자체는 재적의원 4분의 1 이상의 찬성만 있으면 가능하다(「국감국조법」 제3조 제1항). 그러나 실제로는 조사위원회에서도 조

표 6-3 국정조사 요구 현황(제13대~제21대 국회)

	요구	조사계획서 승인	철회	조사결과보고서		임기 만료 폐기
				채택	미채택	
제13대	4	4	0	3	1	1
제14대	5	4	0	2	2	3
제15대	23	6	1	2	4	20
제16대	17	3	0	0	3	17
제17대	12	2	0	1	1	11
제18대	17	3	1	1	2	15
제19대	10	5	0	2	3	8
제20대	18	2	0	2	0	16
제21대	15	1	0	1	0	14
계	121	30	2	14	16	105

자료: 국회사무처(2025: 590).

사계획서를 채택해야 하고 본회의 승인도 받아야 한다. 즉, 국정조사 요구와 달리 국정조사 실시는 소수의 요구만으로는 사실상 불가능하다. 이로 인해 국정조사 요구 현황을 보면 현행 헌법에서 제21대 국회까지 총 121건의 조사요구가 있었으나 실제 조사계획서가 본회의에서 승인되어 조사활동에 들어간 경우는 30건이고, 그중에서도 조사결과보고서가 채택된 경우는 14건에 불과하다(<표 6-3> 참조).

국정조사가 활성화되지 못하고 여·야 갈등의 주요 대상이 되고 있는 점은 개선되어야 한다. 이에 상임위 차원에서 국정조사가 실시될 수 있도록 하는 방안, 조사 요구의 요건 또는 조사계획서의 본회의 승인 등의 절차를 완화하는 방안을 검토할 수 있다. 하지만 국정조사는 국회 전체 차원의 정치 쟁점이기 때문에 이러한 개선방안은 결국 근본적인 한계가 있고, 여·야 간 합의가 실제로는 더욱 중요하다. 결국 국정조사가 활성화되기 위해서는 국회의 조사 기능과 정부 견제 기능을 강화하는 데 대

예시 6-2 **국정조사 요구서 사례**

용산 이태원 참사 진상규명을 위한 국정조사 요구서

요구연월일 : 2022. 11. 9.
제안자 : ○○○·△△△·□□□
의원 등 181인

1. 근거규정

「대한민국헌법」 제61조, 「국회법」 제127조, 「국정감사 및 조사에 관한 법률」 제3조

2. 조사의 목적

2022년 10월 29일 오후 10시 15분, 서울특별시 용산구 이태원동 일대, 핼러윈을 맞아 수많은 시민이 해밀톤호텔 옆 도로폭 4m 내외의 좁은 골목에서 뒤엉키면서 156명이 사망하고 197명(11월 7일 현재, 중대본 발표 기준)이 중경상의 부상을 입는 등 최악의 압사 사상자가 발생했음
(중략)

3. 조사할 사안의 범위

가. 용산 이태원 참사의 원인과 대규모 인명피해 발생의 직·간접적 원인 및 책임소재 규명
(중략)

4. 조사 시행위원회

여야 동수의 위원 18인으로 구성하는 특별위원회

자료: 국회 의안정보시스템.

예시 6-3 본회의 승인을 받은 국정조사계획서 사례

용산 이태원 참사 진상규명과
재발방지를 위한 국정조사계획서

1. 조사목적

2022년 10월 29일 오후 10시 15분, 서울특별시 용산구 이태원동 일대, 핼러윈을 맞아 수많은 시민들이 (중략) 재난 상황 발생 초기 보고 및 대응 체계가 제대로 작동하지 않아 피해를 키운 점 등이 제시되고 있음. (중략) 이에 참사의 발생 원인과 참사 전후 당국의 대처 등 사고 전반에 대한 철저한 진상조사를 통하여 참사의 책임소재를 명백히 규명하고, 재발방지대책을 마련함으로써 국민의 미래 안전을 보장하기 위하여 국정조사를 실시함.

2. 조사범위

가. 용산 이태원 참사의 직·간접적 원인 및 책임소재 규명
나. 정부와 지방자치단체의 사전 안전대책 수립 및 집행 실태

(중략)

3. 조사방법

가. 조사와 관련된 보고, 서류제출 실시
나. 조사와 관련된 서류제출 실시
다. 각종 서류에 대한 검증 실시
라. 증인, 참고인 등에 대한 신문은 청문회 방법으로 시행
(중략)

4. 조사대상기관

가. 보고 및 서류제출기관
○정부 부처 및 공공기관:

대통령실 국정상황실, 국가안보실 국가위기관리센터, 국무총리실, 행정안전부, 보건복지부(중앙응급의료상황실 포함), 대검찰청, 경찰청, 소방청, 서울특별시, 서울특별시 용산구, 서울경찰청, 서울 용산경찰서(중략)

나. 증인 및 참고인

○증인 및 참고인은 위원장이 간사 협의를 거쳐 위원회 의결로 채택함.

5. 조사기간: 2022. 11. 24. ~ 2023. 1. 7.(45일)

(이하 생략)

주: <예시 6-2>의 국정조사 요구서는 2022년 11월 9일에 제출되었고, <예시 6-3>의 국정조사계획서는 2022년 11월 24일 본회의에서 승인됨.

자료: 국회 의안정보시스템.

한 여·야의 공감대를 우선 확보해야 하며, 이와 함께 정치문화를 성숙시키고 국회 운영 관례도 축적해야 한다.

4) 보고·서류제출 요구와 증인 등 출석요구

국정감사와 국정조사는 자료요구와 증인채택을 실시하면서 실질적인 활동을 시작하는 것으로 볼 수 있다. 「국회법」 제128조 제1항에서는 국회의 각종 자료요구 권한에 대해 "본회의, 위원회 또는 소위원회는 그 의결로 안건의 심의 또는 국정감사나 국정조사와 직접 관련된 보고 또는 서류와 해당 기관이 보유한 사진 영상물의 제출을 정부, 행정기관 등에 요구할 수 있다"라고 규정하고 있다. 그런데 청문회와 국정감사 또는 국정조사의 경우 재적위원 3분의 1 이상의 요구로도 가능하다(「국회법」 제128조 제1항 단서). 자료요구의 경우 본회의 또는 위원회의 의결을 거치는 것이 원칙이지만 3분의 1로 자료요구 요건을 완화한 이유는 청문회와 국정감사 및 국정조사에서 쟁점에 대한 여·야 이견이 있을 때 각 교섭단체별로 또는 일부 위원이 연서해 요구할 수 있도록 함으로써 위원들이 국정감사·조사와 관련된 자료를 쉽게 사전조사하거나 검토할 수 있게 하기 위함이다(국회사무처, 2024a: 111).

국정감사에 대응하는 정부 부처와 산하 기관, 주요 규제 대상 사업자 등은 자료작성으로 인한 업무 부담이 과다하다는 문제를 자주 제기한다. 국정감사장에 인쇄된 자료가 높게 쌓여 있는 장면도 언론에서 자주 소개된다. 이로 인해 불필요한 자료요구를 실무적으로 조정하고 자료 인쇄도 최소화하는 등 '종이 없는 국감'을 실현하려는 노력이 진행되고 있다. 그러나 의원실에서는 자료를 가능한 한 광범위하게 요구함으로써 필요한 자료를 최대한 확보하려고 하기 때문에 자료작성의 부담이 완화되기는 쉽지 않을 것이다.

국정감사와 국정조사에서 여·야 간에 이견이 가장 자주 발생하는 사안은 증인 등의 채택이다. 국회가 출석을 요구하는 대상은 증인, 감정인, 참고인으로 구분된다. 감정인은 각종 문서나 기술 등을 전문적으로 검증하기 위해 채택하는 사람이며, 증인과 참고인은 일반적인 진술을 하는 사람이다. 증인과 참고인의 기준이 별도로 존재하는 것은 아니며, 증인으로 채택되면 증인선서를 하고 위증죄 등의 처벌 대상이 된다는 점에서 차이가 있다. 이 때문에 기업인 등의 경우는 가능한 한 국회 출석의 대상이 되지 않으려 하고, 불가피하게 출석요구 대상이 되더라도 증인이 아닌 참고인이 되려고 노력한다.

국회가 증인·감정인 또는 참고인의 출석을 요구하려면 본회의 또는 위원회의 의결이 필요하다(「국회법」 제129조 제1항). 국정조사에서는 조사위원회가 구성되고 해당 위원회에서 작성한 조사계획서가 본회의의 승인을 받고도 증인채택 등의 단계에서 여·야 이견이 발생해 조사활동이 제대로 이루어지지 못하는 경우가 많다. 이것은 국정감사는 매년 실시되기 때문에 증인채택이나 감사내용에 다소 이견이 발생해도 감사 자체가 무산되는 경우는 거의 없다는 점과 대조적이다.

보고·서류제출 요구서와 증인 등 출석요구서는 위원장 명의로 발부한다(「국회증언감정법」 제5조 제1항). 요구서는 제출 및 출석의 요구일 7일 전에 송달되어야 한다(같은 조 제4항). 보고·서류제출을 요구받으면 기간을 따로 정한 경우를 제외하고는 10일 이내에 제출해야 하고 특별한 사유가 있으면 위원장에게 사유를 보고하고 연장할 수 있다. 이 경우 위원장은 제출 요구를 한 의원에게 연장 사실을 통보한다(「국회법」 제128조 제5항). 한편 기업인 등이 해외출장 등 불출석 사유서를 제출할 경우 정당한 사유인지 여부를 두고 논란이 발생하기도 한다. 2018년 4월에는 증인이 부득이한 사유로 출석하지 못할 경우 불출석 사유서를 출석요구일 3일 전까지 제출하도록 하는 규정이 신설되었다(「국회증언감정법」 제5조의2). 다만, 불출석 사유서를 제출했다고 하더라도 바로 증인의 출석의무가 면제된다고 볼 수는 없다.

참고로, 「국회법」 제168조와 마찬가지로 기간 계산은 초일을 산입하므로(「국회증언감정법」 제16조), 예를 들어 10월 20일에 증인이 출석하도록 하기 위해서는 7일 전인 10월 13일까지 요구서가 송달되어야 한다(국회사무처, 2024a: 114). 요구서의 송달은 「민사소송법」의 송달 규정(제176조 이하)을 준용하는데, 실무상 주소로 우편을 보내기도 하고 상황에 따라서는 입법조사관이 직접 전달하기도 한다.

2018년 4월 「국회증언감정법」 개정을 통해 출석요구서 송달에 필요

예시 6-4 **증인출석요구서 발부 공문 예시**

증 인 출 석 요 구 서

귀하

국회가 0000년도 국정감사(○○○○국정조사)를 실시함에 있어 「국정감사 및 조사에 관한 법률」 제10조 및 「국회에서의 증언·감정 등에 관한 법률」 제5조에 따라 이 요구서를 발부하오니 아래와 같이 증인으로 출석하여 주시기 바랍니다.

출석 시에는 「국회에서의 증언·감정 등에 관한 법률」 제9조에 따라 변호인을 대동할 수 있으며 그 조언을 받을 수 있습니다.

만약 정당한 이유 없이 출석하지 아니한 때에는 「국회에서의 증언·감정 등에 관한 법률」 제12조 및 제15조에 따라 고발될 수 있음을 알려드립니다.

1. 출석일시 :　　년　　월　　일　　시
2. 출석장소 :
3. 신문요지 :
4. 기　　타 :

20　　년　　월　　일

대 한 민 국 국 회

○ ○ ○ 위 원 장

자료: 국회사무처(2024a: 134).

한 제도가 보완되었다. 이는 증인 등의 주소, 사무소, 연락처 등을 국회사무처에서 확보할 수 없는 경우가 많아 요구서 송달에 어려움을 겪는 문제를 개선하기 위함이다. 개정된 법에 따르면 의장 또는 위원장은 출석요구서 송달에 필요한 주소, 사무소, 전화번호 등의 정보를 가진 경찰, 행정기관 또는 통신사에 해당 정보를 제공하도록 요구할 수 있고, 요구받은 기관은 지체 없이 해당 정보를 제공해야 한다(「국회증언감정법」 제5조 제7항). 또한 증인의 주소 등이 분명하지 않거나 요구서의 수령을 회피하는 경우 등에 대해서는 공시송달을 할 수 있는데, 최초의 공시송달은 국회게시판·관보 등으로 공시되고 7일이 지나면 송달의 효력이 발생한다. 다만, 동일한 증인에게 실시하는 그 뒤의 공시송달은 공시한 날의 다음 날부터 그 효력이 발생한다(「국회증언감정법」 제5조의3). 검증 역시 안건심의 또는 국정감사나 국정조사를 위해 필요한 경우 위원회 의결로 실시할 수 있다. 검증실시통보서는 검증실시일 3일 전에 송달되어야 한다(「국회증언감정법」 제10조).

한편 정당한 이유 없이 증인이 출석하지 않을 경우 국정감사나 국정조사를 위한 위원회는 의결을 통해 해당 증인이 지정 장소까지 동행할 것을 명령할 수 있다(「국회증언감정법」 제6조 제1항). 이를 동행명령제도라고 한다. 국회의 동행명령은 형사상 강제구인 절차가 아니어서 강제력은 없다. 이와 관련해 국회의 증인출석요구에 대해 법관이 발부한 구인장을 집행하도록 할 필요가 있다는 의견이 제기되고 있으며, 실제로 관련 개정안이 발의된 적도 있다. 동행명령장은 교도소에 수감된 사람이나 군인의 경우 외에는 국회사무처 소속 공무원이 집행하는데(「국회증언감정법」 제6조 제5항부터 제7항까지), 통상 해당 위원회의 입법조사관이 집행하며 국회 경위가 동행하기도 한다.

5) 국회의 자료제출 등 요구 권한의 범위

앞서 소개한 바와 같이 「국회법」 제128조와 제129조는 국회가 안건 심의 또는 국정감사나 국정조사를 위해 보고, 서류 등의 제출, 증인 등의 출석 등을 요구할 권한을 규정하고 있다. 이 요구는 원칙적으로 본회의나 위원회 의결이 필요하지만, 청문회, 국정감사, 국정조사에서 필요한 서류 등의 제출 요구는 재적위원 3분의 1 이상으로도 가능하다.

국회가 이러한 요건대로 보고, 서류 등의 제출, 출석이나 감정을 요구한 경우 「국회증언감정법」에 특별한 규정이 있는 경우를 제외하고는 다른 법률에도 불구하고[4] 누구든지 따라야 한다(「국회증언감정법」 제2조). 선서·증언·감정 또는 서류 등의 제출을 거부할 수 있는 사유는 다음과 같다.

첫째, 증인 또는 감정인은 「형사소송법」 제148조(자기 또는 근친자의 형사책임 관련 증언 거부) 또는 제149조(변호사 등이 취득한 업무상 비밀)에 해당하는 경우 국회 요구를 거부할 수 있다. 단, 거부의 이유는 소명해야 한다(「국회증언감정법」 제3조 제1항부터 제3항까지).

둘째, 만 16세 미만이나 증인선서의 취지를 이해하지 못하는 사람에게는 선서를 하게 하지 않는다(「국회증언감정법」 제3조 제4항).

셋째, 공무원(퇴직자 포함)이나 국가기관은 직무상 비밀에 속한다는 이유로 국회의 요구를 거부할 수 없으나, 군사·외교·대북 관계의 국가기밀에 관한 사항으로서 국가안위에 중대한 영향을 미칠 수 있음이 명백하다고 주무부 장관이 5일 이내에 소명하는 경우에는 그러하지 아니

4 다만, 실제로는 「공공기관의 정보공개에 관한 법률」 제9조(비공개 대상 정보)나 개별 법률에 근거해 자료제출을 거부하는 경우가 있어 국회와 해당 기관 간 갈등이 발생하기도 한다.

하다. 국회가 이를 수락하지 않는 경우 본회의 의결(폐회 중 위원회 의결)로 국무총리 성명을 요구할 수 있는데 7일 이내에 성명이 발표되지 않는 경우 국회의 요구를 거부할 수 없다(「국회증언감정법」 제4조).

4. 국정감사와 국정조사의 실시

1) 국정감사와 국정조사의 실시 방법

국정감사와 국정조사는 회의와 유사한 방식으로 실시하거나 검증을 실시하는 방식으로 이루어진다. 국정감사와 국정조사는 대부분 국회의원과 국회 직원, 피감기관 및 증인 등이 모여 질의하고 답변하는 방식으로 이루어진다. 이를 위해 감사 및 조사에 필요한 보고 또는 서류 등의 제출을 요구하고 증인 등의 출석을 요구한다(「국감국조법」 제10조 제1항).

다만, 국정감사나 국정조사가 「국회법」상의 '회의'로 규정된 것은 아니므로 개의, 차수 변경 등의 회의 관련 규정이 그대로 적용되는 것은 아니고 회의록도 별도로 작성하고 있다(국회사무처, 2024a: 144). 따라서 증인채택을 포함해 국정감사 또는 국정조사와 직접 관련된 안건이라도 위원회 의결이 필요한 경우 국정감사 또는 국정조사를 중지하고 위원회 회의를 개회해 필요한 사항을 의결하고 있다.

또한 위원회는 안건심의 또는 국정감사나 국정조사를 위해 필요한 경우 의결을 통해 검증을 실시할 수 있다(「국감국조법」 제10조 제1항). 검증은 감사와 관련된 문서와 서류 등의 조사(문서검증)나 현장 조사 또는 관계인 면담(현장검증) 등을 통해 사실을 확인하고 증거를 수집하는 방법이다. 국정감사나 국정조사에서는 증거 채택을 위해 필요한 경우 청문회를 개최할 수도 있다(「국감국조법」 제10조 제3항).

국정감사와 국정조사는 공개를 원칙으로 하되, 예외적으로 위원회가 의결을 통해 비공개로 진행할 수 있다(「국감국조법」 제12조). 공개 원칙은 2000년 법 개정으로 도입된 것으로, 이전에는 국정감사는 비공개 원칙, 국정조사는 공개 원칙으로 규정되어 있었다. 국정조사에 비해 국정감사는 다른 일반적인 '감사' 기능의 성격까지 가진 것으로 이해되었기 때문이다. 그러나 현행 헌법에서 국정감사가 다시 도입된 이후 실제로는 국정감사도 대부분 공개되고 있었으므로 2000년 법 개정에서는 이러한 현실과 국민의 대표기관인 국회의 기능을 고려해 국정감사 역시 공개 원칙으로 규정했다.

국정감사나 국정조사를 실시하는 장소는 위원회가 정하는 바에 따라 국회에서 할 수도 있고 감사·조사 대상 현장에서 할 수도 있으며 그 밖의 장소에서 할 수도 있다(「국감국조법」 제11조). 대부분 국회에서 이루어지지만 대상기관의 소재지에서 이루어지는 경우도 있다. 특히 지방자치단체나 외교공관의 경우 주로 해당 기관이 소재한 곳에서 이루어진다. 국정감사의 경우 국정감사계획서를 의결할 때 일정 및 장소도 미리 확정한다. 그러나 국정조사의 경우 본회의 승인을 받는 조사계획서에는 조사 장소나 검증 장소가 미리 명시되지 못하는 경우가 많다.

2) 국정감사와 국정조사의 실시 순서

국정감사는 ① 위원장(또는 감사반장)의 감사선언 및 인사, ② 증인 등의 선서, ③ 대상기관장의 인사 및 간부 소개, ④ 보고 및 질의·답변 또는 증인신문·답변 등, ⑤ 감사결과 강평 및 종료선언의 순서로 실시한다. 국정조사 순서도 국정감사와 유사하다(정호영, 2012: 673~ 674).

국정감사와 국정조사는 보통 오전 10시에 시작한다. 대상기관의 업무보고와 질의·답변이 먼저 이루어지고 기관증인[5] 외에 일반증인과 참고인은 편의를 위해 대체로 오후에 출석하도록 하고 있다. 검증의 경우도 이와 크게 다르지 않다. 검증실시 선언(위원장, 소위원장, 또는 반장), 대상기관 대표자 인사, 보고 또는 설명, 질의 또는 관계서류(자료) 요구, 서류(자료)나 현장 등 실사 및 확인, 관계서류 등 봉인(필요 시), 검증종료 선언 등의 순서로 이루어진다.

선서는 증인과 감정인에게만 해당된다(「국회증언감정법」 제7조 제1항). 참고인은 선서를 하지 않으며, 이에 따라 불출석, 국회모욕, 위증 등 「국회증언감정법」에서 정한 처벌 대상이 되지 않는다. 그런데 참고인으로 출석한 사람이 증인으로서 선서할 것을 승낙하는 경우에는 증인으로 신문할 수 있다(같은 조 제2항). 증언·감정을 요구한 의장 또는 위원장은 선서하기 전 선서의 취지를 설명하고 위증 또는 허위감정의 벌이 있음을 알려야 한다(같은 조 제3항). 선서 문구는 "양심에 따라 숨김과 보탬이 없이 사실 그대로 말하고 만일 진술이나 서면답변에 거짓이 있으면 위증의 벌을 받기로 맹서합니다"로 규정되어 있다. 그 밖에 선서 내용과 방식은 「형사소송법」을 따른다(「국회증언감정법」 제8조).

질의시간은 답변 시간을 포함해 보통 5~7분 내외이고 일문일답 형식으로 진행된다. 시간적 제약이 많으므로 근거자료나 상세하게 답변할 사항은 향후 서면으로 제출하는 것으로 상호 양해하는 경우도 많다. 또한 감사 또는 조사가 끝날 때에는 구두로 질의하지 못한 사항을 서면으

5 기관증인이란 국가기관 등 감사대상기관의 실국장급 이상 및 임원 등 고위 간부들을 뜻한다. 이는 감사대상기관 임직원을 제외한 다른 증인들과 구분하기 위한 편의상 용어이며 그 의무 등에서 법률적으로 다른 증인들과 차이는 없다.

그림 6-3 **국정감사·조사 실시(회의형식) 진행 절차도**

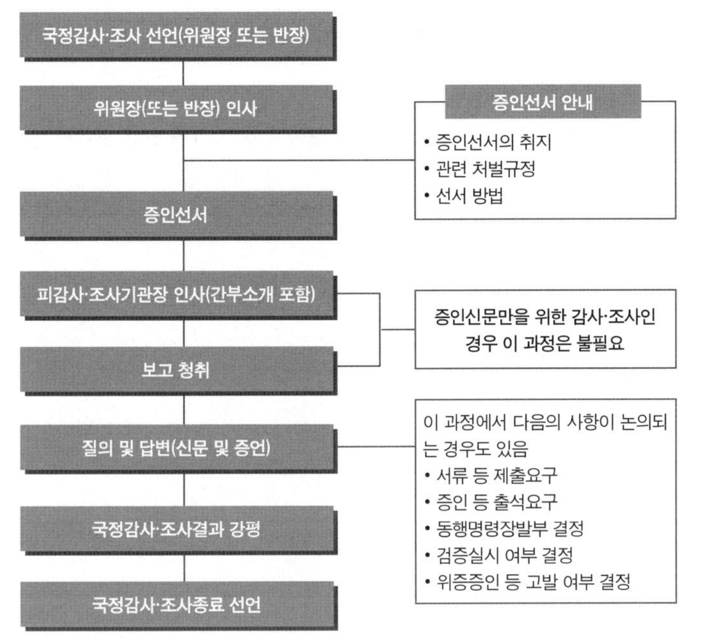

자료: 국회사무처(2024a: 148).

로 해당 기관에 전달해 답변하도록 하고 있다. 이는 예산안·결산 심사 등에서도 동일하다. 이로 인해 때로 구체적인 정책내용은 서면질의로 미뤄지고 주요 쟁점에 대해 구두질의가 집중되어 전체적인 질의·답변 내용이 반복되는 경향도 있다.

〈예시 6-5〉는 실제 국정감사 회의록이다. 전술한 국정감사의 단계, 즉 감사선언 및 인사, 증인선서, 기관장 인사 등 각 단계와 법률 등의 근거를 직접 확인할 수 있는데, 독자의 편의를 위해 중요한 단계는 굵은 글씨로, 중요한 내용은 밑줄로 표시했다.

예시 6-5 국정감사 실시 사례

2023년도 국정감사(2023.10.11. 농림축산식품해양수산위원회 회의실)

• **위원장:** 좌석을 정돈해 주시기 바랍니다.

지금부터 헌법 제61조, 국회법 제127조, 국정감사 및 조사에 관한 법률과 국회에서의 증언·감정 등에 관한 법률에 따라 농림축산식품부·농림식품기술기획평가원·농업정책보험금융원·농림수산식품교육문화정보원**에 대한 2023년도 국정감사를 실시할 것을 선언**합니다

오늘은 우리 위원회의 2023년도 국정감사가 시작되는 첫날입니다. 국정감사를 시작하기에 앞서 위원장으로서 오늘 감사의 중요성과 그 의미에 대해서 한 말씀 드리겠습니다.

국정감사는 국정 운영 전반에 관한 실태를 정확하게 파악함으로써 입법활동과 예산안 심의에 필요한 정보를 얻고 나아가 (중략)

오늘 수감기관인 농림축산식품부는 국민들 먹거리의 최접점에 있을 뿐만 아니라 (중략)

오늘 수감기관 기관장을 비롯한 관계 직원들께서도 국정감사의 취지가 잘 달성될 수 있도록 성실한 자세로 감사에 임해주시고 (중략)

다음은 **국정감사 진행과 관련해 몇 가지 안내**말씀 드리겠습니다.

먼저 수감기관의 기관증인에 대한 질의 시간은 1차 질의는 5분, 2차 질의는 7분, 3차 질의는 3분으로 하겠습니다. 일반증인과 참고인에 대한 신문은 2차 질의가 시작되기 전에 실시하고 신문 시간은 2차 질의 시간을 사용하는 것을 원칙으로 하되 필요시 3차 질의 시간을 활용할 수 있도록 그렇게 하겠습니다. (중략)

그리고 사전에 공지해 드린 대로 오늘 회의는 국회방송 공식 유튜브 채널을 통해 생중계될 예정이라는 점도 참고해 주시기 바랍니다.

증인선서에 앞서 안내말씀 드리겠습니다.

오늘 증인으로 출석요구된 ○○○증인으로부터 불출석사유서가 제출되었습니다. 불출석한 증인에 대한 조치방안에 대해서는 위원장이 간사 위원님과 협의하도록 하겠습니다.

그러면 감사를 시작하기 전에 먼저 증인선서를 받도록 하겠습니다.

증인선서는 국회가 2023년도 국정감사를 실시함에 있어서 증인으로부터 양심에

따라 숨김없이 사실대로 증언하겠다는 서약을 받기 위한 것입니다.
만약 증인이 정당한 이유 없이 선서 또는 증언을 거부하거나 허위의 진술을 하는 경우 등에는 국회에서의 증언·감정 등에 관한 법률에 따라 고발될 수 있음을 알려 드립니다.
그리고 오늘 기관증인들의 선서는 10월 23일로 예정된 종합감사에도 법적 효력이 미친다는 점을 말씀드립니다.
선서 방식에 대해서 말씀드리면 증인을 대표해서 ○○○장관께서 발언대로 나오셔서 오른손을 들고 선서해 주시고 이후 직접 서명한 선서서를 위원장에게 제출해 주시기 바랍니다.
증인 대표가 선서 시 다른 증인들께서는 제자리에 서서 오른손을 들고 계시면 되겠습니다.
그러면 ○○○장관님 나오셔서 선서해 주시기 바랍니다.
• **농림축산식품부 장관:** "선서, 본인은 국회가 헌법 제61조, 국회법 제127조, 국정감사 및 조사에 관한 법률 제10조의 규정에 의하여 소관 업무에 대한 2023년도 국정감사를 실시함에 있어 성실하게 감사를 받을 것이며 또한 증인으로서 증언을 함에 있어서는 국회에서의 증언·감정 등에 관한 법률 제7조의 규정에 의하여 양심에 따라 숨김과 보탬이 없이 사실 그대로 말하고 만일 진술이나 서면답변에 거짓이 있으면 위증의 벌을 받기로 맹서합니다."
(중략)
• **위원장:** 모두 자리에 모두 자리에 앉아 주시기 바랍니다.
다음은 오늘 감사대상기관의 업무현황보고가 있겠습니다.
• **위원:** 위원장님, 업무현황보고 전에요 증인과 관련되어서 의사진행발언을 하겠습니다.
(중략) 이에 본 위원은 기타 법령 위반 정황과 관련해 동물보호법 위반 혐의 외에 유사수신행위법 위반과 관련된 내용을 확인하고자 ○○○의 ○○○대표의 증인 출석을 요구했습니다. 그렇지만 ○○○대표는 동물보호법 위반 등의 사유로 현재 법원의 압수수색 및 검경의 수사가 진행되고 있다는 점을 들어 불출석사유서를 제출했습니다.
이는 본 위원이 증인에게 질의하고자 하는 유사수신행위법 위반과 관련된 내용이 아니므로 국감·국조법상 감사 또는 조사의 한계에 해당되지 않으며 국회 증언·감정법에서 정하고 있는 증인이 출석하지 못할 부득이한 사유로 보기 어렵다고 판단되어집니다.

특히 ○○○대표는 최근 불미스러운 일에도 불구하고 다시 동물생산업을 준비하고 있다는 제보가 이어지고 있습니다. 이에 본 위원은 국회 증언·감정법 제6조에 따라 우리 위원회 명의로 ○○○대표에 대한 동행명령 발부를 요청드립니다.

(중략)

• **위원:** 자료 요구 좀 하겠습니다.

농식품부 또 산하 기관, 소속 기관과 관련해서 감사원 등 외부 감사기관 또 농식품부 자체 감사관 또 각 산하 기관·소속 기관의 자체감사 관련해서 지금으로부터 2년 동안 감사가 실시된 내역 (중략)

• **위원장:** 먼저 ○○○장관 나오셔서 **업무보고**해 주시기 (중략)

• **농림축산식품부 장관:** 존경하는 ○○○위원장님, 그리고 농림축산식품해양수산위원 위원님 여러분!

제410회 정기국회 국정감사를 맞아 (중략)

아울러 농어촌상생협력기금 출연 현황 및 향후 추진계획은 별도 배부해 드린 보고자료를 참조해 주시기 바랍니다.

감사합니다. (중략)

• **위원장** (중략) **다음은 위원님들께서 질의하실 순서입니다.**

먼저 말씀드린 대로 1차 질의 시간은 5분입니다.

(중략)

• **위원장:** 위원님들께서 1차 질의를 모두 마치셨습니다.

미리 말씀드린 대로 2차 질의 전에 증인 등에 대한 신문이 있겠습니다.

감사장 준비를 위해서 잠시 10분간 정회하고 3시 25분에 계속하도록 하겠습니다.

국정감사 중지를 선언합니다. (중략)

• **위원장:** 국정감사를 계속하겠습니다.

일반증인에 대한 신문을 시작하겠습니다.

오늘 출석하신 일반증인은 8인이고 참고인은 3인입니다. (중략)

증인선서를 받기에 앞서 증인선서의 취지와 방법에 대해 말씀드리겠습니다.

선서를 하는 이유는 국회가 2023년도 국정감사를 실시함에 있어서 증인으로부터 양심에 따라 숨김없이 사실대로 증언하겠다는 서약을 받기 위한 것입니다. 만약 증인이 정당한 이유 없이 선서나 증인을 거부하거나 허위의 진술을 하는 경우 등에는 국회에서의 증언·감정 등에 관한 법률에 따라 고발될 수 있음을 미리 알려 드립니다.
선서 방식에 대해 말씀드리면 증인을 대표하여 ○○○증인께서 발언대로 나오셔서 오른손을 들고 선서해 주시고 이후 직접 서명하신 선서서를 위원장에게 제출해 주시기 바랍니다.
증인 대표가 선서 시 다른 증인들께서는 제자리에 서서 오른손을 들고 계시면 됩니다.
참고인께서는 선서를 하실 필요는 없으므로 그 자리에 그대로 앉아 계시면 되겠습니다.
그러면 ○○○증인 나오셔서 선서해 주시기 바랍니다.
(중략)
• **위원장:** ○○○위원님 수고하셨습니다. 더 이상 질의하실 위원님 안 계시지요?
그러면 **질의를 마치도록** 하겠습니다.
질의 도중에 ○○○위원님, (중략) ○○○위원으로부터 서면질의서가 제출되었습니다. 해당 기관장께서는 서면질의에 대한 답변서를 성실히 작성해서 일주일 이내에 제출해 주시기 바랍니다.
서면질의와 서면답변은 회의록에 게재토록 하겠습니다.
(중략)
다음 국정감사는 10월 12일 목요일 10시에 이곳 감사장에서 해양수산부 등 4개 기관에 대해 실시하도록 하겠습니다.
여러 위원님들 노고 많으셨습니다.
농림축산식품부 등 4개 기관장과 관계 직원 여러분들, 의원실, 위원회 및 사무처 직원 여러분들 모두 수고 많이 하셨습니다.
이것으로 국정감사를 모두 마치도록 하겠습니다.
감사종료를 선언합니다.

(22시 10분 감사종료)

자료: 2023년도국감 농림축산식품해양수산위원회회의록(2023.10.11).

3) 국정감사와 국정조사의 한계 및 주의의무

국정감사와 국정조사는 입법사항, 재정사항, 행정사항, 사법행정사항과 국회 내부사항 전반에 걸쳐 이루어진다. 그러나 헌법 및 법률상 권한 범위 내에서 행사되어야 하며 권력분립의 원칙을 침해할 수는 없다. 또한 실시과정에서 개인의 사생활과 기본권 등을 보호해야 한다(정호영, 2012: 669).

법률 조문상으로는 "개인의 사생활을 침해하거나 계속 중인 재판 또는 수사 중인 사건의 소추에 관여할 목적으로 행사되어서는 아니 된다"라고 규정하고 있다(「국감국조법」 제8조). 이에 재판의 내용이나 소송절차의 부당 여부 자체에 대해서는 감사·조사를 할 수 없다는 것이 통설이다(정호영, 2012: 670). 다만, 이 조문이 재판 또는 수사 중인 사건이라는 이유만으로 국정감사 및 국정조사의 대상이 되지 못한다는 의미는 아니다. 이 조문의 의미는 재판이나 수사에 "관여할 목적"으로만 행사되지 못한다는 것으로서, 이렇게 규정한 취지는 사법권의 독립 또는 수사의 공정성을 보장하기 위해서이다.

또한 국정감사 또는 국정조사는 대상기관의 기능과 활동이 현저히 저해되거나 기밀이 누설되지 않도록 주의해야 한다(「국감국조법」 제14조). 직접 이해관계가 있거나 공정을 기할 수 없는 현저한 사유가 있는 경우 해당 의원은 제척되거나 회피되어야 한다. 이러한 의무를 위반한 의원은 「국회법」상 의원에 대한 징계 대상이 된다(「국감국조법」 제13조 및 제17조).

한편 「국회증언감정법」 제9조는 국정감사나 국정조사 등으로 인해 국회의 출석요구를 받은 증인 등의 보호에 관한 규정을 두고 있다. 증인은 변호사인 변호인을 대동할 수 있다(같은 조 제1항). 증인이나 참고

표 6-4 국정감사·조사의 한계

한계	근거법률	내용
권력분립상의 한계	「국감국조법」 제16조	• 행정작용에 대한 간섭 제한 - 국회는 행정작용에 대해 직접적으로 통제할 수 없음 - 국정감사·조사 결과에 따라 정부 또는 해당 기관에 시정을 요구하고 그에 대한 처리결과를 보고받음
	「국감국조법」 제8조	• 사법권의 독립 - 재판내용에 대한 개입을 목적으로 하거나 법관의 소송지휘·재판절차를 대상으로 행할 수 없음
	「국감국조법」 제8조	• 조사·소추의 독립 - 형사법상의 공정성을 위해 수사 중인 사건의 소추에 관여할 목적으로 국정감사·조사를 행할 수 없음
사생활 불가침의 한계	「국감국조법」 제8조	• 국정감사·조사는 사생활을 침해할 목적으로 행사되어서는 안 되며, 개인의 사생활은 그 대상에서 제외됨
기본적 인권 보호의 한계	「국회증언감정법」 제4조	• 국정감사·조사의 진행 과정에서 양심의 자유, 통신의 비밀, 투표의 비밀은 침해할 수 없으며 불이익진술의 거부는 인정됨 • 직무상의 비밀에 관한 증언은 원칙적으로 강요할 수 없음 - 단 전현직 공무원에 대해서는 예외가 인정됨
중대한 국가이익상의 한계	「국회증언감정법」 제4조	• 공무원 또는 전직 공무원이 증언요구를 받거나 국가기관이 서류제출을 요구받은 경우 원칙적으로 거부할 수 없음 - 단, 군사·외교·대북관계의 기밀사항에 관한 경우 주무부 장관의 소명 등의 절차에 따라 불응할 수 있음

자료: 정호영(2012: 669~671); 주영진(2011: 481~488) 참조.

인이 중계방송 또는 사진보도 등에 응하지 않는다는 의사를 표명하거나, 특별한 이유로 회의의 비공개를 요구할 때에는 본회의 또는 위원회의 의결로 중계방송 또는 녹음·녹화·사진보도를 금지시키거나 회의의 일부 또는 전부를 공개하지 않을 수 있다(같은 조 제2항). 국회에서 증인·감정인·참고인으로 조사받은 사람은 「국회증언감정법」에 따른 위증 등의 처벌을 받는 외에는 어떠한 불이익한 처분도 받지 않는다(같은 조 제3항).

5. 국정감사와 국정조사 결과의 처리

1) 결과보고서와 국회의 요구

위원회는 국정감사 또는 국정조사를 마쳤을 때에는 지체 없이 보고서를 작성해 의장에게 제출해야 하고 의장은 이를 지체 없이 본회의에 보고해야 한다(「국감국조법」 제15조 제1항 및 제3항). 보고서에는 증인채택 현황 및 증인 신문 결과를 포함한 감사 또는 조사의 경과 및 처리의견을 기재하고 중요 근거서류를 첨부해야 한다(「국감국조법」 제15조 제2항). 의장은 필요한 경우 감사 또는 조사를 시행하는 위원회에 중간보고를 하게 할 수도 있다(「국감국조법」 제15조 제4항).

국정감사에서는 각 상임위원장 제안으로 'OOOO년도 국정감사 결과보고서 채택의 건'을, 국정조사에서는 조사위원장 제안으로 '~을 위한 국정조사 결과보고서 채택의 건'을 위원회 및 본회의에서 의결한다.

그런데 앞서 언급한 바와 같이 국정조사에서는 제13대 국회부터 제21대 국회까지 실제 조사활동이 이루어진 경우가 30건인데, 이 중에서 결과보고서를 채택한 경우는 14건에 불과했다. 국정감사에서는 결과보고서를 채택하지 않는 경우가 드물긴 하지만 간혹 발생하기도 한다. 또한 국정감사가 실시된 연도 말이나 다음 연도 초까지도 결과보고서가 채택되지 못하는 경우가 자주 발생하고 있다.[6]

---

6 예를 들어, 2022년도 국정감사 결과보고서의 경우 16개 상임위 중 12개 상임위만 채택되었고, 2023년도 국정감사 결과보고서의 경우 16개 상임위 중 5개 상임위만 채택된 상태에서 제21대 국회 임기가 종료했다. 제22대 국회에서는 2024년도 국정감사 결과보고서의 경우 16개 상임위 중 9개 상임위만 채택되었다. 2022년도 국정감사 결과보고서 12개의 경우 3건은 2023년 2월, 1건은 2023년 6월, 2건은 2023년 8월, 4건은 2023년 9월에 본회의에서 의결되었다. 2023년도 국정감사 결과보고서 5건 중 2건은 2024년 2월, 1건은

예시 6-6 **국정감사 시정 및 처리요구사항 사례**

Ⅵ. 시정 및 처리요구사항

1. 행정안전부

• 지방자치단체 감사제도를 개선할 수 있는 보완책을 마련할 것

• 공공마이데이터 관련

- 본인정보 전송 오류 감소 등을 위한 공공마이데이터 시스템 개선을 추진할 것

(중략)

2. 중앙선거관리위원회

• 중앙선거관리위원회의 독립성·중립성을 위해 사무총장 임용의 공정성·투명성 확보 방안을 마련할 것

(중략)

4. 인사혁신처

• 근속승진 기간 단축 등 공무원 승진적체 해소방안을 검토할 것

(중략)

5. 경찰청

• 대공수사 역량 강화를 위해 안보수사 인력 전문화 및 예산 확대를 위해 노력할 것

(이하 생략)

자료: 국회 국정감사정보시스템.

2024년 4월, 2건은 2024년도 5월에 본회의에서 의결되었다. 2024년도 국정감사 결과보고서 9건 중 2건은 2025년 1월, 4건은 2025년 2월, 2건은 2025년 3월, 1건은 2025년 4월 본회의에서 의결되었다. 결과보고서를 준비 및 합의하기에 정기국회 기간이 부족한 것이 이유 가운데 하나이지만, 적어도 다음 연도의 연초에는 의결되어 정부 및 관련 기관에 이송되는 것이 바람직할 것이다.

국정감사 또는 국정조사 결과보고서가 채택되지 않으면 해당 감사 및 조사의 주요 내용과 중요한 관련 자료가 공식적으로 보관·공개·전수되지 못하는 문제가 생긴다. 또한 국정감사의 경우 너무 늦게 결과보고서를 채택하면 정부의 국정운영이나 정책 기조에 국회의 공식적인 의견을 적절히 반영하지 못하는 문제가 발생한다.

위원회가 결과보고서를 채택하면 국회는 본회의 의결로 국정감사 또는 국정조사 결과를 처리한다(「국감국조법」 제16조 제1항). 감사 또는 조사 결과 위법하거나 부당한 사항이 있을 때에는 그 정도에 따라 정부 또는 해당 기관에 변상, 징계조치, 제도개선, 예산조정 등 시정을 요구한다. 또한 해당 기관이 자체적으로 처리하는 것이 타당하다고 인정되는 사항은 정부 또는 해당 기관에 이송한다(「국감국조법」 제16조 제2항). 각 위원회의 결과보고서에서는 이를 주로 '시정 및 처리요구사항'으로 묶어서 이송하고 있다. 법문상으로만 보면 위법·부당한 사항에 대한 시정요구사항과 이에 해당하지 않는 처리요구사항을 구분할 필요가 있으나, 실제 국정감사나 국정조사의 내용은 정책 및 제도 개선의견이 다양한 수준에서 제기되고 있어 양자를 묶어서 처리하는 경우가 대부분이다. 법적 근거는 없지만 '건의사항'이나 '기타사항' 등을 추가하기도 한다.

한편 결산 후속조치에서 소개한 바와 같이 국정감사 결과에 따라 감사원에 대한 감사요구(각 상임위원장 제안)를 채택하기도 한다.

2) 정부 등의 처리결과보고와 국회의 조치

정부 또는 해당 기관은 국회의 요구를 지체 없이 처리한 뒤 그 결과를 국회에 보고해야 하며, 국회는 이에 대해 적절한 조치를 취할 수 있다(「국감국조법」 제16조 제2항 및 제3항). 국정감사에서 지적된 사항에 대한

예시 6-7 **정부의 국정감사 결과 조치사항 예시**

시정 · 처리요구사항	시정 · 처리결과 및 향후 추진계획
60. 특수전부대의 생명수당 체계를 현실적인 규모로 재정비할 것	**가. 시정 · 처리결과** ○ '24년 처우개선 관련 국방부 정책실무회의를 통한 추진과제 선정 (4. 26.) ○ 특수전부대 수당체계 개선 추진과제 : 5건 • (공통) 지역 대화생방테러특임대 위험근무수당 지급대상 추가 - 지역방위사단 화생방대대가 지역대화생방테러 특수임무대 포함 - 대상 / 예산 : 108명 / 3.6억원 • (육군) 특전사 동력PG 위험근무수당 지급대상 추가 - 공중침투자산으로 전력화된 동력PG 운용인원 위험근무수당 추가 - 대상 / 예산 : 360명 / 3.6억원 • (해군) UDT/SSU 위험근무수당 인상 - 전문 잠수기술로 특수잠수 및 대테러 임무를 수행하는 인력유출 방지를 위한 수당 인상 - 대상 / 예산 : 986명 / 11.9억원 • (기타) 공군 항공구조사 해외파견근무수당 인상(20%) ○ 인사혁신처 처우개선 (수당조정요구) 제출 및 사업필요성 설명 (5 ~ 6월) **나. 향후 추진계획** ○ 인사혁신처 처우개선 과제 검토 (8 ~ 11월) ※ 인사혁신처 검토결과 기재부 통보 예정 ○ 기재부 처우개선 사업설명 (10 ~ 11월) 및 검토 (~ 11월) ○ '24년 정부예산안 국회 심의 (12월) ○ 국회 심의결과 최종 수용된 과제 관련 법령 개정 (~ '24. 1월)

자료: 국회 국정감사정보시스템.

처리결과는 국회에 제출되어 공개되고 있다. 따라서 관련 사이트에서 결과보고서, 정부 처리결과보고, 그 밖의 관련 자료를 확인할 수 있다.[7]

매년 실시하는 국정감사와 달리 국정조사는 특별위원회를 구성하는 경우가 많다. 그런데 이전에는 해당 특별위원회가 종료되면 정부의 조치결과보고서나 정부 조치결과에 대한 국회의 조치 등을 다룰 위원회가 법적으로 명확하지 않았다. 또한 각종 자료의 정리, 일반 국민의 자료 접근성 등도 공식화되지 못한 측면이 있었다. 이에 2018년 4월 법 개정을 통해 소관 위원회의 활동기한 종료 등의 사유로 처리결과보고에 대해 조치할 위원회가 불분명할 경우 의장이 각 교섭단체 대표의원과 협의해 지정하는 위원회로 대신하게 해야 한다는 규정을 신설했다(「국감국조법」 제16조 제5항).

3) 형사처벌

국회가 출석을 요구한 증인 등에 대한 처벌은 「국회증언감정법」에 규정되어 있는데 크게 ① 불출석 등의 죄, ② 국회모욕의 죄, ③ 위증 등의 죄, 세 가지이다. 처벌 대상은 증인 또는 감정인이고, 전술한 바와 같이 참고인은 처벌 대상이 되지 않는다. 국회의 출석요구는 국정감사, 국정조사 외에 안건심의, 청문회 등에서도 가능한데, 매년 상임위별로 국정감사가 실시되므로 고발 및 처벌도 국정감사에서 발생하는 경우가 가장 많다(표 〈6-5〉 참조).

---

7 의안정보시스템(likms.assembly.go.kr/bill)에서는 '국정감사 결과보고서' 또는 '국정조사 결과보고서'를 검색·확인할 수 있고, 국정감사정보시스템(likms.assembly.go.kr/inspections)에서는 국정감사계획서, 국정감사 결과보고서, 정부 처리결과, 부처별 업무보고나 서면답변자료 등 각종 참고자료 파일을 확인할 수 있다.

불출석 등의 죄(「국회증언감정법」 제12조)는 정당한 이유 없이 불출석한 증인, 고의로 출석요구서 수령을 회피한 증인, 보고 또는 서류제출요구를 거절한 자, 선서 또는 증언이나 감정을 거부한 증인이나 감정인, 정당한 이유 없이 증인·감정인·참고인의 출석 또는 검증을 방해한 자가 해당한다. 이들은 3년 이하의 징역 또는 1000만 원 이상 3000만 원 이하의 벌금에 처한다. 2017년 법 개정으로 고의로 출석요구서의 수령을 회피한 증인이 처벌대상으로 추가되었다. 또한 종전에는 벌금형 형량에 대해 상한선(1988년 제정 시 500만 원 이하 → 2000년 개정으로 1000만 원 이하)만 두었으나 하한선과 상한선을 함께 규정(1000만 원 이상 3000만 원 이하)하는 것으로 변경해 처벌을 강화했다.

국회모욕의 죄(「국회증언감정법」 제13조)는 국회권위 훼손(제1항)과 동행명령 거부·방해(제2항) 두 가지 경우로 나누어 규정하고 있다. 증인이 폭행 등 모욕적인 언행을 하여 국회권위를 훼손한 경우에는 5년 이하의 징역 또는 1000만 원 이상 5000만 원 이하의 벌금에 처한다. 증인이 동행명령을 거부한 경우, 고의로 동행명령장 수령을 회피한 경우, 제3자로 하여금 동행명령장의 집행을 방해하도록 한 경우에는 5년 이하의 징역에 처한다. 종전에는 이 모두를 5년 이하의 징역에 처하도록 하여 벌금형이 규정되어 있지 않았다. 그러나 다른 범죄 형량과 비교할 때 징역형만 규정한 것이 과도하고 오히려 처벌로 이어지지 못하는 측면도 있는 점을 고려해 2017년 법 개정으로 국회권위 훼손죄의 경우에는 벌금형을 도입했다. 2018년 법 개정에서는 국회권위 훼손죄에 벌금 하한선(1000만 원 이상)을 두어 처벌을 강화했다.

위증 등의 죄(「국회증언감정법」 제14조)는 선서한 증인·감정인이 허위진술이나 감정을 한 때로, 1년 이상 10년 이하의 징역에 처한다. 다만,

범죄가 발각되기 전에 자백했을 때에는 형을 감경 또는 면제할 수 있는데 이 자백은 안건심의, 국정감사, 국정조사가 종료되기 전에 해야 한다.

이상 세 가지 죄 중 어느 하나가 인정되는 경우 본회의 또는 위원회는 고발해야 한다(「국회증언감정법」 제15조 제1항). 고발의 주체가 본회의 또는 위원회이고 다른 규정이 없으므로 고발의 요건은 일반의결정족수이다. 다만, 청문회의 경우 재적위원 3분의 1 이상의 연서에 따라 그 위원의 이름으로 고발할 수 있다(같은 항 단서). 검찰은 고발장이 접수된 날부터 2개월 내에 수사를 종결해야 하고, 국회에 지체 없이 서면으로 처분 결과를 보고해야 한다(「국회증언감정법」 제15조).

이러한 형사처벌 조항에도 불구하고 증인 등이 불출석하거나 위증을 하는 경우가 자주 발생한다. 이는 국정감사 등의 실효성을 떨어뜨리고 국회의 견제 기능과 대의 기능을 약화시키며 결국 국민의 알권리도 훼손한다. 위원회 고발은 의결을 거쳐야 하므로 결국 여·야 합의가 필요하다. 여·야 간에 이견이 있을 수는 있으나 국회 전체의 권한을 제고하는 차원에서 적극적인 고발이 필요하다.

다른 한편으로는 검찰과 법원이 기소나 유죄판결에 적극적이지 못한 측면도 있다. 국회가 고발하려면 대부분 의결을 거쳐야 하는데 의결은 통상 여·야 합의가 이루어진 경우에 가능하다. 정당들은 증인의 위증 여부 등에 대해 서로 대립하는 경우가 많은데, 설령 의결을 통해 불출석, 국회모욕, 위증 등의 죄로 고발하기로 결정했더라도 기소로 연결되는 경우가 많지 않은 편이다. 〈표 6-5〉는 현행 헌법에서 제21대 국회까지 이루어진 증인 고발 및 처벌 현황을 나타낸 것으로, 총 357명의 증인이 고발되었다. 이 중 실제 처벌로 이어진 경우는 약식기소 68명, 유죄판결 35명 등으로 처벌에서도 약식기소 비율이 높다. 다만, 제19대 국

표 6-5 증인 고발·처벌 현황

	증인 고발					처벌		
	국정 감사	국정 조사	인사 청문	청문회 등 기타	계	약식 기소	유죄 판결	계
제13대	6	0	0	4	10	0	1	1
제14대	3	0	0	3	6	0	3	3
제15대	1	0	0	10	11	0	3	3
제16대	47	10	0	10	67	27	6	33
제17대	49	2	2	3	56	19	3	22
제18대	31	6	8	0	45	13	0	13
제19대	29	3	1	0	33	4	14	18
제20대	42	45*	2	4	93	5	3	8
제21대	20	9	0	7	36	0	2	2
계	228	75	13	41	357	68	35	103

* 제20대 국회의 경우 소위 국정농단 사건 국정조사에서 증인 고발 등이 대거 이루어졌음.
자료: 국회사무처(2025: 1384~1406)를 참고해 표로 재구성.

회부터는 약식기소가 줄었고, 제20대 국회의 경우 소위 국정농단 관련 국정조사에서 증인 고발 등이 대거 이루어졌으므로 기존 통계와 일률적으로 비교하기는 어렵다.

제3절 대정부질문 등 질문제도

이 절에서는 국회의 질문제도를 대정부질문, 긴급현안질문, 정부에 대한 서면질문 등으로 구분해 각각의 질문제도의 의의와 절차 등을 설명한다. 국회에서 운영되는 질문제도는 국회와 정부가 정치적 현안 및 정책 방향에 대해 국민과 언론 앞에서 공적으로 의견을 주고받으며 정치적 정당성이나 또는 정책적 타당성을 검증하는 중요한 기능을 담당한다.

1. 대정부질문

1) 대정부질문의 의의

대정부질문은 국회가 회기 중 기간을 정해 국정 전반 또는 특정 분야를 대상으로 정부에 대해 질문하는 제도이다(「국회법」 제122조의2 제1항). 대정부질문제도는 의원내각제 국가에서 발전한 제도로서, 의회와 정부 간 권력분립을 강조하는 대통령제국가에서는 대정부질문보다 청문회 제도가 발달했다(정호영, 2012: 376). 그러나 우리 국회는 제헌국회부터 시작해 대통령중심제하에서도 대정부질문을 운영해 오고 있다. 대정부질문을 통해 국회는 정책집행의 감시·통제, 정책 방향 설정, 의원 간 및 국민에 대한 국정정보 제공, 입법활동으로의 반영 등의 기능을 수행한다(정호영, 2012: 376~377).

대정부질문은 국회의원이 국무총리 또는 국무위원 등을 대상으로 본회의에서 국정의 방향이나 정치·정책의 현안에 대해 직접 질문하고 답변을 듣는 것이다. 이 과정에서 국민들은 정부정책 방향에 대해 그리고 이에 대한 여·야 또는 해당 국회의원의 입장에 대해 직접 듣고 평가할 수 있다. 본회의는 상임위에 비해 국회방송을 포함한 방송 생중계나 언론보도 등이 활발해 해당 국회의원, 국무총리, 국무위원 등에 대한 전문성, 도덕성, 합리성 등을 평가하는 기회가 되기도 한다. 대정부질문은 국회 운영이 정상적으로 이루어지는 대부분의 임시회에서 사실상 정례적으로 실시되고 있다.

2) 대정부질문의 절차

대정부질문을 실시할지, 언제 며칠간 실시할지, 몇 명이 실시할지는

표 6-6 대정부질문 실시 현황

	대정부질문 실시 일수						
	1일	2일	3일	4일	5일	6일	계
제13대	0	0	2	3	7	0	12
제14대	0	0	1	3	6	1	11
제15대	0	3	0	1	6	1	10
제16대	1	2	4	4	4	2	17
제17대	0	1	5	6	2	1	15
제18대	1	0	0	5	6	0	12
제19대	1	2	2	9	1	0	15
제20대	0	3	3	5	0	0	11
제21대	0	1	8	4	0	0	13
계	3	12	25	40	32	5	116

자료: 국회사무처(2025: 1410~1426)를 참고해 표로 재구성.

정기회 또는 임시회 일정에 대한 교섭단체 간 협상에 의해 결정된다. 협상의 결과에 따라 의장은 의제별 질문의원의 수를 교섭단체와 협의해 배정한다(「국회법」 제122조의2 제4항 및 제5항). 질문의제는 주로 정치, 외교·통일·안보, 경제, 교육·사회·문화 등 네 가지를 기준으로 하여 1~6일 동안 의제를 분리하거나 합쳐서 정하고 있는데, 최근에는 5~6일 동안 길게 실시하는 사례는 점점 줄어들고 기간을 다양하게 운영하고 있다. 제21대 국회에서는 3일 동안 실시하는 사례가 급증했다. 현행 헌법에서 대정부질문은 제21대 국회까지 총 116회 실시되었다.

국회는 대정부질문을 실시하기 전에 국무총리, 질문분야의 해당 국무위원이나 정부위원[8]의 출석을 요구한다. 이러한 국무위원 등에 대한

8 국무조정실의 실장 및 차장, 부·처·청의 처장·차관·청장·차장·실장·국장 및 차관보와 과학기술정보통신부·행정안전부 및 산업통상자원부에 두는 본부장은 정부위원이 된다(「정부

출석요구는 헌법 제62조 제2항에 근거를 두고 있으며, 구체적인 절차로는 의원 20명 이상이 발의해 본회의 의결을 거친다(「국회법」 제121조 제1항). 대정부질문에 필요한 출석요구의 의안명칭은 '국무총리·국무위원 및 정부위원 출석요구의 건(○○○○에 관한 질문)'이다.[9] 대정부질문 시 해당 의원은 질문요지서를 구체적으로 작성해 의장에게 제출하고 의장은 질문시간 48시간 전까지 질문요지서를 정부에 송달한다(「국회법」 제122조의2 제7항).

대정부질문은 일문일답식으로 진행하며, 의원의 질문시간은 20분을 초과할 수 없다. 통상 상임위의 질의에서는 질문시간에 답변시간이 포함되지만, 대정부질문에서는 질문시간에 답변시간이 포함되지 않는다(같은 조 제2항). 과거에는 연설식 일괄질문과 정치적 폭로성 발언 등이 빈번했는데, 이를 시정하기 위해 2003년 법 개정을 통해 일문일답식을 도입했다.

대정부질문에서는 다른 의원들의 출석과 참여가 강조되지만, 일정 시간이 지나면 소수의 의원만 남는 문제가 반복되고 있다. 이는 긴급현안질문의 경우도 크게 다르지 않다. 그러나 경청하는 의원들의 참여가 적다고 하더라도 대정부질문은 본회의장에서 공개적으로 질문하고 답변을 청취한다는 측면에서 그 자체로 중요한 의미를 갖는다.

조직법」 제10조).

9 대정부질문이 교섭단체 간 합의에 따라 실시되므로 출석요구의 건 역시 교섭단체대표의원을 대표로 하여 교섭단체에 소속된 의원들이 모두 공동발의에 참여하는 경우가 대부분이다.

2. 긴급현안질문

1) 긴급현안질문의 의의

1994년 6월 28일 「국회법」 개정으로 도입된 긴급현안질문은 회기 중 중요한 현안을 대상으로 정부에 대해 질문하는 제도이다(「국회법」 제122조의3 제1항). 긴급현안질문은 대정부질문의 포괄적인 의제나 복잡한 절차 등으로는 대처할 수 없는 중대한 현안에 대해 국회 차원에서 보다 탄력적으로 대응하기 위해 도입되었다. 이는 국민의 대표기관인 국회가 국민의 의사를 적시에 수렴하고 이를 정부에 전달하며 여론을 환기하는 의의가 있다.

긴급현안질문은 의원 20명 이상의 찬성으로 의장에게 요구할 수 있으나 실제로는 해당 현안에 대해 여·야가 합의한 경우 실시된다. 다만, 교섭단체 간 합의가 어려운 경우 일부 교섭단체를 제외하고 긴급현안질문을 실시하기도 한다. 제20대 국회에서 실시된 '최순실 등 게이트' 진상규명에 대한 긴급현안질문이 그 예이다. 1994년에 도입된 이후 제21대 국회까지 총 31건이 실시되었는데(국회사무처, 2025: 1432~1433; 국회의안정보시스템) 최근에는 제도 활용도가 다소 줄어드는 추세이다.

2) 긴급현안질문의 절차

긴급현안질문을 요구하는 의원은 20명 이상의 찬성으로 이유, 질문요지, 출석대상 국무총리 또는 국무위원을 기재한 질문요지서를 본회의 개의 24시간 전까지 의장에게 제출한다(「국회법」 제122조의3 제2항). 의장은 이를 국회운영위원회와 협의하되 필요한 경우 본회의에서 실시여부를 표결에 부쳐 정할 수 있다(같은 조 제3항).

긴급현안질문의 경우 실시 여부가 결정되면 해당 국무위원 등의 출석 요구 의결이 있는 것으로 본다. 따라서 대정부질문에서처럼 사전에 별도로 출석을 요구하는 절차는 없다(같은 조 제4항). 질문시간은 총 120분인데, 의장은 각 교섭단체 대표의원과 협의해 시간을 연장할 수 있다(같은 조 제5항). 질문은 10분을 초과할 수 없고 보충질문은 5분을 초과할 수 없다(같은 조 제6항). 나머지는 대정부질문을 준용한다(같은 조 제7항).

3. 정부에 대한 서면질문

서면질문은 의원이 정부에 서면으로 질문하는 것으로(「국회법」 제122조 제1항), 대정부질문과 같은 구두질문에 대한 보충적인 성격을 가지며 구두질문에 비해 질문의 명확성 및 기록성을 제고할 수 있다(국회사무처, 2016a: 564). 의원은 질문서를 의장에게 제출하고 의장은 이를 지체없이 정부에 이송하며, 정부는 10일 이내에 서면으로 답변하되 기한을 지킬 수 없을 때에는 이유와 답변기한을 국회에 통지해야 한다(같은 조 제1항부터 제3항까지). 정부는 답변서와 답변관계서류를 구분해 국회에 제출하고 의원은 답변에 대해 다시 서면으로 보충질문할 수 있다(같은 조 제4항 및 제5항).

서면질문은 대통령에게는 허용되지 않는다는 것이 통설이다. 이는 헌법 제62조에서 국무총리 등에 대한 국회출석요구권과 질문권을 규정하고 있음을 근거로 하며, 실제 관행도 그러하다(정호영, 2012: 383). 서면질문 현황을 보면 제13대 106건, 제14대 1134건, 제15대 599건, 제16대 1505건, 제17대 689건, 제18대 586건, 제19대 334건, 제20대 219건, 제21대 193건이었다(국회사무처, 2025: 1429~1431).

제4절 위원회 업무보고·현안보고

국정감사와 국정조사, 대정부질문은 국회의원이 정부로부터 공식적인 답변을 청취하는 과정을 통해 국회가 정부에 대한 견제와 감시 기능을 수행하는 가장 대표적이고 중요한 제도이다. 이러한 기능은 법률안 심사, 예산안 및 결산 심사의 대체토론 과정에서도 상시적으로 필요하다. 해당 법률안 내용이나 예·결산 항목과 직접 관련되지 않더라도 정치 현안이나 정책 방향 등에 대해 대의기능을 수행하는 국회의원이 지속적으로 견제와 감시를 수행하는 것이다.

이러한 측면에서 국정감사, 국정조사, 대정부질문 및 안건에 대한 대체토론 외에, 법률에 명확히 규정된 제도는 아니지만, 위원회에서 진행되는 업무보고·현안보고도 동일한 기능을 수행한다고 할 수 있다. 위원회에서 이루어지는 이러한 보고는 법정화되지 않은 국정감사·국정조사라고 볼 수 있으며, 다른 관점에서는 본회의의 대정부질문에 대응하는 위원회 차원의 제도라고 평가할 수도 있다.

먼저, 상임위원회의 경우 전·후반기 원구성 직후와 연초에 소관 중앙행정기관을 중심으로 정기적으로 업무보고를 듣는다. 전·후반기 원구성 직후에 이루어지는 업무보고의 취지는 상임위와 소관 기관 간에 상견례를 하고 상임위원의 업무를 파악하는 것이라고 할 수 있다. 연초의 업무보고는 해당 기관의 성과를 확인하고 새해 정책운영 방향을 점검하는 의미를 지닌다. 연초의 업무보고는 통상 첫 번째 임시회를 완료한 이후 또는 정부 내에서 대통령에 대한 신년업무보고를 완료한 이후에 실시된다. 넓게 보면 국정감사나 예산안 및 결산을 상정할 때 이루어지는 업무보고도 여기에 포함된다.

다음으로, 특별위원회(인사청문특위 제외)가 구성되면 특별위원회의 활동범위에 속하는 중앙행정기관 등을 중심으로 특위 활동 초반에 업무보고를 듣는다. 이 역시 상견례 및 위원의 업무파악을 위한 것이라고 할 수 있다. 특별위원회는 여러 상임위에 걸친 사항을 소관하는 경우도 있다. 따라서 일반적인 상임위원회는 자신의 소관 부처로부터 업무보고를 듣지만 특별위원회는 여러 상임위 소관의 다양한 부처로부터 업무보고를 듣기도 한다.

또한 본회의에서 진행되는 긴급현안질문까지 가지 않고 위원회 차원에서 소관 부처로부터 현안보고를 듣는 경우도 있다. 이러한 현안보고에는 긴급한 사안도 있고 특정한 정책개선과제에 대한 사안도 있다. 제21대 국회의 주요 사례로는 환경노동위원회의 '지진 발생 관련 현안 보고'(2022.6.20), 국방위원회의 '현안 보고: 북한의 장거리 탄도미사일 발사 관련'(2023.12.21), 국토교통위원회의 '서울~양평고속도로 관련 현안보고'(2023.7.26), 정무위원회의 '후쿠시마 원전 시찰단 현안보고'(2023.5.17), 교육위원회의 '현안보고: 학교폭력 근절 종합대책'(2023.4.14), 외교통일위원회의 '정부의 강제동원 해법 발표 등 긴급현안보고'(2023.3.13) 등이 있다.

이와 같이 위원회는 특정한 의안이나 국정감사 및 국정조사 등이 아니더라도 다양한 형태의 회의와 질의·답변을 통해 정책 방향을 청취하고 이에 대한 의견을 정부에 제시한다. 또한 업무보고·현안보고 등이 예정되어 있으면 개별 의원실에서는 법률안이나 예·결산 심사와 마찬가지로 해당 기관에 대한 각종 자료나 정책 방향에 대한 설명 등을 미리 받고 검토한다. 또한 이러한 자료 획득과 공식적·비공식적인 답변을 통해 입법활동에 필요한 정보를 얻고 이를 입법활동에 반영할 수 있다.

제7장

국회의 인사권과 인사청문회

제1절 개관

헌법상 국회의 인사권은 두 가지로 나눌 수 있다. 즉, 헌법기관의 구성원을 국회가 직접 구성하는 권한을 갖는 경우와 대통령 등의 인사권한을 국회가 견제하는 경우이다. 우리 헌법에서는 전자의 경우는 국회가 '선출'하는 것으로, 후자의 경우는 국회가 '임명동의'하거나 '해임건의'하는 것으로 규정되어 있다. 또한 헌법이 아닌 법률에서 주요 국가기관·공공기관의 구성에 국회가 관여하는 것을 인정하는 경우도 있다. 특히 국회 인사청문회 제도가 중요한 의미를 가지면서 인사청문 대상이 더욱 넓어지고 있다.

국회 인사청문회는 2000년 2월「국회법」개정으로 처음 도입되었다. 도입 당시에는 헌법상 국회의 임명동의를 받아야 하는 대법원장·헌법재판소장·국무총리·감사원장 및 대법관과 국회가 선출하는 헌법재판소

재판관·중앙선거관리위원회 위원에 대해 인사청문특별위원회를 설치하고 인사청문회를 실시하도록 했다. 이후 국회의 임명동의나 선출 대상은 아니지만 대통령의 인사권 중 국무위원 등 장관급 기관장, 검찰총장·경찰청장 등 권력기관의 장, 그 밖에 소관 업무의 성격에 따라 국회의 견제가 필요한 각종 직위 등으로까지 인사청문회가 확대되어 왔다.

이 장에서는 먼저 국회가 지닌 인사권의 의의와 현재 헌법 및 법률에서 보장하고 있는 국회의 인사권을 개괄적으로 살펴본다. 이어서 인사청문회 제도의 내용과 현실에 대해 「인사청문회법」 등을 중심으로 소개한다.

제2절 국회의 인사권 개관

국정을 통제하는 수단인 국회의 인사권은 인사청문회가 도입되고 확대됨에 따라 관심과 중요도가 점차 높아지고 있다. 이 절에서는 국회 인사권의 의의와 역할을 살펴본다. 그리고 국회의 인사권을 헌법상 헌법기관의 구성에 관한 인사권과 행정부의 구성 및 존속에 관한 인사권으로 구분해 설명한다. 또한 헌법상 직접적인 근거는 없지만 법률에 따라 헌법기관이나 정부 및 공공기관의 구성에 관여하는 인사권의 내용도 알아본다.

1. 국회 인사권의 의의

국회의 인사권은 주로 독자적인 의미보다는 국정통제권의 일환으로 설명되곤 한다(성낙인, 2024: 502). 우리 헌법은 대통령 중심제를 채택하고 있으며 헌법과 법률을 통해 정부, 공공기관 전반에 걸쳐 대통령의 인사권을 광범위하게 보장하고 있다. 국회가 가지는 인사권은 이와 같이 대통령이 주도적이고 재량적으로 행사하는 인사권을 일정 수준으로 견제하는 의미를 가진다.

미국은 헌법을 통해 상원의 고위공직자 인준권한을 명시적으로 보장하고 있다. 유럽의 주요 국가는 의회가 헌법기관의 대부분을 직접 구성하기도 하고 의원내각제 원리에 따라 의회의 다수파가 정부를 구성해 국정운영의 책임을 함께 지기도 한다. 그리고 지방분권의 수준이 높은 국가일수록 행정부 수반의 인사권이 상당 부분 제한되어 있다. 이러한 주요국의 의회에 비하면 우리 국회가 가지는 인사권은 헌법상의 여러 한계와 정부 주도적인 권력구조 속에서 대의기관이나 입법부로서 갖춰야 할 충분한 수준에 이르지는 못했다.

그러나 국회의 대정부 견제 기능이 더욱 활발해지고 특히 국회 인사청문회가 도입되면서 국회의 인사권이 가지는 중요성이 점차 강조되고 있다. 대의기관의 공개된 검증 절차를 전후해 언론과 시민의 관심과 참여가 집중되면서 장관 등 고위공직자의 검증 기준이 강화되고 있다. 대통령은 국회의 인사청문회를 의식해서 임면권을 신중하게 행사하는 경향이 있다. 또한 최근 개헌 논의나 연구에서는 대통령의 인사권을 제한하는 것이 실질적인 권력분립을 이루고 이른바 제왕적 대통령제의 폐해를 시정하는 데 핵심적인 역할을 할 것이라는 공감대가 확산되고 있다.

2. 헌법에 직접 근거한 국회의 인사권[1]

우리 헌법은 국회가 대통령의 임명권에 '동의권'을 갖는 경우와 대법원, 헌법재판소, 중앙선거관리위원회를 구성할 수 있는 '선출권'을 갖는 경우를 규정하고 있다. 국회의 동의나 선출이 필요하다는 것은 결국 해당 의안을 본회의에서 의결을 거쳐야 한다는 의미이다. 즉, '대법원장(○○○) 임명동의안', '대법관(○○○) 임명동의안', '헌법재판소장(○○○) 임명동의안', '헌법재판소 재판관(○○○) 선출안', '중앙선거관리위원(○○○) 선출안', '국무총리(○○○) 임명동의안', '감사원장(○○○) 임명동의안'의 명칭으로 국회에 의안이 제출되어 본회의 의결을 거친다. 또한 국회는 국무총리·국무위원에 대한 해임을 건의할 수 있다. 이는 '국무총리(○○○) 해임건의안', '국무위원(△△△△장관 ○○○) 해임건의안'으로 발의되어 본회의 의결을 거친다.

1) 헌법상 헌법기관의 구성에 관한 국회의 인사권

첫째, 대법원장과 대법관 전원은 대통령이 국회의 동의를 얻어 임명한다(헌법 제104조). 대법관 수는 헌법에서 규정하지 않고 「법원조직법」 제4조에서 규정하는데, 대법원장이 아닌 일반 대법관은 현재 13명이다. 대법관의 경우 대법원장의 제청을 거쳐야 하는데 이 경우 대법관후보추천위원회의 추천 내용을 존중해야 한다(「법원조직법」 제41조의2 제1항 및 제7항).

---

1 이후 소개하는 국회의 인사권 및 인사청문회 관련 통계에서 별도로 출처를 밝히지 않은 경우는 국회사무처(2025)와 의안정보시스템 검색을 통해 작성한 것이다.

대법원장 임명동의안은 제헌국회 이래 제21대 국회까지 총 18건 제출되었는데, 17건이 가결되고 1건이 부결되었다. 대법관 임명동의안은 현행 헌법부터 도입되어 제13대 국회부터 제21대 국회까지 총 87건 제출되었는데, 철회된 1건을 제외하면 76건이 모두 가결되고 부결된 적은 없다.

대법원장과 대법관 임명동의안에 대해서는 2000년 인사청문회 도입 당시부터 인사청문회가 적용되었다. 인사청문회를 도입한 이후로 제21대 국회까지 대법원장 임명동의안 4건, 대법관 임명동의안 54건이 가결되었고, 대법원장 임명동의안 1건이 부결되었으며, 대법관 임명동의안 1건이 철회되었다.

미국의 경우 대법관의 상원 인준 낙마율이 25%에 이를 정도로 엄격한 것과 비교하면 우리나라의 대법원장·대법관 임명동의안 처리결과는 매우 대조적인데, 이는 미국의 대법관은 종신직이고 대법원이 헌법재판 기능 등 적극적인 사법정책 형성 기능까지 담당하기 때문이다(전진영, 2017: 21). 이에 비하면 우리의 경우 사법부의 정치적·정책적 중립성과 법관으로서의 전문성, 사법부에 대한 존중 관행 등이 보다 중시되고 있다.

둘째, 헌법재판소 재판관은 총 9명으로 모두 대통령이 임명하는데, 이 중 헌법재판소장은 국회 동의를 얻어 대통령이 임명하고, 3명은 국회가 선출한 자를 대통령이 임명하며, 3명은 대법원장이 지명한 자를 대통령이 임명한다(헌법 제111조). 헌법재판소 제도는 현행 헌법에서 도입되었는데, 제21대 국회까지 헌법재판소장 임명동의안은 총 11건 있었고, 가결 8건, 철회 2건, 부결 1건이었다. 2000년 인사청문회 도입 이후로는 헌법재판소장 임명동의안이 총 9건으로, 가결 6건, 철회 2건, 부결 1건이었다.

헌법재판소장의 경우 헌법에서 "헌법재판소 재판관 중에서 임명"하도록 규정하고 있다. 헌법재판소장의 임기는 따로 규정하지 않고 있으며 헌법재판소 재판관의 임기만 6년이라고 규정하고 있다. 이로 인해 헌법재판소장의 임기 해석, 입법적 보완 여부 등에 대해 논란이 있어왔다. 이 규정을 원칙적으로 해석하자면 기존의 재판관 중에서 임명할 경우 재판관의 임기 6년 중 잔여 임기만 소장으로 재직하기 때문이다.

헌법재판소장 임기와 관련한 문제는 2006년 헌법재판소장(전효숙) 임명동의안 사례에서 정치적·법리적 쟁점으로 크게 부각된 바 있다. 당시 소장으로서의 6년 임기를 확보하기 위해 후보자가 기존의 재판관 직을 사임했고 임명동의안이 2006년 8월 22일 제출되었다. 그런데 재판관 직을 사임한 후였으므로 전효숙 헌재소장 후보자를 두고 재판관이 아닌 자를 소장으로 임명할 수 있는지에 대해 문제가 제기되었다. 논란 끝에 당시 정부와 여·야 합의에 따라 헌법재판소 재판관 임명을 위해 '헌법재판소재판관후보자(전효숙) 인사청문요청안'이 제출(2006. 9. 21)되는 것으로 절차적 문제점을 보완했으나 논란이 지속되어 임명에 이르지는 못했다.

이러한 논란을 방지하기 위해 2006년 12월 「국회법」 제65조의2 제5항을 신설해 헌법재판소 재판관과 헌법재판소장 후보자 지위를 겸하는 경우를 명시적으로 규정했다. 이와 같이 헌법재판소 재판관으로 임명하면서 동시에 소장으로 임명하려는 경우 '헌법재판소재판관후보자를 겸하는 헌법재판소장(○○○) 임명동의안'이라는 명칭으로 의안이 제출된 적이 있다.

「국회법」 제65조의2 제5항이 신설된 이후 제21대 국회까지 '헌법재판소재판관후보자를 겸하는 헌법재판소장(○○○) 임명동의안'이 2건, 재임 중인 헌법재판관을 헌법재판소장으로 임명해 재판관 잔여 임기를 수행하도록 한 '헌법재판소장(○○○) 임명동의안'이 5건 처리되었다(5건 중 1건은 부결). 특히 2013년 이후에는 기존 헌법재판관 중에서 헌법재판소장으로 임명해 재판관 잔여 임기만 소장으로 재직하도록 한 임명동의안(5건)만 제출되고 있다. 이는 국회 인사청문회가 강화되면서 이미 인사청문회를 거친 기존 헌법재판관이 도덕성 논란 등을 피할 가능성이 높다는 점이 고려된 결과로 볼 수 있다.

헌법재판소장이 아닌 재판관의 경우 국회가 선출하는 3명에 대해서는 2000년 인사청문회를 도입할 당시부터 인사청문회가 적용되었다. 그리고 대통령이 독자적으로 임명하는 3명과 대법원장이 지명하고 대통령이 임명하는 3명에 대해서는 2005년부터 인사청문회가 적용되었다. 이 중 헌법에서 국회의 선출 권한으로 인정하고 있는 3명에 대한 헌법재판소 재판관 선출안은 본회의 의결을 거쳐야 한다.

국회가 선출하는 헌법재판소 재판관 3명에 대해서는 관례상 1명은 여당, 1명은 야당, 1명은 여·야 합의로 추천하는데, 이러한 몫에 따라 각 당이 국회의장에게 후보자를 제안하면 국회의장이 해당 선출안을 본회의에 제안한다. 대체로 여·야는 상대방의 추천을 존중하는 경향이 있다. 제13대 국회부터 제21대 국회까지 총 20건의 선출안이 제안되었는데, 19건이 가결되고 1건이 부결되었다. 2000년 인사청문회를 도입한 이후로는 13건의 선출안이 제안되었으며, 12건이 가결되고 1건이 부결되었다.

셋째, 중앙선거관리위원회 위원은 총 9명으로 대통령이 3명을 임명하고, 국회가 3명을 선출하며, 대법원장이 3명을 지명한다. 위원장은 위원 중에서 호선한다(헌법 제114조). 헌법재판소 재판관과 달리 중앙선거관리위원회 위원은 국회 선출과 대법원장 지명의 경우 대통령의 임명행위 없이 이 같은 선출과 지명만으로 구성 절차가 종료된다. 보통 대법원장은 자신이 지명할 수 있는 3명의 위원에 대해 지방법원장 이상 고위 법관을 선관위원으로 지명한다. 대법원장이 지명하는 3명 중 1명은 대법관 중에서 지명해 왔는데, 관례상 대법관을 겸하는 위원이 중앙선거관리위원회 위원장으로 호선되고 있다.

헌법재판소 재판관과 마찬가지로 중앙선거관리위원회 위원 또한 국회가 선출하는 3명에 대해서는 2000년 인사청문회 도입 당시부터 인사청문회가 실시되고 있으며, 대통령이 임명하거나 대법원장이 지명하는 나머지 6명에 대해서는 2005년부터 인사청문회가 실시되고 있다. 국회의 선출 권한으로 인정하는 3명에 대한 중앙선거관리위원회 위원 선출안은 본회의 의결을 거쳐야 하는데, 현행 헌법 이래 제21대 국회까지 총 21명, 2000년 인사청문회 도입 이후 14명의 위원 선출안이 제안되었으며, 이 중 1건은 임기 만료 폐기되었고, 1건은 철회되었으며, 나머지는 가결되었다.

2) 헌법상 행정부의 구성·존속에 관한 국회의 인사권

대통령은 국무총리와 감사원장을 국회의 동의를 얻어서 임명한다(헌법 제86조 제1항 및 제98조 제2항). 우리 헌법은 제3공화국(1962~1972년) 시기 외에는 대통령이 국무총리를 임명할 때 국회 동의를 요하도록 했다. 제3공화국 때에는 대통령이 국무총리를 독자적으로 임명할 수 있도록 했는데, 이는 제3공화국 헌법이 의원내각제적 요소가 가장 적었던 점과 관련 있다. 감사원장은 1962년 개헌으로 감사원이 출범한 이래(실제로 「감사원법」이 제정되고 감사원이 출범한 것은 1964년이다) 계속 국회의 동의를 얻어 임명하도록 하고 있다.

현행 헌법에서는 제21대 국회까지 국무총리 임명동의안이 총 33건 제출되었는데, 가결 28건, 부결 2건, 철회 2건, 임기 만료 폐기 1건이었다. 2000년 인사청문회가 도입된 이래로는 총 19건이 제출되었으며, 가결 15건, 부결 2건, 철회 2건이었다. 현행 헌법에서 감사원장 임명동의안은 총 15건 제출되었고, 가결 13건, 부결 1건, 철회 1건이었다. 2000년 인사청문회 도입 이래로는 총 9건이 제출되었고, 가결 7건, 부결 1건, 철회 1건이었다.

국회는 재적위원 3분의 1 이상의 발의와 재적의원 과반수의 찬성으로 대통령에게 국무총리 또는 국무위원의 해임을 건의할 수 있다(헌법 제63조). 우리 헌법은 국무총리의 국회 선출 대신 국회 동의로, 국무총리의 해임 및 내각 전체의 해임 또는 국무위원의 개별적 해임 대신 해임건의로 의원내각제적 요소를 변형해서 도입하고 있다.

해당 제도의 연혁을 보면 의원내각제인 제2공화국을 제외하더라도 적어도 규정상으로는 국회의 해임 관련 권한을 현행 헌법보다 강하게 규정했다. 제1공화국의 경우 국회(민의원, 즉 하원)의 정부(국무원) 불신임결의와 정부 총사직을 규정했고, 제3공화국의 경우 해임건의 시 대통령이 특별한 사유가 없는 한 이에 응해야 한다고 했으며, 제4공화국과 제5공화국에서는 국무총리 또는 국무위원의 해임을 각각 '의결'할 수 있다고 규정했다.

국회의 해임건의에 대통령이 구속되는가에 대해서는 헌법에서 명문화된 규정이 없다. 헌법재판소도 2004년 대통령 탄핵 심판에서 대통령이 국회의 해임건의에 구속되지 않는다고 판시한 바 있다. 학계에서는 대통령이 해임건의에 구속된다는 견해, 구속되지 않는다는 견해, 제3공화국 규정대로 대통령이 특별한 사유가 없는 한 응해야 한다는 견해 등이 있다(성낙인, 2017: 511~512).

현행 헌법에서 제21대 국회까지 국무총리 해임건의안은 총 7건 발의되었는데, 1건이 가결되었고, 부결 2건, 폐기 4건이었다. 폐기 4건 중 3건은 「국회법」 제112조 제7항에서 국무총리·국무위원 해임건의안이 본회의에 보고된 이후 24시간 이후 72시간 이내에 표결되지 아니하면 폐기된 것으로 간주하는 규정으로 인한 자동적인 폐기였다. 국무위원 해임건의안은 현행 헌법에서 제21대 국회까지 총 76건 발의되었는데, 대부분 부결 또는 자동폐기되었고, 가결이 5건이었다.

3. 법률에 따른 국회의 인사권

헌법상 근거는 없지만 법률에 따라 국회가 헌법기관이나 정부, 공공기관의 구성 등에 관여하는 경우가 있다.

첫째, 국회 인사청문회는 헌법에 관련 근거가 없지만 「국회법」, 「인사청문회법」 및 해당 공직자 임명의 근거법률에 따라 실시되고 있다. 이에 대해서는 다음 절에서 소개한다.

둘째, 국회 소속 기관이 아니더라도 특정 국가기관이나 공공기관의 경우 해당 법률의 규정에 따라 국회가 선출·추천·위촉 권한을 갖는 경우가 있다. 업무수행의 독립성이 요구되는 각종 위원회의 위원 중 일부를 국회가 선출하거나 추천하도록 하는 경우가 대표적이다. 이는 헌법재판소나 중앙선거관리위원회를 구성할 때 대통령, 국회, 대법원장이 공동으로 구성하는 방식을 법률상 기관 중 독립성이 요구되는 기관에 대해서도 유사하게 적용한 것으로 볼 수 있다. 이 경우 해당 '△△△△위원회 위원(○○○) 선출안' 또는 '△△△△위원회 위원(○○○) 추천안'이 교섭단체 간 협의를 거쳐 의장 제안으로 본회의 의결을 거치며, 이때에는 인사청문회를 실시하지 않는다.

현행 법률 중 국회가 선출 등으로 구성에 관여하는 중앙행정기관의 사례로는 국가인권위원회 위원 11명 중 4명 선출(상임위원 2명 포함, 「국가인권위원회법」 제5조 제2항), 방송통신위원회 위원 5명(전원 상임위원) 중 3명 추천(「방송통신위원회의 설치 및 운영에 관한 법률」 제5조 제2항), 국민권익위원회 위원 15명 중 비상임위원 3명 추천(「부패방지 및 국민권익위원회의 설치와 운영에 관한 법률」 제13조 제3항), 원자력안전위원회 위원 9명 중 비상임위원 4명 추천(「원자력안전위원회의 설치 및 운영에 관한 법률」 제5조 제2항) 등이 있다.[2]

그 외의 위원회로는 진실·화해를위한과거사정리위원회 위원 9명 중 8명 선출(「진실·화해를 위한 과거사정리 기본법」 제4조 제3항), 주식백지신탁 심사위원회 위원 9명 중 3명 선출(「공직자윤리법」 제14조의5 제3항), 국가교육위원회 위원 21명 중 9명 추천(상임위원 2명 포함, 「국가교육위원회 설치 및 운영에 관한 법률」 제3조 제3항) 등이 있다.[3] 대한적십자사 전국대의원총회 대의원 중 12명은 국회가 위촉하도록 하고 있다(「대한적십자사 조직법」 제10조 제2항).

---

2 개인정보위원회는 2011년 출범 당시 대통령 소속 행정위원회였고 15명 이내 위원 중 5명을 국회가 선출했으나, 2020년 국무총리 소속 중앙행정기관으로 재출범하면서 9명의 위원 중 2명은 대통령 소속 교섭단체가, 3명은 그 외의 교섭단체가 추천하는 것으로 변경되었다.

3 최근에 출범한 한시조직인 세월호참사 특별조사위원회(17명 중 10명), 세월호 선체조사위원회(8명 중 5명), 가습기살균제사건·세월호참사 특별조사위원회(9명 전원)도 국회가 구성에 관여하도록 하고 있다.

한편 특별감찰관의 경우 국회가 후보자 3명을 대통령에게 추천하고 이 중 1명을 대통령이 국회 인사청문을 거쳐 임명한다(「특별감찰관법」 제7조). 이른바 '상설특검법'인 「특별검사의 임명 등에 관한 법률」에 따른 특별검사의 경우에는 국회의 추천위원회(국회 추천위원회의 위원 7명 중 4명은 국회가 추천)가 2명의 후보를 추천하면 대통령이 이 중 1명을 임명한다(같은 법 제3조 및 제4조). 특정 사건에만 임명되는 특별검사는 해당 개별 법률에서 각각 정하는데, 특별검사의 국회의 추천 권한 및 추천된 후보에 대한 대통령의 임명 방식에 대해서는 다양하게 규정하고 있다.

셋째, 국회가 본회의 의결을 거쳐 선출·추천·위촉하는 것이 아니라 국회의장이 추천·지명·위촉하는 경우도 있다. 이 경우 주로 국회 내부에서 교섭단체 협의를 거치지만, 의장이 교섭단체 협의 없이 직접 지명할 때도 있다.

해당 사례로는 국가교육위원회 비상임위원 7명, 공익사업선정위원회 위원 3명, 뉴스통신진흥회 이사 3명, 방송통신심의위원회 위원 3명, 지방시대위원회 위원 4명, 지역방송발전위원회 위원 2명, 인성교육진흥위원회 위원 3명, 특별검사후보추천위원회 위원 7명, 고위공직자범죄수사처장후보추천위원회 위원 7명, 북한인권증진자문위원회 위원 10명, 북한인권재단 이사 10명, 남북관계발전위원회 위원 10명, 민주화운동관련자명예회복및보상심의위원회 위원 3명, 사학분쟁조정위원회 3명, 유네스코한국위원회 위원 6명, 한국신문윤리위원회 위원 2명, 제주4·3사건진상규명및희생자명예회복위원회 위원 4명, 5·18민주화운동 진상규명조사위원회 위원 9명, 10·29이태원참사 진상규명과 재발방지를 위한 특별조사위원회 위원 9명 등이 있다.

넷째, 「국회법」에 따라 국회가 각종 '해임(또는 사퇴, 파면) 촉구(또는 권고) 결의안' 등을 채택하는 경우가 있다. 헌법에서는 국회의 해임건의안을 국무총리·국무위원의 경우만 규정하고 있고 재적의원 3분의 1 이상의 발의를 요하도록 하고 있다. 따라서 이러한 요건을 충족하기 어려운 경우 해당 국무총리·국무위원의 해임을 촉구하는 결의안을 발의하기도 한다. 의안의 형식이 '결의안'이므로 일반적인 의안발의 요건에 따라 의원 10명 이상이 찬성하면 된다. 의결 요건은 일반의결 정족수인 재적의원 과반수 출석, 출석의원 과반수 찬성으로, 본래의 국무총리·국무위원 해임건의안(재적의원 과반수 찬성)보다 낮다. 또한 국무총리·국무위원이 아닌 고위공직자에 대해서도 국회가 해당 공직자에 대한 해임 촉구 결의안을 발의해 해당 임명권자에게 해임을 촉구하는 의사를 표시하기도 한다. 이러한 해임 촉구 결의안은 주로 국회에서 다수파를 점하지 못하는 야당이 정치적인 메시지를 전달하거나 여론을 반영 또는 환기하는 차원에서 선택한다. 현행 헌법에서 이러한 종류의 결의안은 제21대 국회까지 총 12건이 발의되었고 모두 임기 만료 폐기되었다.

제3절 인사청문회 과정

이 절에서는 2000년 제정된 「인사청문회법」을 중심으로 인사청문회의 의의와 연혁 등을 살펴보고 인사청문회의 대상과 주요 절차를 알아본다. 또한 인사청문회의 실제 과정에 대해 임명동의안 제출에서부터 결과처리까지 순서대로 설명한다.

1. 인사청문회의 개요

1) 인사청문회의 의의

인사청문회란 국회가 고위공직 후보자의 자질과 능력 등을 심사 또는 인사청문하기 위해 당사자로부터 진술 또는 설명을 청취하고, 필요한 경우 증인·감정인·참고인으로부터 증언·진술을 청취하거나 기타 증거를 채택하는 제도이다(국회사무처, 2024b: 829).

인사청문회는 넓게 보면 청문회의 일종이다. 의회는 입법청문회, 감독청문회, 조사청문회, 인준청문회를 실시할 수 있는데, 인준청문회는 대통령제가 발달한 미국에서 발전한 제도이다(성낙인, 2024: 502~503). 입법청문회, 감독청문회, 조사청문회는 「국회법」 제65조에서 안건의 심사와 국정감사 및 국정조사에 필요한 경우 청문회를 실시할 수 있도록 한 규정에 반영되어 있다. 인사청문회는 이러한 일반적인 청문회 규정의 다음 조문인 「국회법」 제65조의2에서 규정하고 있다.

인사청문회의 필요성은 ① 해당 고위공직에 적합한 인물의 선정·배치, ② 고위공직자 임명의 정당성 확보, ③ 국회의 행정부 및 사법부 등에 대한 권력통제기능 강화, ④ 청문 과정에서의 국민참여와 공개를 통한 참여민주주의 실현 및 국민의 알권리 실현 등으로 정리할 수 있다(국회사무처, 2024b: 829~830; 성낙인, 2024: 503).

2) 인사청문회의 연혁과 법적 근거

국회는 과거에는 국회의 임명동의가 필요하거나 국회가 선출하는 공직자에 대해 바로 본회의에서 토론 없이 무기명투표로 표결 처리했다. 그러다 2000년 제15대 국회에서 「국회법」 개정과 「인사청문회법」 제정을 통해 헌법상 국회의 임명동의 및 선출 대상인 공직후보자(대법원장과 대법관, 국무총리, 헌법재판소장, 헌법재판관 등)에 대한 인사청문회 제도를 도입했다.

이후 이른바 '4대 권력기관'의 장으로 지칭되는 국가정보원장·국세청장·검찰총장·경찰청장(2003년 2월)의 인사청문회를 도입하면서 인사청문회 대상이 확대되었다. 이후 헌법상 중요한 공직자인 국무위원(장관) 전원과 헌법재판소 재판관 및 중앙선거관리위원회 위원 중 대통령이 독자적으로 임명하거나 대법원장이 지명하는 경우(2005년 7월)까지로 대상을 확대함으로써 헌법상 보장된 대통령의 임명권에 국회가 공개적으로 관여할 수 있는 수단을 마련했다. 현재는 국가정보원장·합동참모의장(2006년 12월), 방송통신위원회 위원장(2008년 2월), 공정거래위원회 위원장·금융위원회 위원장·국가인권위원회 위원장·한국은행 총재(2012년 3월), 특별감찰관(2014년 3월), 한국방송공사 사장(2014년 5월)으로까지 그 대상이 크게 확대되었다. 또한 대통령 당선인이 국무총리후보자(2003년 2월)와 국무위원후보자(2007년 12월)에 대한 인사청문을 요청하는 것도 가능하도록 개정되었다. 2025년 현재 총 66개 직위가 국회 인사청문회 대상이다.[4]

인사청문회의 근거와 대상은 「국회법」 제46조의3(인사청문특별위원회) 및 제65조의2(인사청문회)에 규정되어 있으며, 인사청문경과보고서 송부기한과 관련된 절차규정은 「인사청문회법」 제6조 제3항에 규정되어 있다. 또한 해당 공직의 임명절차를 규정하고 있는 개별 법률(「정부

4 단순 합계는 67개이나, 헌법재판소장은 헌법재판소 재판관 중에서 임명하므로 헌법재판소장 임명동의를 제외할 경우 총 대상 직위는 66개이다.

조직법」, 「헌법재판소법」 등)에도 인사청문회 관련 조항이 제시되어 있다. 예를 들어, 한국방송공사(KBS) 사장에 대한 인사청문은 「방송법」 제50조 제2항 "사장은 이사회의 제청으로 대통령이 임명한다"라는 규정에 단서를 신설해 "이 경우 사장은 국회의 인사청문을 거쳐야 한다"를 추가하고, 「국회법」 제65조의2 제2항 제1호와 「인사청문회법」 제6조 제3항에 "한국방송공사 사장"을 추가하는 법 개정을 실시했다. 또 다른 예로, 최근에는 주요국 대사에 대한 인사청문회 도입 개정안도 발의되곤 하는데, 실제 개정안을 보면 이와 같은 방식으로 「외무공무원법」, 「국회법」, 「인사청문회법」 개정안 등도 함께 발의한다.

인사청문회의 구체적인 절차는 2000년에 제정된 「인사청문회법」에 주로 규정되어 있다. 이 법에는 임명동의·선출 대상 공직자에 대한 인사청문회를 실시하는 데 필요한 인사청문특별위원회의 구성, 임명동의안·인사청문요청안의 첨부서류, 인사청문회의 주요 절차와 법정 기한, 증인 등의 출석요구와 자료제출 요구 등을 규정하고 있다.

「인사청문회법」에서 규정하지 않은 위원회의 구성·운영이나 인사청문회의 절차·운영 등은 「국회법」, 「국정감사 및 조사에 관한 법률」, 「국회에서의 증언·감정 등에 관한 법률」 등을 준용한다.

2. 인사청문회의 대상과 주요 절차

1) 인사청문회의 대상

국회 인사청문회의 대상인 공직후보자는 ① 헌법에 따라 대통령이 국회 동의를 얻어 임명하는 경우(대법원장과 대법관 전원, 헌법재판소장, 국무총리, 감사원장), ② 헌법에 따라 국회가 선출하는 경우(헌법재판소 재판

표 7-1 **국회 인사청문회 대상 공직의 확대 현황**

연도	주체	헌법기관 구성	대상
2000	인사청문 특위	국회 동의	대법원장, 헌재소장, 국무총리, 감사원장, 대법관(현 13명)
		국회 선출	헌법재판관 3명, 중선위원 3명
2003	상임위		국가정보원장, 국세청장, 검찰총장, 경찰청장
	특위		대통령 당선인의 국무총리후보자
2005	상임위	대통령 임명	헌법재판관 3명, 중선위원 3명
		대법원장 지명	헌법재판관 3명, 중선위원 3명
			국무위원(현 19명)
2006	상임위		합동참모의장
2007	상임위		대통령 당선인의 국무위원후보자
2008	상임위		방송통신위원장
2012	상임위		공정거래위원장, 금융위원장, 국가인권위원장, 한국은행 총재
2014	상임위		특별감찰관
2014	상임위		한국방송공사 사장
2020	상임위		고위공직자범죄수사처장

자료: 헌법, 「국회법」, 「인사청문회법」, 「국가공무원법」 등.

관과 중앙선거관리위원회 위원 각 3명), ③ 대통령과 대법원장이 국회의 동의·선출 없이 임명 또는 지명할 수 있으나 국회 인사청문 절차를 거치도록 한 경우(국무위원, 헌법재판소 재판관과 중앙선거관리위원회 위원 각 3명, 국가정보원장·검찰총장·경찰청장·국세청장, 공정거래위원회 위원장 등)로 나눌 수 있다. 또한 새 정부가 출범하는 시점에 국무총리 및 국무위원의 인사청문회로 내각 구성이 늦어지는 상황이 발생하지 않게끔 대통령 당선인도 국무총리후보자나 국무위원후보자의 인사청문을 미리 요청할 수 있도록 규정하고 있다.

미국의 경우 「연방헌법」 제2조 제2항 제2호에서 "대통령은 대사, 공사 및 영사, 연방 대법원 판사, 그리고 그 임명에 관해 본 헌법에 특별 규정이 없으나 향후 법률로써 정해지는 그 밖의 모든 미국 관리를 상원의 권고와 동의를 얻어 임명한다"라고 매우 광범위하게 규정하고 있다. 미국 대통령이 상원의 인준을 얻어 임명해야 하는 직위는 연방대법원 대법관, 행정부의 장·차관과 차관보 이상의 직위, CIA 국장과 FBI 국장을 비롯한 국가기관의 장, 각국 대사와 연방선거위원회 위원 등이다.

이렇게 미국 대통령이 임명권을 행사할 수 있는 직위는 총 7996개인데 이 중 1217개 직위는 상원의 인준을 거쳐야 한다. 하지만 상원의 인준을 거쳐야 하는 공직에 대해 반드시 인준청문회를 실시해야 하는 것은 아니다. 위원회마다 다르지만 약 600개의 자리에 대해서만 실제로 청문회가 열리고 나머지 공직에 대해서는 청문회 없이 서류심사만으로 인준한다(임재주, 2013: 465~469).

현재 우리 국회의 인사청문회 대상 공직은 주요 장관급 기관장 등을 중심으로 한정되어 있다. 대통령의 인사권을 실질적으로 견제할 수 있도록 하려면 적어도 차관급 기관장이나 각종 위원, 주요국 대사 등까지로 인사청문회 대상을 점차 확대하되 미국처럼 서류심사만으로도 인준이 가능하도록 하는 등 다양한 절차를 고안할 필요가 있다.

2) 인사청문회의 주요 절차

인사청문회는 인사청문특별위원회가 실시하는 경우(임명동의안, 선출안, 국무총리후보자 인사청문요청안)와 소관 상임위원회(국무위원 등 인사청문요청안)가 실시하는 경우로 구분된다.

첫째, 국회는 헌법에 따라 국회의 동의가 필요하거나 국회에서 선출하는 공직의 경우 임명동의안 또는 선출안을 '심사'할 인사청문특별위원회를 두고 해당 특위에서 인사청문회를 개최한다(「국회법」 제46조의3 제1항 본문 및 제65조의2 제1항). 이 경우 본회의 의결을 거쳐야 하므로 해당 특위의 '심사'라고 규정한다. 반면 국무위원 등은 본회의 의결 대상이 아니므로 '인사청문'이라고 규정한다. 이처럼 본회의 의결 여부에 따라 조문의 표현에 차이를 둔다. 특위는 인사청문회를 마치면 '심사경과보고서'를 의장에게 제출하고 본회의에 보고한다(「인사청문회법」 제10조 제1항 및 제11조 제1항). 본회의에서는 해당 임명동의안·선출안에 대해 표결을 실시한다.

둘째, 상임위원회는 국회의 동의 대상이나 선출 대상이 아닌 국무위원 등에 대한 인사청문 요청이 있는 경우 '인사청문'을 실시하기 위해 인사청문회를 연다(「국회법」 제65조의2 제2항). 상임위는 인사청문회를 마치면 '인사청문경과보고서'를 의장에게 제출하고 본회의에 보고한다(「인사청문회법」 제10조 제1항 및 제11조 제1항).

또한 「대통령직 인수에 관한 법률」 제5조, 「국회법」 제46조의3 제1항 단서에는 대통령 당선인이 당선인 신분에서 인사청문을 요청할 수 있도록 하는 규정을 두고 있는데, 이는 대통령 당선인이 임기 시작과 동시에 국무총리·국무위원을 임명할 수 있도록 하기 위함이다. 이 경우는 아직 대통령 신분이 아니므로 '국무총리(○○○) 임명동의안'을 제출할 수는 없다. 따라서 우선 '국무총리후보자(○○○) 인사청문요청안'을 제출하고, 인사청문회를 마치면 '인사청문경과보고서'를 제출하는 방법을 택하고 있다. 이후 대통령 당선인은 임기 시작과 동시에 '국무총리(○○○) 임명동의안'을 국회에 다시 제출하는데, 이 임명동의안에 대해서는 이전의 '인사청문경과보고서'를 '심사경과보고서'로 간주해(「인사청문회법」 제10조 제3항) 심사절차를 생략한다.

인사청문특별위원회는 임명동의안, 선출안, 국무총리후보자 인사청문요청안이 국회에 제출된 때에 구성된 것으로 보며, 위원 수는 13명이다(「인사청문회법」 제3조 제1항 및 제2항). 위원은 교섭단체 의원 수의 비율 등에 따라 각 교섭단체 대표의원의 요청으로 국회의장이 선임 및 개선(改選)하고 비교섭단체 소속 위원은 국회의장이 선임한다(같은 조 제3항 및 제4항). 인사청문특별위원회는 임명동의안 등이 본회의에서 의결될 때까지 또는 인사청문경과가 본회의에 보고될 때까지 존속한다.

한편 국회 전체의 원구성이 지연되는 등의 이유로 인해 상임위가 구성되기 전에 인사청문회를 해야 하는 경우도 있다. 이 경우에는 상임위 대신 「국회법」 제44조 제1항에 따라 특별위원회를 구성해 인사청문을 실시할 수 있다(「국회법」 제65조의2 제3항).

헌법재판소재판관후보자가 헌법재판소장의 지위를 겸하는 경우에는 소관 상임위가 아닌 인사청문특별위원회에서 인사청문회를 열고 소관 상임위의 인사청문회를 겸하는 것으로 본다(「국회법」 제65조의2 제4항).

3. 인사청문회 준비

1) 임명동의안 등의 제출과 사전검증

대통령, 대법원장(헌법재판소 재판관 3명 및 중앙선거관리위원회 위원 3명을 지명하는 경우), 대통령 당선인(국무총리후보자를 지명하는 경우) 또는 국회의장(헌법재판소 재판관 3명 및 중앙선거관리위원회 위원 3명을 선출하는 경우)이 해당 임명동의안, 인사청문요청안 또는 선출안을 국회에 제출할 때에는 대통령 또는 대법원장의 요청사유서 또는 의장의 추천서와 다섯 가지 증빙서류(① 직업·학력·경력, ② 병역, ③ 재산신고사항, ④ 최근 5년간의 소득세·재산세·종합토지세 납부 및 체납 실적, ⑤ 범죄경력)를 첨부해야 한다(「인사청문회법」 제5조 제1항). 임명동의안 등에는 인적사항과 함께 그 공직후보자가 해당 직위에 어울리는 전문성과 도덕성을 갖추었음을 간략히 기술해야 한다. 참고로, 국회 의안정보시스템에서는 이러한 임명동의안, 인사청문요청안, 선출안의 원문 파일과 증빙서류까지 직접 확인할 수 있다.

국무총리나 국무위원 등에 대해서는 대통령실과 관련 부처에서 광범위한 사전 인사검증이 이루어진다. 그러나 국회의 인사청문회 이전 단계에 정부 내에서 실시되는 고위공직자의 사전 인사검증은 제대로 이루어지지 못하는 경향이 있다. 그로 인해 인사청문회 이전에 언론보도 등으로 각종 도덕성 논란이 제기되어 자진사퇴하는 경우가 발생하고 있다. 이에 정부 내에서 고위공직 후보자를 사전검증하는 것을 법적으로 제도화하고 인사검증의 결과를 국회에 제출하는 방안이 제기되기도 한다. 실제로 관련 법률안이 제18대 국회부터 제21대 국회까지 간혹 제출되었으나 입법화되지는 못했다.[5]

참고로, 미국의 경우 피지명자는 지명 후 청문회가 열리기 전까지의 대기시간에 상원의 해당 상임위원회가 요구하는 정책 관련 질의내용에 대한 자신의 견해를 소견서 형식으로 자세히 작성해 제출한다. 백악관은 인준청문회를 통과하기 위해 정식지명에 앞서 지명 대상 후보자를 철저하게 사전검증하는 절차를 거친다. 검증 후 인준청문회에서 논란이 있을 만한 인사는 인준청문회 대상이 아닌 자리에 기용한다. 또한 200년 이상 이어온 상원 인준 절차로 인해 고위공직에 오를 가능성이

---

5 제18대 국회와 제19대 국회에서는 원혜영 의원 대표발의로 「고위공직 후보자 인사검증에 관한 법률안」이, 제21대 국회에서는 박상혁 의원 대표발의로 「고위공직 후보자 사전 인사검증에 관한 법률안」이 제출된 바 있다.

그림 7-1 **임명동의안과 인사청문요청안의 절차 비교**

있는 인사는 자기관리를 철저히 하고 있다(임재주, 2013: 468).

우리나라의 인사청문회는 부실한 사전검증, 망신주기, 도덕성에 치우친 기준 등으로 비판을 받고 있지만 점차 사전검증 방식이 개선되고 있다. 인사청문회가 자리를 잡으면 고위공직자의 자기관리 강화, 고위공직에 대한 윤리적 기준 강화 등의 효과를 기대할 수 있다.

2) 임명동의안 등의 회부, 증인출석·자료 등의 요구

임명동의안 등이 국회에 제출되면 의장은 즉시 이를 본회의에 보고하고 위원회에 회부한다(「인사청문회법」 제6조 제1항). 폐회 또는 휴회 등으로 본회의에 보고할 수 없을 때에는 이를 생략하고 회부할 수 있다(같은 항 단서).

「인사청문회법」 등에 명시적인 규정은 없으나 해당 위원회는 인사청문회를 실시하기 며칠 전에 인사청문회 일정 등 주요 내용을 정리한 '인사청문회 실시계획서'를 채택한다. 그리고 인사청문회 실시계획서를 채택함과 동시에 필요한 증인·감정인·참고인의 출석요구나 관련 기관에 대한 자료제출 요구도 의결한다.

증인 등의 출석요구는 기본적으로는 「국회에서의 증언·감정 등에 관한 법률」을 따르지만 인사청문회에서 출석요구서를 송달하는 것은 국정감사 등에 적용되는 출석요구일 7일 전(「국회에서의 증언·감정 등에 관한 법률」 제5조 제4항)이 아닌 5일 전까지로 규정하고 있다(「인사청문회법」 제8조). 이에 따라 실무상으로도 위원회에서 인사청문회 실시계획서를 채택하는 회의의 일정 역시 통상 해당 증인 출석요구일(주로 인사청문회 당일)을 기준으로 5일 전까지는 열리도록 운영하고 있다. 여기서 증인이란 공직후보자 본인은 포함하지 않고 인사청문회와 관련해 공직후보자에 대한 증언을 하는 증인을 말한다.

한편 자료제출 요구는 재적위원 3분의 1 이상의 요구로도 가능하며, 자료제출 요구를 받은 기관은 5일 이내에 자료를 제출해야 한다(「인사청문회법」 제12조 제1항 및 제2항). 해당 기관은 이 기한 내에 자료를 제출하지 않은 때에는 사유서를 제출해야 하며, 위원회는 해당 사유서를 경과보고서에 첨부해야 하고 해당 기관에 경고할 수 있다(같은 조 제3항 및 제4항).

위원이 인사청문회에서 공직후보자에게 질의하고자 할 경우에는 질의요지서를 작성해 인사청문회 개회 24시간 전까지 위원장에게 제출해야 하고 위원장은 이를 공직후보자에게 지체 없이 송부해야 한다(「인사청문회법」 제7조 제5항). 서면질의는 인사청문회 개회 5일 전까지 공직후보자에게 송달해야 하고 공직후보자는 인사청문회 개회 48시간 전까지 위원장에게 답변서를 제출해야 한다(같은 조 제6항).

그런데 실제 인사청문회가 개회되면 야당을 중심으로 자료제출이나 서면답변 등이 부실하다고 지적하고 여기에 대해 여당은 후보자를 감싸는 행태가 여·야의 교체와 상관없이 반복되고 있다. 해당 기관이나 공직후보자는 인사청문회 당일만 버티면 된다는 식의 태도를 보이는 경우도 있다. 이러한 소모적인 논란이나 행태는 인사청문회 준비절차와 기간을 보다 확충하고 정교한 규정을 활용해 운영함으로써 개선해 나가야 할 것이다.

4. 인사청문회의 실시와 결과처리

1) 인사청문회의 실시

인사청문회 진행은 공직후보자 선서와 모두 발언, 일문일답 방식의 질의·답변, 증언·진술의 순서로 진행된다. 공직후보자는 "공직후보자인 본인은 양심에 따라 숨김과 보탬이 없이 사실 그대로 말할 것을 맹서합니다"라고 선서하고 10분 이내의 모두발언을 한다(「인사청문회법」 제7조 제1항, 제2항 및 제4항). 〈예시 7-1〉은 인사청문회 실시 사례를 회의록에서 발췌한 것이다. 독자의 편의를 위해 인사청문회의 주요 내용은 굵은 글씨로, 주요 단계는 밑줄로 표시했다.

공직후보자는 「국회에서의 증언·감정 등에 관한 법률」 제4조 제1항 단서의 경우(국가안위 중요사항 등)나 「형사소송법」 제148조(근친자의 형사책임) 및 제149조(변호사 등의 업무상 비밀 등)에 해당하는 경우에는 답변을 거부할 수 있다(「인사청문회법」 제16조).

그런데 현행법상 공직후보자 본인의 허위진술에 대해서는 처벌할 수 없다. 공직후보자 본인은 국정감사나 국정조사 등에서 「국회에서의 증언·감정 등에 관한 법률」에 따라 채택된 증인이 아니며 「인사청문회

예시 7-1 **인사청문회 실시 사례**

2021년 8월 30일

• **위원장**: 의석을 정돈해 주시기 바랍니다.
성원이 되었으므로 제390회국회(임시회) 제3차 국회운영위원회를 개회하겠습니다. 보고사항은 유인물로 대체하겠습니다.
(중략)
의사일정 제5항 국가인권위원회 위원장후보자(○○○) 인사청문회를 상정합니다.
(중략)
그러면 인사청문회에 들어가기에 앞서 인사청문위원장으로서 한 말씀 드리겠습니다. 국가인권위원회는 모든 개인이 가지는 불가침의 기본권 인권을 보호하고 그 수준을 향상시킴으로써 (중략)
오늘 인사청문회는 ○○○국가인권위원회 위원장후보자가 업무를 수행하는 데 필요한 능력과 자질을 갖췄는지, 고위공직자에게 요구되는 수준의 높은 도덕성과 책임감을 갖고 있는지에 대해 사전에 확인하고 검증하는 자리이므로 위원님들께서는 객관적이고 공정한 검증이 이루어질 수 있도록 노력해 주시기 바랍니다. 아울러 ○○○후보자께서도 위원님들의 질의에 솔직하고 성실한 답변을 함으로써 인사청문회가 내실 있게 진행될 수 있도록 적극 협조해 주시기 바랍니다.
그러면 오늘 인사청문회의 진행 절차에 대해서 간략하게 말씀드리겠습니다.
오늘 인사청문회는 먼저 공직후보자의 선서와 모두발언을 청취한 후 위원님들의 질의와 후보자의 답변을 듣는 순서로 진행하겠습니다.
먼저 ○○○국가인권위원회 위원장 후보자의 선서가 있겠습니다.
○○○후보자께서는 발언대로 나오셔서 오른손을 들고 선서해 주시고 선서가 끝나면 선서문에 서명·날인한 후 위원장에게 제출해 주시기 바랍니다.
• **국가인권위원장후보자**: **선서, 공직후보자인 본인은 양심에 따라 숨김과 보탬이 없이 사실 그대로 말할 것을 맹서합니다.** 2021년 8월 30일 공직후보자 ○○○
• **위원장**: 다음은 인사청문회에 임하는 ○○○후보자의 모두발언을 듣도록 하겠습니다. 후보자께서는 발언대에서 인사해 주시고 10분의 범위에서 모두발언해 주시기

바랍니다.

• **국가인권위원장후보자:** 존경하는 (중략), 그리고 위원님 여러분!

인사드리겠습니다. 국가인권위원회 위원장후보자 ○○○입니다.

먼저 바쁘신 의정활동 중에도 저에 대한 인사청문 준비로 노고가 많으셨을 위원장님과 위원님들께 깊은 감사의 말씀을 드립니다. (중략)

이러한 저의 경험을 토대로 저는 국가인권위원회가 마주하고 있는 여러 인권 과제 그리고 지난 20년을 점검하고 향후 20년을 준비해야 하는 등의 막중한 소임을 최선을 다해서 수행하고자 합니다. (중략)

• **위원장: 수고하셨습니다. 다음은 위원님들의 질의 순서입니다.** 인사청문회법 제7조 제4항에 따라 질의와 답변은 일문일답식으로 하고 질의시간은 간사 위원님들과의 사전 협의에 따라 답변시간 포함 5분으로 하겠습니다.

먼저, 존경하는 ○○○위원님 질의해 주시기 바랍니다.

(이하 생략)

자료: 제363회국회(임시회) 국회운영위원회회의록 제1호.

법」에는 별도의 처벌 규정이 없기 때문이다. 이에 공직후보자 본인의 허위진술을 처벌하기 위한 「인사청문회법」 개정안이 의원 발의 법안으로 꾸준히 발의되고 있다. 다만, 공직후보자 본인의 허위진술을 처벌하는 것이 형사상 불리한 진술을 거부할 수 있다는 헌법 및 형사법상 원칙에 위배되는지 여부 등과 관련해 논란이 있어 허위진술 처벌이 입법화되지는 못하고 있다.

인사청문회는 공개한다. 다만, 국가기밀에 관한 사항으로 국가안전보장을 위해 필요한 경우, 개인의 명예·사생활을 부당하게 침해할 우려가 명백한 경우, 기업·개인의 적법한 금융·상거래 정보가 누설될 우려가 있는 경우, 계속 중인 재판 또는 수사 중인 사건의 소추에 영향을 미치는 정보가 누설될 우려가 명백한 경우, 그 밖에 법령상 비밀 유지가 필요한 경우 등은 공개하지 않을 수 있다(「인사청문회법」 제14조). 또한 공직후보자·증인·참고인 등이 특별한 이유로 인사청문회의 비공개를 요구하는 경우 위원회는 의결로 비공개할 수 있다(「인사청문회법」 제15조).

한편 개인 사생활에 대한 간섭이나 과도한 도덕성 기준 등이 인사청문회 제도의 부작용으로 자주 제시된다. 인사청문회는 후보자의 윤리적인 하자를 검증할 뿐만 아니라 전문성, 직무적합성, 정책수행능력, 리더십 등도 면밀히 확인하는 자리가 되어야 한다. 그런데 정책 질의는 구색 맞추기에 불과하고 지나치게 윤리적인 문제에 치중하는 경향이 있다. 공직후보자 본인은 물론 가족의 사생활까지 공개되면서 본인이 지명을 고사해 인사청문회 대상 공직후보자를 찾기 어려워지는 현상까지 발생하고 있다. 또한 인사청문회는 고위공직 임명의 정당성을 부여하는 것인데 해당 공직자의 권위가 실추된 상태로 임명되는 문제도 있다. 개인의 도덕성 검증 기준에 대해서는 여·야가 바뀌거나 상황에 따라 비판의 기준이 달라진다는 비판도 제기되고 있다.

인사청문회를 통과하기 어렵다 보니 현역 의원들을 장관에 임명하는 경우가 늘고 있다. 실제로 2000년 인사청문회를 도입한 이후 지금까지 현역 국회의원 출신 공직후보자가 낙마한 사례는 없다. 인사청문회에 대한 부담이 늘어남에 따라 기존에는 자주 교체되던 장관 등의 재임 기간이 길어지고 인사청문회를 통과할 수 있는 무난한 인사가 주목받는 결과를 초래하기도 한다.

인사청문회 기간은 3일 이내로 한다(「인사청문회법」 제9조 제1항 본문). 그런데 실제로는 인사청문특별위원회가 구성되어 인사청문회를 실시하는 경우는 이틀간 청문회가 진행되고, 소관 상임위가 실시하는 경우는 하루만 청문회가 진행되는 경우가 많다. 최근에는 2~3일로 늘어난 사례도 있으나, 법정화된 인사청문회 기간의 상한선이 짧다 보니 앞서 살펴본 바와 같이 자료제출 거부나 기한 미준수 등으로 인한 논란이 반복되고 있다. 또한 인사청문회 도중에 새로운 논란이 제기되면 인사청문회가 종료될 때까지 해당 자료가 제대로 제출되지 못하는 일도 발생한다. 인사청문회는 개회되기 이전부터 언론의 조명을 받기도 하고 야당의 비판을 받기는 하지만, 제도 자체가 단기간에 걸친 일회성에 그친다는 한계도 지니고 있다.

참고로, 미국 상원의 인준청문회는 전문성과 도덕성을 검증하는 데서 중요한 역할을 담당하고 있으나 우리 인사청문회와는 반대로 인준 절차가 복잡하고 진행 속도가 너무 느리기 때문에 대상자들이 공직을 피하거나 인준 절차가 장기간 지체되는 문제를 안고 있다.

2) 인사청문회의 결과처리

위원회는 임명동의안 등이 회부된 날부터 15일 이내에 인사청문회를 마치고 3일 이내에 경과보고서를 의장에게 제출해야 한다(「인사청문회법」 제9조 제1항 및 제2항). 임명동의안 등의 '심사' 또는 '인사청문'은 국회 전체로는 임명동의안 등이 국회에 제출된 날부터 20일 이내에 마쳐야 한다(「인사청문회법」 제6조 제2항). 이러한 기한을 지키지 못했을 때의 절차에 대해서는 인사청문회 대상에 따라(즉, '심사'인지 '인사청문'인지에 따라) 달리 규정하고 있다.

먼저, 인사청문특별위원회의 경우, 즉 각종 임명동의안과 선출안에 대한 '심사'의 경우는 위원회가 인사청문회 개회 15일 기한과 경과보고서 의장 제출 3일 기한을 지키지 않으면 의장이 해당 의안을 본회의에 바로 부의해 의결할 수 있다(「인사청문회법」 제9조 제3항). 다만, 이 경우는 본회의 의결이 필요한 의안이므로 국회 전체에 적용되는 20일의 기한이 지나도 본회의 의결 없이는 임명절차가 진행될 수 없다.

다음으로, 국무위원 등에 대한 '인사청문(요청안)'의 경우는 국회 전체에 적용되는 20일 처리 기한이 지나도 국회가 인사청문경과보고서를 송부하지 못하면, 인사청문을 요청한 대통령 또는 대법원장이 10일 이내의 기간을 정해 인사청문경과보고서를 다시 송부할 것을 요청할 수 있다(「인사청문회법」 제6조 제2항 및 제3항). 그리고 재송부 요청 시 지정한 기간이 지나면 대통령 또는 대법원장은 해당 공직자를 임명 또는 지명할 수 있다. 이는 본회의 의결을 요하는 의안이 아니므로 헌법상 보장된 대통령의 임명권 또는 대법원장의 지명권을 국회가 강제로 저지할 수 없다는 취지이다.

한편, 인사청문경과보고서의 내용과 효력에 대해서는 특별한 규정은 없다. 인사청문경과보고서는 후보자를 임명 또는 지명하는 데 있어 참고자료일 뿐이다. 특히 국무위원의 경우 헌법상 국무총리의 제청과 대통령의 임명 권한이 명시되어 있으므로 국회의 인사청문경과보고서를 채택하지 않거나 부정적인 의견에 대통령이 구속되도록 하는 것은 위헌 소지가 있을 수 있다. 헌법재판소 역시 2004년 대통령(노무현) 탄핵 사건에서 "대통령은 그의 지휘·감독을 받는 행정부 구성원을 임명하고 해임할 권한을 가지므로 그 임명행위는 대통령의 고유권한으로서 법적으로 국회 인사청문회의 견해를 수용해야 할 의무를 지지는 않는다"라고 판시한 바 있다.

인사청문경과보고서가 채택되지 못하는 경우는 많다. 〈표 7-2〉를 보면 제21대 국회까지 총 376건 중 경과보고서가 채택되지 않은 경우

표 7-2 **인사청문요청안 현황(제16대~제21대 국회)**

해당 공직	제출	철회·사퇴	청문회 미실시	법정 기한 초과에 따른 경과보고서 송부 요청	경과보고서 최종 미채택
검찰총장	14	1	0	5	5
경찰청장	13	0	0	3	2
국가정보원장	12	0	1	2	0
국세청장	12	0	1	1	0
국무위원(장관)	225	13	7	64	50
공정거래위원장	7	2	2	2	3
금융위원장	6	0	1	2	1
국가인권위원장	4	0	0	2	1
헌법재판관	21	2	0	10	5
중앙선관위원	32	0	1	5	2
합동참모의장	11	0	1	2	1
방송통신위원장	10	0	0	7	7
한국은행 총재	3	0	0	0	0
특별감찰관	1	0	0	0	0
KBS 사장	5	0	0	4	4
고위공직자범죄수사처장	2	0	0	0	0
계	376	18	14	109	81

주: 1. 위 공직순서는 인사청문회를 도입한 순서임.
2. 법정 기한 때문에 경과보고서 송부를 요청한 이후 경과보고서가 채택되는 경우 등도 있으므로 송부 요청, 철회·사퇴, 청문회 미실시의 합계가 미채택 수와 일치하지는 않음.
3. 대통령 당선인이 국무총리후보자에 대해 제출하는 인사청문요청안 4건은 제외함(4건 모두 경과보고서를 채택함).
자료: 국회사무처(2025: 505~535)를 참고해 표로 재구성.

가 81건이었으나 실제로는 대부분 임명되었다. 표에 표기되지는 않았으나 제20대 국회 이후로 이러한 사례가 이전보다 더욱 증가한 상황이다. 여소야대 상황, 정치적 대립 심화 등이 원인이다. 이와 같이 인사청문경과보고서가 채택되지 못한 경우도 다수이지만 아예 인사청문회가 실시되지 못한 경우도 간혹 발생한다.

대통령의 임명 권한은 헌법과 법률에 따라 보장된다. 그러나 인사청문회의 과정과 결과에 관계없이 임명을 강행하는 것은 해당 공직 임명의 정당성이나 인사청문회의 도입 취지에 비춰 볼 때 적절하지 못한 측면이 있다.

국회 또한 인사청문회에서 여러 논란과 여·야 갈등이 있더라도 국회에 인사청문이 요청된 경우라면 인사청문회를 반드시 실시하고, 야당 등의 부적격 의견도 명시해 인사청문경과보고서를 채택하는 것이 바람직하다는 지적이 있다. 최근에는 부적격 의견이 함께 포함되는 경우도 있으나, 여전히 인사청문경과보고서 채택 자체에 합의하지 않는 것이 임명권자에게 야당 등의 반대의사를 보다 강력하게 표시하는 방법이라는 인식이 크게 자리 잡고 있는 듯하다.

제8장

입법지원조직

제1절 개관

일반적으로 의회의 입법지원조직은 개별 의원들을 보좌하는 조직, 교섭단체(정당)를 지원하는 조직, 위원회의 업무를 수행하는 조직, 기관으로서의 국회 전체의 업무를 수행하는 조직, 이상 네 가지로 구분할 수 있다(Piccirilli and Zuddas, 2012: 680). 우리 국회에서 개별 의원들을 보좌하는 인원과 교섭단체(정당)를 지원하는 인원은 정치적으로 임용되는 당파적 막료(partisan staff) 조직이다. 한편 위원회를 직접 보좌하는 조직과 기관으로서의 국회를 지원하는 조직은 정치적 중립을 준수해야 하는 비당파적 막료(non-partisan staff) 조직이다.

우리 국회를 보좌하는 기관으로는 국회사무처, 국회도서관, 국회예산정책처, 국회입법조사처, 국회미래연구원이 있다(<그림 8-1> 참조). 우리 국회에서 국가 공무원의 신분으로 개별 의원과 교섭단체(정당) 업

그림 8-1 **국회의 입법지원조직**

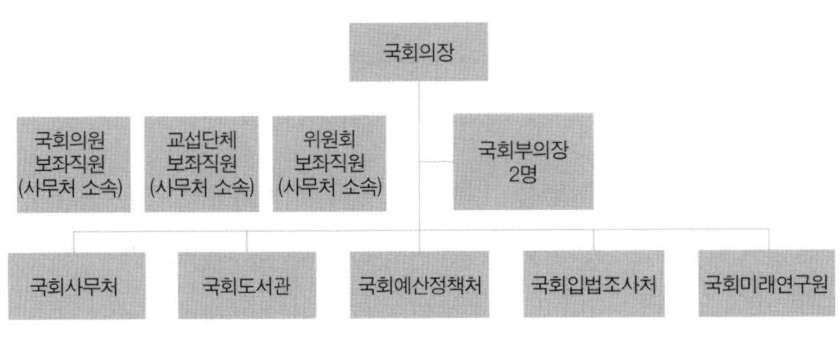

무를 보좌하는 인원은 형식적으로 국회사무처에 소속되어 있다. 이 장 제2절에서는 개별 의원과 교섭단체를 보좌하는 조직에 대해 소개하고, 제3절에서는 위원회를 지원하는 조직을 포함해 국회사무처에 대해 설명한 후, 제4절에서는 나머지 기관에 대해 설명하기로 한다.

제2절 의원 보좌직원 및 교섭단체 보좌직원

이 절에서는 의원 보좌직원과 교섭단체 보좌직원에 대해 설명한다. 이들은 의원과 교섭단체에 따라 차이가 있지만 통상 의원실이나 교섭단체에서 정책 개발, 행정 지원 등 다양한 업무를 수행한다.

1. 의원 보좌직원

우리 국회에서 의원 1명은 별정직 국가공무원인 의원 보좌직원을 8

표 8-1 **의원 보좌직원의 직급별 정원**

4급 보좌관	5급 선임비서관	6급 비서관	7급 비서관	8급 비서관	9급 비서관	계
2명	2명	1명	1명	1명	1명	8명

자료: 「국회의원의 보좌직원과 수당 등에 관한 법률」 별표1.

명 둘 수 있고 1명의 인턴을 채용할 수 있다(「국회의원의 보좌직원과 수당 등에 관한 법률」 제2조 및 별표1; 「국회인턴제 운영지침」 제5조 제1항). 별정직인 의원 보좌직원 8명의 직급별 정원은 <표 8-1>과 같다. 의원 보좌직원은 형식적으로는 국회의원의 제청으로 국회의장(6급 이하의 경우에는 국회사무총장)이 임명하지만 현실적으로는 국회의원이 특정인을 임명 요청하면 그대로 임명된다. 다만, ① 「국가공무원법」에 따른 공무원 결격사유에 해당하는 경우, ② 「국회법」에 따른 국회 회의 방해죄를 범해 500만 원 이상의 벌금형을 선고받고 그 형이 확정된 후 5년이 지나지 않은 경우, ③ 임용하고자 하는 국회의원의 배우자 또는 4촌 이내의 혈족·인척인 경우(이상 「국회의원의 보좌직원과 수당 등에 관한 법률」 제3조 제1항), ④ 공직자였던 사람이 재직 중 직무와 관련된 부패로 당연퇴직, 파면 또는 해임된 지 5년이 지나지 않은 경우, ⑤ 공직자였던 사람이 재직 중 직무와 관련된 부패행위로 벌금 300만 원 이상의 형의 선고를 받은 지 5년이 지나지 않은 경우(이상 「부패방지 및 국민권익위원회의 설치와 운영에 관한 법률」 제82조 제1항 및 제2항)에는 보좌직원으로 임용될 수 없다.

의원 보좌직원은 국가공무원 신분이지만 신분보장이 되지 않는 별정직 공무원이다. 따라서 의원이 면직을 요청하면 면직된다. 다만, 국회의원이 보좌직원의 의사에 반해 그 보좌직원의 면직을 요청하려는 경우에는 직권면직요청서를 면직일 30일 전까지 국회사무총장에게 제출해야 하고, 국회사무총장은 직권면직요청서를 받는 즉시 해당 보좌직원에 대한 면직 예고를 서면으로 해야 한다(이른바 면직예고제, 「국회의원의 보좌직원과 수당 등에 관한 법률」 제5조). 1명을 채용하는 인턴의 경우는 의원의 계약 요청에 따라 국회사무총장(실무적으로는 국회사무처 인사과)이 인턴 근로 계약을 체결한다. 계약 기간은 의원 개인별로 해당 회계연도에 배정된 예산의 범위 내에서 정할 수 있지만 총 재직 기간은 22개월을 초과할 수 없다(「국회인턴제 운영지침」 제5조 제2항).

개별 국회의원이 자신의 보좌직원들을 어떻게 운영해야 하는지에 대해서는 정해진 것이 없고, 의원실에 따라 서로 다르다. 다만, 보좌직원들 간의 업무 분장을 큰 틀에서 보면, 4급 보좌관 중 1명은 국회에, 다른 1명은 지역구에 상주하면서 각각 국회 총괄 업무와 지역구 업무를 나누어 맡는 경향이 있고, 5급 선임비서관 2명은 정책 업무를 맡고, 6·7·8·9급 비서관들은 지역구·의원 수행·일정·사무실 행정 등의 업무를 나누어 맡는 편이다. 다만, 이 설명은 이해를 위한 예시일 뿐이고, 개별 의원실에 따라 업무를 다양하게 분장할 수 있다.

2. 교섭단체 보좌직원

국회 교섭단체는 별정직 국가공무원 신분인 정책연구위원과 행정보조요원을 둘 수 있다(「국회법」 제34조 제1항, 「국회사무처 직제 시행규칙」 별표). 교섭단체에 두는 정책연구위원은 해당 교섭단체 대표의원의 제청에 따라 국회의장이 임면한다(「국회법」 제34조 제2항). 의원 보좌직원의 경우와 마찬가지로 교섭단체 보좌직원에 대한 국회의장의 임면 또한 형식적이며, 해당 교섭단체 대표의원의 제청이 임면 여부에 결정적으로 작용한다. 2024년 5월 현재 국회 교섭단체에서 일하는 정책연구위원은 전체 정원이 77명이다(「교섭단체 정책연구위원 임용 등에 관한 규칙」 제3조 제1항).

정책연구위원은 교섭단체 전체를 보좌하므로 해당 교섭단체 대표의원 개인의 보좌직원은 아니다. 하지만 자신이 속한 교섭단체의 원내 활동을 보좌하기 때문에 교섭단체 대표의원과 밀접한 관계를 가지면서 업무를 수행한다. 이들은 정당의 국회 내 전략을 수립하고, 원내 정당 간 협상에서 실무적인 역할을 수행하며, 원내 정당의 특정 정책에 대한 입장을 해당 위원회의 소속 위원들에게 전달하는 등 정당의 원내 지도부와 소속 의원들을 연결하는 역할도 한다. 이러한 정책연구위원 및 행정 보조요원은 보통 '당직자'라고 부르는 정당의 직원 중에서 임명한다.

제3절 국회사무처

국회사무처는 국회의원의 입법활동을 지원하고 국회의 일반 행정 업무를 수행한다. 국회사무처가 수행하는 업무는 업무계획 수립, 법제 지원, 의원외교 지원, 의정연수, 청사관리, 질서유지, 의정중계 등 다양하다. 이 절에서는 국회사무처의 조직 구성을 알아보고 위원회 보좌기능과 법제 지원 업무 등을 중심으로 살펴본다.

1. 국회사무처 조직 일반

국회는 입법·예산결산 심사 등의 활동을 지원하고 행정사무를 처리하기 위해 국회사무처를 둔다(「국회법」 제21조 제1항). 제헌국회에서 최초의 국회사무처 직제는 3국(총무국, 의사국, 법제조사국)으로 출발했다. 이후 조직이 지속적으로 확대되었는데 국회 소속 기관인 국회도서관, 국회예산정책처, 국회입법조사처도 국회사무처 조직이 확대·분리된 것이다. 2024년 5월 현재 국회사무총장 등의 정무직을 포함한 국회사무처 공무원 정원은 총 1486명이며, 2024년도 예산은 6484억 원이다. 국회사무총장은 장관급으로 국회의장이 각 교섭단체 대표의원과의 협의를 거쳐 본회의의 승인을 얻어 임면한다(「국회법」 제21조 제3항). 국회사무총장 아래에 차관급으로 입법차장과 사무차장을 두는데, 입법차장은 입법보조업무·위원회업무지원 등을, 사무차장은 행정관리업무를 분장해 처리한다(「국회사무처법」 제5조 제4항 및 제5항). 구체적인 국회사무처 조직은 〈그림 8-2〉와 같다.

입법차장 산하에는 법제실, 의사국, 방송국, 경호기획관, 국회민원지원센터가 있다. 법제실은 국회의원이나 위원회가 요청한 법률안 입안 및 검토, 행정입법 분석·평가, 국내외 법제연구, 국회의원 법제활동 지원 등을 수행한다. 의사국은 본회의 의사진행, 교섭단체 및 위원회 관련 업무, 의안 등의 접수·배부 및 이송, 국회 회의록 업무를 수행한다. 방송국은 국회의사중계 방송을 위해 설립된 국회방송(NATV)을 담당하고, 경호기획관은 국회경호 및 방호 업무를 수행한다. 국회민원지원센터는 국회에 접수되는 청원·진정·행정민원·의원회관지원·정보공개 업무를 담당한다.

사무차장 산하에는 기획조정실, 국회세종의사당추진단, 국제국, 관리국, 의정연수원, 인사과, 운영지원과가 있다. 기획조정실은 기획·예산·조직·법무·법규·정보화·비상계획 등의 업무를 수행한다. 국제국은 의원외교 및 국제협조 업무를 수행하고, 관리국은 국유재산·국회청사·

그림 8-2 **국회사무처 조직도(위원회 보좌직원은 제외)**

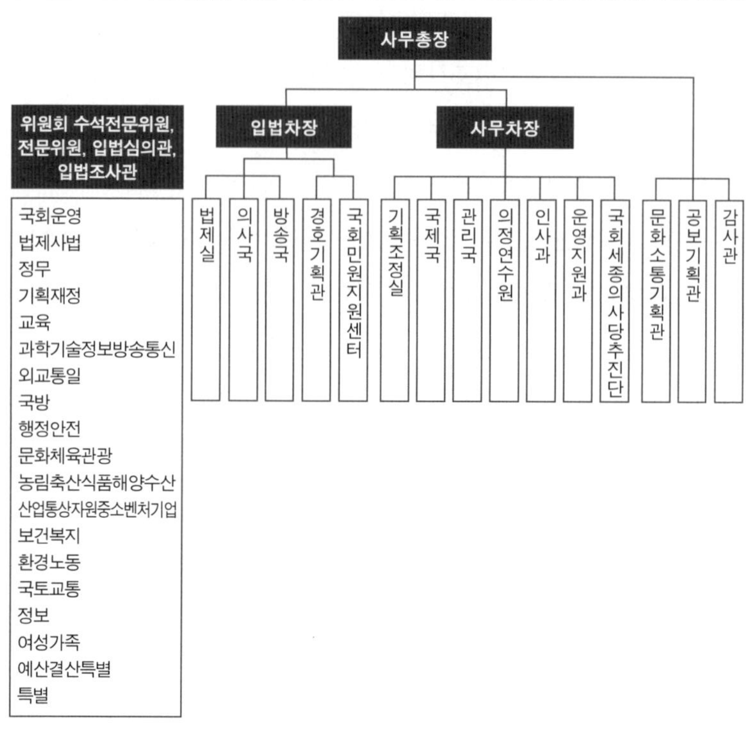

자료: 국회사무처 홈페이지(http://nas.assembly.go.kr).

설비·물품 등의 업무를 수행한다. 의정연수원은 교육훈련·시민연수 업무를 수행하고, 인사과는 인사관리 및 채용 업무를 담당하며, 운영지원과는 계약·지출·후생 및 그 밖의 서무를 담당한다.

2. 위원회 보좌직원

「국회법」 제42조에서는 위원장 및 위원의 입법활동 등을 지원하기 위해 위원회에 전문위원과 필요한 공무원을 두도록 하고 있다. 전문위원에는 별정직 차관보급인 수석전문위원과 2급 공무원인 전문위원이 있으며, 전문위원을 보좌하기 위해 입법심의관, 입법조사관, 주무관 등의 직원을 두고 있다. 입법조사관은 위원회 의사진행보좌 및 일반행정사무를 처리하는 입법조사관과 입법조사 업무를 담당하는 입법조사관으로 구분하면서 담당 업무별로 그 명칭을 달리 정하고 있다(「위원회공무원 직무에 관한 규정」 별표2). 우리 국회에서 위원회 보좌직원의 역할은 ① 위원회의 의사진행 지원, ② 위원회의 소관에 속하는 의안과 정책에 대한 정보 및 자료의 제공, ③ 위원회의 공식적인 문서(심사보고서, 수정안·대안 등) 기안 및 관리, ④ 위원회 예산집행, 국내·외 출장 관리 등 그 밖의 행정 업무이다.

우리 국회에서 전문위원을 포함한 위원회 보좌직원의 업무 중 가장 중요한 것은 안건에 대한 검토보고서를 작성해 이를 위원회 전체회의에서 보고하고(「국회법」 제58조 제1항), 안건에 대한 실질적인 심사가 이루어지는 소위원회에서 심사 자료를 미리 작성해 의안 심사를 보좌하는 것이다. 이를 통해 위원회 보좌직원들은 안건에 대한 정보 제공(information provision)의 역할을 할 뿐만 아니라, 공식적인 안건 심사에 앞서 관련되어 있는 여러 정책행위자의 견해와 입장을 수렴하고 이를 어느 정도 조정 또는 조율하는 역할(network management)(Kickert, Klijn and Koopenjan, 1997)도 담당한다.

전문위원 검토보고 제도는 법정 절차라는 점에서 우리 국회에 특유한 제도이다. 우리 국회는 제헌국회부터 위원회에서 소속 직원으로 하여금 안건을 검토해 이를 보고하거나 위원의 질의에 답변하도록 했고, 제6대 국회부터는 안건에 대해 검토한 후 그 내용을 위원회 위원들에게 서면으로 배포하는 관행이 정착되었다(김춘엽, 2006: 60). 제7대 국회 이후로는 검토보고라는 용어가 정착되었고, 1981년 이러한 운영례를 「국회법」 개정으로 법률에 반영했다.

검토보고서에 포함될 수 있는 사항은 ① 조문별 또는 사항별 쟁점 사항, ② 관련 제도 또는 정책의 현황 및 문제점, ③ 사회적·경제적·재정적 영향 등에 대한 평가, ④ 정책적 또는 법제적 사항에 관한 분석 및 대안, ⑤ 관련 부처·이해관계자 및 전문가 등의 의견, ⑥ 「국회법」 제83조에 따른 관련위원회 의견, ⑦ 의안 등에 관한 참고자료 등이 있다(「전문위원 검토보고서의 작성 및 배부에 관한 규정」 제3조).

전문위원 검토보고서 작성 과정은 다음과 같다. 위원회 공무원인 입법조사관이 실무적인 관련 자료와 의견을 조사하고 중요한 쟁점을 정리하면 보고자인 전문위원이 이를 검토해서 완성한다. 작성 과정에서 입법조사관은 법률안과 관련된 각종 정보를 수집하고 국회의원과 그 보좌진, 담당 정부 부처 공무원, 그 밖의 공익단체 또는 이익단체 등 관련자들로부터 의견을 수렴한다.

안건에 대한 검토보고를 통해 의안에 담겨 있는 정책을 평가하고, 이를 작성하는 과정에서 관련 정부 부처, 이해관계 집단, 전문가집단 등 관련 정책행위자들의 입장과 견해를 수렴한다. 각 안건에 대한 위원회 위원들의 관심도는 안건에 따라 차이가 나기 때문에 경우에 따라 검토보고에 담겨 있는 정보가 안건 심사에서 매우 중요할 수도 있다.

3. 법제실

1994년 국회사무처 직제 개정에 따라 법제예산실이 신설되었고, 2000

년 1월에는 법제실이 출범했다. 법제실의 공식 업무는 국회의원 또는 위원회가 요청한 법률안의 입안 및 검토, 대통령령, 총리령 및 부령에 대한 분석과 평가, 국내외의 법제에 관한 연구 등이며, 2024년 5월 현재 11개 과에 정원 93명을 두고 있다.

법제실에서 수행하는 업무는 다음과 같다. 첫째, 국회의원이 입법 아이디어를 제시하면 이를 법체계에 맞게 법률안으로 성안해 제공한다. 다음으로, 행정부에서 제·개정하는 행정입법을 분석 및 평가하는 업무를 하고 있다. 주로 대통령령·총리령·부령 등의 행정입법이 법률에서 위임한 범위를 넘어 불합리하게 국민들의 권익을 침해하는지 등에 대해 검토한다. 이 외에 헌법 및 국내외 법제 현안에 대한 연구도 진행하며, 국회 헌법개정특별위원회에서 이루어지는 개헌 논의도 지원한 바 있다. 또한 법제실은 법률안 입안기준 연구, 중장기 법제 정비 방안 마련 및 주요 현안에 대한 입법정보 제공 등의 업무를 수행하고 있으며, 국회의원과 공동으로 지역 현안과 관련된 지역토론회를 개최해 지역주민들의 입법의견을 청취하고 의원들이 이를 입법화하도록 지원하는 업무도 수행하고 있다.

국회의원이 입안을 의뢰한 법률안을 법제실에서 성안하는 과정은 다음과 같다. 우선 국회의원이 특정한 법률의 제정·개정·폐지를 위한 법률안 입안을 의뢰하면 법제실에서는 소관 업무에 따라 담당 법제관을 배정한다. 입안의뢰를 배정받은 법제관은 우선 입안을 의뢰한 의원실과 연락해 입법의도와 정책내용 등을 파악한 후에 관련 자료를 조사하고 초안을 작성한다. 법률안 초안이 작성된 이후에 법제관은 의원실과의 협의, 법제실 내부토론 등을 거쳐 법률안의 용어, 문구, 조문구조 등을 수정·보완한다. 이 단계에서 각 법제과에서 과장 이하 법제관 전원이 참여하는 독회 절차를 거치고 내부 결재절차를 거쳐 성안된 법률안을 의원실에 송부한다.

의원실에서 해당 법률안을 발의할지 여부는 입법취지가 제대로 반영되었는지, 추가로 수정할 부분은 없는지, 그동안 사정변경으로 성안된 법률안을 발의할 의사가 바뀌었는지 등에 따라 달라질 수 있다. 국회의원이 해당 법률안을 발의하기로 결정한 경우에는 본인을 포함해 국회의원 10명 이상의 동의를 받아 국회사무처 의안과에 제출해야 한다. 국회의장은 해당 법률안을 본회의에 보고한 후에 국회의 소관 상임위원회에 회부한다.

제4절 그 외의 입법지원조직

이 절에서는 국회사무처 이외의 입법조직인 국회도서관, 국회예산정책처, 국회입법조사처, 국회미래연구원의 조직과 업무에 대해 살펴보고 국회사무처를 포함한 이 기관들의 발간물에 대해 알아본다.

1. 국회도서관

국회는 국회의 도서 및 입법 자료에 관한 업무를 처리하기 위해 국회도서관을 두고 있다(「국회법」 제22조 제1항). 국회도서관은 한국전쟁이 한창이던 1952년 전시수도 부산에서 '국회도서실'로 출발해 1955년 도서관으로 승격되었다. 1960년 '국회도서관'이라는 명칭이 최초로 국회법에 명시되었고, 1963년에는 「국회도서관법」이 제정되어 별도의

그림 8-3 **국회도서관 조직도**

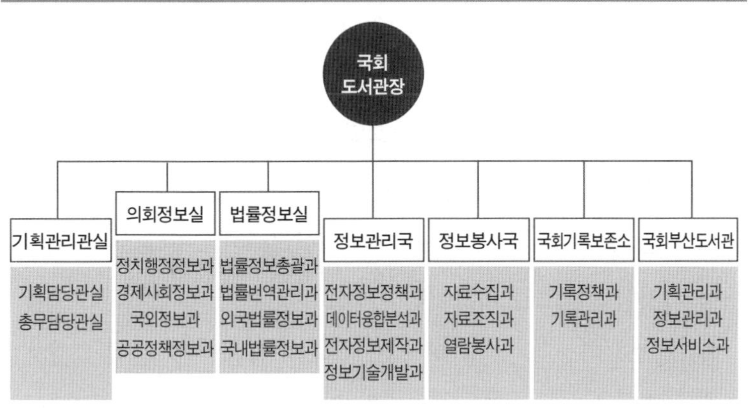

자료: 국회도서관 홈페이지(http://www.nanet.go.kr).

독립기관이 되었다. 2024년 5월 현재 국회도서관의 정원은 362명이다. 국회도서관의 구체적인 조직은 <그림 8-3>과 같다. 국회도서관장은 정무직으로 차관급이며 의장이 국회운영위원회의 동의를 얻어 임면하는데, 관례적으로 제2교섭단체에서 추천한 후보자를 임명하고 있다.

국회도서관은 국회의 입법활동과 국정심의에 필요한 자료를 수집·정리·분석해 제공하는 의회도서관으로서의 기능을 수행하는 입법지원조직이다. 국회도서관은 각종 국가의 서지를 작성하는 업무와 주요국 도서관과의 자료교환을 통해 각국과 지식정보 및 문화를 교류하는 사업을 수행하고 있다. 국회도서관은 입법정보서비스를 통한 의정활동 지원을 최우선으로 하는 의회도서관의 기능을 수행함과 동시에 국민을 대상으로 서비스를 제공하는 국가도서관으로서의 역할도 함께 수행하므로 일반적인 도서관과는 설립목적이나 서비스 대상 등 성격이 다르다.

국회도서관의 업무 중 다른 도서관과 가장 차별화된 업무는 의회정보서비스와 법률정보서비스이다. 의회정보서비스는 입법, 국정현안 자료를 제공하는 서비스로, 국회의원의 입법 및 정책심의 활동에 필요한 정보를 조사해 제공하는 의회정보회답서비스, 전문 사서가 의회정보와 관련된 시의성 있는 주제를 선정해 한눈에 볼 수 있도록 정리하는 팩트북 및 자료 발간 업무, 각종 입법 관련 데이터베이스 구축, 메일링 서비스 등 다양한 방식으로 이루어진다.

법률정보서비스로는 국회의원 및 국회 내 입법지원기관이 요청하는 국내외 법률정보에 대해 회답을 제공하는 법률정보회답서비스, 입법현안이나 향후 입법 쟁점으로 대두될 가능성이 있는 주제를 선정해 정리한 각종 자료 발간 업무, 국내외 법률정보 데이터베이스 구축 업무 등이 진행되고 있다.

또한 국회도서관은 입법부 영구기록물 관리기관으로서 국회기록보존소를 통해 국회의원실, 국회사무처, 국회도서관, 국회예산정책처, 국회입법조사처에서 생산·접수한 국회기록물을 수집·관리해 국민이 국회기록물에 쉽게 접근할 수 있도록 콘텐츠로 개발하는 업무도 수행한다.

국회도서관은 여러 형태의 열람실을 갖추고 있다. 사회과학자료실과 인문자연과학자료실에서는 최근 2년 이내에 발행된 신간도서를 이용자가 자유롭게 열람할 수 있고, 의원회관과 도서관에는 의원열람실을 운영하고 있으며, 법률정보센터에서는 의회법령자료와 최근 2년 이내 발행된 법학도서 및 법률분야 참고도서를 열람할 수 있다. 또한 국회 의정관 3층에는 디지털정보센터를 운영하고 있어 국내외 웹 DB와 멀티미디어자료 및 참고자료를 이용할 수 있다.

2. 국회예산정책처

우리 국회는 국가의 예산결산·기금 및 재정운용과 관련된 사항을 연구 분석·평가하고 의정활동을 지원하기 위해 국회예산정책처를 두고 있다(「국회법」 제22조의2 제1항). 국회는 1994년에 국회사무처에 법제예산실을 설치해 법제업무와 예산분석업무를 같이 수행했으나 2003년 7월 제정된 「국회예산정책처법」에 따라 2003년 10월 19일 국회예산정책처가 정식으로 개청했다.

국회예산정책처는 국회가 행정부에 대한 견제·감시기능을 효율적으로 수행할 수 있도록 재정 분야의 전문 인력을 충원·확보하고 방대한 예산·결산을 심의함에 있어 독자적이고 중립적으로 전문적인 연구 및 분석을 수행하도록 하기 위해 설립된 기관이다. 크게 예산분석실, 추계세제분석실, 경제분석국, 기획관리관실로 구성되어 있고, 2024년 5월 현재 공무원 정원은 138명이다(<그림 8-4> 참조). 처장은 정무직으로 차관급이며 외부 전문가를 중심으로 구성되는 처장추천위원회의 추천을 거쳐 의장이 국회운영위원회의 동의를 얻어 임면한다.

국회예산정책처의 직무는 ① 예산안·기금운용계획안 및 결산에 대한 연구 및 분석, ② 예산 또는 기금상의 조치가 수반되는 법률안 등 의안에 대한 소요비용의 추계, ③ 국가재정운용 및 거시경제동향의 분석 및 전망, ④ 국가의 주요 사업에 대한 분석·평가 및 중·장기 재정소요 분석, ⑤ 국회의 위원회 또는 국회의원이 요구하는 사항의 조사 및 분석 등이다.

각 직무를 수행하는 부서는 다음과 같다. 첫째, 예산안·기금운용계획안 및 결산에 대한 연구 및 분석은 예산분석실에서 수행한다. 매년 국회예산안 및 결산 심사가 시작되기 전에 '예산안분석시리즈'와 '결산분석

그림 8-4 **국회예산정책처 조직도**

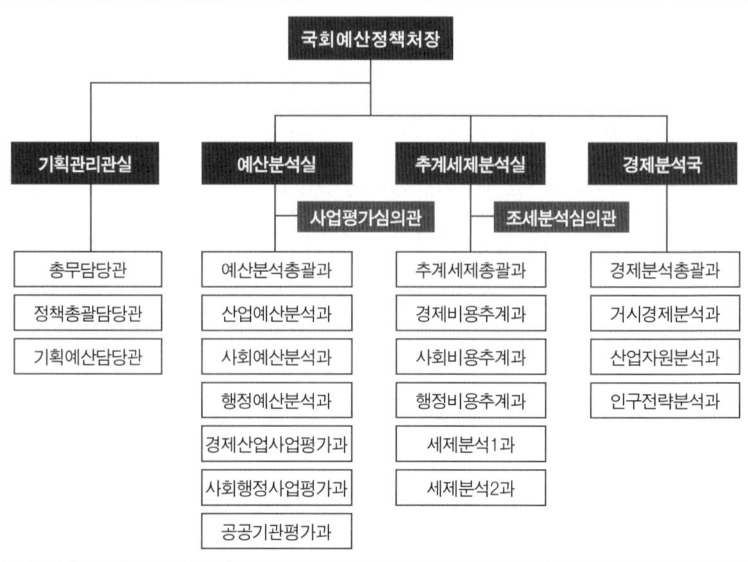

자료: 국회예산정책처 홈페이지(http://www.nabo.go.kr).

시리즈' 보고서를 발간하고 『추가경정예산안 분석』, 『대한민국 재정』, 『대한민국 지방재정』, 『대한민국 공공기관』 등도 발간한다. 둘째, 예산 또는 기금상의 조치가 수반되는 법률안 등 의안에 대한 소요비용의 추계 업무는 추계세제분석실에서 수행한다. 셋째, 국가재정운용 및 거시경제동향의 분석 및 전망은 추계세제분석실과 경제분석국에서 수행한다. 매년 『재정전망』, 『국세수입 전망』, 『경제전망』, 『대한민국 조세』 등을 발간하고 있으며, 그 외에도 다양한 단행 연구물을 펴내고 있다. 넷째, 국가의 주요 사업에 대한 분석·평가 및 중·장기 재정소요 분석은 예산분석실 내 2개 사업평가과와 공공기관평가과에서 수행한다. 마지막으로, 국회 위원회 및 국회의원이 요구하는 사항의 조사 및 분석은 3개

분석실에서 소관 사항에 따라 각기 수행한다.

3. 국회입법조사처

우리 국회는 입법 및 정책과 관련된 사항을 조사·연구하고 관련 정보 및 자료를 제공하는 등 입법정보서비스와 관련된 의정활동을 지원하기 위해 국회입법조사처를 두고 있다(「국회법」 제22조의3 제1항). 우리 국회는 미국 의회의 의회조사국과 같은 기관을 신설해 국회의 입법 정책 개발 역량과 전문성을 강화하기 위해 2007년 1월 24일 「국회입법조사처법」을 제정했으며, 그해 3월 25일 국회입법조사처가 개청했다.

국회입법조사처는 크게 정치행정·경제산업·사회문화 3개의 조사실과 기획관리관실로 구성되어 있으며, 2024년 5월 현재 공무원 정원은 126명이다(〈그림 8-5〉 참조). 처장은 정무직으로 차관급이며 국회예산정책처장과 마찬가지로 처장추천위원회의 추천을 거쳐 의장이 국회운영위원회의 동의를 얻어 임면한다. 국회입법조사처는 미국의 의회조사국과 달리 도서관으로부터 독립된, 별도의 독자적인 입법정책 조사분석기관이다.

국회입법조사처는 충실한 입법조사회답, 적실성 높은 보고서 발간, 국회의원의 입법 및 정책 개발 활동 지원이라는 세 가지 주요 업무를 수행한다. 이 중 가장 핵심적인 업무는 국회의원이나 위원회에서 요구하는 입법 및 정책에 관한 사항을 중립적·전문적으로 조사·분석해 회답하는 입법조사회답이다. 입법조사회답이 2008년 2042건에서 2023년 4822건으로 늘었다는 점에서 이 업무의 비중을 짐작할 수 있다.

둘째 핵심 업무는 주요 현안이 될 수 있는 입법 및 정책과제를 능동적

그림 8-5 **국회입법조사처 조직도**

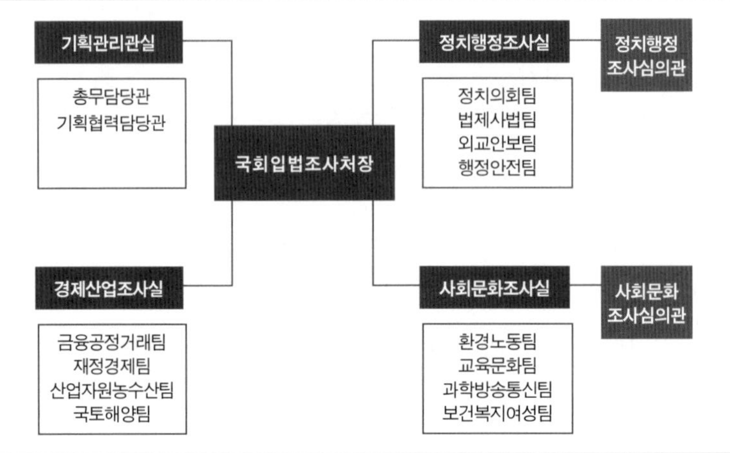

자료: 국회입법조사처 홈페이지(http://www.nars.go.kr).

으로 발굴해 조사·분석한 보고서를 제공하는 것이다. 국회입법조사처는 현재「이슈와 논점」,「NARS 입법정책」,「NARS 입법영향분석」,「국정감사 이슈 분석」등의 보고서를 발간하고 있다. 셋째 주요 업무는 세미나 개최 등을 통해 정책적 지원을 하는 것이다. 국회입법조사처는 의원실 및 의원연구단체와 공동으로 또는 자체적으로 다양한 정책 현안을 주제로 세미나, 간담회 등을 개최해 적시성 있는 정책을 개발하기 위한 종합적이고 균형 있는 논의의 장을 마련하고 있다.

4. 국회미래연구원

국회미래연구원은 2018년 3월「국회미래연구원법」이 제정됨에 따라 같은 해 5월 28일 정식으로 개원했다. 국회미래연구원은 국회 소속의 연구기관으로서 국가기관이 아닌 별도의 법인으로 출발했으며, 미래 환경의 변화 예측·분석, 국가 중장기 발전전략 도출 등을 주요 업무로 한다. 국회예산정책처와 국회입법조사처 역시 연구기능을 수행하지만 두 기관은 주로 의원의 입법·예산활동을 직접 지원하고 이와 관련된 보고서 등을 작성하는 데 비해, 국회미래연구원은 보다 중장기적인 연구와 국가 전략 수립을 위해 별도의 법인으로서 연구기능을 보장하고 있다. 재원은 국회의 출연금과 그 밖의 수입금으로 조달한다.

임원으로는 원장 1명, 이사장을 포함한 10명 이내의 이사와 감사 1명을 두며, 이사와 감사는 모두 비상임으로 한다(「국회미래연구원법」 제6조 제1항 및 제2항). 원장은 의장이 이사회의 추천을 받아 국회운영위원회 동의를 얻어 임명한다(「국회미래연구원법」 제7조 제1항 및 제2항). 이사는 의장이 지명한 1명, 비교섭단체에서 추천한 1명을 포함해 교섭단체 의석 비율에 따라 각 교섭단체가 추천한 자를 의장이 위촉한다(「국회미래연구원법」 제7조 제3항). 감사는 이사회의 제청으로 의장이 임명한다(「국회미래연구원법」 제7조 제4항). 임원의 임기는 4년으로 하되, 연임할 수 있다(「국회미래연구원법」 제8조 제1항). 국회미래연구원의 구체적인 조직은 〈그림 8-6〉과 같고, 2024년 5월 현재 원장 포함 28명의 직원이 있다.

연구 과제는 의장, 국회 상임위 및 특별위가 추천할 수 있는데, 이사회의 의결을 거쳐 연구 과제를 선정하며, 연구 과제 선정 결과와 연구 계획은 의장과 국회운영위에 보고해야 한다(「국회미래연구원법」 제14조). 연구 과제 수행을 완료한 때에는 그 결과를 해당 상임위와 특별위에 보고해야 하고, 매년 연구 진행 과정 및 결과를 국회의장과 국회운영위에 보고해야 한다(「국회미래연구원법」 제17조).

그림 8-6 국회미래연구원 조직도

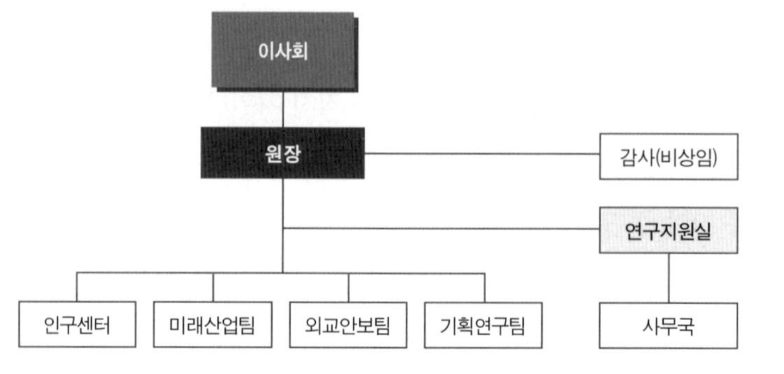

자료: 국회미래연구원 홈페이지(http://www.nafi.re.kr).

5. 국회 소속 기관 발간물

여기서는 앞서 개별 기관들의 업무 부분에서 소개한 내용을 포함해 국회 소속 기관에서 발간하는 발간물을 개관해 소개한다. 이 발간물들은 법률안 발의 및 심사, 예산안 및 결산안 심사, 국정감사 및 조사 등의 의정활동 지원을 위한 기초 자료가 되고 있다. 먼저 국회사무처에서는 의사국에서 『국회법해설』을 포함한 4종의 발간물을, 법제실에서 『법제기준과 실제』 등 11종의 발간물을 발간하고 있다. 이 중에는 개원 시 참고자료로 제공하기 위한 발간물과 연례적으로 정기 발간하는 발간물이 포함되어 있다.

국회도서관에서는 『팩트북』 등 7종의 발간물을 연 6회에서 23회까지 종별로 발간하고 있다. 예산정책처에서는 앞서 살펴본 발간물 외에 수시 사업평가보고서와 연 1회 『세법개정안 분석』, 매월 「NABO 재정경

표 8-2 **국회 소속 기관 발간물 현황**

구분	발간물 현황
국회사무처	• 개원 시: 헌법·국회관계법, 알기쉽게 풀어쓴 법률안 입안의뢰 및 발의, 제21대 국회 주요 미처리 법률안, 제21대 국회 주요 입법의견, 제21대 국회 행정입법 분석·평가 사례 100선, 제21대 국회 위헌·헌법불합치 법률 정비 현황, 법제기준과 실제, 대한민국 법률 2024 • 정기 발간: 헌법과 법제(연 2~4회), 국회입법지원단·지방자치단체 및 공공기관 제안 입법의견(연 1회), 행정입법 분석·평가 사례(연 1~2회) • 부정기 발간: 국회법해설, 국회선례집, 국회의안편람, 최근 헌재결정과 개정대상 법률 현황
국회도서관	• 정기 발간: 팩트북(연 6회), THE 현안(연 40회), 「현안, 외국에선?」(연 24회), 국외 현안 리포트(연 20회), World&Law(연 23회 격주 발송) • 부정기 발간: 최신외국 입법정보(연 25회), Data&Law(연 13회)
국회 예산정책처	• 개원 시: 제22대 국회 재정법령 개선과제, 제22대 국회 조세정책 개선과제, 지속성장을 위한 한국경제의 과제 • 정기 발간: 대한민국 재정(연 1회), 대한민국 조세(연 1회), 대한민국 경제(연 1회), 대한민국 공공기관(연 1회), 대한민국 지방재정(연 1회), 가결법률의 재정소요점검(연 1회), 세법개정안 분석(연 1회), 개정세법 심의결과 및 주요 내용(연 1회), NABO 재정동향&이슈(연 3회), NABO 재정추계&세제이슈(분기별), NABO 경제동향(짝수월), NABO 재정경제통계 BRIEF(매월) • 수시 발간: 사업평가보고서, 법안비용추계 이해와 실제, NABO Focus
국회 입법조사처	• 개원 시: 제22대 국회 입법·정책 가이드북 - 정치·경제·사회 분야별 현안 • 수시 발간: 이슈와 논점(연 100건 이상), NARS 현안분석(연 50건 내외), NARS 입법정책(연 30건 내외), NARS 입법영향분석(연 5건 내외) • 정기 발간: 국정감사 이슈·분석(매년 7~8월)
국회 미래연구원	• 정기 발간: 연구보고서(연 1회), 총서(연 1회) • 수시 발간: 기획연구보고서, 국회미래의제, 국가미래전략 Insight, Futures Brief 등

자료: 국회사무처(2024e: 14~15) 재구성.

제통계 BRIEF」 등을 발간한다. 국회사무처와 마찬가지로 개원 시 참고자료로 제공하기 위한 발간물도 발간한다. 입법조사처에서는 앞서 살펴본 발간물 외에 개원 시 참고자료로 『제22대 국회 입법·정책 가이드북』을 발간한 바 있다. 국회미래연구원은 기획연구보고서, 「국회미래의제」 등 기본보고서, 「국가미래전략 Insight」 등 브리프형 보고서를 발간하고 있다(자세한 내용은 〈표 8-2〉 참조).

제9장

국민과 국회

제1절 개관

이 장에서는 국회가 국민과의 소통을 강화하고 국회의 신뢰를 제고하기 위해 전개하고 있는 다양한 활동에 대해 살펴본다. 국회의사당, 국회도서관, 국회의원회관, 그리고 국회소통관과 같은 국회 건물들은 국민에 대한 접근성을 높임으로써 국회의 활동을 보다 가깝게 느낄 수 있는 공간을 제공한다. 아울러 부산국회도서관이나 최근 국회에서 건립이 확정된 국회세종의사당은 지방 분권과 행정의 효율성을 높이는 데 중요한 역할을 한다.

또한 국회는 대통령 취임식, 국회 개방행사, 그리고 국민이 직접 국회 활동을 체험할 수 있는 참관 서비스 등을 통해 국민에게 의회정치를 체험하는 기회를 제공하고 의정활동에 대한 간접적인 참여도 적극적으로 유도하고 있다. 이러한 행사는 국민에게 국회의 활동을 경험하고 이해할 수 있는 기회를 부여하고, 나아가 국회의 투명성을 높이는 데 기여한다.

새로운 미디어 채널을 활용하는 것 역시 국회와 국민의 소통이라는 관점에서 매우 중요한 역할을 하고 있다. 국회는 유튜브, 인스타그램, 페이스북 등 다양한 소셜 미디어 플랫폼을 통해 국민들에게 국회의 활동을 실시간으로 공유하고 국민과의 쌍방향 소통을 강화하고 있다. 이러한 노력을 통해 국회는 국민의 신뢰를 높이고 보다 투명하고 개방적인 국회를 실현하고자 한다.

제2절 국회의 주요 시설 및 국회세종의사당

먼저 이 절에서는 국회의사당 및 국회 내 주요 시설에 대해 알아본다. 여의도에 국회가 들어서기 이전에 있었던 의사당 건물의 역사를 살펴보고, 여의도 국회의사당 및 경내의 주요 건물들과 함께 부산에 건립된 국회부산도서관에 대해 설명한다. 아울러 본회의장과 위원회 회의장에 대해 설명하고 정치적 이미지를 창출하는 장으로서 회의장이 갖는 의미를 살펴본다. 마지막으로는 최근 입법화된 국회세종의사당의 건립 배경과 경과에 관해 소개한다.

1. 국회의사당

우리나라의 제헌국회는 1948년 5월 31일 지금은 철거된 옛 중앙청(구 조선총독부) 건물에서 첫 회의를 열고 개원했다. 이 건물에서 제헌국회 2년을 보내고 제2대 국회가 문을 연 지 1주일 만에 한국전쟁이 일어났다.

그림 9-1 국회의사당 건물로 이용된 중앙청과 시민회관 별관

중앙청

시민회관 별관

자료: 위키백과; 국회 홈페이지.

전쟁 기간에는 대구, 부산, 경남도청 무덕전 등으로 의사당을 옮기면서 회의를 열었다. 그 후 휴전이 되자 국회는 태평로에 있는 시민회관 별관(현재 서울시의회 의사당)에서 제7대 국회 때까지 20여 년을 보냈다.

국회의 공간 부족 문제는 1960년대 중반부터 제기되기 시작했고, 애초에는 사직공원 일대에 새로운 국회의사당을 세우기로 했다. 이는 당시 중앙청과 가까이 있고 넓은 대지(약 3만 6000여 평)를 확보할 수 있다는 점 때문이었다. 하지만 서울에만 행정기능이 집중된다는 반론도 있었다. 그러다 1967년 12월 당시 김종필 공화당 의장이 여의도에 국회의사당을 짓겠다고 발표를 했고, 다음 해 2월에 국회의사당건립위원회에서 건립지를 여의도로 확정했다.

1968년 4월 여의도에 부지 10만 평을 확보해 1976년까지 의사당을 준공하기로 했다. 이 당시 여의도는 허허벌판으로 미군이 사용하던 비행장과 땅콩밭이 전부였다. 1969년 7월 17일 제21주년 제헌절을 맞아 현 국회의사당 본관 건물을 기공했다. 기공 후 6년 1개월 만인 1975년 8월 15일에 준공하고 9월 1일에 준공식을 했는데, 원래 계획보다 1년 4개월 앞당겨 완공했다.

2. 국회 경내 주요 건물

의사당 부지 10만 평은 당시로서는 대단히 넓은 터였는데, 이는 의원회관과 도서관 등 기타 부속건물을 수요에 따라 단계별로 계속 지을 계획이었기 때문이다. 국회의사당은 지하 1층 지상 7층의 석조 건물로 단일 의사당 건물로는 동양 최대의 규모였다. 장차 남북이 통일되고 의회제도가 양원제로 채택되더라도 불편함이 없도록 설계되었다. 국회의사당 본회의장은 UN 총회의장과 비슷한데 당시 의사당 시공을 위한 자료수집 과정에서 UN 빌딩을 시찰하고 그로부터 영향을 받았기 때문이다. 원래 설계에는 옥상에 돔이 없는 평지붕이었으나 정부 관계자들이 미국 의사당을 보고 와서 설계를 변경해 돔을 올렸다. 당시 설계에 참여한 건축가들은 대부분 이에 반대했지만 결국 돔을 설치하기로 했다. 밑지름 64m, 무게 1000톤에 이르는 동판 돔은 원래 붉은색이었지만 부식되면서 현재의 푸른색으로 변했고 국회의 상징이 되었다.

의사당 중앙홀 바닥은 대리석으로, 석굴암 천정을 본뜬 모자이크로 장식했고, 각층의 난간은 경복궁의 창살 무늬에서 아이디어를 따왔다.

그림 9-2 **1975년 완공 당시 여의도 국회의사당 전경**

자료: 구글 검색.

그림 9-3 **현재의 국회의사당 전경**

자료: 국회 홈페이지.

의사당 준공 당시 건설비는 135억 원이었는데, 이는 당시 한 해 예산 1조 3000억 원의 1%를 차지할 정도로 엄청난 금액이었다. 의사당을 둘러싸고 있는 24개의 기둥은 국민의 다양한 의견을 뜻하며, 돔 지붕은 국민의 의견이 찬반토론을 거쳐 하나의 결론을 내린다는 의회민주정치의 본질을 상징한다. 앞면의 팔각기둥 8개는 전국 8도를 상징하고, 팔각기둥 전체 24개는 1년 24절기를 의미하기도 한다.

의원회관은 국회의원의 의정활동 수행을 지원하고 의원들에게 개인 사무실을 제공할 목적으로 건축되었다. 의원회관은 연건평 1만 7302평에 지하 2층 지상 8층으로 1989년 건립되었고, 2013년 12월에는 연건평 약 4만 9000평에 지하 5층 및 지상 10층의 건물로 증축되었다. 3층에서 10층까지는 의원사무실 300실과 일반사무실 등 업무공간으로 구성되어 있고, 1층과 2층에는 대·소회의실, 세미나실, 간담회의실, 전시공간, 의무실, 식당 등 공용공간이 배치되어 있다.

국회도서관은 연건평 8500평에 지하 1층, 지상 5층 규모의 석조건물로 1987년 완공되었다. 국회도서관은 미국 의회도서관 건물 중 하나인 제임스 메디슨관과 유사한 외형이다. 지하 1층에는 강당과 소회의실, 1층에는 대출대, 정보검색대, 어린이방, 석·박사학위논문실, 마이크로폼자료실, 2층에는 최신자료실, 국제기구·독도·통일자료실, 3층에는 일반서고가 있으며, 5층에는 정기간행물실, 의원열람실과 국회미래연구원 사무실 등이 갖춰져 있다. 4층은 국회입법조사처가 사용하고 있다.

국회도서관 옆에는 국회의정관 건물이 있다. 국회도서관 2층과 국회의정관 3층은 연결되어 있는데 국회의정관 3층에는 도서관 디지털입법자료센터가 있다. 국회의정관 지하에는 주차장, 도서관 서고 등이 있고, 지상층에는 국회예산정책처, 국회방송과 의정연수원 등 국회사무처 일부 부서가 있다. 국회의정관은 연건평 1만 3919평에 지하 4층 지상 6층으로 2007년 건립되었다.

국회소통관은 정부 부처의 세종특별자치시 이전에 따른 국회와 정부

그림 9-4 **의원회관, 국회도서관, 국회의정관**

의원회관

국회도서관

국회의정관

자료: 국회 홈페이지; 구글 검색.

간 업무 효율화와 국회 기자실 및 사무공간 확충을 위한 목적으로 2019년 12월에 준공되었다. 연건평 7481평의 국회소통관은 1층에는 후생시설이 갖춰져 있고, 2층은 프레스센터(기자실)로 활용되고 있으며, 3층과 4층은 각각 행정부처를 위한 스마트워크센터와 국회사무처 업무공간으로 이용되고 있다. 각각의 층이 약간씩 틀어져 포개진 독특한 형태의 국회소통관 건물은 대한민국 건축문화 발전 및 건축인의 창작 의욕 고취 등을 도모한 것을 인정받아 2020년에 '제6회 국유재산 건축상'과 '한국건축문화대상'에서 각각 대상을 수상한 바 있다.

1998년 5월 29일 국회 개원 50주년 기념사업의 일환으로 건립된 헌정기념관은 2022년 국회박물관으로 재개관되었다. 연건평 2560평에 지하 1층과 지상 3층의 건물로 개관한 국회박물관은 임시의정원에서부터 현재에 이르기까지의 국회의 활동 및 의회민주주의와 관련된 다양한 자료가 보관·전시되어 있는 제1종 국립박물관이다. 현재 국회박물관 1층에는 상설 제3·4전시실, 기획전시실과 어린이박물관이 조성되어 있고, 2층에는 국회체험관과 상설 제1·2전시실이 갖춰져 있으며, 지하 1층에는 박물관 관람객을 위한 편의공간과 쉼터가 마련되어 있다. 국회박물관은 2022년 재개장한 이래 그 해 약 6만 1000명, 2023년 약 26만 7000명, 2024년 28만 4000명이 방문했고, 어린이박물관은 2022년 5월 개장한 이래 그 해 약 1만 3000명, 2023년 약 2만 명, 2024년 1만 8600명의 관람객이 다녀가면서 의회민주주의의 산 교육장이 되고 있다.

국회 내 의원동산에 위치한 사랑재는 2011년 5월에 준공되었다. 이 한옥은 경복궁 경회루와 동일한 건축 양식으로 지어졌다. 사랑재에서는 국회를 찾는 세계 각국의 외빈이나 국빈을 초청해 매년 150여 차례 이상 오·만찬을 베푼다. 이를 통해 한국 음식의 맛과 한국 건물의 멋을

그림 9-5 **국회소통관과 국회박물관**

국회소통관

국회박물관

자료: 국회 홈페이지; 구글 검색.

알리고 있다.

또한 국회는 국가문헌정보의 분산 보존, 지역 균형 발전 및 지역 맞춤형 정보 제공 등을 목적으로 2014년 국회도서관의 분관 건립에 관한 연구를 시작한 후 2017년에 기본설계 및 실시설계를 거쳐 2019년 국회부산도서관을 착공했다. 2022년 개관한 국회부산도서관은 연건평 4132평에 지상 3층 규모로 1층에는 종합자료실 및 어린이자료실이 조성되

그림 9-6 **사랑재와 국회부산도서관**

사랑재

국회부산노서관

자료: 국회 홈페이지; 구글 검색.

어 있고, 2층에는 의회자료실과 주제자료실이 갖춰져 있으며, 3층은 일반사무실 공간으로 사용되고 있다.

3. 본회의장 및 위원회 회의실

본회의장으로 쓰이는 제1회의실은 의사당 2층의 정문을 통해 들어가

그림 9-7 **본회의 장면**

자료: 국회 홈페이지.

로비 계단을 통과하면 의사당 3층 중앙홀 좌측에 있다. 본회의장에는 개별 의원의 좌석이 설치되어 있는데 이를 의석이라 부른다. 의장과 부의장도 회의 진행을 위한 의장석 외에 따로 의석을 가진다. 본회의장에는 의장석을 중심으로 반원형으로 의석이 배치되어 있다. 의원의 의석은 의장이 각 교섭단체 대표의원과 협의해 정하되, 협의가 이루어지지 않을 때는 의장이 잠정적으로 정한다(「국회법」 제3조). 관례적으로는 교섭단체 소속 의원 수를 기준으로 의장석을 향해 제1교섭단체를 중앙에, 제2교섭단체를 우측에, 제3교섭단체 및 어느 교섭단체에도 속하지 않는 의원을 좌측에 배정한다. 각 교섭단체 내에서의 개별 의원의 의석은 편의상 위원회별로 배정하고, 교섭단체 대표의원이나 그 밖의 주요 당직을 맡은 의원의 의석은 뒷줄에 배정하는 것이 관례이다.

2005년 9월에 구축된 디지털 본회의장 시스템은 2013년 7~8월에 개보수 공사를 거쳐 성능을 대폭 개선했다. 이를 통해 개별 의석에서 단말기를 통한 안건 열람, 심의, 전자투표가 가능해졌고, 회의장 내 대형 LED 전광판을 통해 회의 영상이나 참고자료 등을 고화질의 HD급 디지털 영상으로 제공하게 되었다.

상임위원회의 회의실은 의사당 3층에 있는 국회운영위원회 회의실을 제외하면 의사당 4층에서 6층까지 위치하고 있다. 위원회 회의실은 정보위원회를 제외하면 본회의장과 달리 위원석이 위원장석을 중심으로 좌우로 마주 보는 형태로 배치되어 있다. 위원장석은 위원석의 앞쪽 중간에 있고, 소속 위원은 각각의 위원석을 가지고 있다. 위원석은 위원장이 먼저 교섭단체별로 위원장석의 우측에 제1교섭단체, 좌측에 제2교섭단체·제3교섭단체 순으로 위치를 정한다. 교섭단체별로 소속된 위원은 성명의 가나다순으로 위원석을 배정하되, 교섭단체별 간사는 소속 위원들의 위원석 중에서 첫 자리에 배정한다. 위원회에서는 위원장을 위한 별도의 위원석을 설치하지 않고 있다.

우리 「국회법」에서는 표결이 끝났을 때 의장은 그 결과를 의장석에서 선포하도록 하고 있다(「국회법」 제113조). 표결결과를 의장석에서 선포하도록 한 것은 2002년 3월 7일 이루어진 「국회법」 개정에 의한 것인데, 이는 본회의장이나 위원회 회의장이 아닌 곳에서 회의를 열어 특정 안건을 통과시키는 것을 방지하기 위해서이다. 이후 정치세력 간 대립이 심한 안건을 처리하는 과정에서는 본회의장(의장석) 또는 위원회 회의장(위원장석)을 먼저 확보하고 반대되는 정치세력의 회의장 입장을 막는 것이 중요해졌다. 대표적인 사례로는 2004년 3월 대통령 탄핵안 의결 때 본회의장에서의 질서유지권 발동, 2008년 12월 한미 FTA 동의안의 상임위 상정을 둘러싼 이른바 해머 국회 사태, 2009년 7월 미디어 관련 법률안들의 본회의 처리 과정을 둘러싼 본회의장 점거 사태 등이 있다.

그림 9-8 위원회 회의 장면

자료: 국회 홈페이지.

이와 같이 국회에서 일어나는 물리적 충돌 사태는 국회를 향한 국민의 불신을 더욱 확대하는 요인으로 작용했다. 이에 국회는 쟁점안건에서 반복되는 다수당의 단독처리와 소수당의 물리적 대응 사례를 방지하기 위한 수단으로 2012년에 여·야 합의를 통해 이른바 「국회선진화법」을 입법화했다. 「국회선진화법」은 다수당의 단독처리 수단으로 활용되어 오던 의장의 직권상정 권한을 축소(「국회법」 제85조 등)하는 한편, 소수당의 의사진행 방해를 최소화하기 위해 본회의장의 의장석이나 위원회 회의장의 위원장석을 점거하는 행위를 금지했다(「국회법」 제148조의2).

4. 정치적 이미지를 창출하는 장으로서의 회의장

입법부의 회의 공간은 입법부의 물리적 일부로서, 입법 및 정치 과정의 장(arena)으로서의 역할을 한다. 회의장은 정치 행위가 이루어지는 물리적인 장소적 제약을 제공함과 동시에, 정치문화 및 규범과 상호작용하면서 입법 및 정치 활동의 이미지를 산출하고 나아가 국민에게 정치적인 이미지를 제공한다. 이러한 이미지는 유권자인 국민이 정치 체제로부터 효능감(efficacy)을 얻거나 그 정당성(legitimacy)을 판단하는 데 중요하게 작용한다.

앞서 소개한 바와 같이 우리 국회의사당의 본회의장은 디지털 본회의장으로 효율적인 안건심의를 위한 물리적 기반을 제공하고 있고, 상임위원회마다 하나씩 배정된 위원회 회의실 또한 원활한 회의 진행을 위해 쾌적한 환경을 제공하고 있다. 하지만 본회의장에서 안건 처리 후 5분 자유발언을 하거나 대정부질문을 할 때 텅 빈 회의장에서 발언하는 의원만 외롭게 단상에 서 있는 모습 또는 위원회 회의실에서 몇몇 의원만 출석한 채 정부 관계자들에게 질의하는 모습을 가끔 볼 수 있다. 이 경우는 출석의원 수에 비해 회의장이 넓어서 썰렁하거나 한산한 이미지를 만들어내고, 이로 인해 이를 시청하는 국민은 국회가 일하지 않는다거나 한가하다는 인상을 받기도 한다.

최근에는 유튜브 등의 동영상 사이트를 통해 외국 의회, 특히 영국 하원의 활발한 토론 장면이 많이 소개되고 있어 우리 국회도 이런 토론 문화가 있으면 좋겠다는 의견이 제시되기도 한다. 그런데 영국 하원이 이런 이미지로 각인된 데에는 하원 본회의장의 물리적 공간이 테니스장 1개 면에 불과할 정도로 좁은 데다 여·야가 서로 마주 보는 구조인 것도 한몫하고 있다. 이는 영국 하원이 제2차 세계대전 때 파괴된 하원 본회의장을 재건하면서 기존의 회의장을 확장하지 않고 그대로 복원하기로 결정함으로써 의도한 것이기도 하다. 당시 하원 회의장 재건에 관한 토론에서 처칠 수상은 다음과 같이 발언했다.

그림 9-9 **영국 하원에서의 대총리 질문 장면**

자료: 위키피디아, Prime Minister's Questions 수록 이미지.

> 만약에 회의장이 모든 의원을 수용할 수 있을 정도로 크다면, 토론의 90%는 회의장이 거의 또는 반쯤 비어 있는 황량한 분위기에서 이루어질 것이다. …… 우리는 의회가 자유로운 토론에 강하고 편리하고 유연한 도구로 인식되기를 원한다. 이런 의도를 위해서는 작은 회의장이 필수적이다. …… 의회에서의 대화 양식은 작은 공간을 요구하고, 중요한 순간에는 북적이는 긴박감이 있어야 한다. …… 우리는 건물들을 만들지만, 그 이후에는 건물들이 우리를 형성한다(Rogers and Walters, 2019: 13에서 재인용).

5. 국회세종의사당

2003년 10월, 노무현 정부는 국가의 중추기능이 수도권에 과도하게 집중되어 각종 부작용이 발생하고 있는 반면, 지방은 개발이 상대적으로 늦어져 국토를 균형 있게 이용하지 못하고 경쟁력을 잃어가고 있다고 진단하면서 이를 타개하기 위한 목적으로 「신행정수도의 건설을 위한 특별조치법안」을 국회에 제출했고, 해당 법안은 그 해 말 여·야 합의로 통과되었다. 그러나 이 법안은 이듬해 헌법 소원에 따른 헌법재판소의 위헌결정(2004년 10월)으로 폐기되었다. 이후 수도 이전 계획은 여러 대안을 검토한 끝에 행정중심복합도시(세종특별자치시) 건설 사업으로 변경되었다.

행정중심복합도시 건설 사업으로 많은 정부 부처가 세종특별자치시로 이전했다. 정부 부처의 세종 이전은 국회와 정부를 지리적으로 분산시켜 의사소통과 협력을 어렵게 하고 서울과 세종을 오가는 시간과 비용을 증가시켜 정책결정의 비효율성을 초래한다는 비판을 받아왔다. 이에 국회는 국정운영의 효율을 높이고 국가의 균형발전을 도모하기 위해 2021년 9월, 국회 분원(分院)으로서 세종특별자치시에 국회세종의사당을 두도록 하는 내용의 「국회법 일부개정법률안」을 의결했다.

법 개정 이후 국회는 세종특별자치시 세종동에 약 19만 1000평의 국회세종의사당 예정 부지를 선정하고 국회의 세종특별자치시 이전에 관한 구체적인 내용을 담은 「국회세종의사당의 설치 및 운영 등에 관한 규칙」을 의결했다. 이 규칙은 국회세종의사당에 두는 기관 또는 부서로서 11개 상임위원회(주로 세종특별자치시에 소재하는 부처를 소관하는 위원회)와 예산결산특별위원회, 국회사무처 일부 부서, 국회도서관 분관, 국회예산정책처 및 국회입법조사처를 열거하고 있다.

국회세종의사당은 사업 추진 방식에 따라 총 건립 기간에 차이를 보이는데 2030년 이후에는 준공이 완료될 것으로 예상된다.

제3절 국회의 주요 행사와 미디어

이 절에서는 대통령 취임식처럼 국회에서 진행되는 국가적 행사나 국회개방행사, 참관전시, 어린이 국회 등 국회를 방문하는 국민을 위한 행사에 대해 알아본다. 또한 국민과의 쌍방향 소통을 위해 국회가 보유한 새로운 미디어 수단(유튜브 및 SNS)에 대해서도 소개한다.

1. 대통령 취임식

대통령 취임식은 국민의 직접선거로 선출한 대통령의 5년 임기가 시작되는 날 오전에 거행되는 경축 행사이다. 취임식은 일반적으로 대통령 당선인이 임기 시작일 오전에 중앙선거관리위원회로부터 당선증을 교부받고 국립현충원을 참배한 후 국회의사당 잔디광장에서 치러지는 것이 관례이다. 대통령 취임식이 국회의사당 잔디광장에서 거행된 것은 제13대 대통령(노태우) 취임식 때부터이다.

대통령 취임식이 국회의사당에서 치러지기 시작한 것은 다음과 같은 여러 가지 이유에서 비롯되었다. 첫째, 제13대 대통령 선거는 1987년 6월항쟁 이후 대통령 직선제 개헌에 따라 국민의 직접선거로 대통령을 선출한 첫 번째 선거였다. 따라서 민주주의의 상징적인 장소인 국회의사당에서 취임식을 진행함으로써 국민에게 민주화의 성과를 확인하는 메시지를 강조할 필요가 있었다. 둘째, 국회의사당은 입법부의 중심이자 국민의 대표기관인 국회의 상징이기 때문이다. 즉, 행정부의 수반인 대통령의 취임식을 국회의사당에서 개최하는 것은 행정부와 입법부 간의 협력을 강조하고 대통령이 국민과 국회를 존중하며 나아가 정부 운

표 9-1 역대 대통령 취임식 초청인원(제13대~제20대)

구분	제13대	제14대	제15대	제16대	제17대	제18대	제19대	제20대
인원	25,000명	38,000명	45,000명	48,000명	60,000명	70,000명	300명	41,000명

자료: 행정안전부.

영에 있어 민주적 원칙과 법치주의를 강조한다는 의미를 안고 있다. 셋째, 공공성과 국민 접근성이 필요하기 때문이다. 국회의사당 잔디광장은 공간이 넓어 많은 인원을 수용할 수 있으므로 국가 행사로서의 개방성과 투명성을 보장할 수 있다. 또한 국회의사당이 서울의 중심부에 위치해 있기 때문에 접근성이 편리하다는 현실적인 장점도 있다.

대통령 취임식에는 전직 대통령과 5부 요인(국회의장, 대법원장, 헌법재판소장, 국무총리, 중앙선거관리위원회 위원장), 국회의원, 국무위원 등 내빈과 추첨을 통해 초대받은 국민이 참석한다. 취임식에 초청하는 인원은 매번 증가해 제18대 박근혜 대통령 취임식에는 역대 가장 많은 인원인 약 7만 명이 초청되었다. 그러나 제19대 문재인 대통령 취임식은 박근혜 전 대통령의 탄핵과 조기 대선으로 당선 하루 만에 취임식을 진행했기 때문에 약 300명의 인사를 초청해 비교적 간소하게 치러졌고, 제20대 윤석열 대통령 취임식은 약 4만 1000명의 인원을 초청해 진행했다.

대통령 취임식은 행정부 수반인 대통령의 취임을 경축하는 행사이므로 기본적으로 행정부 소관이다. 따라서 정부는 국무총리를 위원장으로 하는 '대통령취임행사위원회'와 그 산하에 행정안전부 차관을 단장으로 하는 '취임행사 실무추진단'을 구성해 행사를 총괄하고 안전관리와 초청 및 안내 등을 준비한다. 다만, 취임식 행사가 국회의사당에서 거행되는 만큼 성공적인 취임식 개최를 위해서는 행정부와 국회 간 협력이 필요하다. 따라서 일반적으로 정부는 사전에 장소 및 시설관리 등을 책임지는 국회사무처와 수차례 회의 등을 통해 일정과 장소를 협의하고, 현장 점검 및 리허설을 진행하며, 비상상황 대응 등을 준비한다.

2. 국회의 대국민 소통서비스

국회는 국민과의 소통 강화, 국회의 역할과 중요성 전파, 교육적 가치의 제공 등을 목적으로 다양한 문화행사를 개최하고 있다. 국회에서 개최하는 문화행사는 국회에 대한 부정적인 인식을 전환하는 한편, 국회의 주인이 국민이라는 민주주의의 가치를 확인하는 데 일조한다.

국회의 주요 문화행사로는 가장 먼저 '국회개방행사'를 꼽을 수 있다. 매년 4월에는 벚꽃 명소인 여의도 국회의사당 일대를 중심으로 영등포구청이 주관하는 '여의도 봄꽃 축제'가 개최된다. 국회는 봄꽃 축제 기간에 국회를 개방하고 국민에게 각종 공연 및 체험행사 등 다양한 프로그램을 제공하는 참여형 행사를 개최한다. 국회개방행사는 축제를 찾은 시민들이 국회 잔디광장 등 경내를 자유롭게 출입하고 체험 프로그램에 참여함으로써 국회를 보다 가까이에서 경험하고 이해할 수 있게 된다는 점에서 의의가 있다. 매년 국회개방행사에 많은 국민이 호응하고 있는데, 2024년에는 약 3만 2000명의 국민이 국회개방행사에 참여한 것으로 추산된다.

국회에서 제공하는 문화예술 공간인 국회문화극장도 국민과 소통하기 위한 목적으로 기획된 문화 프로그램이다. 국회문화극장은 매월 셋째 주 목요일 430석 규모의 의원회관 대회의실에서 무료로 영화를 상영하거나 클래식 또는 대중문화 공연을 진행한다. 영화의 경우 대중적인 작품은 물론, 시의성을 고려한 다양한 장르의 작품을 상영하고 있다. 2023년에는 부산국제영화제, 전주국제영화제와 MOU를 체결해 국제영화제 수상작을 상영하기도 했다. 공연 역시 전통 문화공연, 클래식 및 소외계층의 단체공연 등 저변의 확대가 필요한 대중공연을 발굴해 시연하고 있다.

국회의 대국민 서비스 중 가장 인기 있는 국민 소통 프로그램은 국회를 방문하는 국민을 대상으로 하는 참관 프로그램이다. 참관객은 참관 해설사의 전문적인 해설을 들으면서 국회 본회의장과 국회박물관에서 간접적인 의정체험을 할 수 있다. 특히 국회 본회의장 참관은 국회의 구성·기능·역할 및 본회의장 시설물에 대해 해설해 주기 때문에 가장 인기 있는 참관 프로그램이다. 코로나19 이전인 2019년에는 연간 약 17만 명의 참관객이 본회의장을 다녀갔고, 2022년 참관이 재개된 이래 2023년과 2024년에는 각각 약 9만 5000명이 본회의장 참관 프로그램을 이용했다.

3. 시민의정연수

시민의정연수는 의회정치에 관심을 가지고 있는 학생 등을 중심으로 의회민주주의에 대한 이해를 증진함으로써 국회에 대한 신뢰를 높이려는 목적으로 추진된다. 시민의정연수는 초·중·고교생뿐만 아니라 대학생, 대학원생 및 교원 등 다양한 수요자를 대상으로 맞춤형 교육프로그램을 제공하고 있다.

이 중 가장 대표적인 시민의정연수 프로그램은 '대한민국 어린이국회'이다. 2005년부터 20년 동안 실시한 대한민국 어린이국회는 전국 초등학교와 특수학교 및 학교 밖 청소년 지원센터를 선정해 지도교사 1명과 6학년 학생 10명 내외로 연구회를 구성한 뒤 토의 및 표결 등 민주적 과정을 거쳐 다양한 아이디어가 담긴 법률안이나 질문서를 작성하고, 각 연구회를 대표하는 어린이 의원들이 직접 국회의 회의장에서 이를 발표하는 행사이다. 어린이국회는 미래의 유권자이자 사회 구성원인 어린이들이 민주주의의 원칙과 의회의 기능을 직접 체험할 수 있고, 어린이들에게 사회문제에 대한 관심을 환기시키고 참여의식을 고취시키는 한편 자신감과 리더십을 발휘하는 경험을 제공할 수 있다는 점에서 의의가 있다.

국회는 초·중·고교생을 대상으로 '국회 의정체험교실'도 운영하고 있다. 의정체험교실은 국회의 조직과 기능 및 본회의장 등을 소개하고 국회의원뿐만 아니라 보좌진, 국회 소속 기관 공무원 등 국회 내에서 근무하는 다양한 직업군을 소개함으로써 청소년에게 진로 탐색의 기회를 제공한다. 2024년에는 850명 이상의 청소년이 이 프로그램에 참여했다. 또한 '국회 대학(원)생 아카데미'는 매년 2회 이상 대학생과 대학원생에게 민주주의, 국회의 조직과 기능, 입법 및 예·결산 과정에 대해 강의하고 있으며, 국회의원을 비롯해 국회에서 근무하는 다양한 직업군과 대화할 수 있는 기회를 부여하고 있다. 그 밖에 법학전문대학원생에게 실무수습의 기회를 제공하고 있으며, 교원들에게 실제 교육현장에서 활용할 수 있는 콘텐츠를 제공하는 교원 연수 사업도 시행 중이다.

4. 국회의 미디어채널

2023년 11월에 여론조사 매체 갤럽이 발표한 자료에 따르면, 우리나라 국민들은 동영상 서비스와 소셜네트워크서비스(SNS)를 이용하는 비율이 매우 높은 것으로 나타났다. 이용 빈도가 가장 높은 매체는 유튜브로 연간 이용률이 93%에 달했고, 인스타그램은 39%, 페이스북과 틱톡은 각각 31%와 19%였다.

소셜네트워크서비스는 실시간으로 정보를 전달할 수 있고, 양방향 소통이 가능하며, 이용자들이 다양한 의견과 관점을 서로 공유하고 논의할 수 있다는 장점이 있다. 이에 따라 국회도 국회의원의 입법활동이나 의정활동에 관한 홍보 콘텐츠를 활성화하고 대국민 소통을 강화하기 위한 목적으로 다양한 소셜네트워크서비스에 미디어 채널을 보유하고 있다. 구체적으로는 소속 기관별로 유튜브, 페이스북, 네이버블로그, 카카오TV, 인스타그램, 틱톡 등의 플랫폼에서 다양한 뉴미디어 채널을 운영하고 있다.

가장 대중적인 유튜브 채널은 '국회 유튜브'와 'NATV 국회방송'으로, 2025년 5월 현재 각각의 구독자 수는 약 3만 4000명, 24만 6000명 수준이다. '국회 유튜브' 채널의 주요 콘텐츠는 국회의 활동과 일정, 정책과 입법정보 등이다. 또한 'NATV 국회방송' 채널은 주로 국회의 활동에 관한 뉴스, 국회의원 인터뷰, 정책 현안 및 입법 정보 등을 제공하고 본회의, 위원회 회의, 청문회 등 주요 회의를 생중계하는 데 초점을 맞춘다.

유튜브나 기타 SNS와 같은 뉴미디어는 국회의 활동을 국민에게 투명하게 공개하고 국회에 대한 충분한 이해를 돕기 위한 효과적인 수단으로 활용되고 있다.

참고문헌

국내문헌

가상준. 2007.「정치적 선호도와 당선 횟수로 본 17대 국회 상임위원회 특징」. ≪사회과학연구≫, 15(2), 236~278쪽.

가상준. 2009.「설문조사를 통해 본 17대 국회의원들의 의정활동」. 이갑윤·이현우 편.『한국 국회의 현실과 이상』. 서울: 도서출판 오름, 191~217쪽.

가상준. 2010.「국회 원구성」. 의회정치연구회 편.『한국 국회와 정치과정』. 서울: 도서출판 오름, 131~153쪽.

가상준. 2012.「18대 국회 상임위원회 전반기와 후반기 비교 연구」. ≪한국정당학회보≫, 11(1), 5~30쪽.

가상준. 2013.「제19대 국회 초선의원의 특징 분석」. ≪한국정당학회보≫, 12(2), 73~97쪽.

강경선·오동석. 2017.『통치의 기본구조』. 개정판. 서울: 한국방송통신대학교 출판문화원.

강우창 외. 2020.「제21대 국회의원 이념성향과 정책 태도」. ≪의정연구≫, 26(3), 37~83쪽.

강원택. 2012.「제19대 국회의원의 이념 성향과 정책 태도」. ≪의정연구≫, 18(2), 5~38쪽.

강원택. 2019.『한국정치론』. 제2판. 서울: 박영사.

국회 예산결산특별위원회. 2017.『예산결산특별위원회 주요업무 가이드』. 서울: 국회예산결산특별위원회 수석전문위원실.

국회도서관. 2024.「주요국 법률정보 가이드북」. ≪최신 외국 입법정보≫(8), 1~31쪽.

국회사무처 국제국 자료요청 회신. 2024.「요청 자료」. 전자우편.

국회사무처 의사국 자료요청 회신. 2017.「요청 자료」. 전자우편.

국회사무처.「국회경과보고서」.

국회사무처. 2012a.『2012 의정자료집(제헌국회~제18대 국회)』. 서울: 국회사무처.

국회사무처. 2012b.『국정감사·조사편람』. 서울: 국회사무처.

국회사무처. 2016a.『국회법해설』. 서울: 국회사무처.

국회사무처. 2016b.『2016 의정자료집: 1948~2016』. 서울: 국회사무처.

국회사무처. 2016c.『법제이론과 실제』. 증보판. 서울: 국회사무처.

국회사무처. 2016d.『국회선례집』. 서울: 국회사무처.

국회사무처. 2020.『2020 의정자료집: 1948~2020』. 서울: 국회사무처.

국회사무처. 2021a.『국회법해설』. 서울: 국회사무처.

국회사무처. 2021b.『국회선례집』. 서울: 국회사무처.

국회사무처. 2024a.『국정감사·조사편람』. 서울: 국회사무처.

국회사무처. 2024b.『국회법해설』. 서울: 국회사무처..

국회사무처. 2024c.『국회선례집』. 서울: 국회사무처.

국회사무처. 2024d.『국회의안편람 해설편』. 서울: 국회사무처.

국회사무처. 2024e.『맞춤형 국회사용설명서』. 서울: 국회사무처.

국회사무처. 2024f.『법제기준과 실제』. 서울: 국회사무처.

국회사무처. 2024g.『제21대국회 행정입법 분석·평가 사례 100선』. 서울: 국회사무처.

국회사무처. 2024h.『제22대국회 국회의원 당선인 현황』. 서울: 국회사무처.

국회사무처. 2025. 『2025 의정자료집: 1948~2024』. 서울: 국회사무처.
국회예산정책처. 2018. 『대한민국 재정 2018』. 서울: 국회예산정책처.
국회예산정책처. 2024. 『대한민국 재정 2024』. 서울: 국회예산정책처.
국회예산정책처. 2025. 『대한민국 재정 2025』. 서울: 국회예산정책처.
국회운영위원회. 2004. 「주요국의 의회제도」. 서울: 국회운영위원회 전문위원실.
김민전. 2004. 「입법과정의 개혁」. 박찬욱·김병국·장훈 편. 『국회의 성공조건: 윤리와 정책』. 서울: 동아시아연구원, 269~292쪽.
김용복. 1999. 「일본형 내각제의 특징: 내각, 여당정치가, 관료의 상호관계」. 『일여 구영록 교수 정년퇴임 기념논문: 국제정치』, 291~309쪽.
김용복. 2016. 「2000년대 일본의 장기불황과 정권 변동: 신자유주의, 복지주의, 신보수주의」, ≪일본비평≫, vol. 15, 84~111쪽.
김춘순. 2014. 『국가재정: 이론과 실제』 개정판. 서울: 학연문화사.
김춘순. 2018. 『국가재정: 이론과 실제』 전면개정판. 서울: 도서출판 동연.
김춘엽. 2006. 「논변모형을 통해 본 법률 제정 과정에서의 전문위원 검토보고의 영향력에 관한 연구: 위치정보의 이용 및 보호 등에 관한 법률안을 중심으로」. 고려대학교 박사학위 논문.
김학성. 2017. 『헌법학원론』. 전정판. 고양: 피앤씨미디어.
김형준. 2004. 「상임위원회 전문성에 대한 비교고찰: 한국국회와 미국 연방하원을 중심으로」. 한국정치학회 편. 『한국 의회정치와 제도개혁』. 파주: 도서출판 한울, 68~94쪽.
류철. 2022. 「미국 의회의 예산 및 법률 심의과정에서 지원조직의 실질적 역할 연구」. 2022 국회예산정책처 연구용역보고서.
민병로. 2011. 「일본의 입법과정과 특징」. ≪공법학 연구≫, vol. 12, no. 1, 179~198쪽.
박기영. 2014. 『한국재정』. 서울: 법우사.
박상훈 외. 2020. 『양극화된 정치, 무엇이 문제이고 어떻게 개선할 수 있을까』. 서울: 국회미래연구원.
박수철. 2012. 『입법총론』. 파주: 한울아카데미.
박영도. 2014. 『입법학입문』. 서울: 법령정보관리원.
박윤희 외. 2016. 「제20대 국회의원선거 당선자 및 후보자의 이념성향과 정책태도」. ≪의정연구≫, 22(3), 118~158쪽.
박재창. 2003. 『한국의회정치론』. 서울: 도서출판 오름.
박재창. 2004. 『한국의회개혁론』. 서울: 도서출판 오름.
박찬욱. 2004. 「국회 조직과 구성: 정책역량이 있는 '균형의회'의 모색」. 박찬욱·김병국·장훈 편. 『국회의 성공조건: 윤리와 정책』. 서울: 동아시아연구원. 219~267쪽.
박찬욱·김진국. 1997. 「제14대 국회 상임위원회 제도와 그 의사결정에 관한 연구」, ≪한국정치연구≫, 7, 449~488쪽.
박찬표. 1996. 「한·미·일 3국 의회의 전문성 축적구조에 대한 비교연구」. ≪한국정치학회보≫, 30(4), 321~342쪽.
박찬표. 2001. 「의회-행정부 관계의 유형과 변화: 약한 정책적 통제와 강한 정치적 통제의 부조화」. ≪의정연구≫, 7(2), 71~98쪽.
박천오. 1998. 「국회의원의 상임위원회 선호성향과 동기」. ≪한국정책학회보≫, 7(1), 293 ~315쪽.
법제처. 2016. 『2016 법제업무편람』. 서울: 법제처.
법제처. 2019. 「일본의 의회제도」. 세계법제정보.
법제처. 2024. 『2024 법제업무편람』. 세종: 법제처.
서갑수. 2012. 『국회 예·결산 심의제도의 문제점과 개선방안: 교육과학기술위원회를 중심으로』.

서울: 국회예산결산특별위원회.
서덕교. 2020.「법률안의 발의와 심사 과정에서 국회의원들의 동기와 관심에 관한 연구: 의원 역할 이론을 중심으로」. ≪한국정책학회보≫, 29(3), 173~194쪽.
서복경. 2010.「국회 위원회제도의 기원에 관한 연구: 제헌국회 및 2대 국회를 중심으로」. ≪의정논총≫, 5(1), 51~80쪽.
성낙인. 1998.「프랑스 이원정부제의 현실과 전망」. ≪헌법학연구≫, 4-2, 148~187쪽.
성낙인. 2017.『헌법학』제17판. 파주: 법문사.
성낙인. 2024.『헌법학』제24판. 파주: 법문사.
손병권. 2004.「'연방주의자 논고'에 나타난 매디슨의 새로운 미국 국가: 광대한 공화국」. ≪국제·지역연구≫, 13(4), 25~50쪽.
신해룡. 2012.『예산정책론: 예산결산과 재정정책』. 개정판. 서울: 세명서관.
안병옥. 1998.「국정감사·조사제도」. 서울: 국회사무처. ≪국회보≫, 9월호, 67쪽.
안병옥. 2012.『최신 국회법』. 제2판. 서울: 쵸이스디자인.
예산결산특별위원회. 2023.「예산결산특별위원회 업무가이드」. 서울: 예산결산특별위원회.
유병곤. 2006.「민주화 이후 국회 원구성 협상: 13~16대 개원국회 협상과정 및 결과를 중심으로」. ≪의정논총≫, 1(1), 67~105쪽.
이상윤·홍성민. 2017.「주요국 입법절차와 현황」. ≪현안분석≫(02).
이이범. 2023.「일본의 국회의원 선거제와 시사점」. ≪월간 공공정책≫ 212, 18~20쪽.
이재철·장지호. 2010.「영국의 행정입법 통제와 의회민주주의」. ≪영미연구≫ 22, 217~245쪽.
이지민. 2020.「영국 입법과정에 관한 연구: 이해관계 조정절차를 중심으로」. ≪사법정책연구원 연구총서≫ 13, 26쪽.
이현우. 2009.「국회 상임위원회의 운영: 전문성과 대표성의 재평가」. ≪의정연구≫ 15(1), 145~176쪽.
임명현. 2022.『대한민국 공공재정론: 더 나은 삶을 위한 '좋은 예산' 프로젝트』. 서울: 나녹.
임성근. 2013.「정부 3.0시대 국회 입법지원조직의 기능 강화 방안 연구」. ≪한국행정연구≫ 21, 73~128쪽.
임재주. 2013.『국회에서 바라본 미국의회』. 개정증보판. 파주: 한울아카데미.
임종훈. 2005.「영국에서의 인권법 시행과 의회주권원칙의 변화」. ≪세계헌법연구≫, 12(2), 122쪽.
임종훈. 2012.『한국입법과정론』. 서울: 박영사.
임종훈·이정은. 2021.『한국입법과정론』. 전면개정판. 서울: 박영사.
장영수. 2024.『헌법학』. 서울: 홍문사.
전진영. 2017.「미국의 인사청문제도와 한국에 대한 시사점」. ≪국회보≫, 8월호, 20~21쪽.
전혜원. 2010.「국회의 예산 및 결산 과정」. 의회정치연구회 편.『한국 국회와 정치과정』. 서울: 도서출판 오름, 209~234쪽.
정영국. 1995.「전국구의원의 국회 상임위원회 활동 분석」. ≪한국과 국제정치≫ 11(1), 53~78쪽.
정재도. 2019.「프랑스 제5공화국 헌법의 합리화된 의원내각제에 관한 연구」. ≪세계헌법연구≫ 25(2), 233~264쪽.
정준표. 2014.「제19대 국회 전반기 상임위원회 구성의 특징: 후원금. 이념. 선수. 득표율차」. ≪의정논총≫ 9(1), 73~112쪽.
정호영. 2012.『국회법론』. 제3판. 파주: 법문사.
조기숙. 2000.『지역주의 선거와 합리적 유권자』. 서울: 나남.
조진만. 2010.「국회의 구조」. 의회정치연구회 편.『한국 국회와 정치과정』. 서울: 도서출판 오름. 101~129쪽.

주영진. 2011. 『국회법론』. 서울: 국회예산정책처.

진영재 외. 2017. 「주요 국가 의회지원기구 비교연구: 미국, 독일, 프랑스, 오스트리아 사례를 중심으로」. 2017 국회사무처 연구용역보고서.

최정원. 2010. 「국회의원의 사회적 배경」. 의회정치연구회 편. 『한국 국회와 정치과정』. 서울: 도서출판 오름, 73~98쪽.

한국갤럽. 2023. 「마켓70 2023(2) 미디어·콘텐츠·소셜 네트워크 서비스」.

한국정치학회. 2016. 「국회선진화법의 운영 및 평가: 18대 및 19대 입법사례 전수 분석」. 2016년 국회사무처 연구용역.

허영. 2004. 『한국헌법론』. 서울: 박영사.

황지섭. 2021. 「영국 인권법 하에서의 규범통제의 양상」. ≪헌법재판연구≫ 제8권 제2호, 283~319쪽.

외국문헌

Beetham, D. 1992. "Liberal Democracy and the Limits of Democratization." *Political Studies*, 40, pp.40~53.

Cox, G. W. and D. W. McCubbins. 2007. *Legislative Leviathan: Party Government in the House*. 2nd ed. New York: Cambridge University Press.

CRS(Congressional Research Service). 2015. *Apportioning Seats in the U.S. House of Representatives Using the 2013 Estimated Citizen Population*.

Deering, C. J. and Smith, S. S. 1997. *Committees in Congress*. 3rd ed. Washington: CQ Press.

Sullivan, John V. 2007. *How our laws are made*. House of Representatives.

Kickert, W., J. M. E. H. Klijn and J. F. M. Koppenjan. ed. 1997. *Managing Complex Networks: Strategies for the Public Sector*. London: Sage.

Kim, Kun-oh. 2006. *Democratic Consolidation and Parliamentary Institutionalisation: The Case of South Korea, 1988-2005, with Special Reference to Implications for Urban Policy*. Ph. D. Thesis. University of Manchester.

King, A. 1976. "Modes of Executive-Legislative Relations: Great Britain, France, and West Germany." in P. Norton ed. *Legislatures*. Oxford: Oxford University Press, 1990. pp.208~236.

Krehbiel, K. 1991. *Information and Legislative Organization*. Ann Arbor: The University of Michigan Press.

Levitsky, S. and D. Ziblatt. 2018. *How Democracies Die*. New York: Crown Publishing.

Mezey, M. 1979. "Classifying Legislatures." in P. Norton ed. *Legislatures*. Oxford: Oxford University Press, 1990, pp.149~176.

Norton, P. 1984. "Parliament and Policy in Britain: The House of Commons as a Policy Influencer." in P. Norton ed. *Legislatures*. Oxford: Oxford University Press, 1990, pp.177~180.

Norton, P. 2013. *Parliament in British Politics*. 2nd ed. Basingstoke: Palgrave Macmillan.

Packenham, R. A. 1970. "Legislatures and Political Development." in P. Norton ed. *Legislatures*. Oxford: Oxford University Press, 1990, pp.81~96.

Park, Chan Wook. 1998. "The Organisation and Workings of Committees in the Korean

National Assembly." *The Journal of Legislative Studies*, 4(1), pp.206~224.
Peters, B. G. 2016. *American Public Policy: Promise and Performance*. 10th ed. Washington: CQ Press.
Piccirilli, G. and P. Zuddas. 2012. "Assisting Italian MPs in Pre-Legislative Scrutiny: The Role Played by Chambers' Counsellers and Legislative Advisors in Enhancing the Knowledge and Skills Development of Italian MPs: The Assistance Offered to an Autonomous Collection of Information." *Parliamentary Affairs*, 65(3), pp.672~687.
Pitkin, H. F. 1967. *The Concept of Representation*. Berkeley: The University of California Press.
Polsby, N. W. 1975. "legislatures." in P. Norton ed. *Legislatures*. Oxford: Oxford University Press, 1990, pp.129~148.
Rogers, Robert and Rhodri Walter. 2015. *How Parliament Works*. 7th ed. Abingdon: Routledge.
Rogers, Robert and Rhodri Walter. 2019. *How Parliament Works*. 8th ed. London: Routledge, Taylor & Francis Group.
Rush, M. 2001. *The Role of the Member of Parliament since 1868: From Gentlemen to Players*. Oxford: Oxford University Press.
SGIM(Society of General Internal Medicine). 2023. "THE ROLE OF CONGRESSIONAL STAFF." pp.4~6.
Shepsle, K. A. and B. R. Weingast. 1987. "The Institutional Foundation of Committee Power." *The American Political Science Review*, 81(1), pp.85~104.
Smith, S. S., J. M. Roberts and R. J. Vander Wielen. 2015. *The American Congress*. 9th ed. New York: Cambridge University Press.
Wawro, G. 2000. *Legislative Entrepreneurship in the U.S. House of Representatives*. Ann Arbor: The University of Michigan Press.

참고법령

「감사원법」[법률 제13204호, 2015. 2. 3, 일부개정]
「감사원법」[법률 제17560호, 2020. 10. 20, 일부개정]
「개인정보 보호법」[법률 제14839호, 2017. 7. 26, 타법개정]
「개인정보 보호법」[법률 제19234호, 2023. 3. 14, 타법개정]
「공직선거법」[법률 제15551호, 2018. 4. 6, 일부개정]
「공직선거법」[법률 제20370호, 2024. 3. 3, 일부개정]
「공직자윤리법」[법률 제14839호, 2017. 7. 26, 타법개정]
「공직자윤리법」[법률 제19563호, 2023. 7. 18, 타법개정]
「국가인권위원회법」[법률 제14028호, 2016. 2. 3, 일부개정]
「국가인권위원회법」[법률 제20558호, 2024. 12. 3, 일부개정]
「국가재정법」[법률 제15342호, 2018. 1. 16, 일부개정]
「국가재정법」[법률 제20610호, 2024. 12. 31, 일부개정]
「국가회계법」[법률 제15285호, 2017. 12. 26, 일부개정]
「국가회계법」[법률 제20402호, 2024. 3. 26, 일부개정]

「국고금 관리법」[법률 제14464호, 2016. 12. 27, 일부개정]
「국고금 관리법」[법률 제17339호, 2020. 6. 9, 일부개정]
「국정감사 및 조사에 관한 법률」(약칭 「국감국조법」)[법률 제15619호, 2018. 4. 17, 일부개정]
「국정감사 및 조사에 관한 법률」(약칭 「국감국조법」)[법률 제19536호, 2023. 7. 11, 일부개정]
「국회도서관법」[법률 제19537호, 2023. 7. 11, 일부개정]
「국회미래연구원법」[법률 제15214호, 2017. 12. 12, 제정]
「국회법」[법률 제15713호, 2018. 7. 17, 일부개정]
「국회법」[법률 제5호, 1948. 10. 2, 제정]
「국회사무처법」[법률 제17337호, 2020. 5. 29, 일부개정]
「국회에서의 증언·감정 등에 관한 법률」(약칭 「국회증언감정법」)[법률 제15621호, 2018. 4. 17, 일부개정]
「국회예산정책처법」[법률 제17902호, 2021. 1. 12, 일부개정]
「국회의원의 보좌직원과 수당 등에 관한 법률」[법률 제18719호, 2022. 1. 4, 전부개정]
「국회입법조사처법」[법률 제17903호, 2021. 1. 12, 일부개정]
「대통령직 인수에 관한 법률」[법률 제14839호, 2017. 7. 26, 타법개정]
「대한민국 헌법」[헌법 제10호, 1987. 10. 29, 전부개정]
「대한적십자사 조직법」[법률 제14839호, 2017. 7. 26, 타법개정]
「대한적십자사 조직법」[법률 제20511호, 2024. 10. 22, 타법개정]
「방송통신위원회의 설치 및 운영에 관한 법률」[법률 제15408호, 2018. 2. 21, 일부개정]
「방송통신위원회의 설치 및 운영에 관한 법률」[법률 제18226호, 2021. 6. 8, 일부개정]
「법원조직법」[법률 제15152호, 2017. 12. 12, 일부개정]
「법원조직법」[법률 제20406호, 2024. 10. 16, 일부개정]
「법제업무 운영규정」[대통령령 제29127호, 2018. 8. 28, 일부개정]
「법제업무 운영규정」[대통령령 제33605호, 2023. 6. 27, 일부개정]
「부패방지 및 국민권익위원회의 설치와 운영에 관한 법률」[법률 제15617호, 2018. 4. 17, 일부개정]
「원자력안전위원회의 설치 및 운영에 관한 법률」[법률 제15282호, 2017. 12. 19, 일부개정]
「원자력안전위원회의 설치 및 운영에 관한 법률」[법률 제16576호, 2019. 8. 27, 일부개정]
「인사청문회법」[법률 제12677호, 2014. 5. 28, 타법개정]
「인사청문회법」[법률 제18192호, 2021. 5. 18, 타법개정]
「전원위원회 운영에 관한 규칙」[국회규칙 제133호, 2006. 9. 8, 일부개정]
「특별감찰관법」[법률 제12422호, 2014. 3. 18, 제정]
「특별검사의 임명 등에 관한 법률」[법률 제12423호, 2014. 3. 18, 제정]
「특별검사의 임명 등에 관한 법률」[법률 제18861호, 2022. 5. 9, 제정]
「행정규제기본법」[법률 제15037호, 2017. 11. 28, 일부개정]
「행정규제기본법」[법률 제19213호, 2023. 1. 17, 일부개정]
「행정기본법」[법률 제20056호, 2024. 1. 16, 타법개정]
「행정절차법」[법률 제14839호, 2017. 7. 26, 타법개정]
「행정절차법」[법률 제18748호, 2022. 1. 11, 타법개정]

국회 회의록

2017년도 국감 – 과학기술정보방송통신위원회회의록(2017년 10월 12일)
2023년도 국정감사 농림축산식품해양수산위원회회의록(2023년 10월 11일)

第337回국회(정기회) 국회본회의회의록 第5호
第337回국회(정기회) 안전행정위원회회의록 第5호
第337回국회(정기회) 안전행정위원회회의록 第6호
第337回국회(정기회) 안전행정위원회회의록(법안심사소위원회) 第1호
第354回국회(정기회) 국회본회의회의록 第11호
第363回국회(임시회) 국회운영위원회회의록 第1호
第410回국회(정기회) 국회본회의회의록 第10호
第411回국회(임시회) 국회본회의회의록 第2호

참고판례

대법원. 2004. 7. 22. 선고2003두7606
대법원. 2007. 1. 12. 선고 2005다57752
헌법재판소. 1990. 10. 15. 89헌마178
헌법재판소. 1992. 6. 26. 91헌바25
헌법재판소. 1994. 6. 30. 93헌가15
헌법재판소. 1995. 12. 27. 95헌마224·239·285·373(병합)
헌법재판소. 2001. 10. 25. 2000헌마92·240(병합)
헌법재판소. 2001. 2. 22. 2000헌마604
헌법재판소. 2004. 10. 28. 99헌바91
헌법재판소. 2014. 10. 30. 2012헌마190·192·211·262·325, 2013헌마781, 2014헌마53(병합)

웹사이트

감사원 홈페이지 http://www.bai.go.kr
국가기록원(기록으로 만나는 대한민국 70년) 홈페이지 http://theme.archives.go.kr/next/koreaOfRecord/viewMain70.do
국회 각 상임위원회 홈페이지
국회 국정감사정보시스템 http://likms.assembly.go.kr/inspections/main.do
국회 법률정보시스템 http://likms.assembly.go.kr/law/lawsNormInqyMain1010.do?mappingId=%2FlawsNormInqyMain1010.do&genActiontypeCd=2ACT1010
국회 부산도서관 홈페이지 https://busan.nanet.go.kr/
국회 의안정보시스템 http://likms.assembly.go.kr/bill/main.do
국회 홈페이지 http://www.assembly.go.kr
국회 회의록시스템 likms.assembly.go.kr/record
국회도서관 홈페이지 http://www.nanet.go.kr
국회미래연구원 홈페이지 http://www.nafi.re.kr
국회사무처 홈페이지 http://nas.assembly.go.kr
국회예산정책처 홈페이지 http://www.nabo.go.kr
국회입법조사처 홈페이지 http://www.nars.go.kr
대한민국 국회 홈페이지 https://www.assembly.go.kr/
미국 상원 홈페이지 https://www.senate.gov/
미국 의회예산처 홈페이지 https://www.cbo.gov/

미국 의회조사국 홈페이지 https://www.loc.gov/crsinfo/
미국 하원 홈페이지 https://www.house.gov/
미국 회계감사원 홈페이지 https://www.gao.gov/
영국 의회 홈페이지 https://www.parliament.uk/
일본 중의원 홈페이지 https://www.shugiin.go.jp/
일본 참의원 홈페이지 https://www.sangiin.go.jp/
주OECD 대한민국 대표부 홈페이지 https://overseas.mofa.go.kr/oecd-ko
중앙선거관리위원회 선거통계시스템 http://info.nec.go.kr(최종검색일 2016년 8월 25일)
프랑스 국민의회 홈페이지 https://www.assemblee-nationale.fr/
프랑스 상원 홈페이지 https://www.senat.fr/
헌법재판소 홈페이지 http://www.ccourt.go.kr

https://www.pewresearch.org/internet/fact-sheet/social-media/)
James Madison, 1788, Federalist Paper, https://guides.loc.gov/federalist-papers/full-text
Pew Research Center, 2024, 「Social Media Fact Sheet」
WORLD VALUES SURVEY Wave 1 1981-1984 OFFICIAL AGGREGATE v.20140429. World Values Survey Association (www.worldvaluessurvey.org). Aggregate File Producer: Asep/JDS, Madrid SPAIN.
WORLD VALUES SURVEY Wave 2 1990-1994 OFFICIAL AGGREGATE v.20140429. World Values Survey Association (www.worldvaluessurvey.org). Aggregate File Producer: Asep/JDS, Madrid SPAIN.
WORLD VALUES SURVEY Wave 3 1995-1998 OFFICIAL AGGREGATE v.20140921. World Values Survey Association (www.worldvaluessurvey.org). Aggregate File Producer: Asep/JDS, Madrid SPAIN.
WORLD VALUES SURVEY Wave 4 1999-2004 OFFICIAL AGGREGATE v.20140429. World Values Survey Association (www.worldvaluessurvey.org). Aggregate File Producer: Asep/JDS, Madrid SPAIN.
WORLD VALUES SURVEY Wave 5 2005-2008 OFFICIAL AGGREGATE v.20140429. World Values Survey Association (www.worldvaluessurvey.org). Aggregate File Producer: Asep/JDS, Madrid SPAIN.
WORLD VALUES SURVEY Wave 6 2010-2014 OFFICIAL AGGREGATE v.20150418. World Values Survey Association (www.worldvaluessurvey.org). Aggregate File Producer: Asep/JDS, Madrid SPAIN.

지은이

임재주

(현) 한국전통문화대학교 초빙교수
(현) 국회입법지원위원
(현) 법제처 국가행정법제위원회 민간위원
국가유산진흥원 문화유산활용본부장(상임이사)
국회 문화체육관광위원회 수석전문위원(차관보급)
국회 법제실장(1급)
입법고시 제11회 합격
미국 캔자스대 로스쿨 법학 박사
서울대 행정대학원 행정학 석사
한국외대 무역학과
미국변호사(뉴욕주)
저서: 『국회에서 바라본 미국의회』, 『정치관계법』 등

서덕교

(현) 국회사무처 의정연수원장
국회 과학기술정보방송통신위원회 입법심의관
국회사무처 문화소통담당관
국회 국방위원회, 행정안전위원회 입법조사관
국회사무처 인사과 인사담당
입법고시 제19회 합격
영국 엑서터대 정치학 박사
서울대 행정대학원 행정학 석사
서울대 정치학과

박철

(현) 미국 노스캐롤라이나주립대 국외교육훈련 파견
국회사무처 윤리심사자문담당관, 의안과장, 법제연구과장
국회사무처 기획예산담당관실 기획담당
국회 정무위원회 입법조사관
입법고시 제24회 합격
서울대 경제학과

장은덕
(현) 국회사무처 법제연구과장
국회입법조사처 입법조사관
국회운영위원회 입법조사관
국회예산정책처 예산분석관
입법고시 제25회 합격
서울대 국어교육과/경제학과

홍정
(현) 국회 정무위원회 입법조사관
국회사무처 법제연구분석과장, 교육과학기술문화법제과장
국회 보건복지위원회, 과학기술정보방송통신위원회 입법조사관
국회사무처 인사과 인사담당
입법고시 제26회 합격
미국 노스캐롤라이나주립대 행정학 석사
동국대 행정학과/경제학과

한울아카데미 2588

입법과정론

우리가 알아야 할 국회 이야기

지은이 임재주·서덕교·박철·장은덕·홍정
펴낸이 김종수
펴낸곳 한울엠플러스(주)
편집 신순남

초판 1쇄 인쇄 2025년 5월 30일
초판 1쇄 발행 2025년 6월 20일

주소 10881 경기도 파주시 광인사길 153 한울시소빌딩 3층
전화 031-955-0655
팩스 031-955-0656
홈페이지 www.hanulmplus.kr
등록번호 제406-2015-000143호

Printed in Korea.
ISBN 978-89-460-7588-7 93340(양장)
978-89-460-8384-4 93340(무선)

※ 책값은 겉표지에 표시되어 있습니다.
※ 무선 제본 책을 교재로 사용하려면 본사로 연락해 주시기 바랍니다.